Seweryna Szmaglewska
Die Frauen von Birkenau

Als politische Gefangene kommt die junge Seweryna Szmaglewska 1942 ins Konzentrationslager Auschwitz-Birkenau. Gleich nachdem sie im Januar 1945 dem Todesmarsch zur Räumung des Lagers entflohen ist, schreibt sie das Unfassbare auf. Ohne je »ich« zu sagen, wie mit einem Kameraauge, fängt sie die grausame Alltagswelt des Lagers ein, aber auch die ergreifenden Einzelschicksale von Frauen aus ganz Europa. Sie erzählt davon, wie die Frauen sich gegenseitig ermutigen und ihre Würde zu wahren wissen. Szmaglewskas Bericht wurde zu einem wichtigen Dokument bei den Nürnberger Prozessen. Ein erschütterndes Buch und ein eindringliches Plädoyer für Menschlichkeit.

»Es sind Erlebnisse und Beobachtungen einer Person – es ist also nur ein Tropfen in einem riesigen unermesslichen Ozean.« Seweryna Szmaglewska

Seweryna Szmaglewska, geboren 1916 im polnischen Przygłów, studierte bis zum Kriegsausbruch Soziologie in Warschau. Von 1942 bis 1945 war sie im Konzentrationslager Auschwitz-Birkenau inhaftiert, 1946 sagte sie bei den Nürnberger Prozessen aus. Nach dem Krieg lebte sie in Lodz, später in Warschau, wo sie eine erfolgreiche Schriftstellerin wurde. Sie starb 1992.

Marta Kijowska arbeitet als Journalistin, Sachbuchautorin und Übersetzerin aus dem Polnischen. Zu den von ihr übertragenen Autoren gehören u. a. Stefan Chwin, Sławomir Mrożek, Maria Nurowska und Dominik W. Rettinger.

Seweryna Szmaglewska

Die Frauen von Birkenau

Aus dem Polnischen und mit einem
Nachwort von Marta Kijowska

Mit einem Vorwort der Autorin
und einem Bildteil aus ihrem Privatarchiv

dtv

Die Übersetzung wurde freundlicherweise gefördert von
der Christian C. D. Ludwig-Foundation
sowie vom Polnischen Buchinstitut.
Die Übersetzerin dankt dem Polnischen Buchinstitut
für ein Reisestipendium nach Warschau.

FSC
www.fsc.org
MIX
Papier aus verantwortungsvollen Quellen
FSC® C019821

2. Auflage 2025
2022 dtv Verlagsgesellschaft mbH & Co. KG, München
Tumblingerstraße 21, 80337 München
produktsicherheit@dtv.de
Lizenzausgabe mit Genehmigung der
Schöffling & Co. Verlagsbuchhandlung GmbH,
Frankfurt am Main 2020

Die Originalausgabe erschien 1945 unter dem Titel
›Dymy nad Birkenau‹ bei Prószyński i S-ka in Warschau.

Umschlaggestaltung: dtv nach einem Entwurf von
Katharina Forschner / Fotosatz Amann
Umschlagmotiv: Prószyński Media Sp. z o. o. 2020
Satz: Fotosatz Amann, Memmingen
Druck und Bindung: Druckerei C.H.Beck, Nördlingen
Printed in Germany · ISBN 978-3-423-14839-9

Vorwort der Autorin

In den Krematorien von Auschwitz und Birkenau wurden bis zum 18. Januar 1945 etwa fünf Millionen Menschen verbrannt.[1] Es waren Polen, die, von der Gestapo verhaftet oder nach dem Warschauer Aufstand interniert, hierhergebracht wurden, Russen, Jugoslawen, Tschechen, Engländer, Niederländer, Franzosen, Belgier, Italiener, Ukrainer, Esten. Deutsche Kriminelle. Kinder verschiedener Nationalitäten, die ins Lager verschleppt oder hier geboren wurden. Zigeuner, mit denen man ähnlich wie mit Juden umging, indem man ihr ganzes Lager, in dem Männer, Frauen und Kinder gelebt hatten, ins Gas schickte. Diese Angaben wurden während der Liquidierung des Lagers von Personen geliefert, die in der politischen Abteilung von Auschwitz beschäftigt waren.

Mein langer Aufenthalt in Birkenau (1942–1945) und die Vielfalt der dort verrichteten Arbeiten haben mir erlaubt, viele Geheimnisse des Lagers zu ergründen. Die geheimsten Dinge wurden ja mit den Händen der Häftlinge erledigt. Durch diese Hände, die fleißig alles ausführten, was ihnen befohlen wurde, ging die ganze Registrierung der Lebenden, aber auch derer, die direkt aus dem Zug in den Tod gingen, ohne erfasst und tätowiert zu werden.

Das unbeschreibliche Chaos und die Unmöglichkeit, die Identität Tausender von Lebenden und Toten festzustellen,

1 Zu den Zahlenangaben der Autorin siehe das Nachwort der Übersetzerin.

hatten die Einführung der Tätowierung zur Folge. Es war ein großer taktischer Fehler, der von den Lagerbehörden begangen wurde. Denn heute kann man sich mit eigenen Augen überzeugen, welch ein geringer Prozentsatz der Gefangenen von Auschwitz überlebt hat. Zwar wurden die Papiere der Ermordeten vernichtet, und wir mussten ganze Wagen von »Todesmeldungen« zum Verbrennen schleppen, doch wenn man die Endzahl weiß, kann man sehr leicht ausrechnen, wie viele Personen in Auschwitz getötet wurden. Millionen von Menschen waren ins Lager gekommen. Wo sind sie geblieben? Verlassen haben es gerade mal einige Zehntausend. Die Deutschen ahnten nicht, dass jede Nummer, die in den Arm eines Häftlings gestochen wurde, zu einem Dokument werden würde. Durch das Tätowieren stellte man die Grenzpfosten einer Fläche auf, auf die Tausende und Abertausende passen würden. Versuchen wir, sie nur noch ein einziges Mal zu einem Generalappell zusammenzurufen. Versuchen wir, sie in Fünferreihen aufzustellen und nachzuzählen, wie viele von jedem Tausend überlebt haben. Ich weiß, dass das Ergebnis zutiefst deprimierend wäre. Wir würden als eine ganz kleine Gruppe dastehen – als ein lebendiges, tragisches Dokument; als einzelne, durch eine Laune des Schicksals erhaltene Glieder einer riesigen Menschenkette, die ihres Lebens beraubt wurde.

Heute sieht man in Auschwitz und Birkenau nur leere Baracken. Ein Zufall bewirkte, dass die eilige Liquidierung des Lagers unterbrochen wurde. Der Liquidierungsplan sah vor, alle Spuren von Birkenau, dem blutigsten Teil des Lagers, zu verwischen. Wenn anstelle der Baracken und Krematorien Gras gewachsen wäre, hätte man die ganze Angelegenheit gegenüber Europa und der Welt leichter reinwaschen können. Doch es kam anders. Die Rote Armee drang in einem unerwarteten Tempo voran, wie ein Lauffeuer. Das Lager wurde überrascht.

Heute kann man genau die Stellen zeigen, wo das Blut am reichsten floss (es gibt übrigens in Auschwitz kein einziges Stück Erde, auf das kein Blut geflossen wäre). Zwar wurden im Jahre 1944 Gärten angelegt, Blumen gepflanzt und Konzerte veranstaltet, doch das hat den Anblick der nackten Leichen, die in riesigen Bergen vor den Baracken lagen, in unserem Gedächtnis nicht verwischt. Das hat in uns die Erinnerung an die Selektionen, infolge derer alte, kranke und gebrechliche Menschen in den Block 25, den Todesblock, geschleppt wurden, nicht verblassen lassen. Zu lange dauerten die Sterbestunden der im Schlamm liegenden, an Typhus und Ruhr erkrankten Häftlinge, als dass man es je vergessen könnte. Zu deutlich zeigten die Generalappelle, welch ein kleiner Prozentsatz am Leben blieb.

Es starben Künstler, Menschen von Talent, Menschen von Genie, Menschen der Vergangenheit und Menschen der Zukunft. Von diesen vielen Toden, von diesen Hekatomben von Menschen, von jedem verblassenden Augenlicht ging eine stumme Bitte aus – der letzte Wille der Sterbenden. Dieser Wille bohrte sich ins Gedächtnis der Überlebenden und sprengte die Wände ihrer Herzen. Es schien, als sollte er die Stacheldrähte zerreißen, die Tore öffnen und die ganze Welt mit seinem Schrei erfüllen. Und als sollte dieser Schrei zu den freien Staaten, zu den freiheitsliebenden Völkern gelangen.

Aus Auschwitz kamen nur wenige von uns zurück. In jenen denkwürdigen Tagen des Januars 1945 wurde das Lagertor weit geöffnet, und Tausende von Menschen wurden eilig unter starker Eskorte hinausgeführt. Als sich dann auf der Strecke Auschwitz – Groß-Rosen ein kilometerlanger Zug gekrümmter, elender Gestalten formierte und danach ununterbrochen über die Straßen Schlesiens lief, da und dort einen von den SS-Wachen totgeschlagenen Häftling im Schnee zurücklassend, blieben die Bewohner der naheliegenden Städte und Dörfer verblüfft stehen. Von Weitem, von den Schwellen ihrer Häuser, zu ängstlich, um sich der unheilvollen Straße zu nähern, hoben sie die Hände in die Luft und machten ein Kreuzzeichen über den Gehenden.

»Was?«, wunderten sie sich. »So viele Menschen passten nach Auschwitz? Unglaublich!«

Die Vorbeigehenden durften kein Wort sagen; sie konnten also nicht vor ihnen stehen bleiben und ihnen zurufen:

»Nein, es ist nicht wahr! Nicht so viele Menschen passten nach Auschwitz. Es gab Platz für viel mehr. Die, die ihr hier seht, das ist nur eine Handvoll, das sind nur die Übriggebliebenen. Die meisten der Lebenden wurden schon früher nach Deutschland gebracht, die Transporte gingen das ganze letzte Jahr über.«

Heute, während ich diese Worte schreibe, laufen unaufhörlich über die unbekannten Straßen Deutschlands die schmerzenden Füße meiner zurückkehrenden Leidensgenossen. Sie laufen ununterbrochen. Durch den Lärm des Lebens, durch die Stille der Einsamkeit hindurch hört man ihren schweren, müden Schritt.

Meine Geschichte wird nur einen Teil der gigantischen Todesmaschinerie von Auschwitz beschreiben. Ich beabsichtige, ausschließlich die Fakten zu nennen, die ich direkt beobachtet oder erlebt habe. Es handelt sich um Ereignisse, die sich in Birkenau (Auschwitz II) abgespielt haben.

Um Missverständnisse zu vermeiden, möchte ich erklären, dass ich nicht die Absicht habe, die Bedeutung dieser Fakten in irgendeiner Weise zu vergrößern oder sie aus Propagandagründen zu verändern. Es gibt Dinge, die man nicht vergrößern muss. Alles, was ich hier erzählen werde, kann ich vor jedem Tribunal beweisen.[2]

Es sind Erlebnisse und Beobachtungen einer Person – es ist also nur ein Tropfen in einem riesigen, unermesslichen Ozean.

Zweifellos werden sich auch andere, die dieses Lager überlebt haben, zu Wort melden. Und auch diejenigen, die aus anderen, zahlreichen Lagern zurückkehren werden.

Doch die meisten werden niemals zurückkehren und sich niemals zu Wort melden.

Seweryna Szmaglewska, 1945

2 Seweryna Szmaglewskas Bericht gehörte bei den Nürnberger Prozessen (1945/46) zu den Beweisstücken, die dem Internationalen Militärgerichtshof vorlagen. Sie selbst war eine von zwei Zeugen aus Polen, die im Prozess gegen die Hauptverbrecher des »Dritten Reichs« aussagten, was sie später in einem weiteren Buch (*Die Unschuldigen in Nürnberg*) beschrieb. Mehr dazu im Nachwort der Übersetzerin.

ERSTER TEIL

Das Jahr 1942

ERSTES KAPITEL

Arbeit … Arbeit … Arbeit

Eine dunkle Nacht. In einer Baracke, die weder in Zimmer noch in sonstige Räume unterteilt ist, schlafen auf seltsamen Gerüsten etwa tausend Frauen. Es herrscht eine dichte Dunkelheit, voller Atemzüge und Ausdünstungen. Auch die Decken, die eine Gefangene niemals bei vollem Licht zu sehen bekommt, wirken dunkel. Jede Frau wickelt sich so eng wie möglich ein und ist dankbar für das bisschen Wärme, das sie dem müden Körper geben, doch gleichzeitig versucht sie, ihre vorherige Bestimmung zu erraten, und empfindet Ekel. Die zusammengekauerten Körper werden auf den harten Pritschen ganz taub. Ein kurzes Aufwachen, ein plötzliches Zerreißen der Leinwand nächtlicher Träume durch das schmerzliche Bewusstsein, dass man in Auschwitz ist. Man rückt noch näher an die schlafende Nachbarin heran – mit Freude, wenn es jemand ist, der einem nahesteht, mit Traurigkeit, wenn es eine Fremde oder Feindin ist. Der Schlaf, ein treuer Verbündeter, übermannt die todmüden Frauen schnell und dämpft ihre Empfindungen. Wer kann, schläft fest, gleichsam auf eine kondensierte Weise, indem er mit dem ganzen Nervensystem Erholung schöpft. Die Nächte im Lager sind kurz. In dieser Zeit muss man, reglos im dunklen Schlund der Schlafkoje liegend, die Müdigkeit des vergangenen Tages abschütteln und die Kraft für den nächsten Tag finden.

In der Stille der schlafenden Baracke ertönt ununterbrochen eine vielstimmige Kaskade des Hustens. Manchmal schreit eine im Schlaf und wiederholt dabei voller Entsetzen die deutschen Wörter, vor denen sie tagsüber Angst hat.

Keine der Schlafenden hört die langen Weckpfiffe, die an mehreren Stellen des Lagers erklingen. Aber schon macht sich die interne Polizei der Gefangenen bemerkbar, die Tag und Nacht eifrig ihren Dienst tut. Ein düsteres, klagendes *»Aufstehen!«* hallt in der ganzen Baracke wider, bleibt über den schlafenden Frauen hängen, begleitet von den Schlägen eines Stocks gegen die Bretter jeder Pritsche. Es ist vollkommen dunkel. Von irgendwo, aus den Tiefen der Schlafkojen, lässt sich ein gedämpftes Stöhnen vernehmen. Eine ist gerade aufgewacht und hat zum ersten Mal in dieser Nacht ihren schmerzenden Körper bewegt. Das Aufwachen ist der schwierigste Moment. Egal, ob man sich im Lager erst seit wenigen Tagen voller Verzweiflung befindet, in denen man jeden Morgen aufs Neue einen schmerzlichen Schock erlebt, oder ob man schon lange, sehr lange da ist und jeder Morgen einen daran erinnert, dass man keine Kraft mehr hat, um wieder einen Tag zu beginnen, der wie alle vorherigen sein wird. Das quälende *»Aufstehen!«* ertönt ununterbrochen; schließlich trennt sich die nervöse Stimme der Nachtwache von der deutschen Sprache, in der sie nur dieses eine, falsch ausgesprochene Wort kennt, und wechselt zu einem schlesisch gefärbten Polnisch, in dem sie sich fließend und frei ausdrückt:

»Aufstehen, verfluchte Schweine, verdammte Intelligenz, aufstehen! *Looos! Aufstehen!*«

Der Stock beschränkt sich diesmal nicht auf die Bretter, sondern greift tiefer und schlägt den schlafenden Frauen auf die Beine, Arme und Köpfe. Es beginnt das morgendliche Durcheinander. Die Geweckten erheben sich gehorsam, ihre Hände tasten in der Dunkelheit nach den unter den Strohsäcken versteckten Schuhen. Widerwillig und sich gegenseitig anrempelnd, ziehen sie die Kleidungsteile an, die sie für die Nacht abgelegt haben. Sie kriechen aus den Mauerhöhlen, die vom Bau her an Katakomben erinnern, auf die schmalen Durchgänge heraus, in denen es ohnehin schon eng ist. Eine Baracke kann so viele Personen nur dann beherbergen, wenn sie sich auf diesen Gerüsten befinden, die als Kojen bezeichnet werden (bei den Männern: Buxen). Wenn sie hinabsteigen und auf dem Boden stehen, passen sie nur schwer hinein. Doch die Baracke ist kein Ort, an dem eine Gefangene tagsüber bleibt. Man schläft hier nur und geht wenige Minuten nach dem Weckpfiff hinaus, um erst am Abend zurückzukommen.

Im Jahre 1942 ist Birkenau (das sogenannte Auschwitz II) ein sumpfiges, von elektrisch geladenem Stacheldraht umzäuntes Feld. Es gibt keine Straßen oder Wege zwischen den Blocks, im ganzen Lager gibt es kein Wasser und gleichzeitig (bis zum Schluss übrigens) keine Kanalisation. Der gesamte Schmutz, Kot und Abfall, liegt da, stinkend und verfaulend. Tief über Birkenau ist kein einziger Vogel zu sehen, obwohl die Gefangenen während der mehrstündigen Appelle viel Zeit haben, um nach einem zu spähen. Durch ihren Geruchssinn oder Instinkt geleitet, meiden die Vögel diesen Ort. Birkenau existiert offiziell nicht. Es wird in keinem Adressverzeichnis erwähnt. Die Bauweise des Lagers zeugt davon, dass es nicht beabsichtigt war, die Menschen hier länger zu halten. Es ist eine Art Warteraum vor den Krematorien, gedacht für zwanzig- bis dreißigtausend Häftlinge und folgendermaßen entstanden:

Auf einer von Stacheldraht umzäunten Wiese wurden im Winter 1941/1942 zwei identische Komplexe aufgestellt, bestehend jeweils aus fünfzehn Backsteinbaracken und fünfzehn Holzbaracken. Sie wurden weder mit Fußböden noch mit Decken ausgestattet, sondern nur mit Dächern bedeckt, durch die der Schnee ungehindert nach innen drang. An den Toren hingen Metallschilder mit der Aufschrift »Pferdeställe« und mit Anweisungen für den Fall, dass die Pferde an der Maul- und Klauenseuche erkranken sollten. Diese Schilder haben sich in vielen Baracken bis zum letzten Tag erhalten. Genauso wie die eisernen Ringe, die auf der Kopfhöhe eines Pferdes befestigt wurden.

In diesem Teil des Lagers zog der Tod früher ein als die Menschen: Viele der Häftlinge, die aus Auschwitz gekommenen waren, um ihn zu bauen, brachen bei der Arbeit zusammen und starben im Schlamm von Birkenau.

Anfangs war eine Holzbaracke für die Polen unzugänglich, sodass das Jahr 1942 in Birkenau mit dem Bild von Backsteinbaracken verbunden ist. Wenn man das Innere eines gemauerten Blocks betrachtet, kann man sich leicht sein ursprüngliches Aussehen vorstellen. Es gab dort vier Reihen von Pferdeboxen, also kleinen Ställen ohne Decke und eigene Außenwand, die voneinander durch dünne, zwei Meter hohe Wände getrennt waren. Sie wurden spärlich durch vier Dachfenster und kleine Fenster in den Außenwänden der Baracke beleuchtet. Die zwei mittleren Reihen der Trennwände grenzten aneinander und die beiden äußeren – an die längeren Wände des Blocks. Auf diese Weise waren zwischen den Boxen zwei enge Korridore für den Stalldiener entstanden, der beim Durchgehen auf beiden Seiten die in den Nischen stehenden Pferde hatte. In jeder Backsteinbaracke gab es über fünfzig solche Boxen.

Die Methode, nach der diese Ställe für Menschen adaptiert wurden, war ganz einfach: In jede Trennwand wurden zwei Holzstege hineingemauert, der eine ganz oben, auf der Höhe von zwei Metern, der andere einen Meter tiefer. Die Stege baute man, indem man je zwei Türen miteinander durch

Holzbalken verband, die aus benachbarten Häusern gebracht wurden. Auf diese Weise entstanden in jeder Box drei Schlafkojen: die erste direkt auf dem Boden, die zweite einen Meter höher, die dritte auf der Höhe von zwei Metern. In der gesamten Baracke gibt es jetzt also über hundertfünfzig Liegeplätze. Auf jeden Liegeplatz passen zwei Strohsäcke, die (laut Vorschrift: an dem Tag, an dem sie neu sind) mit vier Kilogramm Spänen oder Schilf aus nahe gelegenen Teichen gefüllt sind. Auf einem solchen »Bett« schlafen sechs bis zehn Personen, das heißt achtzehn bis dreißig Menschen leben auf einer Fläche, die für ein Pferd bestimmt war. In Zeiten hohen Zustroms sind manchmal mehr als tausendzweihundert Personen in einer Baracke (einem Raum also) untergebracht.

Das Innere eines Blocks ähnelt einem riesigen Hühnerstall oder Kaninchenhaus. Die unteren Schlafkojen sind die schlimmsten. Es ist in ihnen nass und kalt vom Boden, der an Regentagen in den Durchgängen so zertreten ist, dass die Schuhe darin stecken bleiben. Es ist dort auch dunkel, denn Dutzende von Beinen blockieren ständig den Lichtzustrom. Man kann niemals gerade sitzen, weil diese Höhlen zu niedrig sind. Nachts greifen ganze Herden von Ratten die untersten Schlafplätze an. Die mittleren Kojen sind genauso eng, aber etwas heller. Zwar kommt es oft vor, dass ein verdreckter Schuh derjenigen, die auf den obersten Platz klettert, im Dunkeln die Köpfe der Schlafenden trifft, doch dafür sind die Strohsäcke hier trocken. Die oberen Kojen sind richtig hell. Auf den oberen Kojen gibt es genug Luft. Hier kann man nicht nur gerade sitzen, sondern auch knien oder sogar stehen. An regnerischen Tagen werden zwar ihre Vorteile durch die einfache Tatsache wettgemacht, dass das Dach voller Löcher ist, doch sie gelten trotzdem als die besten. In den Backsteinbaracken gibt es kein Licht, sodass die Menschen, die abends von der Arbeit zurückkehren, im Dunkeln in ihre »Katakomben« kriechen, im Dunkeln nach ihren Decken suchen, im Dunkeln ihre Kleidung ablegen. Wie schwer es jemandem, der keine Pakete bekommt, fallen muss, bei den Mitgefangenen, die in den Magazinen arbeiten, eine Kerze zu kaufen! Wie oft muss man auf Brot oder Margarine verzichten, um irgendwann abends eine Kerze neben sich aufstellen, das Hemd ausziehen und in diesem Licht Läuse fangen zu können. Es gibt Frauen, die es ohne Licht tun, aber sie begnügen sich dabei mit den größeren Läusen, indem sie den kleinen und den Nissen das Leben schenken.

In der Tiefe der dunklen Höhlen, wie in mehrstöckigen Käfigen, beim schwachen Licht der hier und da brennenden Kerzen, sitzen nackte, abgemagerte Gestalten. In sich zusammengekauert, blau vor Kälte, über einen Haufen dreckiger Lumpen gebeugt, die rasierten Köpfe zwischen die Schultern eingezogen, fangen sie mit ihren dünnen Fingern die Insekten und zerdrücken sie vorsichtig am Rande der Kojen: Das ist das Bild einer Lagerbaracke von 1942. Die Unterwäsche der Gefangenen ist schmutzig. Aus Mangel an Wasser wird sie nicht gewaschen, sondern nur von den Läusen gesäubert.

Die Frauen kämpfen gegen den Dreck. Es entstehen spezielle Methoden, die ständig verfeinert und dann allgemein verwendet werden. Doch der Kampf ist zwecklos, denn wie gesagt: In einer Koje schlafen mehrere Frauen nebeneinander. Selbst wenn sie nach unzähligen Anstrengungen die Decken und ihre Kleidung gereinigt und die Koje in den Zustand relativer Sauberkeit versetzt haben, ist ihre ganze Mühe in dem Moment umsonst, in dem in ihren Block Frauen aus einer anderen Baracke kommen. Wenn sie Läuse mitbringen, wenn sie die im Lager weitverbreitete Krätze einschleppen, dann sind bald alle, die unter einer Decke schlafen, von dieser Plage betroffen. Und dann beginnt alles von vorn.

Zwischen den Gerüsten der Schlafkojen treibt die Nachtwache, zusammen mit der Blockältesten und den Stubenältesten, die Frauen mit Händen und Stöcken in Richtung Tür. Die dichte Menge strömt langsam und widerwillig, sträubt sich, in die feuchte Kälte der Nacht hinauszugehen. Die Frauen gleiten halb im Schlaf, halb bei Bewusstsein, Kopf an Kopf, Schulter an Schulter. Man kann nicht sehen, wer sich neben einem unter der Hülle der dunklen Lumpen verbirgt. Von der Schwelle lässt sich bereits das Schwappen des von den vielen Füßen zertretenen Schlamms vernehmen. Der Schein der Sterne und des Mondes, geschwächt durch das Licht, das vom Stacheldrahtzaun an den Lagergrenzen flutet, erleuchtet die gebückten Frauengestalten, die mühevoll ihre mit Lumpen umwickelten Füße aus dem Schlamm ziehen.

Manche Gesichter werden in diesem Licht nur für einen Moment sichtbar, um dann schnell wieder im Schatten der Nacht zu verschwinden. Einige haben in ihren Zügen vollkommene Stille und eine seltsame Schönheit der Ruhe, als ob diese Frauen bereits gestorben und ihre Gesichter in einem stummen Ausdruck der Traurigkeit erstarrt wären. Die kann man unmöglich vergessen. Die Gesichtszüge anderer sind durch Ärger, Wut oder Zorn verzerrt. Die möchte man gar nicht wahrnehmen.

Wer sich stark genug fühlt, wer keine geschwollenen Beine hat, der kann noch vor dem morgendlichen Appell loslaufen, um nach Wasser zu suchen. Im gesamten Frauenlager Birkenau ist das Wasser in dieser Zeit sehr knapp. Die Küche und die Desinfektionsbaracke, die immer voller Neuzugänge ist, darf man nicht betreten, wenn man es vermeiden will, die Knochen vom Schlagstock eines SS-Manns gebrochen zu bekommen. Zehntausende von Menschen werden durch einen einzigen Wasserhahn hinter der Latrine versorgt, meistens frühmorgens, vor den Pfiffen zum Appell. (Selbst wenn er manchmal tagsüber funktioniert, kann man es unmöglich nutzen, weil man gerade außerhalb des Lagers ist.) Wenn man früh genug aufsteht, wenn man das Glück hat, dass die Wasserleitung geöffnet ist, wenn man es schafft, sich durch die Menge von Hunderten oder Tausenden Frauen zu zwängen und dem Stock einer Kapo auszuweichen, die sogar hier aus angeborener Ordnungsliebe Schläge verteilt, dann schafft man es vielleicht, einen Viertelliter Wasser in eine Schüssel aufzufangen. Jetzt kann man – wenn die sich wiegende Menge es nicht verschüttet – damit machen, was man will: es trinken, darin die Kleidung oder sich selbst waschen.

Über den Schlamm, in dem die Füße bis zu den Knöcheln versinken, schleppen sich mühsam in Richtung Latrinen oder zurück mehrere Gestalten, die vom weißlichen Licht der Lampen an den Betonsäulen erleuchtet werden. Manchmal fällt eine hin und versucht vergeblich, aus eigener Kraft aufzustehen. Und während sie hinfällt und aufsteht, wird sie immer schwächer, bis sie von einer Schmerzattacke gezwungen wird, dort, wo sie ist, endgültig zu bleiben. Gespenstisch wirkende Schatten von Menschen liegen hier überall herum. Jemand stöhnt. In dem schwachen Licht kann man kaum erkennen, wer tot ist und wer um Hilfe ruft.

Inzwischen beginnen die Blockälteste und die Stubenältesten, die Frauen zum Appell aufzustellen. Sie haben meistens keine Ahnung vom Drill und manchmal auch vom Rechnen, sodass dieses Aufstellen und Zählen unendlich lange dauert. In der Zwischenzeit wird der Kaffee verteilt, das einzige Morgenmahl vor der Arbeit. Die vor Kälte starren Hände greifen gierig nach dem Blechnapf, auf dessen Boden etwas schwarze Flüssigkeit schwimmt. Der Dampf schwebt nicht mehr über dem Getränk, doch die zitternden Lippen hoffen auf etwas Wärme, die Hände versuchen, sich an dem Napf zu erwärmen.

Die Sterne beginnen zu verblassen, aber die Morgenröte lässt sich im Osten noch nicht blicken. Nachdem die Stubenältesten die Frauen vor ihrem Block gezählt haben, fangen sie an, die Kranken, die Fieber haben oder durch Ruhr geschwächt sind, hinauszuführen und auf einen Hocker oder auf den Boden zu setzen. Schließlich tragen sie die Sterbenden hinaus, um sie zum Zählen vor die Baracke zu legen. Die auf der nassen Erde ausgestreckten, mit schlammdurchtränkten Decken bedeckten Menschengestalten ziehen die Blicke der Gesunden auf sich, die erst vor Kurzem ins Lager gekommen sind. Jemand sagt leise:

»Sie tragen jetzt Frau Pietkiewicz, die Gattin eines Hauptmanns aus Rawa Mazowiecka. Sie wird jeden Augenblick sterben. Und hier liegt Frau Zahorska, eine Schriftstellerin. Die Intelligenz erträgt das alles am schlechtesten. Dort sitzt Doktor Garlicka, eine Gynäkologin aus Warschau, und neben ihr Frau Grocholska vom Polnischen Rundfunk.«

Es ist unmöglich wegzuschauen – vor allen anderen Baracken gibt es denselben Anblick. Man muss direkt hinsehen und an das bevorstehende Fieber denken, das niemanden verschont. Jemand flüstert wie zu sich selbst:

»Wie gut, dass Auschwitz geheim gehalten wird und dass die Kinder nicht wissen, wie ihre Mütter sterben.«

Aus der Dunkelheit der Nacht tauchen allmählich die Baracken und die vor ihnen in Fünferreihen stehenden Frauen auf. Der Nebel aus den umliegenden Sümpfen hat alles verdeckt, was man von der anderen Seite des Stacheldrahts sehen könnte; er hat es in sich hineingesaugt und für den menschlichen Blick unsichtbar gemacht. Er hat das ganze Lager umhüllt und so die Illusion einer einsamen Insel geschaffen. Tausende von Menschen sind vor den Baracken zu sehen, doch jenseits des Stacheldrahts gibt es niemanden im Umkreis von vielen Kilometern. Oben flackert ab und zu das dunkelrote Feuer der Flammen des Krematoriums auf. Das Bewusstsein der Leere und des Verlustes schleicht sich langsam heran, zusammen mit dem Morgennebel, der ganz nahe an den Stacheldraht kommt, gegen das Licht kämpfend. Am Draht leuchtet hier und da eine blutrote Lampe, die von einer tödlichen Stromspannung zeugt. Sie ist wie ein Signal, wie ein Köder. Sie anzusehen macht unruhig. Und doch löst sich von dem Komplex dunkler Baracken ein kleiner Punkt, der sich langsam auf dieses Licht zubewegt. Von Weitem sieht man kaum, dass es ein Mensch ist. Wie durch einen fremden Willen hypnotisiert, dem sie völlig erliegt, geht diese Gestalt langsam vorwärts, ohne zurückzublicken, ohne auch nur für einen Augenblick stehen zu bleiben. Der von elektrischem Licht erleuchtete, gleichmäßig zwischen den Betonsäulen gespannte Stacheldraht wirkt wie von Frost bedeckt.

Zwischen ihm und dem Graben, der sich um das gesamte Gelände zieht, gibt es einen schmalen, vielleicht einen halben Meter breiten Landstreifen, der von niemandem betreten wird.

Der Boden des Lagers ist verkrustet und hart von den Tausenden Füßen, die ihn die ganze Zeit zertreten, aber hier, auf diesem schmalen Streifen wächst Gras, das sich jeden Morgen mit frischem Tau bedeckt, und im Winter liegt makellos weißer Schnee, der niemals von Fußspuren gezeichnet wird. Dieser Landstreifen wartet auf all diejenigen, die daran zweifeln, dass die Freiheit je kommen könnte, auf diejenigen, die über diesen schmalen, sauberen Pfad für immer weggehen wollen. Die dunkle Frauengestalt ist schon ganz nah; sie passiert eine kleine, aus Erde aufgeschüttete Brücke und bleibt unter der brennenden roten Lampe stehen. Sie kann wohl schon den Gesang der Drähte hören, in denen ständig etwas rauscht, klingelt, summt. Sie reißt die Hände in die Höhe und fällt nach vorn. Der Schuss von einem Wachturm ertönt in dem Moment, in dem ihr Körper am Stacheldraht hängen bleibt.

Ringsherum herrscht Stille. Der Morgenappell ist noch nicht zu Ende. Niemand ist hingelaufen, um sie zu retten, um ihren Selbstmord zu verhindern. Wer ihr bis zu diesem Todesstreifen ohne den Befehl eines SS-Manns gefolgt wäre, wäre durch eine Kugel gefallen. In anderen Teilen des Lagers lassen sich auch Schüsse vernehmen, die auf weitere Selbstmorde hindeuten.

Jetzt beginnt die Morgenkälte den Gefangenen richtig zuzusetzen. So weit das Auge reicht, entlang des ganzen Lagers, sieht man, wie die im Nebel stehenden Gestalten sich krümmen, auf der Stelle treten oder zum Aufwärmen hüpfen. Währenddessen bringt die Blockälteste die schlechteste aller Nachrichten:

»Das Zählergebnis stimmt nicht.« (Im Jahr 1942 stimmte es fast nie.)

Die Blockälteste zählt weiter, die SS-Frauen überprüfen es und machen eine Runde um den Stacheldraht, um die Anzahl der Toten hinzuzufügen. Gleichzeitig sucht eine Gruppe eifriger Kapos und Oberkapos, mit einer Lagerältesten an der Spitze, nach denen, die sich nicht zum Appell gemeldet haben. Innerhalb einer Dreiviertelstunde, vielleicht einer Stunde, die seit dem Feststellen der Unstimmigkeit vergangen ist, gelingt es ihnen, aus verschiedenen dunklen Schlupflöchern, aus unbenutzten Ecken hinter den Blocks, aus den Latrinen, Gräben und Erdmulden all die herauszuziehen, die nur noch ruhig sterben wollten. Die sich mit dem Rest ihrer schwindenden Kräfte eine abgeschiedene Stelle gesucht haben, um ihren letzten Atemzug zu tun. Nun werden sie gefunden, aus ihren Verstecken gezerrt. Sie müssen ein weiteres Mal Appell stehen. Angestoßen und beschimpft, reihen sie sich unter die Gefangenen ein.

Und dort führen sie irgendeine arme Seele, die nicht erkennen kann, in welcher der fünfzehn Backsteinbaracken sie wohnt und wo sie sich hinstellen soll. Sie kann weder ihre Nummer noch ihren Namen nennen, weil eine schwere Krankheit ihr Bewusstsein trübt. (Im Jahre 1942 gab es noch keine Tätowierungen an den Unterarmen.)

Das ganze Lager steht immer noch Appell, die vor Kälte steifen Frauen bitten Gott, dass jemand endlich die Kranke erkennen möge. In den Köpfen entsteht gar kein Gedanke, nur die Hände reiben an den durchfrorenen Körpern.

Das Stimmengewirr, das aus dem Männerlager herüberdringt, deutet darauf hin, dass man dort schon zur Arbeit aufbricht. Und in der Tat erscheint auf dem Weg zwischen den beiden Stacheldrahtzäunen eine kleine Gruppe von Häftlingen. Im Nebel, in dem man kaum etwas erkennen kann, ertönt eine leise Musik. Die abgemagerten Gestalten in gestreiften Häftlingsanzügen verschmelzen mit dem Grau der Luft und bilden einen seltsam traurigen Kontrast zu der fröhlichen Melodie. Sie sehen dem Nebel ähnlicher als Menschen, wie sie, in der Kälte eng aneinandergerückt, so da stehen und spielen, obwohl der Tag noch nicht richtig begonnen hat. Doch in diesem Moment geht das gegenüberliegende Tor des Männerlagers auf, und dichte Kolonnen strömen auf die Straße hinaus. Am Ende der Straße, an einem kleinen Wärterhaus, stehen mehrere SS-Männer und warten. Die Häftlinge gehen gleichmäßig, im Takt der gespielten Musik. Ein aufmerksamer Kapo mit gelber Armbinde ruft laut:

»Links! Links! Links – und links!«

Sie gehen still und ruhig, wie willenlose Gespenster – ohne Enthusiasmus, aber auch ohne Protest. Die ersten sind schon in der Nähe der SS-Männer, und aus dem Tor kommen ständig neue. Jetzt reißt sich der Kapo die Mütze vom Kopf, schreit in Richtung der Marschkolonne: *»Mützen ab!«* – und stürzt auf die SS-Männer zu. Der Anblick der rasierten Köpfe dieser wehrlosen Männer, die diszipliniert vor einigen wenigen bewaffneten Deutschen marschieren, hat fast schon etwas Beschämendes an sich. Es ist auch etwas Unangenehmes in der Haltung des Kapos, der strammsteht, die Mütze an die gestreifte Hose gedrückt, und seinen Bericht erstattet. Das zweite Tor geht auf, und eine weitere Kolonne kommt heraus, indem sie für die nächsten Platz macht. Wieder ein Kapo, wieder die Fünferreihen, wieder *»Links! Links!«*. Sie sind genauso abgemagert und fahl, ihre rasierten Köpfe ragen genauso reglos empor, ihre Hände liegen genauso eng an den Hosen. Der Automatismus ihrer Bewegungen weckt Angst. Sie laufen wie eine große, tote Armee, die eine Parade abhält. Es kommen ständig neue, immer in diesen Fünferreihen – sie ließen sich leicht zählen. Tausend, zweitausend, zehntausend sind vorbeigegangen, und es folgen immer noch welche. Wenn dein Vater, dein Bruder oder dein Sohn dort wäre, würdest du ihn nicht erkennen, in dem Maße sieht ein gebrechlicher Greis einem jungen Mann ähnlich, in dem Maße hat ein Junge das zerfurchte Gesicht eines Alten. Alle wirken gleichermaßen steif und leblos. Und sie bewegen sich ständig vorwärts – an dem spielenden Orchester, den SS-Männern, dem Wärterhaus vorbei, hinter das Tor, hinter den Stacheldraht, aufs Feld.

Die Sterne sind längst verblasst, der Himmel ist grau geworden, im Osten erscheint die erste rosafarbene Morgenröte. Sie weckt den schmerzhaften Gedanken: Eben dort, nordöstlich von diesem Ort, ist Warschau, ist das Zuhause, sind die geliebten Menschen. Wer von ihnen wird jemals die Geheimnisse von Auschwitz verstehen?

Ringsherum wird es immer heller, jeder Gegenstand ist jetzt deutlich sichtbar, der Nebel hat sich vollkommen zurückgezogen und den Ausblick auf die weiten Wiesen frei gemacht. Der rosafarbene Widerschein der Morgenröte hat die Silhouette der toten Frau, die am Stacheldraht hängt, mit einem zarten Rand gefärbt. Ihr erhobener rechter Arm hat sich verfangen und ist so, zum Himmel ausgestreckt, geblieben – in einer Geste der Bitte oder des Schwurs. Ihr Kopf, kraftlos nach hinten gebogen, zeigt ein mädchenhaftes Gesicht, das infolge des elektrischen Schlags blau angelaufen ist.

Die Stille des Frauenlagers, das zu reglosen Appellgruppen erstarrt ist, wird schließlich von der ersehnten Stimme der Trillerpfeife durchschnitten, dann bricht ein allgemeines vielsprachiges Stimmengewirr aus. Es ist die Zeit des Ausmarschs aus dem Lager, die Zeit einer unbeschreiblichen Hektik. Die heiser gewordenen Kapos und Anweiserinnen laufen ständig umher und treiben die Frauen zusammen. Über diesem Lärm ertönt ein unaufhörliches Hundegebell. Die SS-Männer mit Schäferhunden warten am Tor, um die Kolonnen zur Arbeit hinauszuführen.

Es gibt im Lager eine kleine, nur etwa ein Dutzend Personen zählende Gruppe, die niemals vor das Tor geht, die also auch niemals die Beschwerlichkeiten erlebt, die mit der Arbeit auf dem Feld verbunden sind. Ihre Aufgabe besteht darin, die Lagerstraße sauber zu machen. Verantwortlich für diese Arbeit ist Monika Galicyna, die wohl einzige Polin, die in dieser Zeit die Funktion einer Anweiserin innehat. Das rote Band an ihrem Arm ist ein Symbol ihrer Macht. »Bei Monika« versuchen diejenigen unterzukommen, die zu harter Arbeit auf keinen Fall fähig sind. Jeden Morgen nach dem Appell geht Monika mit ihrer Gruppe zu einem Schuppen, um Werkzeug zu holen. Auf dem Weg dahin schließt sich ständig jemand an und bittet die Anweiserin mit seinem Blick, bleiben zu dürfen. Sie lehnt niemanden ab. Ihre Gruppe ist deshalb immer zu groß. Sie betritt mit den Frauen den Werkzeugschuppen und erlaubt ihnen, während sie selbst aus dem Fenster schaut, unter dem Dach zu bleiben und sich möglichst lange zu wärmen. Erst als eine SS-Uniform in der Nähe auftaucht, sagt sie:

»Wir gehen jetzt hinaus.«

Bewaffnet mit Schaufeln, Besen und Schubkarren, machen sich die Frauen auf, das Lager sauber zu machen. Mindestens zehn Kranke kommen täglich bei Monika unter, indem sie die Tatsache nutzen, dass sie nicht nur nicht schlägt, sondern auch niemanden zur Arbeit zwingt. Ihre eigene Beschäftigung besteht darin, ununterbrochen die Blockführerstube zu beobachten. Manchmal geht sie auf die Frauen zu, die sich vor dem Regen verstecken, und sagt ruhig:

»Bewegen Sie sich ein wenig, die Oberaufseherin kommt.«

Monika hat mit ihrem Verhalten bewiesen, dass es durchaus möglich war, ein Funktionshäftling zu sein und den anderen das Leben leichter zu machen und zu helfen. Leider wurde sie sehr schnell durch eine energische Prostituierte aus Krakau ersetzt, die mit besonderer Freude und Sachkenntnis die ihr untergeordneten Frauen schlug.

Nur eine kleine Gruppe kann, wie gesagt, innerhalb des Lagers Beschäftigung finden. Für die meisten bleibt die sogenannte Außenarbeit.

Nun passieren die Reihen elender Frauengestalten das Tor. Sie gehen angespannt, gleichmäßig und rhythmisch, vorbei an der gefährlichen blonden Oberaufseherin Mandl, die einen, ohne mit der Wimper zu zucken, zum Tode verurteilen kann. Vorbei an dem Rapportführer Taube, der eine besondere Methode hat, den Frauen plötzlich einen so zuverlässigen Schlag mit der Faust ins Gesicht zu verpassen, dass selbst die Stärksten sofort nach hinten fallen. Vorbei an der Aufseherin Drechsler, der in ihr skelettartiges Gesicht und in die anormale Anordnung ihrer hervorstehenden Zähne ein Ausdruck des Hasses geschrieben steht. Vorbei an der Aufseherin Hasse, die gern zuerst ins Gesicht schlägt und dann ein Gespräch beginnt. Vorbei an der Lagerältesten Bubi, einer eingefleischten Kriminellen, die so degeneriert ist, dass es schwierig wäre, aufgrund der Beobachtung ihrer Bewegungen, ihrer Stimme, ihres Gesichts und ihrer Art zu sagen, ob sie eine Frau oder ein Mann ist.

Jede der marschierenden Frauen möchte den Blick der Stehenden vermeiden, ihre Aufmerksamkeit nicht erregen, nur ein Teil der gleitenden menschlichen Raupe sein und nichts weiter. Im Moment sind nur diejenigen einigermaßen sicher, die in der Mitte der Fünferreihen gehen, weil die von den SS-Leuten zum Zählen erhobenen Stöcke sehr oft aus dem nichtigsten Grund auf die Köpfe der am Rand Gehenden fallen.

Auf beiden Seiten des Tors, wie am Eingang zur mythischen Hölle, warten riesige Hunde, die darauf trainiert sind, sich auf Menschen zu stürzen; sie heulen, bellen, schäumen vor Wut, strecken sich an den Leinen. Jeder Kolonne schließen sich einige SS-Männer an, die handbetriebene Maschinengewehre tragen und Hunde mit sich führen.

Es ist frühmorgens, die Sonne ist immer noch nicht zu sehen, nur ein rosa Streifen der Morgenröte. An den Bäumen und Grasbüscheln glitzert silbern der Raureif. Ein SS-Posten steht vor der Tür eines Wärterhauses am Rand der Straße und versinkt in seinem riesigen Schaffellmantel mit hochgeschlagenem Pelzkragen. Er senkt die Ohren in den Ohrenschützern – mal das eine, mal das andere – in die Tiefen des Kragens, schlägt sich mit den Händen in großen Handschuhen auf die Seiten, stampft energisch mit den Füßen in riesigen Stiefeln. Ja, ein Oktobermorgen ist kalt.

Die strumpflosen Beine der Marschierenden laufen blau an, ihre Füße, die mühsam die flachen Holzpantinen schleppen, werden steif vor Kälte. Ihre gekrümmten Rücken zittern unter einem einzigen Pullover – und viele Frauen haben gar keine Pullover bekommen, sondern tragen nur dünne Baumwollkleider mit kurzen Ärmeln, durch die sie jeden Windhauch spüren. Sie frieren sogar an den kahlrasierten Köpfen, wenn der Wind weht und die Ecken ihrer auf deutsche Art unterm Kinn gebundenen Tücher anhebt.

Der Sonnenaufgang findet alle beim Marschieren vor: Aus dem Stammlager, das direkt an die Stadt Auschwitz grenzt, von der es seinen Namen hat, und aus allen Toren des geheim gehaltenen Lagers Birkenau, das von Auschwitz drei Kilometer entfernt liegt, rücken lange Kolonnen aus, alle gleichermaßen hungrig und durchfroren, und gehen zur Arbeit. Sie haben es näher oder weiter, manchmal sogar über zehn Kilometer weit. Wenn der Weg wegen Kälte, Schlamm oder zugefrorenem Boden nicht zu beschwerlich ist, ist es eine der besten Gelegenheiten, frei nachzudenken.

Wer von denen, die damals, am Anfang, marschierten, begann den Tag nicht mit der Frage: »Wie viele Tage noch?« Dann verging die Zeit, ohne Veränderungen zu bringen, und die Tage wurden durch Wochen, später durch Monate ersetzt. Doch inzwischen sind Jahre vergangen, und die Kolonnen von grau gestreiften Gestalten werden immer noch auf ihrem Weg zur Arbeit von der aufgehenden Sonne begrüßt. Jetzt allerdings hat das Herz nicht mehr den Mut zu fragen: »Wie lange noch?«

Eine riesige Kolonne von Polinnen richtet sich nach links und bleibt an der letzten Eckbaracke des Männerlagers stehen, dort, wo es später einen Quarantänebereich geben wird. Hier suchen die drei Aufseher die Anzahl von Frauen aus, die sie für die Arbeit benötigen. Die erste Gruppe bleibt an Ort und Stelle stehen, neben kleinen Güterloren, die zweite geht viel weiter, bis zu den neu gebauten Baracken, und die dritte begibt sich über einen Weg nach links und verschwindet im Wald. Es ist insofern eine glückliche Zeit, als man nicht unbedingt in derselben Kolonne bleiben muss und die Arbeit frei wechseln kann, um die Gegend und die verschiedenen Beschäftigungsarten der Häftlinge kennenzulernen.

Die Arbeit an den Loren hat viele positive Seiten, vor allem die, dass die Zeit bis zum Abend an der Anzahl der beladenen und transportierten Wagen gemessen wird. Außerdem hat man dadurch, dass man auf einem Sandberg arbeitet, keinen Schlamm unter den Füßen, obwohl die Mischung aus Regen und Schnee an anderen Stellen Pfützen bildet. Allerdings kann man sich nirgendwo vor dem Regensturm verstecken, der vom Herbstwind herangetragen wird. Und man darf den Arbeitsplatz unter gar keinen Umständen verlassen. Wenn also die Hände, die eine Schaufel halten, rot und taub werden, wenn die Kleidung und die Unterwäsche durchnässt sind und das Wasser den Rücken herunterläuft, muss man stillstehen. Man kann aufhören zu arbeiten, weil die Wachen sich selbst irgendwo vor dem Regen versteckt haben, aber man darf nicht weggehen. Am leichtesten sind die Tage, an denen der Regensturm schnell vorüberzieht und der Wind die Kleidung durchweht und an den Körpern trocknet, die sich von der Arbeit wieder erwärmen. Schlimmer ist es, wenn es bis zum Abend regnet; dann muss man die nasse Kleidung vor dem Schlafengehen auf die Pritsche legen und mit dem eigenen Körper bedecken, damit sie wenigstens ein wenig trocknet.

An regnerischen Tagen muss man sich die Zeit so füllen können, dass die Stunden vom Sonnenaufgang bis zum Abend schneller vergehen. In der Nähe der Loren, auf der anderen Straßenseite, steht eine kleine Hütte. Der Blick richtet sich unwillkürlich auf sie – sie ist hier die einzige Spur des menschlichen Daseins. Im Umkreis von vielen Kilometern um das Lager wurde die Bevölkerung ausgesiedelt und eine menschenleere Fläche geschaffen, auf der Schilder aufgestellt sind, die den Zutritt verbieten. Und da steht plötzlich so nah ein Haus. In den Träumen der Frauen, in ihren irrealen Vorstellungen, bekommt diese kleine Hütte eine besondere Bedeutung, sie wird zum ersten Versteck im Fall einer Flucht. Man könnte darin niederknien, damit man durch das Fenster nicht gesehen wird, die gestreifte Kleidung ablegen und die an die Brust genähte Nummer vernichten. Der Blick prüft unwillkürlich die Situation – die unmittelbare Umgebung der Hütte, ihre Lage im Verhältnis zum Lager und zur Straße.

Viel später wurde die Hütte abgerissen. An ihrer Stelle entstand eine schöne Baracke mit Fenstern, in der ein Baubüro untergebracht wurde. Der Ort, an dem man als Ausreißer die erste Zuflucht fände, war also verschwunden, doch zu diesem Zeitpunkt dachte man auch nicht mehr darüber nach, wie man das Lager illegal verlassen könnte.

Die Arbeit der zweiten Gruppe besteht in der Montage einer Schienenlinie im neu errichteten Lager der SS-Mannschaft. Die Baracken, die gerade fertiggestellt werden, haben innen einen Fußboden, sind in kleine Zimmer unterteilt, und vor allem haben sie große Fenster. Die Kanalisation wurde auch bereits verlegt. Man durfte sich allerdings nicht lange der Illusion hingeben, dass diese Räume, in denen man erträgliche Lebensbedingungen schaffen könnte, den Häftlingen überlassen werden sollten. Sie waren, wie gesagt, für die SS gedacht, für Wohnungen, Büros, ein Lazarett und ein Erholungslager für die Rückkehrer von der Front.

Der Mann, der die Arbeit beaufsichtigt, will, dass alle schweren Gegenstände auf der Baustelle mit den Loren transportiert werden. Die Schienen zu tragen ist eine harte Arbeit. Sie liegen irgendwo in der Nähe des Waldes und sind mit Moos und Gras bewachsen. Außerdem sind sie teilweise in den weichen Böden hineingedrückt und durch Holzschwellen miteinander verbunden.

»Ich brauche zwanzig Stück, zwanzig junge kräftige Weiber!«

Man muss die Bolzen abschrauben, mit denen die Schienen verbunden sind, sich in den Spalt an jedem zweiten oder dritten Joch hineinstellen (das hängt von der Länge des Segments ab, das man zu tragen hat), die Schienen mit den Händen auf beiden Seiten ergreifen und – »hoch!« Die Wirbelsäule biegt sich zu einem Bogen, die Arme, in denen der Schmerz mit jeder Sekunde zunimmt, strecken sich wie zwei gespannte Saiten. Am schwersten zu tragen haben die Hochgewachsenen, doch niemand denkt daran, für diese Arbeit Frauen von der gleichen Körpergröße auszusuchen. Wenn eine Arbeiterin hinfällt, werden Tausende oder Zehntausende an ihre Stelle kommen, und auch vielen von ihnen werden die Kräfte versagen.

Plötzlich lässt eine in der Mitte gehende große Tschechin die Schienen fallen, reißt die Hände in die Höhe und schreit:

»Nemohu! Nemohu!«[3]

Infolge des Schocks und der zusätzlichen Belastung strecken sich die Arme der anderen Tragenden noch mehr, spannen sich die Rücken noch weiter an, und die Kapo, eine alte Kriminelle, die hier als Aufseherin der politischen Gefangenen arbeitet, beginnt in einem ordinären schlesischen Dialekt herumzuschreien und mit ihrem Stock auf die weiterhin im Gitter der Schienen gehende Tschechin einzuschlagen. In dem Gezerre kommt das Gleis ins Schwingen und reißt den es schleppenden Frauen fast die Hände weg. Es ist unmöglich weiterzumachen. Der Frauenzug bleibt stehen. In dem Moment kommt ein junger SS-Mann der Kapo zu Hilfe. Sein

3 Tschech.: »Ich kann nicht! Ich kann nicht!«

riesiger, grauer Schäferhund stürzt sich gehorsam auf die Tschechin, wirft sie um und zerfleischt ihre Oberschenkel. Der Deutsche wendet sich ab und wartet ruhig, bis die ungeplante Arbeitsunterbrechung vorbei ist. Die Frauen halten die Schienen immer noch, doch ihre Rücken krümmen sich gefährlich, einige Hände am Ende der Reihe lösen sich von der schweren Last, und die rostigen Eisenstücke fallen teilweise in den Sand. Doch die Kapo fällt nicht mal für einen Moment aus der Rolle der Antreiberin. Wie ein gedankenloser Kutscher, der das erste Pferd eines Gespanns mit seiner Peitsche schlägt, um es zum Mitreißen der anderen zu zwingen, so schlägt sie pausenlos auf die Anführerin der Gruppe ein, bis ihr Stock bricht und mit einem Flattergeräusch auf die Erde fällt. Der Zug der Schienenträgerinnen bewegt sich langsam wieder vorwärts, die rebellische Tschechin ist gezwungen, aufzustehen und weiter mitzutragen, obwohl sie gerade misshandelt und von dem Hund verletzt wurde. Ein Fetzen Stoff aus ihrem Kleid, von oben bis unten rausgerissen, hängt zu Boden, aus ihrem entblößten Körper fließen entlang der Beine kleine Blutbäche.

Die zweite Gruppe hat überhaupt kein Glück. Ihre Arbeit ist sehr dringend, weil von ihr abhängt, wann das Lager der SS-Mannschaft fertig ist. Die ununterbrochene Hektik und das ewige Antreiben enden oft mit Schlägen. Den Frauen ist es also lieber, mehr, besser und schneller zu arbeiten, als solche demütigenden und die Nerven belastenden Situationen zu ertragen. Fünf von ihnen schieben eine bis zum Rand mit Kies gefüllte Lore. Man muss sie auf eine primitive Weiche stellen, umdrehen, auf eine neue Spur bringen und dann in eine andere Richtung weiterschieben. Die ganzen Schienen sind sehr provisorisch gelegt, weil sie von den Frauen allein, ohne Hilfe von Fachleuten, und in nervöser Eile montiert wurden. Es ist nass, alles ist rutschig und mit Kies beklebt.

Ein größerer Stein ist offenbar unter die Räder geraten, weil der Wagen plötzlich an der Weiche mit einem Knirschen von den Gleisen rutscht und – nachdem er noch ein Stück aus eigener Antriebskraft und unter dem Druck der Arme der Schiebenden gefahren ist – im Sand stecken bleibt. Die Frauen stehen da, völlig hilflos. Zum Glück ist der Aufseher nicht in Sichtweite. Alle Versuche, das schwere Ding auf die Gleise zurückzuziehen, erweisen sich als völlig sinnlos; die mit Kies voll beladene Lore rührt sich nicht vom Fleck. Und die Kapo kann jederzeit kommen ... Es beginnt ein leises, geheimes Zusammenrufen. In lauernder, gebückter Haltung schleichen sich an den entgleisten Wagen die Frauen heran, die auf einem sandigen Hügel arbeiten. Nach allen Seiten spähend, nähern sich diejenigen, die den Kies einebnen. Eine Gruppe, die nach dem Wegtragen der Schienen an ihren Platz zurückkehrt, schließt sich auch an. Eine gemeinsame Anstrengung der Arme, der Rücken, die den Wagen von unten stützen, der Spaten, mit denen die im Sand feststeckenden Räder angehoben werden, und die schwere Lore kommt in Bewegung. Die Angst gibt den Frauen Kraft. Sie packen erneut an, und der Wagen steht mit einem Rad auf der Schiene. Von Weitem eilt die Kapo herbei, die bemerkt hat, dass mehrere Arbeitsplätze leer sind. Doch bevor sie da ist – noch ein Ruck, noch ein Hochheben, und die Lore voller Kies fährt wieder über die Schienen.

Ewa Niedzielska aus Krakau schob und schleppte zusammen mit den anderen. Sie war leichenblass, ihre Stirn hatte sich mit winzigen Tropfen bedeckt, ihre Hände zitterten. Vielleicht keimte schon damals in ihr die Lungenkrankheit, die später ihren jungen Organismus tötete? Bei der damaligen zu harten Arbeit, durch die ständigen Erkältungen und Hunger kann ihre Tuberkulose begonnen haben. Zu diesem Zeitpunkt wusste aber niemand davon. Ihr blasses Gesicht, gehüllt in ein rotes Tuch mit weißen Pünktchen, strahlte die Menschen freundlich an, und so blieb sie uns in Erinnerung.

Die Gruppe, die im Wald arbeitet, weckt allgemeinen Neid. Es ist ziemlich schwierig, sich an den Teil der riesigen Kolonne zu halten, aus dem zum Schluss eine bestimmte Anzahl an Fünferreihen in den Wald geht. Der Wald! Die Sehnsucht nach seiner Stille, die nach dem schrecklichen, unaufhörlichen Lärm des Lagers beruhigend wirkt. Die Sehnsucht nach einem Moment der Einsamkeit, nachdem man im Lager niemals, in keiner Situation, weder tagsüber noch nachts, allein ist. Die Sehnsucht nach dem Knistern der Zweige, die sich im Wind biegen, nach dem stillen Pfeifen eines Pirols – des Vogels der abgeschiedenen Grüngebiete: All das bewirkt, dass viele Frauen das Geheimnis einer so perfekten Aufstellung in den Fünferreihen kennen, dass sie ganz bestimmt, ohne jeden Zweifel, in die im Wald eingesetzte Gruppe kommen. Die Arbeit hier ist leichter als anderswo; sie besteht darin, die Waldstraße zu pflastern. Der Aufseher, ein Schlesier, sieht in den Frauen keine Arbeitskraft, die den Männern gleichwertig wäre, und verlangt deshalb keine großartigen Ergebnisse. Außerdem schützt der dichte Wald vor den strengen Augen der SS-Männer, sodass das sonst obligatorische Schlagen und Antreiben seltener angewendet wird. Hier werden massive, nach der richtigen Form ausgewählte Steinblöcke verlegt und die Zwischenräume mit Kies gefüllt, danach wird die fertige Straße mit schweren Stempeln gestampft.

Die Straße! Wohin mag sie führen? Manchmal ist es gut zu wissen, wohin eine Waldstraße führt. Doch keine der arbeitenden Frauen weiß es, und den Aufseher zu fragen wäre gefährlich. Sie verläuft von Ost nach West und verliert sich im Gebüsch, aber niemand weiß, wo sie endet.

Plötzlich lässt sich in der Stille der sanft rauschenden

Bäume ein Dröhnen von Autos vernehmen, und gleich danach ein vielstimmiger, verzweifelter Schrei von Menschen, die in der Tiefe des Waldes vorbeifahren – ein in der Ferne verklingender Protest und ein Zeichen für die noch Lebenden. Die, die in den Tod fahren, geben immer einen solchen Schrei von sich, und inzwischen ist es auch vollkommen klar, was es bedeutet. Nach einer Weile fährt der zweite Wagen vorbei – wieder fliegt ein Schrei über unsere Köpfe und verstummt –, und dann der dritte. Es sind nur weibliche Stimmen zu hören. Wie diskret das alles eingerichtet wurde. Ab in den Wald – und niemand kann es sehen, niemand wird es je erfahren, niemand wird es der Welt erzählen. Die Frauen, die am Bau der Straße arbeiten, sind ja nur noch Menschenschatten; selbst wenn sie etwas durch das Dickicht der Bäume gesehen haben sollten, werden sie hier niemals rauskommen. Manchmal scheint es, als würden die durch ein Lächeln verengten Augen der SS-Männer sie ansehen und ihre Lippen durch die Zähne zischen:

»So oder so Birkenau, so oder so Krematorium.«

(Dieser Wald heißt Birkenau, von ihm hat der Krematorien-Teil des Lagers seinen Namen.)

Später sollten dort richtige, hohe Krematorien und »luxuriös« eingerichtete Gaskammern entstehen, die für die Massenmorde gedacht waren. Die neue Straße sollte eben zu den Krematorien führen. Im Moment wird sie aber »nur so ungefähr« gebaut. Tief im Wald, versteckt hinter den Bäumen, steht ein Haus, dessen Wände abgedichtet wurden, und dieses Haus dient vorübergehend als Gaskammer.

Rechts von der neuen Strecke beginnt ein ungewöhnliches Spektakel. Aus einer riesigen Grube, an der sich etliche Häftlinge zu schaffen machen, steigen Feuerflammen empor. Durch die Baumzweige kann man – besonders wenn man näherkommt – deutlich sehen, wie die Männer mit langen

Stöcken nackte menschliche Körper von einem Wagen schieben und sie dann ins Feuer werfen. In den Rauchwolken blitzen ständig die hin und her laufenden Männergestalten und die aus der Höhe geworfenen, von den Flammen erhellten Leichen auf. Bald wird der Rauch dick, dunkel und undurchsichtig; er kriecht schwer unter die Äste der Bäume, kommt immer näher, bis er langsam die an der Straße arbeitenden Frauen umhüllt und bei ihnen Abscheu und Entsetzen weckt. Der Geruch der verbrannten menschlichen Körper, der bis zum Schluss alle unsere Tage und Nächte im Lager begleiten sollte, ein schrecklicher, charakteristischer Geruch, dringt aus der Nähe in Mund, Nase und Hals.

Alle drei Gruppen der riesigen Kolonne von Polinnen versammeln sich zur Mittagspause auf einer Wiese am Waldrand, wo das Essen ausgegeben wird. In diesen schlechten Zeiten gibt es eine gute Sache: Die Kessel sind hermetisch verschlossen, und die ekelhafte, mit Salpeter gewürzte Kohlrübensuppe ist ganz heiß, was für die durchgefrorenen Menschen sehr wichtig ist. Im Laufe der Zeit gehen die Kessel kaputt, und dieser eine der wenigen Vorteile entfällt. Doch bis dahin drehen sich die Köpfe der Frauen gegen Mittag immer öfter in die Richtung, aus der gewöhnlich der Wagen mit der Suppe kommt, und jede zählt die Zeit bis zu dem Moment, in dem sie sich endlich wird aufwärmen können. Leider kommt der Wagen nicht direkt auf die Wiese, sondern man muss einen halben Kilometer über einen aufgeweichten Weg laufen, um die Fünfzig-Liter-Kessel zu holen. Normalerweise bestimmt die Kapo ohne Zögern die dafür benötigte Anzahl der Arbeiterinnen, die dann resigniert durch den Schlamm waten. Doch nicht alle sind dafür stark genug. Diesmal wird eine abgemagerte, blasse Frau ausgewählt, die gerade nach einer schweren Lungenentzündung aus dem Krankenrevier zurückgekehrt ist. Die Kapo ist eine Schlesierin, die

Polnisch sehr gut versteht und selbst einen unglaublich hässlichen Dialekt spricht. Eine Polin, die auch die Kessel tragen soll, wendet sich an sie, zeigt auf die frisch Genesene und bittet darum, sie durch eine gesündere Frau zu ersetzen.

Im Lager herrscht jedoch eine eigentümliche Umdeutung der Begriffe: Alles, was schwach, zerbrechlich, unbeholfen, krank ist, verdient Verfolgung, wird hinuntergestoßen und mit Füßen getreten. Solches Verhalten ist die Folge der Selektionen für das Krematorium, bei denen die körperliche Stärke vor dem sofortigen Sterben schützt – wenn auch manchmal nur für kurze Zeit.

Also stößt die Kapo die Genesene mit einer einzigen Armbewegung in den Schlamm, wirft ihr einen verächtlichen Blick zu, und nachdem sie ihr ein paar Tritte verpasst hat, wendet sie sich der Polin zu, die es wagte, eine Schwächere in Schutz zu nehmen. Ein paar Stockschläge auf den Schädel, und die bewusstlose Frau fällt mit dem Gesicht zwischen die stehenden Kameradinnen.

Die Mittagspause dauert eine Stunde, von der mindestens die Hälfte das Anstehen nach der Suppe in Anspruch nimmt. Die Suppe gilt als ausgezeichnet, wenn man daraus ein paar Kartoffelstücke oder einen Fetzen Fleischkonserve fischt – dies passiert aber nur denjenigen, die das Glück hatten, eine Portion vom Boden des Kessels zu bekommen. Über die restliche Zeit kann man sich ausruhen. Oder sich mit dem Wasser aus einer kleinen Rille waschen, das so sauber ist, dass manche es sogar trinken. Man könnte sich auch in das vergilbte Gras legen, aber das wäre Zeitverschwendung. Der durch die Suppe und die Mittagssonne erwärmte Körper, das ist eine seltene Gelegenheit, also zieht man rasch einen Teil der Kleidung aus, um sich zu entlausen. Es ist eine Beschäftigung, der man sich in jedem noch so kurzen freien Moment widmet.

Zusammen mit den Polinnen bekommt auf der Wiese eine

Kolonne jüdischer Frauen aus Belgien und Frankreich ihr Mittagessen. Ihre Haltung ist voller Resignation. Jede Polin weiß, dass sie hier möglicherweise den Tod finden, aber auch, dass sie ihm entgehen kann, und sie versucht mit allen Mitteln, sich bei Kräften zu halten. Sie hingegen wissen, dass nur die Vernichtung auf sie wartet, und haben nichts dagegen, ihren Tod zu beschleunigen, um das Martyrium im Gas zu vermeiden.

An diesem Tag, an dem bis zum Mittag ununterbrochen ein eisiger Regen mit Schnee niederprasselte, wurde zur üblichen Zeit mit der Ausgabe des Essens begonnen. Doch der Schnee füllte blitzschnell die Schüsseln und blendete die Augen der die Suppe verteilenden Kapo, und der starke Wind fegte die Flüssigkeit von ihrem Schöpflöffel und warf sie auf die Wiese. Und dann geschah etwas Ungewöhnliches: Alle durften die Grenze des neu errichteten Lagers passieren und unter das Dach einer noch nicht fertigen Holzbaracke treten. Es ist der Lagerabschnitt B II c. Dort wurde das Verteilen des kalt gewordenen Mittagessens beendet. Die restliche Zeit verbrachten die Frauen damit, ihre Kleidung, aus der Wasserströme flossen, auszuwringen und sich gegenseitig den Rücken zu reiben. In vielen Augen war eine traurige Angst zu sehen. Dieses Mal hatte die Suppe niemanden aufgewärmt, die blau angelaufenen Körper zitterten vor Kälte.

Eine der belgischen Jüdinnen, ein fünfzehnjähriges Mädchen, hatte plötzlich einen Fieberanfall bekommen. Sie lag auf dem Boden, durchnässt, mit zusammengepressten Lippen, von Schüttelfrost gepeinigt. Sie trug nichts außer einem Kleid und dünnen Schuhen. Wenn sie etwas Suppe gegessen, wenn sie nicht seit fast einer Stunde auf dem nassen Boden gelegen, wenn sie sich mit Bewegung und Massage aufgewärmt hätte – vielleicht wäre sie noch zu retten gewesen. Aber es gab keinen Lebenswillen mehr in ihr. Mit blauen Lippen, zwischen den Schüben von Schüttelfrost, wiederholte sie auf Französisch: »Mama, der Tod kommt.«

Der Tod war tatsächlich schon nahe, doch ihm sollte noch ein Leiden vorausgehen. Der Pfiff zum Ende des Mittagessens setzte das Mädchen nicht in Bewegung. Der Schlagstock der Kapo tat es auch nicht. Die Liegenden gelten im Lager als Saboteure, und der Stock ist das einzige Instrument, um mit ihnen – diese oft schon Sterbenden – zu »verhandeln«. Als schließlich im Kopf der Kapo der Gedanke aufkam, dass es vielleicht doch keine Sabotage, keine Sturheit und keine Faulheit war, befahl sie zwei Jüdinnen, die Liegende hinauszuschleppen und auf einen nassen Haufen Erde zu werfen. Dort wurde sie von ihnen in die halbsitzende Position gebracht, den Kopf nach hinten geneigt und gegen den Kies gelehnt. Sie war zierlich und gepflegt, doch sie bedeckte sich bereits mit dem Grau des Todes. Die Kapo versuchte trotzdem erneut, sie zum Aufstehen zu zwingen. Aber ihr Körper war schon ganz schlaff. Abends traten an ihm die blauen Spuren der Schläge auf, und bevor der Aufseher zum Ende der Arbeit pfiff, war sie tot.

Wer aus der Stadt Auschwitz das Lager sehen will und gesunde Füße hat, schließt sich am besten morgens einer Kolonne an, die fürs Tragen von Brettern zugeteilt wurde. Es ist eine gemischte, polnisch-jüdische Kolonne. Wie ein seltsamer Trauerzug, lang, traurig und eintönig grau, gleitet sie zwischen den Lagern und trägt die Bretter von einem Schuppen in Auschwitz zu den neuen Baracken in Birkenau. An einem Wachposten und einer Straßenkreuzung vorbei, durch einen kurzen Tunnel, der ein Backsteingebäude durchschneidet (später wurden dort Eisenbahnschienen gelegt), über einen Weg zwischen dem Frauenlager links und den damals noch nicht bewohnten Lagern rechts schleppt sich eine Prozession von Bretterträgerinnen. An der mit Blumen geschmückten Blockführerstube biegt sie nach rechts ab und folgt einer grauweißen Allee aus identischen geraden, in gleichen Abständen aufgestellten und dicht mit weißen Isolatoren bedeckten Betonpfosten. Der Stacheldraht ist noch nicht überall gespannt, der Strom noch nicht eingeschaltet, und man kann, indem man den Kopf senkt, mit einem Brett über die Schulter durch einen Spalt zwischen den Drähten in das neu entstehende Lager B II d gelangen.

Wenn der Blick überall nur auf Baracken, Stacheldraht und neu entstehende Lager stößt, verliert der Traum von einer Flucht die Form der realen Absichten und Pläne und wird zu einer Fiktion, die nur ein trauriges Lächeln des Bedauerns hervorrufen kann. Je schlimmer das Herbstwetter wird, desto mehr ändern sich auch die Träume, die im Herzen eines andauernd frierenden Häftlings entstehen: Von einer warmen, sauberen Decke, in die man nach der Rückkehr ins Lager den durchgefrorenen Körper einwickeln könnte. Von der Arbeit in einem Magazin, wo das Dach und die Wände der Baracke vor Regen schützen würden. Von der Unterwäsche zum Wechseln, trockenen Schuhen und einem Glas heißen Tee.

An den Blättern zittern noch die Wassertropfen, doch der Wind hat bereits die Wolken vertrieben und den Himmel geklärt. Nach einem ganzen Tag im Freien reagiert man jetzt sensibler auf die Ausdünstungen des Lagers, dem sich die von der Arbeit zurückkehrende Kolonne nähert. Manchmal macht sich die vergiftete Luft schon aus der Entfernung von mehreren Kilometern bemerkbar; sie erinnert abwechselnd an die offenen Latrinen, an die Krankenhausbaracken und am meisten an den charakteristischen Atem der Krematorien. Der Wind weht den Gestank in heftigen Böen herbei, trägt ihn über die Felder, verteilt ihn über eine große Fläche.

Von allen Seiten, so weit das Auge reicht, nähern sich die

Kolonnen; ihre graue Masse strömt über alle Feldwege, über die grünen Pfade, die durch die Wiesen führen, über die Deiche zwischen den Sümpfen. Die Gefangenen von Auschwitz. Sie gehen in der Vorabendstille, von der die Erde langsam umhüllt wird, und tragen auf ihren Schultern die ermordeten Kameraden. Männer sterben bei der Arbeit häufiger als Frauen, weil sie noch rücksichtsloser behandelt werden. Beinahe jede Kolonne wird von einer traurigen Prozession geschlossen – von Häftlingen mit kurzen Tragen, die für den Transport von Kies oder Steinen gedacht sind, oft aber als Tragbahren verwendet werden, auf denen man die Leichen der Toten ins Lager bringt.

Manchmal knarrt und versinkt im nassen Kies eine Schubkarre, die ein Häftling schiebt; von ihrem Rand hängt kraftlos der Kopf eines toten Menschen herunter, während auf der anderen Seite im Takt der Erschütterungen seine Beine baumeln. Wenn Tragen und Schubkarren fehlen, transportieren zwei Häftlinge einen Verstorbenen auf folgende Weise: Der eine legt sich seine Beine, der andere seine Arme um den Hals und so schleppen sie die gekrümmte, leblose Gestalt. Am Tor spielt das Orchester deutsche Märsche, deren Melodie sich für immer ins Herz einbrennt – wohl nur dazu, damit sie einem ständig das Bild dieser Todesparaden in Erinnerung ruft.

Das Frauenlager sieht bei der Rückkehr der Gefangenen von der Arbeit völlig anders aus als am Morgen. Es wirkt, als wäre hier tagsüber etwas Unvorstellbares passiert, mit dessen Ergebnissen man nun konfrontiert wird. Auf dem Boden zwischen den Baracken liegen in verschiedenen Positionen tote Frauen. Ihre jungen Körper haben einen bläulichen Farbton, ihre Gesichter sind durch die Todesgrimasse verzerrt, ihre Zähne zwischen den schwarz angelaufenen, leicht geöffneten Lippen zusammengebissen. Um zu der eigenen

Baracke zu gelangen, muss man sie umgehen, überqueren, überspringen, so viele liegen überall und versperren den Weg. An den durch die Todeskrämpfe gespreizten Schenkeln sieht man noch die Bräune der Sommermonate, die sie in der Sonne, weit weg vom Konzentrationslager, verbracht haben.

Der Abendappell bedeutet wieder das nicht enden wollende Hinaustreiben und Aufstellen der Schwerkranken, das Hinlegen der Toten, das Zählen derjenigen, die noch am Leben sind, und derjenigen, denen der heutige Tag die Befreiung gebracht hat. Die Sonne geht unter, als der Appell beginnt, und es ist schon ganz dunkel, als er beendet ist. Der Tag neigt sich dem Ende zu; der unbekannte Weg, den man noch zurückzulegen hat, ist um einen Schritt kürzer geworden. Die dunklen Baracken, voller Hektik und Lärm, atmen eine fieberhafte Erregung, speien die Geräusche des Kampfs um die blanke Existenz aus – um einen Becher warmen Kaffees, eine trockene Ecke auf der Pritsche, einen Fetzen zerrissener Decke.

Am Stacheldraht aller Lager leuchten die Lichter auf und bilden eine seltsame Landkarte des Todes. Irgendwo weit weg, vielleicht im Zigeunerlager oder bei den Tschechen, wird laut die Nachtruhe eingeläutet. Doch Ruhe kehrt in diesem rauschenden Schwarm niemals ein. Tausende von Menschen und Tausende von kleinen, banalen Dingen, die aber ein wichtiges Ziel haben – Leben zu retten –, ballen sich in den dunklen Baracken und ihrer Umgebung zusammen.

Und hoch oben, über dem Lärm des Lagerlebens, über dem Stacheldraht, der ununterbrochen seine leise Warnung vor dem Tod flüstert, bricht aus dem Schornstein des Krematoriums ein Bündel dunkelroter Feuerflammen aus und verharrt in der Dunkelheit in Form eines beweglichen Flecks – wie eine aus menschlichen Körpern angezündete Fackel.

ZWEITES KAPITEL

Nur eine Grippe

Wenn man zur Arbeit aufs Feld geht, den ganzen Tag außerhalb des Stacheldrahts verbringt und abends zurückkehrt, um sich kurz auszuruhen, bekommt man zweifellos schon den vollen Umfang der Lagerexistenz zu spüren, aber man dringt noch nicht in alle ihre Kreise ein.

Es gibt Dinge, die der Gedanke, der sich auf bestimmte Angelegenheit konzentriert, einfach überspringt – so wie die Beine, die nach ihrem Ziel streben, die auf dem Boden liegenden Kranken überspringen. Es gibt so vieles, um das man sich unbedingt kümmern muss, damit der nächste Tag auf dem Feld erträglich wird. Schon wenn man beim Sonnenuntergang das Lagertor betritt, plant man in Gedanken detailliert die gleich anstehenden Handlungen, womit man eine Brücke über die Realität schlägt. Man lebt hier und jetzt. Auf dieser Wanderung, deren Zweck unbekannt ist, läuft man wie ein Blinder von Gegenstand zu Gegenstand, von morgens bis abends, und steckt die ganze Energie in das eine Vorhaben: den Tag zu überleben. Wie beschafft man ein Geschirr fürs Wasser, einen eigenen Napf und Löffel, ein Stück Kohlrübe zum Brot, ein wenig Seife – das sind die Probleme, von denen das eigene Wohlbefinden abhängt und deren Lösung oder Nichtlösung einen entscheidenden Einfluss auf den weiteren Lebensverlauf hat. Diese Probleme nehmen die kurzen Momente, die ein Häftling im Lager verbringt (die Stunden des Schlafs und des Appells nicht gerechnet), voll in Anspruch.

Die anderen Dinge – das Schicksal der Kranken, die aufgeschnappten Bemerkungen über das Krankenrevier, der Anblick des Krematoriums – fliegen im Nu vorbei, wie eine im Schnelllauf gezeigte Wochenschau. Man hat keine Zeit, sich mit ihnen zu beschäftigen, sie zu durchleben, über sie nachzudenken. Sie werden auf ein undefinierbares »später« verschoben. Wer arbeitet, hat keine Zeit für sich. Die Arbeit nimmt fast die ganze Zeit in Anspruch und verursacht eine Müdigkeit, die den Willen, sich mit irgendetwas anderem auseinanderzusetzen, beinahe ausschließt. Die körperliche Anstrengung und das überraschende Erkennen der eigenen Widerstandsfähigkeit gegen Hunger und Kälte erzeugen bei vielen das Gefühl einer zuversichtlichen Stärke. Sie gehen jeden Tag aufs Feld wie zu einem gefährlichen Turnier, von dem sie entweder besiegt, von den Leidensgenossinnen auf einer Bahre getragen, oder diesmal noch siegreich und zur weiteren Teilnahme am Wettlauf fähig zurückkehren. Das Leben der Gesunden ist ein ständiges Spiel zwischen Mensch und Gefahr. Das Leben der Kranken – eines zwischen Mensch und Tod. Die Situation eines gesunden Menschen im Lager erinnert an die Situation von jemandem, der auf den Stufen einer überladenen Straßenbahn fährt, sich mit einer Hand festhält und diese Stufen nur mit der Fußspitze berührt. Und ein Kranker ist derjenige, der während der Fahrt herunterfällt. Wenn die Gesunden es bemerken, schaffen sie meistens aufzuschreien, es gelingt ihnen aber nur selten, ihn zu retten.

Es ist der Zwangsarbeit im Lager zu verdanken, dass so wenige Häftlinge psychisch krank sind. Irgendwann kommt aber ein Tag, an dem die Probleme, die man bis dahin vermieden hat, selbst auf einen zukommen. Eine Gefangene war gestern noch gesund und marschierte zusammen mit den anderen vor das Tor, heute fällt sie während des Appells ohnmächtig um. Ein hohes Fieber schwächt ihr Herz dermaßen, dass sie nicht mehr stehen kann. Sie legen sie vor die Baracke. Sie ist aus dem Kreis der Gesunden in einen schwierigeren übergegangen: Sie ist krank.

Das Lager sieht anders aus, wenn man es von unten, an einer Barackenwand liegend, betrachtet. Auf der Straße huschen die Beine der zur Arbeit Gehenden vorbei – der Kategorie der Siegreichen. Im Lager bleiben nur die Kranken, die sich an die Wände klammern – die Kategorie der Besiegten. Es regnet, es schneit, die Stunden vergehen, und sie sind immer noch draußen. Der Eingang zur Baracke wird von einem bewaffneten Posten bewacht. In der Baracke tagsüber liegen darf man nicht. Die Stärkeren gehen also gekrümmt umher, die Schwächeren legen sich auf den Boden. Wenn ein SS-Mann auftaucht, versuchen sie sich zu verstecken. Doch im Lager kann man sich nicht verstecken. Die auf allen Seiten gespannten Drähte scheinen näher zu rücken, erschrecken mit ihrem grünlichen Licht, wirken, als würden sie ununterbrochen vom Tod sprechen, als wollten sie einen daran erinnern, dass es von hier keinen Ausgang gibt.

Die Unmöglichkeit, sich zu retten, macht Angst. Die mangelnde Kraft, weiter zu kämpfen, bedeutet den Untergang. Erst jetzt werden einem die anfangs gehörten Worte eines SS-Manns bewusst:

»Hier ist ein Vernichtungslager.«

Im Krankenrevier wird man von einem SS-Arzt untersucht. Jemand, der in Verdacht gerät, eine ansteckende Krankheit zu haben, wird mit einer Spritze getötet. Deswegen versuchen die Frauen, Untersuchungen zu vermeiden. Es heißt allgemein: »Es ist besser, im Regen und Schlamm zu liegen, als ins Revier zu gehen, denn dort wartet der Tod.«

Im Endeffekt sieht es so aus, dass eine Frau, die mit der Tatsache ihrer eigenen Krankheit konfrontiert wird, die mutige Entscheidung trifft, irgendwie »durchzuhalten«. Wenn sie nicht mehr die Kraft hat, aufs Feld zu gehen, bleibt sie im Lager und versucht, sich zu »verstecken«, das heißt, sie steht jeden Morgen auf, um am Appell teilzunehmen, nach dem sie sich bemüht – meistens leider vergeblich –, in die Baracke zurückzukehren. Die Blockältesten sind in dieser Hinsicht unerbittlich: Sie drohen den Kranken mit einer Selektion, dem Block 25 und den Krematorien, es sei denn, sie würden freiwillig ins Revier gehen. Freiwillig geht jedoch niemand. In ganzen Gruppen verstecken sich die dürren Gestalten hinter anderen Baracken; wenn ein SS-Mann vorbeikommt, geben sie vor, das Gelände sauber zu machen, wenn es regnet, flüchten sie in die Latrinen. Sie meiden die SS-Männer, wohl wissend, dass sie, falls sie deren Aufmerksamkeit auf sich ziehen, eine Selektion auslösen könnten, die jeder im Lager am meisten fürchtet. Für das Brot, das eine Kranke sowieso nicht essen kann, kauft sie sich also irgendwo eine kleine Menge Kaffee und trägt sie mit sich herum, um sich damit den ganzen Tag zu erfrischen. So vegetiert sie vor sich hin, bis das Fieber sie umwirft, bis irgendwelche Hände sie, eine Bewusstlose, ins Krankenrevier bringen. Dann steht es aber meistens schon so schlecht um sie, dass sie unterwegs oder im Warteraum der Ambulanz stirbt.

Vor der Ambulanz trifft sich also die Gruppe Schwerkranker, die im bewusstlosen Zustand hierhergeführt oder -gebracht wurden. Manchmal sind unter ihnen auch solche, die bei Bewusstsein sind, aber nicht mehr an die Möglichkeit glauben, sich zu retten. Diese gehen ins Krankenrevier, weil es damit gleichzusetzen ist, dem Tod entgegenzukommen.

Da ist ein dünnes Mädchen, mit Beinen, die so geschwollen sind, dass die Haut an ihnen spannt und glänzt, und einem bis zur Unkenntlichkeit der Züge aufgedunsenen Gesicht. Das weiße, ungesunde Gesichtsfleisch, das an einen zu stark aufgegangenen Hefeteig erinnert, läuft über, indem es die

Augen verdeckt. Die Augenbrauen heben sich, die Stirn legt sich in Falten: Die Kranke versucht zu schauen. Die ausdruckslose Maske verzieht sich und neigt zur Seite. Solche papierweißen, schrecklich geschwollenen Gesichter an ausgemergelten Körpern sind ein vertrauter Anblick im Lager. Man soll Angst davor haben, denn es kündigt in fast allen Fällen den Tod an.

Und dort eine Frau, die ihre Knie anwinkelt und ihre Beine – mit grauer Haut bezogene Knochen – zusammendrückt. Bei jeder kleinsten Bewegung verbreitet sie einen schrecklichen Gestank. Ihre schmutzige, am Körper klebende Kleidung trägt unverkennbare Spuren dessen, dass sie wahrscheinlich über der offenen Kloakengrube ohnmächtig geworden und in die Exkremente gefallen ist, was den Ruhrkranken ziemlich häufig passiert. Neben ihr ein wunderschönes russisches Mädchen, dessen Glieder von Konvulsionen hin und her geworfen werden, die den ganzen Körper zum ständigen Zittern zwingen. Ein dunkles Gesicht, angsterfüllte Augen, schwarz angelaufene Lippen, die etwas zwischen Schrei, Gebell, Kichern und Schluchzen hervorbringen. Vielleicht ist es Malaria, vielleicht eine andere Krankheit. Den Ärztinnen fehlt die Zeit, eine Diagnose zu stellen, geschweige denn das Mädchen zu behandeln.

Ein Stück weiter steht eine schwangere Frau, still und geduldig. Ihre Gesichtszüge drücken einen dumpfen Schmerz aus – das Gesicht scheinbare Ruhe, die Augen Verzweiflung. Bald wird sie mit ihrem Körper ein lebendiges Wesen gebären, aber nur, um es gleich wieder zu verlieren. Das Baby wird ihr weggenommen und irgendwohin außerhalb von Auschwitz gebracht. Weder sie noch ihre Familie werden das Kind je finden.

Wieder ein junges Mädchen, das an Ruhr leidet. Ihr Gesicht ist grünlich, ihre schmerzgeweiteten Augen sehen die

Umgebung verlegen an, als würden sie sich gleichzeitig beschweren und entschuldigen. Über ihre dürren Beine rinnt mal ein Strom schwärzlichen, getrockneten Blutes, mal stinkender Kot.

Eine der Frauen öffnet ständig die Lumpen, in die sie gekleidet ist, und greift mit der Hand darunter, um sich mit schmerzhaft verzogenem Gesicht zu kratzen, zu reiben, etwas herunterzureißen. An ihren Händen, besonders zwischen den Fingern, sind kleine Pusteln zu sehen, von denen viele mit einer Blase enden. An manchen Stellen hat sie größere Geschwüre, an anderen Hautrisse. Ihre Beine sind, ähnlich wie die Hände, dicht mit Krätze übersät.

Weiter eine Frau, die nicht mehr von alleine stehen kann. Zwei Nachbarinnen versuchen, ihren schlaffen, nach vorn gebeugten Körper zu stützen. Ihr Gesicht ist geschwollen und dunkelrot-blau. Ihre Augen schauen, ohne zu sehen. Deren schläfriger Ausdruck und die kurze Atmung der Kranken zeugen von hohem Fieber.

Um Hände, Beine und Kopf einer der Frauen sind schmutzige Lappen gewickelt, durch die das Blut sickert. Vor allem an ihrem Kopf leuchtet ein großer roter Fleck. Sie wurde während der Arbeit von einem Hund umgeworfen und empfindlich gebissen.

Die riesigen, schönen Augen der Nächsten, gefüllt mit einem Übermaß an fiebrigem Licht, erhellen ein ausgemergeltes, fast schon totes Gesicht. Die Schärfe der Gesichtszüge, das spitze Kinn, die lange Nase, die fast durchsichtige Haut und die blauen Schatten unter den Augen weisen deutlich darauf hin, dass es sich um offene Tuberkulose handelt. Die dünnen, blutleeren Lippen schnappen in pfeifenden Atemzügen nach Luft. Die Hände sind nur noch Skelettknochen, bezogen mit schlaffer Haut. Es ist Genia Pietraszewska. Durch die zu schweren Kessel, die sie aus der heißen Küche in den Wind und Frost schleppen musste, erkrankte sie an Arthritis und dann an Lungenentzündung und Tuberkulose. Eine Gymnasialschülerin, die als Geisel verhaftet und ins Lager gebracht wurde.

Vom Tor her nähern sich vier Stubenälteste, die etwas in einer dunklen Decke tragen. Sie gehen schnell. Die Last, die auf dem Boden des Bündels liegt, baumelt durch die Kraft der Schwerelosigkeit im Takt ihrer Schritte und schlägt ab und zu gegen die hervorstehenden Steine. Sie legen die Decke hin. Es erscheint eine Gestalt, Knie und Kopf zusammengepresst, dünne Schienbeine, schmutzige Fetzen. Eine Kranke. Über der Decke steigt Gestank auf. Man sieht, dass kein Blut, kein Leben mehr in ihr ist. Sie wird gleich den letzten Atemzug tun. Wer den Tod vieler Menschen gesehen hat, erkennt leicht die Sterbesymptome. Diese Frau lebt nicht mehr, obwohl sie noch atmet. Man kann kein Leben mehr in sie hineinhauchen. Die Blockälteste wendet sich an die Krankenpflegerinnen:

»Stellt eine Todesmeldung aus.«

»Name?«

Niemand weiß es.

»Nummer?«

Sie beugen sich, heben die Leblose an und suchen nach ihrer Nummer. Doch an ihrem Kleid gibt es keinen aufgenähten weißen Stofffetzen.

»Kennt sie jemand?«

Nein, niemand kennt ihren Namen oder ihre Nummer. Sie wissen nur, dass sie in Block 1 wohnte. Also eine Polin. Die Blockälteste weiß sich aber zu helfen:

»Lauf in die Baracke und bring die Jacke dieser Schlampe. Weißt du, wo sie geschlafen hat?«

»So ungefähr. Aber ich sehe mich um.«

Nach einer Weile bringen sie eine Häftlingsjacke. Wem

gehört sie? Dieser Frau? Oder einer anderen Gestorbenen? Oder einer Gesunden, die sie einfach liegen ließ? Wer weiß.

»Wo hast du sie gefunden? Ist das bestimmt ihre?«

Niemand kann sagen, ob bestimmt, aber es gibt keine Möglichkeit, es zu überprüfen, und die Todesmeldung wird geschrieben. Auf diese Weise entstehen Missverständnisse, infolge derer die Familien Telegramme mit der Nachricht über den Tod von Lebenden erhalten und an Tote monatelang Briefe kommen.

Im Herbst überwiegen unter den Opfern der Flecktyphus-Epidemie Frauen, die eine fünfstellige Nummer haben. Sie gehören zu Transporten, die ins Lager im Spätsommer und im Frühherbst gebracht wurden. Im Frühjahr 1942 registriert die politische Abteilung von Birkenau siebentausend Frauen, in den letzten Julitagen erreicht ihre Zahl dreizehntausend, im September achtzehntausend und am 11. November 1942 übersteigt sie bereits vierundzwanzigtausend. Die Frühlingstransporte haben den Typhus früher durchgemacht und sind dadurch um einiges kleiner geworden. Man sieht nicht mehr oft eine Gefangene, die an ihrem Kleid eine vierstellige Nummer trägt. Jetzt quillt das Lager von neuen Frauen über, die mit fünfstelligen Nummern gekennzeichnet sind, und von ihnen eben erkranken die meisten am Flecktyphus. Jede bekommt ihn. Es gibt zwar Ausnahmen, aber selten: eine von tausend Gefangenen und nur nach kürzlich überstandenem Typhus. Die Epidemie ist allerdings so stark, dass ihr oft auch die Frauen erliegen, die die Krankheit hinter sich haben und gegen sie immun sein müssten. Doch es wird nichts getan, um diesen Zustand zu ändern (außerdem gibt es offiziell keine Epidemie).

Es existiert also eine ganze Reihe von Bedingungen, die der Entwicklung von Krankheiten förderlich sind. Vor allem die Verlausung, verbunden mit einer zu hohen Zahl der

Häftlinge. Menschen, die seit Langem im Lager sind, berichten, dass im Winter 1941/42 in Birkenau etwa dreißigtausend sowjetische Häftlinge starben – die einen an Hunger, die anderen infolge von Epidemien oder starkem Frost. Danach standen die Backsteinbaracken leer. Doch nach der im Lager bis zum Schluss, bis Ende Januar 1945, herrschenden Sitte wurden weder die Decken noch die Strohsäcke der Verstorbenen ausgetauscht. In den Kojen blieben Schlafplätze voller Läuse, die dort ganze Nester bildeten.

Und der Typhus wartet auf weitere Opfer. Zu Beginn des Frühjahrs 1942 werden aus dem überlasteten Frauenlager in Auschwitz Tausende von slowakischen Jüdinnen nach Birkenau verlegt. Einige Monate später kommen auch die Polinnen hierher. Die in den Decken steckende Seuche breitet sich wieder aus. Niemand nennt die Krankheit beim Namen. Da im Winter in den Backsteinbaracken zahlreiche Russen starben, spricht man von einem »russischen Fieber«.

Der krankhafte Durst, von dem der Typhus immer begleitet wird, raubt den Frauen die Vernunft. Manche gehen so weit, das Wasser aus Abflussrinnen, Regenpfützen oder vom Boden des um das Lager verlaufenden Entwässerungsgrabens zu trinken. Dadurch gesellt sich zu dem Typhus die Ruhr. Wenn diese beiden Krankheiten zusammen auftreten, führen sie meistens zum Tod.

Gleichzeitig breitet sich die Malaria aus.

Die wenigen Ärztinnen, die versuchen, unter diesen katastrophalen Bedingungen Hilfe zu leisten, lassen sich zu oft von anderen, nebenbei auftretenden Symptomen in die Irre führen. Husten und Fieber – das wird als schwere Erkältung eingestuft, während es in Wirklichkeit der Typhus verbunden mit einer Erkältung ist. Es ist zu schwierig, Typhusflecken von Bissspuren und zahlreichen Kratzern zu unterscheiden.

Da stiehlt sich gerade die selbst schon von Fieber geplagte

Frau Doktor Garlicka aus der Schälküche, um sich eine Kranke anzuschauen, die von ihren Kameradinnen in einer dunklen Ecke der Baracke versteckt wurde. Es herrscht Halbdämmerung, die Frau liegt tief unten, im Schatten. Doktor Garlicka untersucht ihren Bauch. Es ist zu dunkel. Jemand bringt einen Kerzenstummel. In deren Schein beugt sich die Ärztin über die Kranke und sucht an ihrem Körper nach Anzeichen von Typhus. Plötzlich öffnet sich geräuschvoll die Barackentür, und ein leises »Aufseherin Hasse!« scheucht alle weg. Jemand hat es geschafft, eine Decke über die Liegende zu werfen, um den Anschein einer leeren Schlafstelle zu erweckten, jemand hat Kisten voller Müll bemerkt und flüstert:

»Tragen wir sie hinaus.«

Wer weiß, wie viele Tage vergehen werden, bis man wieder eine Gelegenheit hat, seinen Arbeitsplatz zu verlassen und diese Frau zu besuchen.

Einen großen Einfluss auf die Verbreitung der Ruhr haben die Latrinen. Es sind Zementbottiche, die sich in den Baracken direkt am Drahtzaun befinden. Etwa zehn Meter lang und zwei Meter breit. Diese Bottiche sind immer voll und immer unbedeckt, ihre Ränder glitschig. In den Stunden des größten Andrangs, also vor dem Morgenappell und nach dem Abendappell, ist es in den Latrinen völlig dunkel. Dann erlebt dort so manche Kranke ein unangenehmes Abenteuer.

Kann eine Ruhr-Epidemie unter diesen Bedingungen gestoppt werden? Kann man den Flecktyphus bekämpfen? Man muss hinzufügen, dass die Jüdinnen, also die Mehrheit der in Birkenau Inhaftierten, kein Recht haben, das Krankenrevier zu benutzen. Das wirkt sich auch auf die Verbreitung einer Epidemie aus. Die übrigen, die das Revier meiden, solange sie bei Bewusstsein sind, werden manchmal wenigstens für die Zeit der Bewusstlosigkeit und des Sterbens in die Krankenhausbaracke gebracht. Für die Jüdinnen besteht nicht einmal diese Möglichkeit. Für sie gibt es nur eine Wohnbaracke und den Block 25. Man sieht gelegentlich einen Zug von Jüdinnen, die durchs ganze Lager ihre sterbenden Kameradinnen tragen. In den mit verkrusteten Flecken übersäten Decken schleppen sie die sterbenden menschlichen Wracks. Manchmal bleiben sie stehen, legen ihre Last kurz ab und gehen dann nach einer Weile weiter. Danach vermischen sich auf den Decken und Kleidern Blut, Kot und Schlamm.

Der Block 25 ist von einer Mauer umgeben, deren Tor immer verriegelt bleibt. Hinter diesem Tor verschwinden die Kranken. Sie werden niemals herauskommen, ihre Leichen werden in der Dunkelheit der Nacht weggebracht. Aber Decken, Unterwäsche und Kleidung der Sterbenden kehren sofort zurück und werden bald an die Gesunden ausgegeben. Die Unterwäsche wird manchmal kurz in Wasser getaucht und getrocknet; die Decken sollten durch die Gaskammer gehen, doch meistens gehen sie nicht, sondern werden einem neuen Transport, der nach Birkenau kommt, zugeteilt.

Den Sterbenden ist es gleichgültig, ob sie in den Block 25, den offiziellen Todesblock, oder in die Ambulanz geschleppt werden, aus der sie in den Block 24 kommen, wo der Tod keine geringere Ernte hat als in Block 25.

In der Ambulanz ist »die Untersuchung« extrem vereinfacht. Sie besteht nur in einem eiligen Temperaturmessen. Wenn jemand sehr hohes Fieber hat, wird er im Krankenrevier behalten. Die Kranken, die kein Fieber (Ruhr) haben, hören eine nach der anderen: »Ab in den Block!«, und man weiß nicht, wer eher dem Tod ausweicht: die, die über die Schwelle des Krankenreviers treten, oder die, denen es bestimmt ist, sich zu verstecken und während der langen Appellstunden vor der Baracke auf der Erde zu liegen.

Der Zug der Schwerkranken läuft also in zwei Richtungen, was für sie aber keinen großen Unterschied bedeutet. Mit absoluter Gleichgültigkeit schleppen ihre Füße über den Schlamm sowohl diejenigen, die das Krankenrevier wieder verlassen, als auch diejenigen, die hier bleiben sollen. Letztere folgen einer Frau in weißem Kittel. Den einen und den anderen ist es egal, wohin sie gehen, Hauptsache, sie können schneller irgendwo den Kopf anlehnen und den geschwächten Körper hinlegen. Die Krankenpflegerin bleibt vor der nächsten Baracke stehen, führt die Frauen hinein und befiehlt ihnen, sich auszuziehen. Sie selbst geht weg. Es fallen Lumpen herunter, die sehr unterschiedliche Körper zum Vorschein bringen: schmutzige und saubere, mehr oder weniger durch Bisse gesprenkelte, bis aufs Blut oder nur ein wenig zerkratzte. Und schließlich einige, die bereits von roten Typhusflecken gekennzeichnet sind, die an der Haut des Bauches und der Hände hervortreten. Es ist ruhig und leer – eine ungewöhnliche Situation im Lager. Zwar dringt durch die Ritzen in den Holzwänden der Baracke der Novemberwind in eisigen Stößen ein, doch die Kälte ist im Lager eine alltägliche Sache – niemand denkt an sie, obwohl die blassen Körper zunehmend blau werden. Die nackten Gestalten beugen sich über ihre Kleidung und nutzen den freien Moment, um eifrig die Nähte und Falten zu untersuchen. Die Zeit fließt dahin. Bis etwas geschieht, hat selbst die am meisten verlauste Frau es geschafft, ihre ganze Unterwäsche und Kleidung durchzusehen, den Pullover eingeschlossen. Die Herbstsonne steht schon hoch am Himmel und wärmt die Südseite der Baracke leicht auf. Die Kranken haben sich gekrümmt, auf den Boden hingehockt, auf ihre Kleidung gesetzt, ihre Rücken bedeckt, womit sie konnten, und warten. Schließlich lassen sich draußen laute Schritte vernehmen.

»Alle raus!«

Die Selektion beginnt. Man muss nackt vor die Barackentür gehen, wo ein SS-Mann in grüner Uniform (angeblich ein Arzt) steht und jede Kranke von Weitem betrachtet. Sie alle haben bereits den Flecktyphus, doch sie wissen es nicht. Nicht bei allen sind die Symptome aufgetreten. Bei den Frauen, die keine roten Flecken am Körper haben, stellt der SS-Mann eine schnelle Diagnose: Grippe. Und das notiert die Krankenschwester in ihren Krankenkarten. Sie werden danach in den Block 24 kommen.

Und wo werden die Frauen hingehen, die schon sichtbare Spuren des Typhus am Körper tragen? Werden sie eine »aufbauende Spritze« bekommen, nach der jedes menschliche Herz aufhört zu schlagen? Oder mit einem Auto in die Gaskammer fahren? Ein Geheimnis umhüllt die Form, in der in ihrem Fall verfahren wird. Außerdem ist die Form eine individuelle Sache, abhängig von dem Befehl des SS-Manns, der an diesem Tag die Selektion durchführt. Die Form ändert nichts an der Tatsache, dass die einzige Methode, die von den Behörden des Lagers Auschwitz im Kampf gegen den Flecktyphus angewendet wird, darin besteht, Menschen, bei denen verdächtige Symptome festgestellt wurden, zu töten.

Der Block 24 ist überfüllt. Man muss besonders viel Glück haben, um einen Platz als Zweite im Bett einer anderen Kranken zu bekommen. Manche liegen sogar zu viert. Im Block ist es kalt, und es zieht aus allen Ecken. Es gibt noch keinen Ofen, durch die Vorder- und Hintertür weht der Wind und bewegt mit seinen Stößen die Krankenausdünstungen, ohne sie zu entfernen. Ein zwei Handflächen breiter Deckenspalt, der entlang des ganzen Gebäudes verläuft, sorgt für zusätzliche Kälte. Wenn man in diese Baracke kommt, kann man plötzlich auf Frauen stoßen, die vor langer Zeit hergebracht wurden und über die nicht bekannt war, ob sie noch am Leben sind. Oder etwas über die Toten erfahren. Dort etwa, hineingequetscht auf das enge Bett einer Kranken, die eine Krise durchlebt, liegt Frau Doktor Garlicka. Sie hat schon einmal Typhus gehabt, also wird sie jetzt wohl ohne Ansteckungsrisiko anderen zu Hilfe eilen können, sobald sie ihre Grippe überstanden hat. Sie ahnt nicht, dass man sie in drei Wochen, zusammen mit anderen Toten, aus der Baracke hinaustragen wird. Sie wird an Rückfallfieber sterben.

Neben Doktor Garlicka versucht auch die kleine Frau Doktor Kościuszko, Hilfe zu leisten. Ihr graues Haar und ihr abgemagertes Gesicht sind ständig unter den Schwerstkranken zu sehen. In wie vielen Augen löst das Erscheinen dieser zierlichen Gestalt ein warmes Leuchten von Vertrauen und Hoffnung aus. An ihren Bewegungen, ihrer Körperhaltung und ihrem Gesichtsausdruck kann man erkennen, dass sie hier ihren heiligen Dienst tut. Sie hat die Anweisung gegeben, sie zu jeder Nachtstunde zu wecken – wann immer jemand sie brauche.

Die Kranken wissen es und fühlen sich dank ihrer gütigen Obhut sicherer. Wo ein nächtlicher Schrei ertönt, der vom Leiden zeugt, dort erscheint bald die sofort in diese Richtung steuernde Doktor Kościuszko. Trotz fortgeschrittenen Alters steigt sie auf die obersten Pritschen unter der Decke und, nur mit Schuhspitzen und Bauch abgestützt, nimmt sie ihre Arbeit auf.

Frau Kościuszko kennt auch das Geheimnis der Medikamentenbeschaffung und hat immer etwas dabei, was nützlich sein könnte. Nach jedem Krankenbesuch hinterlässt sie nicht nur gute Ratschläge, sondern auch irgendein Medikament. Es ist viel einfacher zu leiden, es ist viel einfacher zu sterben, wenn man die vor Sorge zitternde Hand einer solchen Ärztin spürt. Es kommt aber der Tag, an dem der Tod auch die gute Doktor Kościuszko holt und dabei Hunderte und Tausende zurücklässt, die vergeblich auf sie warten.

Jeder, der den Flecktyphus kennt, weiß genau, von welch schrecklichem Durst diese Krankheit begleitet wird. Die sprichwörtliche Asche im Mund und die bisweilen bis zum Sprachverlust verhärtete Zunge sind die dauerhaften Symptome. Wie traurig ist das Erwachen nach einer Nacht, in der einem in den Träumen Becher voller heißer oder kalter Milch, Schüsseln mit kühlem Kompott, duftende Säfte und Limonaden, lebensspendende Früchte erschienen sind! Es ist immer noch eine Zeit, in der es nicht erlaubt ist, Pakete nach Auschwitz zu schicken. Der krankheitsbedingte Durst kann also nicht so ohne weiteres gelöscht werden. Nachts will man fest einschlafen, damit die Zeit bis zum morgendlichen Getränk möglichst schnell vergeht. Morgens, wenn sich im Saal der fade Geruch eines Kräutertees verbreitet, streckt sich aus jedem Bett eine Hand mit leerem Becher aus. Viele schauen dem Verteilen des Tees gar nicht zu, und es ist auch besser, es nicht zu sehen. Die Stubenälteste wischt jeden Becher mit der Hand ab, taucht ihn in die ersehnte Flüssigkeit, und an ihren lange nicht gewaschenen Händen, mit denen sie gerade noch die Nachttöpfe hinaustrug, fließen Kräuter hinab, die in den Kessel zurückfallen. Warum sollte man sich also auf diese Weise den Geschmack eines Getränks verderben, der den besten Tee ersetzen soll? Jede Kranke bekommt nicht mehr als siebzig, wenn sie Glück hat – neunzig Milliliter Flüssigkeit. An den Tagen, an denen der Wille wirklich stark ist, taucht man die Lippen nur einmal in das Getränk und stellt dann den Becher in die Ecke des Bettes hinter dem Kopf; die darin enthaltene Portion der Flüssigkeit muss bis zum Abend reichen. Es gibt jedoch Tage, an denen die Vernunft taub ist, die inneren Warnungen verstummen und die Eingeweide nur schreien: trinken, trinken, trinken! Dann packen die zittrigen Hände den Becher und schütten dessen Inhalt mit einem gierigen Zug in den Mund. Einmal die ganze Mundhöhle befeuchten, einmal mit vollem Hals schlucken! Ein Schluck, zwei, höchstens drei – und Schluss. Dann aber beginnt ein Tag ohne einen einzigen Tropfen Flüssigkeit. In der Nähe liegt eine deutsche Kriminelle, die diesen schrecklichen Durst nicht mehr empfindet, und man kann sie bitten, einen Teil ihrer Portion zu verkaufen. Man würde alles für etwas zu trinken geben, also stimmt man bereitwillig zu, wenn die Genesende, die wiederum den nach dem Typhus typischen Appetit hat, sagt:

»Gib mir dafür dein Brot und deine Wurst.«

Manchmal gewinnen die in der Küche Arbeitenden gegen die Wachposten, die den Zutritt zum Krankenrevier verwehren, und bringen ein paar Krüge schwarzen Kaffees. Das sind seltene, aber unglaublich aufbauende Momente. Eine dieser stillen Helferinnen ist Hania Lewandowicz aus Radom. Sie erscheint regelmäßig jeden Abend, obwohl sie damit riskiert, dass sie Prügel bekommt, falls man ihre Abwesenheit bei der Arbeit in der Schälküche bemerkt. Zum letzten Mal kommt sie, um Kaffee zu verteilen, am Vortag ihres Todes.

Nachts wird man durch die Verhärtungen im Mund aus dem Schlaf gerissen. Die Lippen und die Zunge bewegen sich mühsam, indem sie vergeblich versuchen, etwas Feuchtigkeit zu spüren. Sie sind ganz trocken. Der verwirrte Gedanke und der trübe Blick suchen die Umgebung nach etwas Trinkbarem ab. Es ist dunkel. Jemand stöhnt, jemand röchelt im Todeskampf, jemand atmet gleichmäßig. Aus der Dunkelheit tauchen die Umrisse der Dachbalken und die Konturen der benachbarten Betten hervor. In der Ecke eines von ihnen ist ein länglicher Gegenstand zu sehen. Eine Flasche! Dort schläft eine Deutsche – eine Funktionsgefangene, die jeden Abend von der Stubenältesten eine volle Schüssel Kaffee bekommt und diesen in drei Flaschen umfüllt. Versuchung und Angst kämpfen gegeneinander. Die Deutsche schläft fest, man hört ihren lauten Atem. Und in Gedanken wird man vom Geräusch des plätschernden Wassers verfolgt, das in Hülle und Fülle fließt. Die nächste Reaktion – Entsetzen und Verzweiflung: Ich will stehlen! Letzteres lässt sich allerdings fast vollständig unterdrücken. Wasser! Kaffee! Trinken! Der Körper hebt sich langsam an, stützt sich schwer auf die Ellbogen der angewinkelten Arme und zittert. Ich werde stehlen – ich werde stehlen! Verzeih mir! Verzeih mir! Keine Kraft. Die Flasche steht in der Entfernung von einem Meter. Erst jetzt kann man feststellen, wie erschöpft der eigene Organismus ist, wenn man bei so wenig Anstrengung nicht imstande ist, das lächerliche Zittern der Hände und des ganzen Körpers zu beherrschen. Eine Welle trockener Hitze durchläuft das Innere der Brust, die Stirn bedeckt sich mit Schweiß, im Kopf dreht sich alles in immer größeren Kreisen, sodass man sich auf der Pritsche flach ausstrecken muss, um nicht von ihr runterzufallen. Die Hand, die übers Kopfteil hängt, trifft auf einen zwischen die Bretter hineingedrückten Gegenstand. Ein Becher! Ein Becher mit etwas Flüssigem direkt hinter dem eigenen Kopf, in einem Spalt der Pritsche! Es riecht nach Wein. Es schmeckt ganz wie kalter Wein. Es ist nur eine kleine Menge da, auf dem Boden des Bechers. Doch ein Schluck ist auch genug – schon sieht die Nacht ein glückliches Lächeln der Kranken. »Jetzt kann ich einschlafen«, denkt die Gefangene, während sie sich mit den immer noch zittrigen Händen in die Decke einwickelt. Sie schläft ein mit dem Wissen, dass sie trinken kann, wann immer sie will.

Die nächste Schlafpause ist voller Gespräche. Die Kranke spricht im Flüsterton zu der Dunkelheit der Baracke:

»Gib mir bitte noch einmal zu trinken, nur einen einzigen, kleinen Schluck.«

»Trink«, antwortet die Dunkelheit, »es wurde speziell für dich gebracht.«

Die Gefangene taucht langsam die Lippen ein und ist glücklich, als sie wieder den kalten, säuerlichen Geschmack spürt. Sie stellt den Becher vorsichtig auf seinen Platz zurück, die Hände der Dunkelheit helfen ihr dabei. Dann streicheln sie ihre Augen, die sich, für den Schlaf bereit, immer mehr verengen. Bis zum Morgen rettet diese kleine Menge Flüssigkeit die Kranke, die aufwacht, wenn ihre Lippen austrocknen, und ein paar Tropfen trinkt.

Der Morgen bringt zusammen mit dem Licht das Bewusstsein zurück, die Hand sucht den Spalt ab und findet einen sehr schmutzigen Lagerbecher mit einer winzigen Menge Kaffee, der vom langen Stehen sauer geworden ist. Vor einigen Tagen hat ihn hier eine versteckt, die davor in diesem Bett lag. Sie nippte daran hin und wieder, bis ihr der Tod den Becher vom Mund nahm.

Der erste Schnee, der drei Tage lang fällt, ist ein wahrer Segen. Zwar dringt bei stärkeren Windböen ein weißes Gestöber durch ein Loch herein, und man muss den Schnee von der Pritsche wegschütten und die Decke halten, die oft durch einen heftigeren Windstoß hochgepeitscht wird. Dafür ist es aber nicht schwierig, die Rekonvaleszentinnen, die bereits zu laufen versuchen, zu überreden, eine Handvoll Schnee vor der Haustür einzusammeln und einem zu bringen. Man bewahrt diesen kleinen Schneeball in seinem Becher auf und ist so für den ganzen Tag versorgt. Wie nützlich er ist! Wenn die Lippen sich verhärten und platzen, kann man sie mit etwas Schnee befeuchten. Und wenn er geschmolzen ist, kann man das Wasser für eine Kompresse verwenden, den Mund damit ausspülen oder sogar das Gesicht waschen.

Stellen Sie sich ein Krankenhaus ohne Wasser vor. Eine Baracke, in der ein Schachbrett von dreistöckigen Betten aufgestellt wurde. In jedem Bett mindestens zwei Kranke. Jede von ihnen wurde mit einem Fieber von etwa vierzig

Grad aufgenommen. Auf dem Bett eine Strohmatratze und dunkle, sehr schmutzige Decken, unter denen zuvor andere Menschen gelegen haben. Wenn man sich mit einer Decke etwas energischer zudeckt, kann man einen leicht rieselnden Staub fühlen, der auf der wochenlang nicht gewaschenen Haut eine neue Schicht bildet. Die Betreuerinnen der Kranken – ausschließlich deutsche Kriminelle – sind zu faul, um noch etwas anderes zu tun, als die Essensportionen zu verteilen. Das Wasser muss man sich mit größter Mühe in der Küche besorgen, wo man sich willkürlichen Schikanen seitens der SS-Männer aussetzt. Manchmal ist es aber einfach unumgänglich, denn das Personal der Krankenhausbaracke macht sich nicht allzu oft auf, um Wasser zu bringen. So kann man manchmal auch sehen, wie irgendwelche privilegierten Deutschen, die eine wichtige Funktion im Lager haben, eine Schüssel Wasser bekommen, in der sich mehrere zusammen waschen. Der Anblick löst gleichzeitig Ekel und Eifersucht aus.

Es kommt also vor, dass eine Kranke, die sich kaum auf den Beinen halten kann, abends aufsteht, sich langsam anzieht und, mit Pausen, sich nach jeder Bewegung ausruhend, vom Bett heruntersteigt, um so zu tun, als wäre sie eine von denen, die das Gehen üben. Sie nähert sich immer mehr der Tür, bis sie sich schließlich aus der Baracke schleicht – auf der Suche nach Wasser. (Zu diesem Zeitpunkt wurden den Kranken die Kleider noch nicht abgenommen, was solche Eskapaden möglich machte.) Im Dunkeln, sich an der Barackenwand festhaltend, wartet sie auf andere, mit denen sie sich zuvor irgendwie verabreden konnte. Allein würde sie die schwierige Wanderung über eine Lagerstraße voller Gefahren und Schlammpfützen nicht schaffen. Sie waten daher als eine ganze Gruppe in Richtung Küche, um Wasser aufzutreiben. Sie lauern bereits im Schatten, als sich plötzlich eine, die ihren Durst nicht mehr beherrschen kann, nach vorne schiebt. In der hell erleuchteten Küche liegt ein Gummischlauch, der an den Wasserhahn angeschlossen ist, und stößt auf den Zementboden einen Strom sauberen, frischen Wassers. Ab und zu rennen die erhitzten Köchinnen vorbei, es ist ziemlich viel los, und der diensthabende SS-Mann hat sich ins Magazin zurückgezogen. Es gelingt ihr also, herbeizulaufen, sich hinzuknien und ihre Schüssel zu füllen. In diesem Moment aber wird sie von dem SS-Mann entdeckt. Sein scharfes Auge unterscheidet sofort die abgemagerte, schmutzige Gestalt von den umtriebigen Köchinnen. Mit einem Sprung ist er bei ihr. Er reißt den Gummischlauch vom Boden, nähert sich blitzschnell dem Wasserhahn, dreht ihn voll auf und richtet den Strahl aufs Gesicht des Kranken. Die Frau ist aufgestanden. Im ersten Moment hat sie den Atem verloren und sich verschluckt, doch jetzt steht sie gerade, öffnet den Mund und beginnt, mit ihren Lippen nach dem ersehnten Wasser zu schnappen. Ihr ganzer Körper scheint sich dieser heftigen Dusche, die er seit Wochen nicht hatte, mit Wonne hinzugeben. Der SS-Mann begießt mit bestialischem Gesichtsausdruck die Kranke von oben bis unten, und sie nutzt es, indem sie so viel wie möglich trinkt. Der Frost ist in dieser Nacht nicht besonders stark, aber er schafft es trotzdem, die Kleidung der in die Krankenhausbaracke zurückkehrenden Frau mit einer dünnen Eisschicht zu bedecken.

An regnerischen Abenden, wenn Sterne und Mond hinter den Wolken verschwinden, ist es schwieriger, solche Eskapaden zu unternehmen. Von Weitem, vom Stacheldraht her, strömt ein schwaches Licht der elektrischen Lampen, doch es blendet mehr die Augen, als dass es den Weg beleuchtet. In einer solchen regnerischen Nacht wurde eine Kranke zurückgebracht, die in der deutschen Toilette gefunden wurde.

Es stellte sich heraus, dass es eine Polin war. Als sie in Richtung Küche stapfte, fiel sie in einen Graben voller Exkremente. Nachdem sie über den schlammigen Hang herausgeklettert war, schleppte sie sich zur deutschen Toilette, wo aus einem schwarzen Rohr ununterbrochen das Wasser fließt, das den Graben spülen soll. Dort wusch sie ihre Hände und ihre Kleidung, doch als sie mit dem Wasser in Berührung kam, vergaß sie ihr hohes Fieber und die ihr dadurch drohende Gefahr. Sie schöpfte es mit beiden Händen, wonach sie nicht mehr imstande war wegzugehen – sie trank gierig, bis sie kraftlos zu Boden fiel. Einige Tage später erkrankte sie an Lungenentzündung und Ruhr.

Nicht immer haben diese Frauen genug Geistesgegenwart, um ihren Weg erfolgreich zurückzulegen. Es kommt vor, dass eine Kranke, von fiebrigen Wahnvorstellungen geleitet, im Lager herumirrt, jemanden sucht, jemanden ruft oder vor das Tor gehen will und die Wachposten davon zu überzeugen versucht, dass sie gehen muss. Wenn sie weiß, aus welchem Block sie kommt, bringt man sie ins Krankenrevier zurück, wo sie schwer, manchmal tödlich zusammengeschlagen wird. Wenn ein Zufall sie aber zu einem Block führt, in dem gerade den Neuzugängen ihre Plätze zugewiesen werden, dann taucht sie in der Menge einander fremder Frauen unter und lässt sich mit ihnen zum Appell hinaustreiben, woraufhin die Blockälteste vergeblich versucht zu erraten, warum die Zählung nicht stimmt, und zu erkennen, wo der Fehler liegt. Im gesamten Frauenlager wird stundenlang Appell gestanden, bis man die Bewusstlose oder Wahnsinnige findet und dafür, dass sie sich verstecken wollte, verprügelt. Solche »Verbrecherinnen«, die beschuldigt werden, sich vor dem Appell zu drücken oder mit Gefangenen aus einer anderen Baracke aufzustellen, kommen sofort in den Block 25.

Nicht alle Kranken haben die Kraft, sich aus der Baracke zu schleichen oder überhaupt aus dem Bett zu steigen. Das ist erst in der dritten oder vierten Woche des Flecktyphus-Verlaufs möglich, also kurz vor dem Verlassen des Krankenreviers. Die meisten liegen regungslos da, während sie leise und passiv die schlimmsten Schübe des Fiebers durchleben. Diese Kranken sind völlig hilflos. Niemand kommt zu ihnen, sie werden von niemandem besucht oder gepflegt. Ihr Tag ist von einem Nebel umhüllt, die Nacht voller Wahnvorstellungen. Der kraftlose Körper gibt langsam auf. Sich verlieren, vergessen, verschwinden – kann es angesichts der erfahrenen Leiden und Demütigungen etwas Wünschenswerteres geben?

Langsam beugt sich der Tod über das Bett. Er hält seine beruhigende Hand über das noch lebende menschliche Herz, das nicht weiß, nicht einmal ahnt, dass in wenigen Minuten eine leichte Berührung es selbst und den ganzen, durch seine Arbeit am Leben gehaltenen Körper in einen leblosen Klumpen verwandeln wird. Während die Hand des Todes das menschliche Herz schon mit ihrem Schatten verdeckt hat, erscheint über dem Kopf der Sterbenden das strahlend lächelnde Leben, um einen Kuss auf ihre Lippen zu drücken. Es beugt sich tief über die schmutzige Decke und verwandelt sie allein durch die Kraft seiner Anwesenheit in die weiße Bettwäsche, die sie aus ihrem Elternhaus kennt. Dann setzt es sich unbekümmert am Kopfteil der Pritsche hin, und nachdem es seine schönen Hände über dem eigenen Kopf zusammengefaltet hat, beginnt es ein Abschiedsmärchen zu erzählen. Manchmal ist es nur eine Musik, eine leise, zarte, vergessene Melodie, die einst, in fernen Zeiten, von dem liebsten Wesen gesummt wurde – von der Mutter, die nun, alt und grau geworden, wieder wie früher ein leises Lied für ihr Kind singt.

Manchmal ist es nur ein Ruf. Durch den Lärm der überfüllten Baracke, durch ihre Holzwände, durch alle Lager und unpassierbaren Stacheldrähte, durch die verlassenen Gegenden, durch Hunderte von Kilometern und Tausende von unbekannten Ereignissen erreicht die Ohren der Sterbenden eine vertraute Stimme; sie spricht ihren Namen direkt über ihr aus und erweckt sie damit aus ihrer Leblosigkeit.

Manchmal sind es Bilder, in denen den Augen der Kranken Wiesen, die nach Heu riechen, Berghänge, die in der Sonne versinken, oder von fröhlichem Treiben erklingende Sandstrände erscheinen. Die Erinnerung an das, was war, kommt wieder, um das erkaltende Herz wiederzubeleben. Ab und zu erlaubt das Leben, dass man, wie in ein verzaubertes Kaleidoskop, in die Zukunft schaut. Tag für Tag, Schritt für Schritt, erscheint all das, was sein würde, was sein wird, wofür man, um es zu erreichen, unbedingt weiterleben muss. Wenn die Kranke ihr Gesicht von diesen Bildern widerwillig wegdreht, wenn sie keines sehen will und nur noch davon träumt, ins Nichts einzutauchen, dann legt der Tod seine Hand sanft auf das immer schwächer werdende Herz und unterbricht dessen Lauf. Dann fährt er mit den Fingern über das Gesicht und bedeckt dessen Züge mit der Hülle der ewigen Leblosigkeit.

Hin und wieder passiert es aber, dass die Geschichte, die das Leben erzählt, in der Liegenden einen solchen Schmerz, Widerstand oder Protest weckt, ihr Herz mit solcher Verzweiflung und Trauer um all das erfüllt, was sie am meisten geliebt hat, dass sie die Arme in einer Geste ungeduldiger Sehnsucht ausstreckt und sagt: »Ich will leben!«

Sie lässt sie mit den vor Durst aufgesprungenen Lippen eine einzige Bitte wiederholen: »Ich will leben! Ich will leben!«

Sie lässt sie ihren ganzen Willen zusammennehmen, alle Kräfte ihres Organismus sammeln, sich an das Leben klammern und um den Preis der größten Anstrengung weiterexistieren. Der Tod zieht zwar seine unsichtbare Hand nicht zurück, kommt aber auch nicht näher. Währenddessen nimmt das Leben das sterbende Herz in seine Hand und füllt es langsam mit der eigenen Wärme. Die erste Empfindung der Kranken ist ein Schmerz. Sie hat sich von den verwirrenden, fiebrigen Fantasien noch nicht erholt, spürt aber bereits, dass es ganz tief, in der Nähe des Herzens, wehtut. So, als würde eine gute, liebevolle Hand das arme Herz zärtlich drücken, ohne zu bedenken, dass es wehtun könnte.

Der Körper ist auf eine kindliche Größe geschrumpft, die Arme und Beine sehen wie Strohhalme aus, der Mund ist voller Flecktyphus-Trockenheit, und jeder Bissen Nahrung verursacht einen neuen Schub von Ruhr. Der Geruch der Lagersuppe löst Übelkeit aus. Es gibt keine Hilfe, keine Pflege und keine Medikamente. Wenn das alles Realität ist: Woher kommt dann, wo entsteht, in welcher Ecke des Körpers keimt dieses unbedingte Lebensverlangen, das so stark ist, dass es den Tod, der ständig neue Gestalten annimmt, besiegen kann? Woher stammt dann diese unerschütterliche Willenskraft, mit der man nach Mitteln zum Selbstschutz sucht?

Es ist irgendein Novembertag. Keine der Bettnachbarinnen ist gesund genug, um zu wissen oder sich zu erinnern, welcher Tag es ist. Es ist so schwierig, überhaupt etwas im Gedächtnis zu behalten, alles verwandelt sich ständig in Chaos. Man kann nicht denken, weil der Schmerz die Schläfen umklammert und die Dunkelheit auf die Augen und Gedanken herabfällt und alles in sich hineinzieht. Der Kopf ist schwer, riesig, fremd, fällt langsam zurück, presst sich mit seinem ganzen Gewicht gegen die Kopfstütze, die aus Holzschuhen und zusammengerollter Kleidung gemacht wurde. Das verursacht Schmerzen im Schädel und Übelkeit. Vergeblich versuchen die halbbewussten Hände, aus einer Decke ein riesiges Bündel zu machen und dieses unter den Kopf zu schieben. Das hilft nicht, lässt den fiebrigen Wahn nicht verschwinden: Die glühende Stirn befindet sich immer noch tiefer als der ganze Körper. Und die Beine müssen besonders hoch liegen, wenn man so deutlich spürt, dass das ganze Blut zum Gehirn fließt. Mit jedem Pulsschlag fühlt sich der Kopf voller an; man kann nicht mehr denken, sprechen oder schauen, das Blut sprengt die Schläfen. Eine seltsame Wolke der Dunkelheit fließt auf die Gedanken herab, indem sie Erleichterung und gleichzeitig einen Schmerz in der Herzgegend bringt. Man weiß nicht, wie lange das dauern wird.

Nach einiger Zeit werden die Augenlider von einer Helligkeit geblendet. Die gereizten Augen öffnen sich mit der letzten Willensanstrengung. Es ist das Licht, das durch einen Spalt zwischen der Wand und der Decke fällt. Er ist fast so breit wie das Gesicht eines erwachsenen Menschen. Durch diesen Spalt kann man, wenn man sich im Bett aufsetzt, ein Fragment des Lagers mit den benachbarten Baracken sehen. Jetzt sieht man aber nur das Azurblau des Winterhimmels, der von der Sonne erleuchtet wird. Die Augen schließen sich wieder – vor dem Übermaß an Licht, das sie nicht aufnehmen können, und vor dem Übermaß an Freude, die von diesem sonnigen Wetter ausgeht. Die langsam entstehenden Gedankenfetzen reißen sofort wieder ab. Und da, am Rande des Dachs, durch den Spalt gut sichtbar, glitzert in der Sonne ein Eiszapfen. Die Sonne macht aus ihm etwas Wunderschönes, und die reglos starrenden Augen machen aus ihm einen heißersehnten Gegenstand. Die Zeit fließt und vergeht, und hier findet ein seltsamer Kampf statt. Die Erschöpfung hat die Arme und Beine ans Bett gefesselt und den Kopf nach unten gedrückt, von wo man ihn unmöglich bewegen kann. Und zugleich wird man von einer unwiderstehlichen Macht gezwungen, den zwischen Himmelblau und Sonne glitzernden, durchsichtigen Eiszapfen anzuschauen und es so lange zu tun, bis der Arm die Kraft findet, sich zu heben und durch den Spalt nach draußen zu greifen. Die kalte Berührung durchläuft den brennenden Körper wie ein belebender Strom, die Hand trägt ihre Beute vorsichtig zur Stirn, zu den Augen und Schläfen. Wieder ein Herzkrampf, wieder ein Schmerz und dann die völlige Rückkehr des Bewusstseins. Die vor Fieber schmerzenden Augen registrieren jetzt die rötlichen Flecken an der Haut der Arme. Ein verständnisvolles Lächeln. Die »Grippe« ist ja in Wirklichkeit der Flecktyphus.

Nun nähert sich Doktor Zbożeń, ein polnischer Häftling, der jeden Tag aus dem Stammlager Auschwitz kommt. Er sollte sich hauptsächlich um die deutschen Frauen kümmern, aber er ist ein vernünftiger Mann und kein Formalist.

»Aber ja, meine Dame, es ist die Grippe, die Grippe.«

»Herr Doktor, sagen Sie mir die Wahrheit.«

»Wozu wollen Sie das wissen?«

»Weil ich die Selektion für das Krematorium vermeiden will. Weil ich leben will, Herr Doktor.«

Der Arzt blättert die Seiten seines Notizbuches um.

»Sehen Sie, was hier steht?«

»Grippe. Und daneben mein Name.«

»So ist es. In meinem Notizbuch haben Sie die Grippe. Und das hier« – er verdeckt die mit Flecken übersäten Arme der Kranken – »muss niemand sehen. Vielleicht haben Sie Glück, und es wird keine Selektion angeordnet. Aber ich rate davon ab, hier lange liegen zu bleiben. Sobald Sie wieder ein wenig bei Kräften sind, sollten Sie von hier verschwinden.«

Sobald Sie bei Kräften sind ... Das Bewusstsein, dass der Flecktyphus ausgestanden ist, löst eine Freude aus, die übrigens trügerisch und voreilig ist, denn es ist oft schwieriger, die Zeit der Genesung zu überleben als die Krankheit selbst.

Ein Herz, das die für den Typhus typische hohe Temperatur aushält, bleibt manchmal bei einer kleinen Erkältung stehen. Jetzt aber erfüllt die Freude das ganze Wesen.

Der Körper gewinnt langsam die Fähigkeit zurück, etwas zu fühlen. Das Jucken an Beinen, Bauch und Rücken setzt einem zu; die ungeschickten Finger suchen nach dessen Ursachen. Sie finden am Körper kleine, eingetrocknete Kratzspuren, die weiter ständig jucken und kitzeln. Plötzlich wird der Juckreiz an der Brust zu einem brennenden Gefühl und konzentriert sich zudem an einer Stelle. Die Hand öffnet schnell das Hemd, und die Augen entdecken eine Laus in einer merkwürdigen Position. In den Körper hineingesaugt, steht sie senkrecht, mit gehobenem Hinterleib. Sie muss sofort gefasst werden, weil die Kleiderläuse Schnellläuferinnen sind. Sie ist hell, durch ihre Haut schimmert rötlich der mit menschlichem Blut gefüllte Verdauungstrakt. Ein Tropfen Blut spritzt in dem Moment, als die Laus unter dem Druck des Nagels stirbt.

Die Kranke schaut beschämt auf. Doch dieses Bild – dürre Hände, die zum Licht über dem trägen Kopf Kleidungsteile oder schmutzige Decken heben – kann man, besonders wenn der Tag sonnig ist, ringsherum sehen. Die Ausrottung von Läusen ist die einzige Beschäftigung der Genesenden. Man beginnt damit gleich in der Früh, wenn es noch grau und die Sicht ziemlich schlecht ist. Die Läuse beißen dermaßen, dass man es nicht ertragen kann und mit der Jagd sofort nach dem Aufwachen beginnen muss. Am besten zieht man alles aus, wickelt sich fest in eine Decke ein und sieht jedes Kleidungsstück einzeln durch. Es ist zwar kalt, denn durch den Spalt unter dem Dach bläst ein eisiger Wind, und es lässt sich kaum vermeiden, bei den getanen Bewegungen die Decke nicht zu heben, besonders da der Körper noch schwach ist und man ständig die Position von der sitzenden zur halbliegenden wechseln und sich mit dem Ellbogen auf das Bett stützen muss. Aber man wäre bereit, stundenlang nackt zu sitzen, nur um diese lebendige, blutsaugende Seuche loszuwerden. Hunger und Kälte sind nichts im Vergleich zu den Läusen.

Jeden Tag wiederholt sich das Gleiche. Das Hemd wurde am Vorabend durchgesehen. Woher kommen also die riesigen, fetten Exemplare, die schnell über das Leinen vor den sie verfolgenden Fingern fliehen oder zu zweit inmitten frisch gelegter Nissen und Exkremente sitzen? Wie schnell sie sich vermehren! Gestern gab es hier keine einzige Nisse mehr, heute sind auf dem weißen Stoff unzählige kaum sichtbare Lebewesen zu finden. Diese beißen am empfindlichsten. Sie sind winzig, aber alle voller Blut. Daher dieses brennende Gefühl unterm Hemd – weil in seinen Falten viele kleine Läuse aufgetaucht sind. Das Reinigen der Unterwäsche nimmt die meiste Zeit in Anspruch. In der Regel kleben die Insekten am liebsten an dem Kleidungsstück, das man direkt am Körper trägt. Man braucht viel Geduld, um alle totzuschlagen. Die vor Anstrengung angespannten Augen schmerzen, und wenn man sie für einen Moment schließt, wirbeln unter den Lidern Bilder von Läusen, Flöhen und Nissen. Das führt zu Schwindelanfällen und Übelkeit, die umso stärker sind, als der ganze Körper noch sehr geschwächt ist und die Sitzposition ihn sehr ermüdet. Die Daumen, vor allem ihre Nägel, sind ganz mit Blut und getrockneten Schuppen bedeckt, dabei ist erst das Hemd gereinigt. Am schlimmsten ist der Pullover, in dessen wollenen Öffnungen die Nissen einen idealen Unterschlupf haben. Nur wenn ein starker Sonnenstrahl durch einen Spalt in die Baracke fällt, kann man den Pullover gründlich reinigen – ihn dehnen und gegen das Licht schauen, ob kein Fremdkörper im Flausch der Wolle glänzt. Man muss alles durchsehen, auch die unter dem Kopf liegenden Strümpfe, mit denen sich die Sache ähnlich wie mit dem Pullover verhält.

Das Geräusch der Metallkessel mit der Mittagssuppe erreicht die Frauen gewöhnlich, wenn sie mit dem Durchsehen der letzten Kleidungsstücke beschäftigt sind. Hände waschen kann man natürlich nach dieser Tätigkeit nicht, also begnügt man sich damit, die blutigen Fingernägel abzuwischen, und schon kann man, nachdem man seinen Löffel aus dem Spalt im Dach über der Pritsche gezogen hat, sich daranmachen, die fünf zugeteilten Kartoffeln zu pellen. Nach dem Mittagessen zieht man mit Wonne die frisch durchgesehene, von den Läusen befreite Kleidung an. Der von Typhus und Hunger erschöpfte Körper verlangt nach Schlaf. Die Insekten schlafen aber nicht. Aus den schmutzigen Decken, aus irgendwelchen Winkeln des Bettes kriechen Tausende von neuen hervor. Nach einer zweistündigen Ruhepause ist die Kleidung genauso mit ihnen übersät, wie sie es am Morgen gewesen ist, und man muss mit der Suche neu beginnen, wenn man sich ein paar Stunden Schlaf in der Nacht sichern will. Die Vergeblichkeit der Anstrengung weckt eine umso tiefere Resignation, als sie von Rückenschmerzen, schrecklicher Ermüdung der angespannten Augen und Ekel begleitet wird. Ein fester Schlaf ist für einen genesenden Menschen die einzige Beruhigung und Unterbrechung der Arbeit. Aber selbst dann wandern die Hände nervös umher, gereizt durch die schmerzhaften Bisse. Manchmal hört man die schläfrigen Worte:

»Ich muss die riesige töten, die mich in den Rücken beißt.«

Die deutschen Gefangenen, die sich lange, bis zur vollständigen Genesung, erholen dürfen, sind bereits ziemlich stark. Ganze Tage und Abende lang spielen sie Mundharmonika und singen laut sentimentale Walzer. In dem unruhigen Kopf wirbelt alles im Takt der Chorlieder, die in der ganzen

Baracke dröhnen und die Schwerkranken zusätzlich ermüden.

Jeden Tag kommen neue Frauen ins Krankenrevier, und sie werden, ungeachtet dessen, was ihr Fieber verursacht hat, zusammen mit den Typhuskranken untergebracht. Jeden Abend gibt die Stubenälteste allen Kranken die gleiche Portion Brot, das die meisten von ihnen nicht essen können. Das Brot in Auschwitz schmeckt unterschiedlich, aber jeder gibt zu, dass das vom November 1942 am widerlichsten war. Da es in dem riesigen Lager ohnehin nur wenige Menschen gibt, die gesund sind und es essen können, wird beim Backen kräftig gespart. Man kann sich gerade noch dazu zwingen, die dicke, den Magen verbrennende Suppe oder eine der in der Schale gekochten Kartoffeln zu essen, doch jeder Versuch, das Lagerbrot zu essen, endet damit, dass man beißt und kaut, ohne hinunterschlucken zu können. Die Scheiben liegen also herum, trocknen und warten darauf, dass die Kranken ihren Appetit zurückbekommen, während diese am Verhungern sind. In dieser Zeit werden aus dem Krankenrevier ganze Tragbahren voller angebissenem, schimmelndem Brot weggebracht.

Die Männer, die manchmal zum Mauern oder Dachdecken kommen, haben immer Hunger. Eine Portion Brot, die für die Frauen zu klein ist, reicht den schwer arbeitenden Männern umso weniger. Also schleichen sie sich, wenn der diensthabende SS-Mann nicht hinsieht, an die Tragbahren heran und suchen sich die weniger schimmligen Scheiben aus.

Jeden Abend taucht auf der Bettkante eine neue Portion auf, und jede Nacht schläft die Kranke hungrig ein – oder sie bekommt Schmerzen nach dem mühsamen Hinunterschlucken einiger Bissen.

Die Hygieneverhältnisse im Krankenbau sind schlechter

als im gesamten Lager, die Ernährung ist sehr knapp. Der einzige Vorteil des Krankenreviers ist, dass man hier die ganze Zeit liegen und dem Appell entgehen kann. Wenn überall im Lager Pfiffe und Rufe an den Zählappell erinnern, krümmen sich die Kranken mit Schaudern unter ihren Decken zusammen. Für sie gilt er noch nicht. Einige Tage, vielleicht einige Wochen lang wird er ihnen erspart bleiben.

In der Zeit, in der eine Baracke voller Menschen einen geringeren Wert für das Lager hat als ein mit Müll gefüllter Sack (weil man aus dem Müll eine Handvoll Lumpen ziehen und in eine Fabrik schicken kann), wirken die Gerüchte, dass die Familien der Häftlinge ihnen bald Lebensmittelpakete nach Auschwitz werden schicken können, wie fantastische Märchen. Ein Brief und ein Gutschein über vierzig Mark, das ist alles, was man im Monat erhalten darf. Ob und welchen Betrag man wirklich bekommt, ist eine andere Sache, denn wie das mit dem Geldverschicken im Generalgouvernement ist, wissen die, die es versuchten, nur zu gut. Wer jedenfalls Gutscheine erhält, kann für sie in der Kantine kaufen: rheinisches Mineralwasser, chemisch hergestellten Saft, Briefbögen, Briefmarken, Toilettenpapier, Stifte, Deutschlehrbücher. Manchmal Schnecken, seltener einen Gemüsesalat oder eine Suppe. Die meisten bekommen aber gar keine Gutscheine, und ein Brief ist das Einzige, was »aus der Freiheit« kommt.

Die Freiheit, das ist ein Land, oder besser: ein Planet von unglaublicher Schönheit, wo jeder Häftling einige Zeit gelebt hat. Sie erzählen sich davon. Sie erinnern sich daran. In den langen schlaflosen Stunden träumen sie von jedem Ereignis, das stattgefunden hat, erleben es noch einmal, intensiv, führen ein imaginäres Gespräch mit den Menschen, die sie zurückgelassen haben. Sie bitten sie, auf ihre Rückkehr zu warten. Jeder hütet in seinem Herzen diesen verlorenen

Planeten. Jeder destilliert in seinem Gedankenlabor die einst erlebten Momente. Sie werden dadurch noch schöner, als sie in Wirklichkeit waren. Von einem besonderen Schein umgeben und so völlig anders als die hiesige Realität, dass bei dem Gedanken, in sie zurückkehren zu müssen, das Blut in den Adern gefriert. Denn es ist kaum vorstellbar, dass die Sehnsucht nach dem fernen Planeten je gestillt werden könnte. Wenn sich nachts der Orion, der Große Wagen, die Stella Polaris und andere Sterne über die Baracken neigen, wenn die Stille des schlafenden Lagers von einem langgezogenen, in die Ferne fliehenden Pfeifen einer Lokomotive durchschnitten wird, sucht der Blick nach diesem einen Stern, den man verloren hat. Und man ist geneigt zu glauben, dass es nur ein der menschlichen Fantasie entsprungenes Märchen ist, dass irgendwo dort draußen wirklich Bäume blühen, Straßenbahnen klingeln, Kinder lachen und Menschen auf Schmerz mit Tränen reagieren.

Doch von Zeit zu Zeit kommt von dem fernen Planeten ein Zeichen. Es kommt ein Brief. Ein winziger Fetzen Papier. Ein Flugblatt von »dort«. Jemand schreibt, dass das Haus, die Straße, der Fußboden im Zimmer immer noch dieselben sind … Sobald man es liest (auch wenn man es schon mehrmals gelesen hat), hält man einen fiktiven Telefonhörer am Ohr und hört die Sprache der fernen Freiheit. Deshalb liest man es gern leise und dann laut, allein und dann zusammen mit anderen. Baut über diese Wörter eine ganze Architektur der Gefühle. Konstruiert Bögen der Vermutungen und Enträtselungen. Absorbiert das eigenartige Vitamin, das diese Seiten durchdringt.

Und dann kommt der Tag des Zurückschreibens. Es ist ein großes Fest, auf das auch die Schwerkranken nicht verzichten wollen. Da ist eine Typhuskranke, die an diesem Tag zum ersten Mal beschlossen hat, von ihrem Stockbett herunterzusteigen. Von der Erde trennt sie eine Entfernung von zwei Metern. Man kann an ihren verängstigten Augen, ihren Händen, die den Pritschenrand krampfhaft umklammern, und ihren zitternden Beinen sehen, dass sie noch nicht stark genug ist. Sie steigt aber trotzdem ab, ist schon dicht am Boden, berührt seine lehmige Fläche mit den Füßen. Doch die Krankenpflegerin mag es nicht, wenn jemand zwischen den Pritschen herumläuft, vor allem in dem Gang, wo eine deutsche Funktionsgefangene liegt, die eine besondere Pflege genießt. Sie rennt also auf die Herabsteigende zu und schlägt ihr mit der Faust auf den Kopf.

Für ein Brot mit Margarine kann man einen Briefbogen mit Briefmarke kaufen. Das ist der Preis. Und wer die Briefmarken von seiner Familie zugeschickt bekommt, hat das Recht, die Kantine zu benutzen.

Auf allen Ebenen der Stockbetten sitzen gekrümmte Gestalten und schreiben Briefe nach Hause. Auf den Knien halten sie umgedrehte Schüsseln, auf diese legen sie die Briefbögen, und während sie sorgfältig kalligrafieren, versuchen sie, das Zittern ihrer Hände zu beherrschen. Da schreibt eine Frau, die noch schwächer ist als die anderen und deshalb auf einer Seite liegt. Sie hat ihren Brief gegen einen Becher gelehnt und kritzelt langsam mit schlaffer Hand die Buchstaben. Immer wieder fällt sie kraftlos zurück, ruht sich aus und beginnt ihre Arbeit aufs Neue. Dort, auf der obersten Pritsche, hat eine Kranke ein Loch in der Wand mit ihrer Decke zugestopft und schreibt. Der starke Wind reißt ständig die Decke heraus und bläst den Briefbogen hinunter. Sie stopft das Loch erneut zu, legt zu der Decke auch noch ein Bündel mit ihrem Brot in den Spalt. An der Außenseite der Baracke lehnen einige Leitern. Männliche Häftlinge reparieren das Dach. Eine dürre Hand taucht in dem Spalt auf, packt das Bündel und verschwindet sofort wieder. Ein Stück weiter sitzt eine Frau, der vor übermäßiger Anstrengung pausenlos schlecht wird. Wenn die nächste Welle der Übelkeit vorbei ist, setzt sie das Schreiben fort.

Die Wörter, die unter den Fingern hervorkommen (auf Deutsch natürlich), beziehen sich vor allem auf die Gesundheit:

»Ich bin gesund und fühle mich gut.«

»Und, Gott sei Dank, fühle ich mich sehr wohl.«

»Mama! Ich habe gute Arbeit und bin immer lustig.«

Manchmal taucht in Gedanken die Frage auf, was die ersten Lebensmittelpakete enthalten würden, wenn deren Zulassung sich als wahr erweisen sollte. Man stellt Vermutungen an, hat Hungerfantasien, denkt sich ganze Menüs aus. Währenddessen verfolgt einen, was nicht selten die letzte Hoffnung raubt, die Vision weiteren Hungerns und die Angst vor dem Verlust der physischen Kräfte. Beides sorgt für Stunden der Schlaflosigkeit, lange Nachtstunden, in denen die Baracke vom Stöhnen erfüllt wird und ihr Aussehen verändert. Aus der Dunkelheit kriecht die Angst hervor.

Seit man Danuta Terlikowska weggebracht hat, um das von der politischen Abteilung gegen sie verhängte Todesurteil zu vollstrecken, fragt man sich zunehmend, welchen Zweck es hat, gegen die eigene Schwäche anzukämpfen. Sie hatte den Höhepunkt der Krankheit schon hinter sich, war aber immer noch sehr geschwächt. Der Flecktyphus verursacht eine völlige Trägheit der Beine; man muss das Gehen ganz neu lernen, wie ein kleines Kind. Als eines Abends ihr Nachname und Vorname aufgerufen wurden, unter dem Hinweis, sie sei von der politischen Abteilung angefordert worden, wusste sie, was das bedeutete. Ihre Ruhe kaschierte die dramatische Krise, die jeder Mensch in dem Moment erlebt, da er dem Tod begegnet. Sie hatte die Kraft, ihre Nervosität zu unterdrücken, ohne die Kraft zu haben, von allein zu gehen. So blieb Danuta Terlikowska den Kranken in Erinnerung. Keine von ihnen hörte damals den Schuss, keine hörte den Todesschrei der Verurteilten. Sie wussten aber, dass Danuta nicht zurückkommen würde. Und sie wussten, dass Frauen, die aus politischen Gründen verhaftet wurden, immer mit einem ähnlichen Aufruf rechnen mussten. Der Gedanke daran war eine der vielen Ursachen der nächtlichen Ängste.

Angst machen auch die leise vorbeilaufenden Ratten, die bei Einbruch der Dunkelheit aus allen Löchern und Kanälen hervorkriechen. Sie sind riesig und dick, gemästet mit der unterschiedlichsten Nahrung, die ihnen das Lager bietet. Es ist bekannt, dass die Ratten in Block 25 den Toten die Finger abbeißen, Teile der Gesichter herausfressen, ja dass sie sogar Sterbende angreifen. Sie sind aufgrund ihrer Stärke unverschämt geworden und kommen immer näher an die Liegenden heran. Manchmal ertönt aus den unteren Betten ein plötzlicher Schrei: »Eine Ratte! Eine Ratte!« Fett, wodurch sie wie lebende Nudelrollen wirken, huschen sie schnell vorbei, indem sie einen langen Schatten hinterlassen. Es sind so viele, dass das fiebrige Gehirn eines kranken Menschen sie als sehr große Bakterien einer der im Lager grassierenden Krankheiten wahrnimmt. Ganze Nächte lang ist ihr Springen, Trampeln und lautes Quietschen zu hören.

Gegen neun Uhr abends werden die Rattengeräusche von einem anderen Lärm übertönt, der aus Richtung des Wärterhäuschens hinter dem Block 25 kommt. Das ferne, düstere Rumpeln eines Autos, das unter einer schweren Last stöhnt. Es ist der Krankenwagen, der die Toten wegbringt – er hat seinen üblichen Kurs begonnen. Manchmal fährt er nur einmal vorbei, manchmal rast er aber unzählige Male über die Straße, die zwischen den Lagern zum Krematorium führt. Er reißt die Kranken aus dem Schlaf und verbreitet Angst und Schrecken. Die Frauen möchten diesen Teil des Abends mit

Schlafen verbringen, doch meistens bleiben sie wach und horchen in die Dunkelheit hinein, in der – wie ein böser Geist, der Barmherzigkeit vortäuscht – der Krankenwagen mit dem aufgemalten roten Kreuz vorbeifährt. Die quälende Frage, wann diejenigen an der Reihe sind, die hier liegen und gegen ihre Schwäche ankämpfen, steht die ganze Zeit im Raum. Keine von denen, für die genau in diesem Moment das Rote Kreuz die am dringendsten gebrauchte Institution wäre, macht sich Illusionen über die Rolle dieses Autos. Keine wünscht sich eine Fahrt mit ihm, denn jede weiß, dass es ihre letzte Reise sein würde. Als das Poltern des Krankenwagens endlich verstummt und die Müdigkeit langsam den Schlaf bringt, ertönt irgendwo in der Tiefe der Baracke der Monolog einer Frau, die wahnsinnig geworden ist. In der Stille klingen ihre Worte und Schreie so laut, dass sie die Kranken wecken.

Manchmal, mitten in der Nacht, kündigt das Dröhnen der Sirenen, die das Lager umgeben, einen Luftalarm an. Die Luftangriffe werden mit Freude begrüßt, denn sie bedeuten, dass der Krieg nicht aufhört, dass jemand gegen die Deutschen kämpft, dass jemand sie angreift. Alle Herzen der Gefangenen schlagen in einem starken Rhythmus der Hoffnung, als die alliierten Geschwader über die deutschen Gebiete niedergehen. Die Nacht ist hell, der Widerschein des Schnees dringt durch die kleinen Dachscheiben herein. Das Mondlicht überflutet die Betten und die Verbindungen der Dachbalken.

In diesem weiß-blauen Licht einer Herbstnacht erhebt sich von einem der Betten eine abgemagerte Gestalt. Sie ist dürr, fahl und schmutzig wie alle hier, doch an ihren Bewegungen gibt es etwas, was sie von den anderen unterscheidet. Sie umklammert mit ihren dünnen Armen einen Balken, klettert auf die Bettkante, wodurch sie nun direkt unter dem

Dach steht, und schiebt, nach hinten gebeugt, den Riegel einer der Scheiben weg. Das leicht geöffnete Fenster lässt die Sicht auf den schimmernden Sternenhimmel frei. Vor dessen Hintergrund zeichnet sich deutlich der rasierte Kopf der Kranken ab. Die Frauen erstarren und schauen schweigend zu. Man darf kein Wort sagen, um nicht eine der Deutschen anzulocken. Durch das offene Fenster dringt mit der eisigen Luft, die in den schweren Gestank der Baracke eine erfrischende Brise bringt, der entfernte Gesang der Sirenen. Es ist Schlesien, das vor einem Luftangriff warnt. Die dunkle Gestalt steigt über die Rippen der Balken und klettert aufs Dach hinaus. Wieder Stille. Und die fernen, in der Luft vibrierenden Stimmen der Sirenen. Auf einmal lässt sich ein erstickter Schrei der Kranken hören, voller Triumph oder Angst. Im dunklen Rechteck der Fensterscheibe, vor dem Hintergrund der leuchtenden Sterne, sind kleine Lichter erschienen, die wie eine neue Konstellation langsam über den Himmel schweben, an den Wolken vorbei. Es ist ein Geschwader unserer Verbündeten. Die Blicke der Gefangenen kreuzen sich mit diesen Lichtern. Vielleicht wird heute der große Tag sein, der die Freiheit oder zumindest eine Bombardierung bringt? Oder das große Lager wird mit Flugblättern übersät, deren Inhalt uns neue Kraft gibt und den Tod leichter macht? Vielleicht wird uns ein Landsmann aus irgendeinem Teil der Welt, der nicht unter deutscher Besatzung steht, oder ein Volk, das den Deutschen feindlich gesinnt ist, zu Hilfe kommen?

Währenddessen läuft die Frau auf dem Dach in Richtung der beweglichen Flugzeuglichter und schreit mit lauter, in der Stille weit tragender Stimme:

»Amerika! Rette die Kinder! Amerikaner! Rettet die Kinder! Amerikanische Mütter! Rettet die kleinen Kinder, rettet die polnischen Kinder!«

Ihr Schrei ist an verschiedenen Stellen des Dachs noch

lange zu hören. Im Saal ist die Stille noch vollkommener geworden – als ob die Frauen der magischen Kraft dieser Stimme erlegen wären und auf eine Antwort des Universums warten würden. Die Schüsse der Flugabwehrartillerie und die fernen Bombardierungen übertönen die Stimme der Kranken und lenken von ihr ab. Erst nachdem die Sirenen den Alarm aufgehoben haben, sind ihre gewaltigen Rufe wieder deutlich zu hören:

»Amerika, rette die Kinder!«

Nach dem beendeten Alarm folgt eine gewisse Entspannung, hier und da lassen sich in der Dunkelheit der Baracke leise Stimmen vernehmen:

»Amerika wird das nicht hören.«

»Die Amerikaner werden niemals die Wahrheit erfahren.«

Und dann eine unendlich müde und niedergeschlagene, durch Heiserkeit gedämpfte Stimme, die sagt:

»Selbst wenn, werden sie es sowieso nicht glauben.«

Taub gegen alles, sich der Gefahren nicht bewusst, wiederholt die Kranke ständig ihre Aufrufe. Das Feuer aus dem nächstliegenden Krematorium erleuchtet ihre Gestalt mit einem roten Schein. Und sie sieht nichts mehr, versteht nichts mehr, weiß nichts mehr. Der Wahnsinn umfängt ihren Geist und nimmt ihr alles – bis auf den Glauben an das Land, an das sie ihre Schreie richtet:

»Amerika, rette die Kinder! Amerika, rette die Kinder! Amerika, rette die Kinder!«

Jeden Morgen, zum Zeitpunkt der Kaffeeausgabe, kommt eine Kolonne von Jüdinnen, die beim Abtransport der Toten beschäftigt sind. Am Ende der Baracke, in der letzten Stube, werden die nackten Leichen auf den Boden gelegt und am nächsten Morgen von den Jüdinnen auf Tragbahren weggebracht. Diese kleinen Trauerzüge steuern dann auf einen Schuppen hinter dem Block 25 zu.

Die Läuse, die Angst vor der Selektion und der Wunsch, anderen Seuchen zu entgehen, bewirken, dass die Kranken das Revier möglichst bald verlassen. Einige von ihnen sind noch sehr schwach. Obwohl sie sich kaum auf den Beinen halten können, stellen sie sich am Ausgang auf. Viele von ihnen haben drei Wochen Flecktyphus hinter sich und immer noch Fieber, viele können wegen einer Schwächung des Herzmuskels nicht stehen. Etliche leiden an Ruhr. Die meisten haben in der Zeit der Bewusstlosigkeit ihre schäbige Kleidung verloren und treten in irgendwelchen Lumpen hinaus.

Der Schnee rund um die Baracken blendet die Augen mit seinem Weiß. An den Wänden liegen die Toten. Die Handvoll Rekonvaleszentinnen geht ganz nah an ihnen vorbei.

Wer das Krankenrevier verlässt, ist genauso obdachlos wie am ersten Tag seines Aufenthalts im Lager. Sobald man das Revier betritt, verliert man unwiederbringlich seinen Platz in der bisherigen Baracke, seine Decke, sogar seine Schüssel. Wenn man rauskommt, wird man einem neuen Block zugewiesen. In der Zwischenzeit wurden die Polinnen aber von Block 1 in den benachbarten Block 7 verlegt. Alles, was war, was man sich bis zur Erkrankung mühsam erschaffen hat – die eigene Ecke in einer Schlafkoje, die das Zuhause ersetzen sollte, die nächste Umgebung, die die einzige Familie war –, wurde vom Wind der Ereignisse weggefegt. Man muss sich wieder einen Platz unter den Gesunden suchen (und damit ihren Widerwillen wecken), man muss eine Decke auftreiben und sich sofort daranmachen, sie sauber zu bekommen. Die Verhältnisse erfordern von den Genesenen unvergleichlich viel mehr Energie als von den Gesunden. Auf unsicheren Beinen taumelnd, blass und noch nicht ganz bei Bewusstsein, kommen sie von den Krankenhausbaracken her. Sie treten vor das Tor des Reviers. Schließen sich zum ersten Mal seit langer Zeit dem Lagerappell an. Sehen sich um. Jetzt betrachten sie die Welt mit anderen Augen. Sie sind viel schwächer und weniger widerstandsfähig als vor dem Typhus, und die Umgebung erscheint ihnen noch bedrohlicher als früher.

Vor den Baracken stehen die in Fünferreihen aufgestellten Frauenkolonnen. Vergeblich sucht eine Genesene mit ihrem Blick nach vertrauten Gesichtern. Von denen, die hier vor einem Monat standen, ist keine mehr da. Vergeblich sucht sie nach Häftlingsnummern aus den Sommer- und Herbsttransporten. Sie sieht sie nicht. Unter den Stehenden überwiegen die mit den Nummern, die schon dreißigtausend erreichen. Eine schmerzhafte Leere weht von den ordentlich aufgestellten Fünferreihen. Die, die sie kannte, fehlen unter ihnen. Es scheint aber, als sollten sie jeden Moment auftauchen. Vom Lagertor her kommen – so wie sie vor einem Monat kamen, vom Wind gegerbt, müde von der ganztägigen Arbeit auf dem Feld. Oder aus dem Krankenrevier, in das sie von einer Epidemie getrieben wurden. Bestimmt wird das Tor gleich aufgehen, und sie alle werden herausströmen: die mit den Dreizehntausender-Nummern (Transport aus Radom, Tschenstochau, Piotrków, Kielce), die Achtzehntausender (Transport aus dem Warschauer Pawiak-Gefängnis), die Zwanzigtausender (Transport aus Krakau). Sie werden alle zurückkehren, um weiter mit dem Tod zu kämpfen.

Nun öffnet sich das Tor. Doch wer kommt heraus? Ganz langsam erscheint eine Gestalt, die Hände an den Stangen einer Tragbahre, die hinter ihr auftaucht und von einer zweiten Gestalt mitgehalten wird. Auf der Tragbahre liegt eine Leiche. Vom Krankenbau her nähert sich ein Zug von Jüdinnen, die gestorbene Mitgefangene tragen. Die Tragbahren strömen unaufhörlich hintereinander, auf allen liegen reglose weibliche Körper. Sie werden in Block 25 gezählt. Es wird ihr letzter Appell sein. Ihr letzter Tag im Lager.

DRITTES KAPITEL
Die erste große Entlausung

Das Fatale an Auschwitz ist die Vielfalt seiner Gefangenen. Neben denen, die für politische Vergehen aller Art verhaftet wurden – ein Junge, der auf der Straße die polnische Nationalhymne pfiff, ernsthafte Aktivisten mit der Waffe in der Hand, Frauen, die gegen den Krieg protestierten, Gegner des NS-Regimes, die kommunistischer Sympathien verdächtigt wurden – gibt es in Auschwitz auch Häftlinge anderen Schlags. Langzeitkriminelle, alte Verbrecher, die manchmal über dreißig Mal wegen Diebstahls bestraft wurden, Geldfälscher, elegante Hoteldiebe, Banditen, Sexualstraftäter, Huren, Bordellbesitzer – sie kommen zusammen mit den Politischen an, leben mit ihnen zusammen, gehen mit ihnen zusammen zur Arbeit und legen sich zusammen mit ihnen schlafen.

Bei der Ankunft im Lager wurden alle äußeren Merkmale aufgehoben, die davor die Menschen voneinander unterschieden. Die Köpfe sind rasiert, die Kleider einheitlich, die Gesichter unter der Schmutzschicht grau und rätselhaft. Ein Mann steht neben dem anderen schweigend – weil es den Befehl gibt, dass man bei der Arbeit nicht sprechen darf –, und man weiß nicht, ob er ein künftiger Freund oder Feind ist. Ihre Müdigkeit und ihr Leid sind gleich. Wie aneinander gekettete Galeerensklaven müssen sie immer Seite an Seite ausharren. Erst wenn der Antreiber weggeht, öffnet einer von ihnen den Mund und beginnt, sich in ordinären Worten über etwas auszulassen, wobei er die überraschte Reaktion eines anderen mit einem Lächeln quittiert. Oder er schlägt ihm plötzlich ins Gesicht. Oder er spuckt in sein Essen als Zeichen der Verachtung. Oder er schnappt sich nachts die Schuhe seines Nachbarn, verkauft sie an einen anderen Häftling, um dann lachend zu sagen: Ja, er habe es getan und jemand solle auch nur versuchen, sich über ihn zu beschweren! Er weiß auch einiges über seine Mitgefangenen, was er immer als Waffe gegen sie einsetzen kann.

Es ist traurig zu sehen, dass Menschen, die tagsüber nebeneinander arbeiten und nachts nebeneinander schlafen, wie Wesen von verschiedenen Planeten miteinander reden, indem sie vergeblich versuchen, sich zu verständigen.

Äußerlich sind sie gleich. Sie unterscheiden sich nur durch den »Winkel« – das Dreieck an der Brust neben der Nummer: bei Politischen ein rotes, bei Dieben, Betrügern und Fälschern ein grünes, bei Banditen und Prostituierten ein schwarzes.

Sie, die Kriminellen, wissen allerdings einander schnell anhand von Zeichen zu erkennen, die für den Rest der Umgebung nicht zu entziffern sind. Und so stehen die anderen, noch bevor sie es merken, einer organisierten Gruppe gegenüber, die sich still untereinander solidarisiert. Es gibt gewisse Jargon-Ausdrücke, Namen und Begriffe, die völlig ausreichen, um die gegenseitige Präsentation zu ersetzen. Und es gibt Zeichen, die sogar noch zuverlässiger sind.

Eines Tages wurde ich auf einen winzigen blauen Punkt an der Wange einer der Frauen aufmerksam gemacht – einen Kreis von drei Millimetern Durchmesser. Er sah aus, als wäre er frisch mit einem chemischen Bleistift gemacht worden. Nach einigen Tagen Beobachtung stellte sich heraus, dass dieser kleine Punkt nicht im Geringsten auf Wasser oder Seife reagiert und auch nicht der Wirkung der Zeit erliegt. Außerdem konnte man in der Menge weitere Gesichter sehen, die diese blauen Markierungen trugen. Wie mir jemand erklärte, ist es ein Zeichen, das den Wiederholungstätern eintätowiert wird und anhand dessen sich diejenigen erkennen, die bereit sind, einander bei der Ausübung ihres »Handwerks« zu Hilfe zu kommen. Es ist angeblich eine internationale Kennzeichnung, die es professionellen Dieben ermöglicht, in unbekannten Städten, in großen Häfen, unter völlig fremden Menschen Unterstützung zu bekommen. Das Lager ist für sie nichts weiter als einer ihrer Arbeitsplätze. Ein Mensch, der mit einem sensiblen Gewissen bedacht ist, verliert im Kampf gegen sie sofort. Die politische Abteilung von Auschwitz, die über die Farbe der Dreiecke entscheidet, hat vielen Kriminellen einen roten Winkel gegeben. Umso schwieriger ist es, sie in einer anonymen Menge zu erkennen. Doch sie kennen einander und bilden einen organisierten Clan. Sie waren auch zu Beginn diejenigen, die schneller als die anderen wieder an die Oberfläche des Lebens zurückkehrten, die Situation am Schopf packten und ohne Zögern beschlossen, die Befehle der SS-Männer auszuführen, selbst wenn diese das Schicksal anderer Gefangenen noch schlimmer machen sollten. In einem Schwarm von Angetriebenen wurden sie zu Antreibern.

Ihre Bereitschaft, mit der SS zusammenzuarbeiten, hatte katastrophale Folgen für das Lager. Sie hatten ihre eigene Moral und ihre Vorstellungen, die denjenigen, die sie nicht teilten, fast immer zum Verhängnis wurden. Und sie machten die berühmte »Organisation« in Auschwitz kaputt. »Organisieren« bedeutet im Jargon der Häftlinge: das Nötige beschaffen, ohne dabei jemandem zu schaden. Zum Beispiel: Ein Hemd aus einem Magazin zu nehmen, das voller zerlumpter, von Ratten zerfressener Unterwäsche ist, die aufgrund der Knauserigkeit eines Kapos nicht an Gefangene ausgegeben wird – das ist Organisieren. Ein Hemd zu nehmen, das von jemandem gewaschen und zum Trocknen aufs

Gras gelegt wurde – das ist Stehlen. Wenn ein Mitarbeiter des Brotmagazins ein paar überzählige Laibe, die in den Regalen vergammeln, seinen Kameraden überlässt – das ist Organisation. Wenn eine Blockälteste ihren Mitgefangenen als Belohnung für irgendwelche zusätzlichen Dienste ein paar von den Broten ausgibt, die für die ganztägigen Rationen bestimmt sind – das ist Diebstahl. Im Lager gibt es sehr viele Magazinbaracken voller verschiedener Sachen. Ihr Inhalt wird ab und zu nach Deutschland verschickt. Einen beachtlichen Teil dessen unmerklich im Lager zu verteilen, um mit den kleinen Dingen des täglichen Bedarfs das Leben der Leidensgenossen ein wenig zu erleichtern, bedeutet in Auschwitz organisieren zu können. Doch leider bringen viele die Begriffe durcheinander und bezeichnen es auch als »Organisieren«, wenn sie nachts ein paar Schuhe unter dem Kopf eines Schlafenden hervorzuziehen, etwas aus dem Paket eines anderen nehmen oder Margarine aus einem Suppentopf klauen. Die Mentalität bestimmter Sorten von Kriminellen, von Wiederholungstätern, Betrügern und Mördern, verwischt den Unterschied zwischen Diebstahl und »Organisieren«.

Diese Kaste wird über lange Zeit das Lager beherrschen und fast bis zum Schluss erfolgreich bleiben, denn sie zögert niemals, kriminelle, ja bestialische Methoden anzuwenden. In dieser Zeit zuzugeben, dass man der Intelligenz angehört, bedeutet ein Todesurteil. Diese Gruppe von legitimen Tyrannen führt akribisch jeden Befehl aus und hält sich dank ihres Eifers an der Macht. Die SS hört bald auf, an vielen Aktionen teilzunehmen, denn sie sieht, dass sie mit äußerster Rücksichtslosigkeit durchgeführt werden. Allmählich geht ihre Macht also auf die Funktionshäftlinge über.

Besonders großes Vertrauen schenkt die SS einer Deutschen namens Maria Imiola, einer langjährigen Gefangenen aus Schlesien, die einige Jahre vor dem Krieg wegen eines erfolgreichen bewaffneten Überfalls auf einen Polizisten verhaftet wurde. Im Lager ist sie diejenige, die am eifrigsten ihre Aufgaben erfüllt. Sie war lange Zeit eine strenge Blockälteste, die Zugeständnisse nur dann machte, wenn man ihr etwas Gutes aus einem Lebensmittelpaket schenkte; dann wurde sie zur Lagerältesten befördert und füllt nun diese Funktion mit größtem Eifer aus. In schwarzer Schürze, mit schwarzer Armbinde, auf der die weißen Buchstaben LÄ stehen, immer mit einem Schlagstock, abgemagert vor übermäßiger Arbeit, kreist sie unentwegt zwischen den Baracken und verbreitet Angst. Die SS braucht gar nicht so oft das Lager zu kontrollieren, wenn sie solche Helfer wie Maria hat. Was das Auge eines SS-Manns nicht bemerkt hat, wird Marias Auge bestimmt nicht entgehen. Die Blockführerstube weiß genau, was im Lager vor sich geht. Sie weiß sogar mehr, als sie in ihrer betrunkenen Langeweile wissen will.

Es ist eine traurige Wahrheit, aber sie muss gesagt werden: Die Funktionshäftlinge tun den Gefangenen von Auschwitz mindestens genauso viel Böses an wie die SS-Mannschaft, weil sie das blinde Schwert sind, das ihnen sofort einen Stoß versetzt, sobald er von der SS auch nur angedacht wird. Jeder von ihnen trägt eine beschriftete Armbinde; sie ist – je nach Funktion – rot, gelb oder schwarz. Jedem Großereignis im Lager geht eine geheime Sitzung der SS-Mannschaft und der Funktionshäftlinge voraus. Über die Ergebnisse dieser Gespräche, über die Pläne für den nächsten Tag darf diese interne Polizei auf keinen Fall, unter Androhung schwerer Strafen und des Machtverlusts, mit anderen Häftlingen sprechen. Und sie werden es auch nicht tun. Zu sehr sind sie darauf bedacht, ihre Privilegien zu behalten.

Auch am Vortag der Entlausung, spät abends, sieht man im Frauenlager eine Läuferin, die den Funktionsgefangenen die Nachricht von einer Besprechung überbringt. In dieser

Sitzung erfahren auch die SS-Leute viele Geheimnisse, also Dinge, die die Frauen um jeden Preis verbergen möchten. Die dunkle Nacht ist Zeugin dessen, wie eine Funktionsgefangene die gewöhnlichen Gefangenen verrät. Sie berichtet darüber, dass sie sogar in einer Seife, sogar im Brot etwas verstecken könnten, was ihnen weggenommen werden sollte. Sie empfiehlt, ihnen alles zu nehmen, was sie besitzen. Sie weist auf Kranke hin. Sie erinnert an Dinge, die den betrunkenen SS-Männern entgehen könnten. Schließlich wird der Arbeitsplan für den nächsten Tag festgelegt. Als die Funktionsgefangenen mitten in der Nacht in ihre Baracken zurückkehren, schläft das Lager bereits.

Manchmal wacht eine der Frauen auf und geht hinaus. Wenn sie in der Latrine zufällig dem Dienstmädchen einer Funktionsgefangenen begegnet, wenn sie es kennt und den Mut hat, ein Wesen anzusprechen, das ihr in der hiesigen Hierarchie unendlich überlegen ist, wird sie etwas über die Dinge erfahren, die am nächsten Tag passieren sollen. Die Dienstmädchen sind in der Regel sehr gesprächig, und die Latrine ist ein Ort, an dem sich alle Frauen treffen. Hier entstehen alle Gerüchte, hier blüht das soziale und gesellschaftliche Leben. Kein Wunder: Die Latrine ist der einzige Ort im Lager, wo man sich für einen Moment hinsetzen und ungestört reden kann und wo etwa zweihundert Frauen gleichzeitig hineinpassen. Der Herbstwind hat zwar von der Latrine der Polinnen das Dach weggefegt und seitdem werden sie oft nass, aber der Raum ist trotzdem immer voll, und die Nachricht über die Entlausung, hier in Umlauf gebracht, wird bis zum Morgen alle Blocks erreichen.

Die Kälte im Morgengrauen hat den Menschen einen festen Schlaf gebracht. Niemand ist unterwegs, der Schnee hat seit dem Vorabend alle Fußspuren verweht. In der Stille geht eine Barackentür knarrend auf, und eine dunkle Gestalt schleicht sich hinaus. Sie sieht sich um und läuft dann auf Zehenspitzen auf einen Ziegelstapel zu, der hinter der Baracke liegt. Dort kniet sie nieder, holt ein kleines Bündel unter dem Kleid hervor und wickelt es aus. Es enthält alles, was sie besitzt, was ihr am teuersten ist, wovon sie sich nicht trennen will. Ein altes Foto mit eingeknickten Ecken, ein paar Briefe. Beim Betreten des Lagers gelang es ihr, diese Kleinigkeiten zu behalten. In der Desinfektionsbaracke gab sie sie einer Fremden zur Aufbewahrung, und als sie nach der Abgabe all ihrer Sachen schon in der Häftlingskleidung da stand, erschien die Fremde von allein. Sie kam mit einem Lächeln auf sie zu und reichte ihr das Päckchen. Seitdem gelang es ihr bei allen Durchsuchungen, diese Schätze irgendwie zu retten.

Jetzt wickelt sie das Tuch wieder ein, bindet die Enden zu festen Knoten zusammen und beugt sich über den Ziegelstapel. Sie entfernt vorsichtig einige, indem sie darauf achtet, den Schnee von ihnen nicht abzuschütteln, versteckt das Bündel in einem Loch und bedeckt es mit den Ziegeln. Sie wird in dem Moment fertig und tritt zurück, als die Barackentür erneut knarrt. Mit gleichgültigem Gesichtsausdruck geht sie an einer hinausgehenden Frau vorbei und rückt ihre Kleidung zurecht, doch dann, als sie wieder in der Baracke ist, stellt sie sich hinter die Tür und verfolgt durch einen Spalt die Bewegungen der anderen. Dass sie bloß nicht zu dem Ziegelstapel geht! Die andere trägt in der einen Hand eine Schaufel und in der anderen ein Bündel. Sie bleibt in der Nähe der Ziegel stehen und gräbt mühsam eine kleine Grube. Dann legt sie ihr Bündel hinein, schüttet die Grube mit Lehm zu und kehrt zurück. Von Frauen, die im Kleidermagazin arbeiten, hat sie saubere Unterwäsche zum Wechseln bekommen und fürchtet nun, sie bei der Entlausung zu verlieren.

Auf der anderen Seite der Baracke huscht eine weitere Gestalt vorbei; sie bleibt an einer Wand stehen und versteckt in einem Spalt zwischen den Brettern einen Löffel, ein Messer und eine Zahnbürste.

Allmählich kommt eine immer größere Hektik auf. Wer keine Zeit hatte, es früher zu tun, springt jetzt auf und versucht, irgendwo – hinter einem Balken, zwischen den Kojen, in einer Ecke hinter der Tür – seine Sachen zu verstecken. Draußen kann man kein Versteck mehr finden, weil die SS-Männer, von denen die Entlausung durchgeführt werden soll, gerade angekommen sind. Und sie schreien sofort laut los, indem sie alle auffordern, die Baracken zu verlassen:

»Raus! Alles hinschmeißen und raus!«

Man muss mit leeren Händen hinausgehen. In der Baracke bleiben die Decken, und es bleibt alles, was man besaß.

Die heutige Situation ist schlimmer als das, was sich gewöhnlich im Lager abspielt, weil sie ein unbekanntes Übel in sich birgt – im Gegensatz zu den Arbeitstagen, dessen Verlauf und mögliche Gefahren man vorhersehen kann. Die Frauen versuchen, sich auf alle Eventualitäten vorzubereiten, in sich eine Widerstandsfähigkeit zu mobilisieren, die möglichst genauso stark ist wie ein lebendes Gewebe, das vor jedem Schlag schützt und sich immer wieder erneuert. Aber in einer riesigen, ameisenhaft zahlreichen Menge werden auch die feurigsten Herzen plötzlich von einem Gefühl der Einsamkeit befallen. Obwohl es vorkommt, dass eine Jugoslawin eine Polin unterstützt und eine alte Frau ein junges Mädchen umarmt und es gern hat, wenn man sie Oma nennt – über die Einsamkeit täuscht es nicht hinweg. Es vertieft sie. Der Mensch ist allein.

Nachdem sie die Decken in der Baracke zurückgelassen haben, nehmen die Frauen das abendliche Brot und die Extraportion Wurst mit, die sie am Vortag zugeteilt bekommen haben. Es ist zwar schwierig, etwas vorherzusehen, weil es die erste Entlausung ist und keine Gefangene weiß, wie sie aussehen wird, aber eines ist sicher – man wird lange stehen müssen. Deshalb haben sie gestern nur wenig gegessen, um einen Vorrat für heute zu haben. Sie tragen auch ihre Schüsseln mit, weil sie nicht wussten, wo sie sie verstecken sollten.

Währenddessen stürzt zwischen die Reihen ein Lagerarzt in SS-Uniform, Hans Wilhelm König. Er entreißt den Frauen alles, was sie haben, und wirft es in den Graben. Es fliegen mit lautem Geklirr die Schüsseln und Löffel, aber auch das Brot, die Portionen Margarine oder Wurst – alles. Man darf sich nicht einmal dem Graben zuwenden. Der Arzt ist riesig und dick, und er hat eine schwere Hand.

Hinter den Backsteinbaracken lugen sofort schmutzige Zigeunerinnen hervor, die in die heutige Entlausung nicht einbezogen wurden. Sie schleichen sich heran, stürzen geschickt auf den Graben zu, ergreifen blitzschnell die erspähte Beute und verschwinden. Der Arzt schlägt kräftig zu, doch die gelenkigen Zigeunerfrauen entwischen seinen Schlägen. Der Graben leert sich. Was den Frauen gehörte, die in den Fünferreihen stehen, gehört jetzt denen, die sich zwischen den Baracken tummeln.

Die Entlausung wird im Männerlager stattfinden, weil die Desinfektionsbaracke im Frauenlager für die schnelle Abfertigung einer solchen Anzahl von Menschen nicht geeignet ist. Es gibt dort noch keine Badeeinrichtungen. Die im Lager neu ankommenden Frauen werden gezwungen, sich beim Gang durch diese Baracke in einer kleinen, gemeinsamen Badewanne zu waschen. Die Mitarbeiterinnen der sogenannten Schreibstube »baden« jede Woche auf diese Weise, dass sie pro Person einen Eimer heißen Wassers bekommen und jede von ihnen in ihrem Eimer Körper und Haare wäscht. Es ist ein Privileg, das für diejenigen, die auf dem Feld arbeiten, unerreichbar ist. Und die in der Küche Beschäftigten, auf deren Hygiene besonders geachtet wird, baden ab und zu in Zementbecken, in denen Kohlrüben und Kartoffeln gespült werden.

Während die Mehrheit der Frauen dasteht, bereit, das Tor des Männerlagers zu passieren, haben die übrigen den Auftrag, die Baracken aufzuräumen. Keine der Stehenden weiß, worin diese Aufräumarbeiten bestehen sollen, aber alle wissen, wer sie verrichten wird. Sie gehen davon aus, dass alles, was sie in den Baracken zurückgelassen haben, verloren gehen wird, und schauen mit unterdrückter Freude in Richtung ihrer Verstecke unter Ziegelsteinen, zwischen Betonrohren oder direkt in der Erde. Vielleicht fällt wenigstens das nicht in die Hände der »schwarzen und grünen Winkel«.

Die diensteifrigen »schwarzen Winkel« machen sich energisch an die Arbeit. Schon sieht man ganze Stapel von Sachen, die aus den Baracken entfernt wurden, schon sieht man, wie jemand einen Strohsack durchsucht und alles, was er dort findet, hervorzieht: ein Fläschchen Medizin, eine Schuhbürste, ein paar Seiten aus einem Buch.

Kurz nachdem er alle Schüsseln weggeworfen hat, verlässt der Lagerarzt das Gelände; ein aus Funktionshäftlingen bestehendes Gefolge begleitet ihn bis zum Tor. Bald darauf erscheinen die Suppentöpfe, und jemand ruft laut: »Mittagessen!« (Es ist zwar noch früh am Morgen, aber die Suppe ist schon fertig, also wird sie sofort ausgegeben.) Niemand hat eine Schüssel oder einen Löffel. Nur einigen besonders Schlauen gelang es, kleine Becher einzustecken. Jetzt verleihen sie sie an alle. Aber die Verteilung des Mittagessens dauert nicht lange. Bald sind die Kessel geschlossen; ihr Inhalt wird vermutlich in der Latrine ausgeschüttet. Das Einzige, was zählt, ist, dass die Küche so viele Kessel an die Gefangenen ausgegeben hat, wie viele von der SS vorgeschrieben wurden. Ob die Frauen die Suppe auch aufgegessen haben, interessiert niemanden. Die enttäuschte und hungrige Menge steht weiter in Fünferreihen zwischen den Baracken und wartet auf den Beginn der Entlausung. Über dem Badehaus im Männerlager (der sogenannten »Sauna«) steigen Rauchschwaden auf; die dann langsam am Himmel dahingleiten. Irgendwelche unbekannten Vorbereitungen sind im Gang.

Es ist der 6. Dezember, Tag des heiligen Nikolaus. Ein paar amüsante und unnötige Erinnerungen gehen einem durch den Kopf. In der Zwischenzeit wurden die weit vorne, direkt vor dem Tor des Männerlagers stehenden Fünferreihen von einem SS-Mann durchgezählt. Das eiserne Gitter ist aufgegangen, und der erste Teil der Frauen tritt ein. Man kann sehen, wie sie sich dem Badehaus nähern und in seinen Tiefen verschwinden. Und dann passiert über lange Stunden gar nichts. Der Rauch über der »Sauna« steigt ununterbrochen auf. Im Frauenlager stehen die Fünferreihen in zunehmender Unordnung und warten, bis sie dran sind. Schließlich erscheint den Stehenden gegen Mittag die erste Gruppe der Entlausten. Die weißen Kopftücher flattern im Wind. Den gekrümmten Gestalten merkt man sogar von Weitem an, dass sie frieren. Sie tragen gestreifte Kleider mit langen Ärmeln und sonst nichts. Der SS-Mann führt sie auf die Straße, die zwischen dem Frauen- und dem Männerlager verläuft. Anscheinend werden sie dort aufgestellt, damit sie nicht mit den »Schmutzigen« in Berührung kommen. Nach dem in der Nacht festgelegten Plan sollen sie an dieser Stelle bis zum Ende der Entlausung stehen bleiben, bis alle das Bad und die Desinfektion durchlaufen haben. Die Gruppen, die aus der Desinfektionsbaracke kommen, sollen sich ihnen anschließen, und wenn alle Frauen entlaust sind, kehren sie zusammen in ihr gereinigtes Lager zurück. Dieser Plan sollte innerhalb eines Tages umgesetzt werden. Stattdessen steht bei Anbruch des Abends erst ein Teil der entlausten, vor Kälte zitternden Frauen auf der Straße zwischen den Lagern. Der Rest wartet immer noch hinter dem Tor des Frauenlagers. Es ist schon ganz dunkel, als die Eisengittertür sich wieder einmal öffnet. Ein Kapo, klein, mit gelber Armbinde, assistiert eifrig einem SS-Mann. Überkorrekt, stets zu Diensten, lässt er den Blick nicht von der Gestalt des Deutschen. Er behält ihn ständig im Auge, wachsam wie ein Tier, das seinen Dompteur beobachtet. Als der SS-Mann sich umdreht, nutzt er diesen Moment geschickt aus. Ohne das Gesicht zu wenden, wirft er einen Blick auf die verängstigten, vor Kälte blau angelaufenen Frauen und sagt schnell auf Polnisch:

»Habt keine Angst. Alles wird gut.«

Man friert sehr, nachdem man den ganzen Tag fast regungslos gestanden hat. Und die Dunkelheit hat eine noch schlimmere Kälte mit sich gebracht. Die Baracke, hell erleuchtet und einen Dampf ausstoßend, kommt einem wie eine Erlösung vor. Mittlerweile ist allen egal, was hinter ihrer Schwelle passiert. Das Wichtigste ist, dorthin zu gelangen. Jemand öffnet bereits die Tür. In dem Moment aber taucht in einem Lichtstreifen der SS-Mann auf:

»Zurück! Zurück! Ist schon zu spät heute!«

Was für ein Jammer! Es wäre viel besser, das alles schon hinter sich zu haben. Stattdessen wird morgen das Warten von vorn beginnen. Man kann in der Dunkelheit sehen, wie die weißen Kopftücher der frisch entlausten Frauen sich entlang der Drähte auf das nächste Tor zubewegen. Dort werden sie ins Frauenlager hereingelassen. Sie werden in den frisch mit Gas desinfizierten Baracken schlafen. Jemand sagt, dass sie diese Nacht ohne Strohmatratzen und Decken, direkt auf den Brettern verbringen werden. »Die Schmutzigen«, also die noch nicht Entlausten, dürfen nicht mit ihnen in Berührung kommen, deshalb werden sie in die Desinfektionsbaracke des Frauenlagers geführt. Dort läuft die Menge in einem Raum umher, dessen Boden nur aus einer Zementschicht voller Abflussöffnungen besteht. Er ist zu kalt, um darauf sitzen zu können. Es wiederholt sich die Komödie der Essensausgabe – auch diesmal, ähnlich wie am Morgen, hat niemand eine Schüssel dabei. Allerdings sind diesmal Übermüdung und Schläfrigkeit stärker als Kälte und Hunger. Immer wieder bekommt jemand einen Schwächeanfall, lässt sich zu Boden gleiten, winkelt die Beine an, stützt den Kopf gegen die Wand. Die Mutter des bekannten Schauspielers Zacharewicz hütet auf ihrem Schoß eine ohnmächtig gewordene junge Frau, indem sie mit ihren Armen eine bequeme Wiege für sie formt. Die Zeit fließt dahin. Und plötzlich mitten in der Nacht ein Schrei:

»Raus, raus, aber plötzlich!«

Ein kollektiver Lauf durch das dunkle Lager. Niemand weiß, wohin. Durch irgendein Tor, in irgendeine Baracke. In der Dunkelheit kann man eine angenehme Ruhe spüren. Man weiß sofort: Hier wird man schlafen können. Die Hände tappen im Dunkeln nach einem Platz. Da ist einer. Da ist eine ganze Menge leerer Holzpritschen. Und Strohmatratzen, und sogar Decken. Ach, es ist egal, wer hier gestern geschlafen hat. Hauptsache, man kann sich hinlegen und die Augen schließen. Ein Überfluss an Decken. Und jede von ihnen weich wie Moos, flauschig, leicht. Man kann sich von allen Seiten einwickeln, sodass es von nirgendwo zieht – und schlafen! Jemand hat im Dunkeln einen ganzen Kessel Mittagssuppe und einen Stapel Schüsseln entdeckt. Sie bringen alles vor die Baracke, verteilen bei dem Licht, das von den Drähten her strömt, den festgewordenen Brei, in dem italienische Nudeln zu sehen sind. Eine herrliche Suppe! Sie ermuntern sich gegenseitig zum Essen. Sie halten volle Schüsseln den Einschlafenden hin. Dann werden alle Frauen von einem starken, schweren Schlaf übermannt.

Als Schülerin in Piotrków Trybunalski

Mit ihrem künftigen Mann Witold Wiśniewski während der Nürnberger Prozesse, beim Tanzen in einem dortigen, von den Amerikanern belegten Hotel

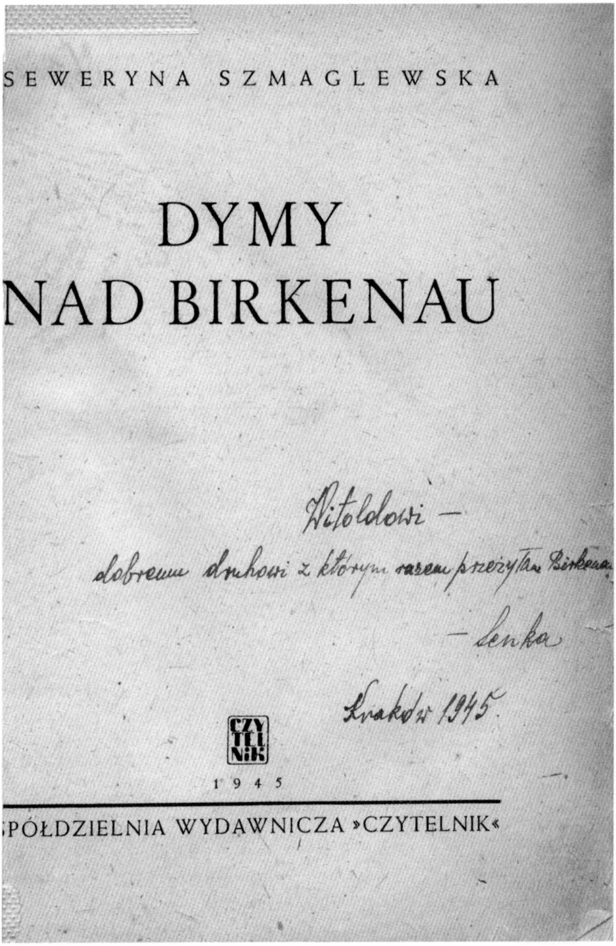

SEWERYNA SZMAGLEWSKA

DYMY
NAD BIRKENAU

Witoldowi —
dobremu druhowi z którym razem przeżyłam Birkenau
— Lenka
Kraków 1945

CZY
TEL
NIK

1945

PÓŁDZIELNIA WYDAWNICZA »CZYTELNIK«

Die Erstausgabe von *Rauch über Birkenau* (1945),
wie das Buch im Original hieß

SEWERYNA
OVER

Die junge Autorin mit den ersten Ausgaben ihrs Buches

Die Schreibmaschine, mit der das Buch geschrieben wurde

Das Erwachen ist schmerzvoll. In der nächtlichen Wärme und Behaglichkeit hat die Müdigkeit gesiegt, doch das Morgenlicht bringt alle Details der Baracke zum Vorschein. Jetzt kann man sehen, wie sehr sich diese sonst unzugängliche, aus Holz errichtete »grüne Baracke« von einer aus Backstein unterscheidet. Zwar war sie ursprünglich auch als Pferdestall gedacht, doch hier wurden einige Annehmlichkeiten eingeführt. Durch die Mitte des Raums verläuft ein niedriger, flacher Ofen, etwa fünfzehn Meter lang. Die Ritzen im Dach lassen keinen Regen durch, weil es hier eine Decke gibt. Der Boden ist mit roten Ziegelsteinen ausgelegt. Da und dort, quer über den Ofen, wurden Tische hingestellt. Die Abstände zwischen den Pritschen sind ziemlich groß.

Dieser Block gehört den Deutschen, der Oberkapo und den Kapos. Die Frauen verlassen ihn mit Bedauern, um in die Kälte eines Dezembermorgens hinauszutreten und ihr Warten vor dem Tor des Männerlagers fortzusetzen.

Dieses Mal dauert es jedoch nicht lange. Der erste Teil der Fünferreihen wird in die »Sauna« hineingelassen. Man sieht einen feuchten Gang mit einem Betonboden, in dem schmale Abflussrinnen verlaufen. Die hier beschäftigten männlichen Häftlinge stehen neben mehreren Aufseherinnen und SS-Männern. Man muss sich in ihrer Gegenwart ausziehen und seine Kleidung zur Entlausung geben. Die Frauen ziehen sich schnell aus. Keine von ihnen will die Letzte sein, keine will zurückbleiben und ihren Körper den Blicken der Stehenden aussetzen. Jede möchte ihre Nacktheit in der Menge anderer Nackter verstecken. In der Zwischenzeit bringen die Männer einen in Stücke geschnittenen Draht, verteilen ihn an die Frauen und erklären, wie man damit die Kleidung binden soll.

Die scharfen Augen der SS-Frauen beobachten jede nackte Gestalt, die den Badebereich betritt; der Stock vereitelt jeden

Versuch, ein Handtuch oder eine Seife mitzunehmen. Der Mensch ist nackt, und auch seine Hände müssen leer sein.

Eine Frau geht mit einer zur Faust geballten Hand vorbei.

»Was hast du denn da?«

Ein Schlag mit dem Stock auf die Finger zwingt sie, die Hand aufzumachen; auf den Boden fällt ein Silbermedaillon.

»Die heilige Theresia!«, höhnt eine Deutsche. Die neben ihr stehenden SS-Männer brechen in lautes Gelächter aus. Einer von ihnen schiebt mit seiner Schuhspitze den kleinen Gegenstand in den Kanal. Die Frau mit rasiertem Kopf krümmt ihren dürren Körper und geht weg. Hinter der Tür zum Bad stehen weitere Männer. Man muss auf sie zugehen, den Kopf neigen, damit sie sehen, ob man keine Läuse hat, und dann auf einen Hocker steigen, die Hände hochheben und auf die Rasur der behaarten Stellen warten.

Die meisten Frauen sind so schwach oder krank, dass sie ganz von der Sorge beherrscht sind, ob sie sich bis zum Ende des Tages werden auf den Beinen halten können. Von Scham und moralischen Bedenken werden nur wenige geplagt. Und es ist auch besser so. Nach einem langen, heißen Dampfbad gehen die Frauen unter die kalte Dusche. Für viele ist es das erste Bad seit vielen Monaten, der erste ausgiebige Kontakt mit Wasser. Zwar hat man keine Seife dabei, doch nach all den Stichen und Bissen bringt allein die Berührung des Wassers dem Körper eine Erleichterung. Mit lautem Rauschen prasseln die eiskalten Bäche nieder und bilden einen Kreis um die in der Mitte stehende Gestalt. Die Finger und Zehen werden ganz steif vor Kälte, die Wirbelsäule fühlt sich an, als sollte sie gleich zerquetscht werden, man kriegt keine Luft. Am liebsten würde man fliehen, aber es ist schade um das ersehnte Wasser, das in solcher Menge nicht so bald wieder zu haben sein wird. Die Dusche dröhnt wie ein Bergwasserfall, indem sie jeden Schrei in der Kehle erstickt und mit eisiger Kälte bis zum Herzen steigt. Man fühlt sich wie während einer mittelalterlichen Prüfung, wie in einer Falle, die einem dazu gestellt wurde, um seine Widerstandsfähigkeit zu testen. Wer nicht umkehrt, hält durch. Man kann sich nicht genug an dem rauschenden Strom erfreuen, der von der Decke aus nach allen Seiten spritzt. Doch schon drängen die SS-Frauen zur Eile – vor dem Tor stehen noch Tausende von Fünferreihen, die seit gestern warten. Die Dusche wird geschlossen. Durch den ganzen Körper, von seinem tiefsten Inneren bis zur Oberhaut, strömen eine prickelnde Kälte und eine kaum erwachte Hitze. Bei vielen wird es in Fieber übergehen. Es gibt aber auch solche – einige wenige –, die nach diesem Bad gesund werden.

Den in einen Nebenraum laufenden Frauen stellen sich wieder ein paar Männer in den Weg, diesmal mit Sprühern voller stinkender Flüssigkeit. Damit werden die kahlen Stellen nach der Rasur der Haare desinfiziert. Schließlich erscheint eine beleibte Deutsche und reicht einer der Frauen ein Handtuch. Mit diesem Handtuch sollen sich alle Geduschten abtrocknen; es ist dunkel von Schmutz und klebrig. Hunderte von Frauen, die durch die Entlausung gehen, wischen sich mit ihm ab – oder bleiben nass.

Jetzt wird man wahrscheinlich seine Kleidung bekommen Die nackten Frauen stehen gekrümmt da und zittern vor Kälte. In diesem Raum gibt es einen Luftzug, durch die nicht verglasten Fenster bläst ein eisiger Wind. Den Gefangenen wurde versichert, dass in der Zeit, in der sie baden, ihre Kleider in einer Gaskammer und in einem Dampfkessel desinfiziert werden. In der Praxis erwies es sich aber, dass die, die bei der Begasung der Kleidung beschäftigt sind, nicht mithalten können. Man muss eine Stunde warten und steht dabei nackt in einer riesigen Halle. Nach einer Stunde ist es den Wartenden schon unerträglich kalt, doch da wird gerade die erste Handvoll begaster Kleider gebracht. Die dort aufgenähten Nummern werden ausgerufen – niemand meldet sich. Es stellt sich heraus, dass es die Nummern der Deutschen sind, die gestern entlaust wurden. Anscheinend haben sie eine neue Kleidung bekommen, und ihre Sachen kamen erst heute in die Begasung und werden jetzt an die Polinnen verteilt. Eine verschwitzte, stinkende Unterwäsche voller Flecken und Spuren von Flöhen. Das Gefühl für eigene Individualität verliert sich immer mehr. Es ist, als ob mit der letzten persönlichen Kleinigkeit, die bei der Entlausung verloren gegangen ist, auch das letzte sichtbare Zeichen der Identität gestorben wäre, als ob man die Möglichkeit verloren hätte, sich selbst in den Momenten des Zweifels zu beweisen, dass man immer noch derselbe Mensch ist, der man einmal war. Nun ist dieser Mensch verschwunden. Geblieben ist ein Bettler. Geblieben ist ein nackter Mensch, der nichts besitzt und der trotz des Ekels seinen durchgefrorenen Körper bereitwillig in die verschwitzte Kleidung eines anderen steckt.

Die Unterwäsche besteht aus zwei Teilen, darüber kommen ein gestreiftes Kleid und eine gestreifte Jacke. Die weiten Kleider der korpulenten Deutschen hängen an den abgemagerten Gestalten herunter. An den Beinen Strümpfe, die nicht zueinander passen, etwa der eine schwarz und dick, der andere dünn und aus Naturseide, von oben bis unten zerrissen. Am Kopf ein dreieckiges Leinentuch. Sonst nichts. Man hat nicht einmal ein Stück Schnur, um die Strümpfe zu befestigen.

Man muss stehen und auf die Frauen warten, die noch keine Kleidung haben. Allmählich erwärmt sich der Körper, und unter der Wirkung von Wärme beginnen die in den Nähten der Unterwäsche versteckten Läuse, sich zu bewegen. Die leichte Begasung hat ihnen kein Leid zugefügt. Sie krabbeln heraus, um Blut zu trinken.

Wer es erwähnt, der bekommt ordentlich eins auf den Schädel – und dazu die Drohung zu hören: ja, die Entlausung könnte morgen wieder von vorne beginnen. Das wünscht sich niemand. Und niemand kommt darauf zurück. Wenn man eine Laus findet, tötet man sie insgeheim. Somit ist die Desinfektionsbaracke der einzige Ort, an dem die Läuse heimlich gefangen werden.

Bevor man hinausgeht, muss man eine Nummer am Kleid haben. Doch zusammen mit der ganzen Kleidung sind irgendwo in den Dampfkesseln und Gaskammern auch die Aufnäher mit den Nummern verloren gegangen. Wer aber keine Nummer hat, wird geschlagen und muss warten.

Erst gegen Mittag verlässt die Gruppe endlich den Badebereich. Die fiktive Entlausung ist abgeschlossen. Vor dem Tor sieht man unzählige Massen stehen. Sie werden genauso wie ihre Vorgängerinnen durch die ganze Badeprozedur gehen und genauso verlaust wieder rauskommen.

Die Baracken sind noch abgesperrt. Durch die Wandritzen dringt ein Gasgeruch hervor. Am Tor sind Tafeln mit der Aufschrift »Eine Laus – dein Tod« angebracht. Innen ist nichts übrig geblieben. In den leeren Schlafkojen gibt es nicht einmal Strohsäcke. Die Nacht bricht schon herein, als ein Wagen mit den Decken vorfährt. Durch die Begasung sind auch da die Läuse hervorgekrochen und haben die Hinterleiber nach oben gehoben. Es gibt Unmengen von ihnen, denn das Gas war zu schwach – ihr Panzer ist intakt geblieben. Sie bewegen sich nicht, sind aber lebendig. Wer schon eine Decke hat, kann die hinter jeder Wollfaser sitzenden Insekten herauszupfen. Aber die Frauen, die noch nicht von der Entlausung gekommen sind, werden sich am späten Abend, im Dunkeln, in die Decken einwickeln und mit ihrer eigenen Wärme die reglos gewordenen Läuse ins Leben zurückrufen.

Als die Nacht hereinbricht, schleichen sich unruhige Schatten aus den Baracken und steuern auf ihre Verstecke unter den Ziegeln und Betonrohren oder in der Erde zu. Doch diese sind leer. Es war eine hier, die gewiss nicht faulenzte, man weiß nur nicht, ob es eine eifrige Blockälteste, eine gierige Zigeunerin oder eine neidische Diebin war. Hier und da bleibt eine einsame Gestalt für einen Moment über einem leeren Versteck stehen. Sie schaut hin. Betrachtet den Schnee, der die Ziegelsteine mit einer dicken Schicht bedeckt hat. Verzieht das Gesicht zu einem schmerzhaften Lächeln und versucht zu verstehen, dass es diesen einen Gegenstand – Brief, Foto, Erinnerungsstück –, den sie in den schwierigsten Stunden, vielleicht in der Todesstunde, bei sich haben wollte, nicht mehr gibt und auch nie wieder geben wird.

Nicht für alle Frauen ist die Entlausung mit zweitägigem Stehen in der Kälte und dem Verlieren der Sachen verbunden. Die Arbeiterinnen der Schälküche haben ihre Bündel zwischen den Kartoffelhaufen versteckt. Die Köchinnen taten das Gleiche. Und die Frauen von der Entwesungskammer mussten dank der Anordnung ihres Chefs, des SS-Unterscharführers Effinger, überhaupt nicht zur Entlausung gehen – er hat sie auf eigenes Risiko gar nicht hingeschickt.

An solch schweren Tagen, während solcher Kataklysmen wie der Entlausung, die in der Regel mit dem Ruin des bisherigen primitiven Lebens verbunden sind, werden die positiven Aspekte der Arbeit innerhalb des Lagers sichtbar. Die Feldarbeiterinnen schauen voller Neid zu. Irgendwo, in einer sicheren Ecke seine Sachen verstecken können! Sie haben schon vergessen, dass es möglich ist. Sie besitzen nur das, was sie anhaben. Vorschriftsmäßige Kleidung, also mit einem Pullover im Winter, ohne Pullover im Frühjahr, Sommer und Herbst. Was sie dabei haben, wird bei einer Durchsuchung am Lagertor verloren gehen. Was sie in der tiefsten Ecke eines

Strohsacks verstecken, wird die Hand einer Blockältesten finden, die noch gründlicher ist als die eines SS-Manns. Gegen Frauen, die auf dem Feld arbeiten, ist das Lager besonders rücksichtslos. Für sie gibt es keine Möglichkeiten, sich einem Befehl zu entziehen, ihm auszuweichen. Wenn sie von der Arbeit zurückkommen, werden sie oft direkt danach für eine Durchsuchung oder Entlausung aufgestellt. Und aus dieser gehen sie als Bettlerinnen hervor, um wieder lange Zeit das Notwendigste im Tausch gegen eine Portion Brot aufzutreiben.

Die Entlausung des Frauenlagers zieht sich, den Plänen einer »blitzschnellen«, eintägigen Durchführung entgegen, zwei Wochen hin. Nach ihrer Beendigung werden die Frauen entlaust, die sich im Krankenrevier befinden. Das hat einen etwas anderen Verlauf. Für diesen besonderen Tag holt man aus der Küche ein paar Kessel mit warmem Wasser und gießt es in eine kleine Metallwanne, die im Vorderteil der Baracke aufgestellt ist. Dem Wasser ist graue Seife beigemengt. Schon nachdem die ersten darin gebadet haben, ist es dick und undurchsichtig. Weitere Kranke steigen aus ihren Betten und stehen nackt über der kleinen Wanne. Erst jetzt kann man das ganze Elend sehen, das von Decken und Lumpen bedeckt war. Die Dünnheit dieser Körper bewirkt, dass die Knochenbindungen nur gewölbte Stellen bilden, der Rest sind mit schlaffer Haut bezogene Skelettvertiefungen. Von chronischer Ruhr gepeinigt, mit einer alten Schicht getrockneter Exkremente beklebt, wackeln sie auf den Beinen, während sie in Richtung Wanne geschoben werden. Manche Körper sind mit Krätze übersät, die eitert und oft bis zum Stadium eines Schorfs aufgekratzt ist. Es ist allgemein bekannt, dass viele Kriminelle an Geschlechtskrankheiten leiden. Sie steigen auch in die Wanne und machen dann anderen Platz. Die Hände der Deutschen reißen von ihren mit Wunden und

Geschwüren bedeckten Körpern die Verbände herunter und stoßen sie ins Wasser. Einige haben Lungenentzündung und hohes Fieber, dennoch kann sich niemand vor dem Baden drücken.

Manchmal findet sich unter den vielen Körpern einer, der sauber ist, ohne Geschwüre, Pickel oder Pustel. Und es kommt vor, dass eine solche Kranke sich weigert, in die ekelhafte Badewanne zu steigen. Aber dann fällt sie kopfüber hinein, von mehreren Faustschlägen einer Deutschen getroffen. Gleichzeitig wird alles, was auf den Pritschen zurückgeblieben ist, außer Schuhen, heruntergestoßen und zur Begasung geschickt, von wo es nicht mehr ins Revier zurückkommt.

Jede der Kranken wird nach dem Bad mit einem gemeinsamen, dafür vorgesehenen Laken abgewischt. Dann, nachdem sie in ihre Schuhe geschlüpft ist, tritt sie mit einer Decke über dem Kopf vor die Baracke.

Es herrscht Tauwetter. Der Schlamm, der sich am hiesigen sumpfigen Boden besonders schnell bildet, zieht die Füße hinein. Die Frauen können trotz Hilfe der Pflegerinnen kaum gehen. Sie schleppen sich so mühsam durch den Sumpf, als würden sie sich mit jedem Schritt in ihn hineinkleben. Der Wind tobt, reißt von den hilflosen Geschöpfen die Decken herunter, entblößt sie, peitscht mit feuchten Stößen auf diese gespenstischen Wesen ein, die kaum noch an lebendige Menschen erinnern. Sie haben nicht weit zu gehen. Wer aber je durch den Schlamm von Birkenau gewatet ist, der weiß, wie lästig das ist und wie lange es dauert. Die vom Wind heruntergerissenen Decken tauchen im Schlamm ein, werden zertreten, manchmal fallen sie ganz herunter. Nun erreichen die Kranken die benachbarte Baracke, in der zuvor die Desinfektion stattgefunden hat. Sie setzen sich auf einen niedrigen Steinofen, der wie eine lange Bank aussieht, und warten nackt auf die Zuteilung von Betten und Hemden. Die

Decken wurden in der Zwischenzeit schon zurückgebracht, damit die nächsten ihre Nacktheit bedecken und aus dem schmutzigen Block hinübergehen können.

Nach dieser Entlausung, die vom 6. Dezember bis zum Heiligabend dauerte, gab es etwas weniger Läuse, dafür aber stieg die Sterblichkeit. Es wurde angekündigt, dass die Entlausung sich in Zukunft alle vier Wochen wiederholen solle, und das Versprechen wurde eingehalten. Seitdem gilt sie als eine Katastrophe, die das Lager ab und zu befällt wie eine Heuschrecke. Es entsteht dabei nicht nur die Gefahr, seine Sachen zu verlieren oder seine Gesundheit zu riskieren. Während der Entlausung ist der Mensch nackt – stundenlang, unter anderen nackten Körpern.

Und nebenan, in den Gaskammern oder Dampfkesseln, werden fließbandartig Stapel von durcheinandergeworfener, herrenloser, anonymer Kleidung behandelt. Der Mensch unterscheidet sich hier kaum von einer Schürze, einer Jacke oder einem Hemd. Je stärker seine Individualität ist, desto schwerer fällt es ihm, sich damit abzufinden, dass nicht er die Ereignisse steuert, sondern dass er dem Lauf der Ereignisse untergeordnet ist. Eine so kleine, banale Sache wie die Entlausung bringt den Gefangenen an die Grenzen der Nachdenklichkeit, dorthin, wo ihn neben vielen anderen Fragen auch diese erwartet: Was gehört dir?

Das, was man besaß, woran man über kurz oder lang gewöhnt war, ist verloren. Für immer weg, vermischt mit Millionen von anderen Kleinigkeiten, die Menschen gehörten, die noch am Leben sind oder – was häufiger zutrifft – die gegangen sind, weil sie sich als weniger »haltbar« erwiesen als ihre Kleidung und die von ihnen benutzten Dinge. Man bleibt nackt, mit leeren Händen. Wenn man irgendwelche Werte hatte, die man in sich selbst verbergen konnte, im Puls des eigenen Blutes, in den unzugänglichen, von der Welt dicht abgegrenzten Gedanken, wenn man sie mit der Kraft und Zärtlichkeit der inneren Liebe umhüllt und mit der Dämmerung der halbgeschlossenen Augenlider umgeben hatte – dann wird man sie hinüberretten. Man wird sie siegreich durch alle Durchsuchungen und Entlausungen tragen und im Moment der schlimmsten Schikanen aus dem Bewusstsein, sie zu besitzen, die nötige Kraft schöpfen. In Zeiten, in denen einen von allen Seiten die Realität der Baracken, der gestreiften Kleider, der in hastiger Suche nach einer Portion Brot den Schlamm zermalmenden Holzclogs befällt, wird man manchmal eine leise, durch die Ritzen des Lebens, vonseiten der unsichtbaren Dinge herüberdringende Musik hören. Dann werden die eigenen Füße über die Lagerstraße gehen, unter Tausenden von anderen schlammbeschmierten Füßen, und die Gedanken werden über die Drahtzäune und Tore hinausschweben, um noch einmal die einst bekannten Wege zu durchlaufen und nach den noch unbekannten zu suchen. Je weiter der Horizont, je länger die Straße, desto mehr Kräfte werden sich in einem ansammeln und wie Säfte in einer Pflanze kreisen. Sie werden ausreichen, um einen die Steine, die unter den Füßen liegen, mühelos überspringen zu lassen.

Aber wenn der Mensch nur das liebte, was er in den Händen trug, wenn er nichts anderes retten wollte als das, was er bei sich hatte, dann wird er alles verlieren. Er wird nackt unter den Nackten sein, über alle Maßen arm. Bei jeder Durchsuchung, bei jeder Entlausung wird er einen weiteren Verlust erleiden, immer entmutigter, immer kraftloser. Er wird erkennen, dass es keinen Ort im Lager gibt, an dem er sich verstecken und irgendetwas aufbewahren könnte.

Wie ein Wirbelwind, der von allen Seiten weht, kommt ein Befehl, der alles mit sich reißt, was man nicht in der Tiefe des Herzens verbergen kann.

VIERTES KAPITEL
Chef Effinger hat gute Laune

Nicht alle Frauen gehen aufs Feld arbeiten. Es gibt mehrere Baracken innerhalb der Drahtumzäunung, in die ausgewählte Gruppen jeden Morgen geschickt werden. Es sind Baracken, die den ganzen Tag geschlossen bleiben. Eine neugierige Gefangene, die hineinschauen möchte, wird von einer Kapo das rituelle *»Hau ab!«* hören. Wenn es regnet, wenn es schneit oder hagelt, richten sich die Träume vieler von denen, die auf offenem Feld frieren, auf diese Art Beschäftigung.

Neben dem Stammlager Auschwitz gibt es riesige Magazine mit der Kleidung der Ermordeten. Sie liegt dort so, wie sie in den Desinfektionskammern eingesammelt und mit Karren oder Lastwagen hergebracht wurde. Niemand hat sie genau durchgesehen. Die verschiedenfarbigen Kleiderstapel türmen sich bis unter das Dach wie riesige Heuhaufen. Neben der Unterwäsche, die beim Ausziehen im Krematorium hastig zusammengerollt wurde, liegen Reisesäcke, gefüllt mit ordentlich gefaltetem Batist, Spitzenstoff und Musselin. Zwischen Mänteln, Damenkleidern neuesten Schnitts und Herrenanzügen liegt ein einsamer Kinderschuh oder ein Strumpf, dessen zweites Paarstück in eine andere Baracke oder ins Feuer gelangt ist. An jedem Rucksack, an jeder Decke und jedem Koffer sind Adresse und Nachname angebracht, manchmal auch ein Geburtsdatum. Manchmal lächelt von den verschütteten Fotos ein Gesicht. Manchmal taucht neben Skihosen, Tischdecken und Bettwäsche das rührende Jäckchen eines Babys auf, das nicht mehr am Leben ist – wie übrigens die meisten Besitzer dieser Reichtümer.

Zu diesen Gebäuden in Auschwitz, genannt »Kanada«, gehen jeden Morgen Polinnen und Jüdinnen aus Birkenau, um die Kleidung zu sortieren und zu ordnen. Manchmal, wenn sie auf der drei Kilometer langen Strecke von Birkenau nach Auschwitz vorbeimarschierende Männer sehen, entdecken sie unter ihnen jemanden, der ihnen nahesteht: ihren Ehemann, Vater, Bruder.

Birkenau hat ähnliche Magazine. Separat, in Baracke 4, werden die Sachen der lebenden Frauen aufbewahrt; sie warten in Papiersäcken auf den Moment der Rückgabe, der niemals kommen wird. Ein Brand im Jahr 1943 wird diese Magazine zerstören. In Baracke 6 hingegen befindet sich das Magazin für die Kleidung, die den ins Lager gebrachten Juden weggenommen wurde. Es wird »Entwesungskammer« genannt. Chef des dort arbeitenden Kommandos ist der SS-Mann Gerhard Effinger. Sobald der Typhus die Zahl seiner Arbeiterinnen reduziert hat, wählt er unter denen, die aufs Feld gehen, die nötige Anzahl von neuen. Der Blick des Deutschen wandert dann über die schmutzigen Gesichter und zerlumpten Gestalten. Niemand sagt den Frauen vorher, für welche Art Arbeit sie eingeteilt werden sollen. Die neben dem Chef stehende Kapo notiert die Nummern. Die Wahl fällt nur auf junge, starke Mädchen, die sich durch ein sauberes und gesundes Aussehen auszeichnen. Damit beginnt die Zeit ihrer Privilegien. Sie ziehen von der Backsteinbaracke 7 in die Holzbaracke 10, wo jede von ihnen in einem Bett schlafen wird. Die »Zehn« ist 1942 die einzige Holzbaracke, die für Polinnen zugänglich ist, die aufgrund ihrer verantwortungsvolleren Arbeit bessere Lebensbedingungen haben. Hier leben die allmächtigen Köchinnen, aber auch die Frauen aus der Schälküche, die ihre Arbeit nachts beginnen und in der nächsten Nacht beenden. Hier schläft manchmal die »Schreibstube«; hier wohnen die politische Abteilung, die »Entwesungskammer«, die »Effektenkammer« und die »Brotkammer«. Man muss betonen, dass in diesen Abteilungen ausschließlich Polinnen oder Polinnen und Jüdinnen arbeiten. Wo man beim Arbeiten denken muss, werden keine Deutschen beschäftigt. Sie sind dort am richtigen Platz, wo man die Fähigkeit besitzen muss, gut zu schlagen.

Die Stimmung in der »Zehn« unterscheidet sich grundlegend von der Stimmung in den Backsteinbaracken. Hier gibt es keine Kranken. Eine Frau, die erkrankt ist, wird sofort von ihrem Arbeitsplatz entfernt und kommt ins Krankenrevier. Ihren Platz nimmt eine andere, glücklichere ein. Hier gibt es auch keine deprimierenden Szenen, in denen jemand aus dem Bett geworfen und geschlagen wird oder sich versteckt. Zur Arbeit läuft man gern, weil jeder Tag, den man unter dem Dach verbringt – nach all den Tagen, an denen man auch bei Regen auf dem Feld arbeiten musste –, wie ein Segen erscheint. Besonders die *efingerki* (wie die Frauen von Effingers Kommando genannt werden) lauschen dem ersten Pfiff, um aus dem Bett zu springen und sich schnell anzuziehen, denn sie brechen noch vor dem Appell auf. Sie sind sehr dünn gekleidet. Zitternd vor Kälte, laufen sie schnell im Dunkeln. Unterwegs nehmen sie aus der Küche einen kleinen Kessel Kaffee mit. Sobald sie ihre Arbeitsbaracke betreten, werfen sie die vorgeschriebene gestreifte Kleidung ab. Jede von ihnen arbeitet in einem Overall, unter dem sie so viel warme Unterwäsche und Pullover tragen darf, wie sie will und kann. Die Schlanken haben sogar unter dem Rock eine Skihose an. In der Baracke ist es kalt.

Nun beginnen sie, unter der Aufsicht des Chefs und der Kapo die zuvor vorbereiteten Kleiderbündel (von ihnen *pikle* genannt) zur Begasung zu tragen. Es ist immer noch dunkel. Im Männerlager beginnt der morgendliche Lärm, der deutlich bis hierher zu hören ist. Man muss sich beeilen.

Wenn man das Gas zweimal am Tag verwenden will, muss man die Kammer vor dem morgendlichen Appell füllen. Die Mädchen, ständig angetrieben, laufen wie in einem Tanz. Jedes von ihnen schleppt einen schweren Sack an seinem schlanken, mit dem Overall bespannten Rücken, einen zweiten, kleineren in der Hand. Die Kapo verschwindet in der Dunkelheit, um dann unerwartet wieder aufzutauchen und diejenigen zu überraschen, die für einen Moment stehen bleiben. Sie trägt Wasser bei sich, um damit die Langsamen zu begießen. Doch die Anwesenheit der Kapo stört die Mädchen nicht. Sie ist allein, sie sind zu fünfzigst, verbunden durch eine sensible Spirale der Verständigung. Jedes Wort, jede Grimasse, jedes Pfeifen haben in ihrer Abwehrsprache eine eigene Bedeutung. Geschützt durch ihre Gruppensolidarität, sind sie imstande, vieles zu erreichen.

Ihr Weg von der Baracke bis zur Gaskammer führt an der deutschen Toilette vorbei. Auf dieser Strecke finden präzise vereinbarte Treffen statt. »Jeder Freund hat seinen Freund«, jede *efingerka* hat irgendwelche Frauen, die ihr nahestehen und die aufs Feld gehen, wo sie nass werden und frieren. So sagt sie zum Beispiel, wenn sie spät abends eine dieser Frauen in ihrer Baracke 7 besucht: »Ich habe einen Pullover für dich, komm morgen vor dem Appell.« Und am nächsten Morgen, beim Schleppen der Kleiderbündel (*pikle*), schaut sie, ob nicht irgendwo im Dunkeln die bekannte Gestalt erscheint. Wenn sie da ist, zieht sie den versprochenen Pullover aus einem der Bündel und wirft ihn in die Dunkelheit, in Richtung der Wartenden. Die andere fängt ihn auf, stopft ihn sich an der Hüfte unter die Kleidung und trägt ihre Beute davon, indem sie versucht, sowohl den SS-Frauen als auch den neidischen deutschen Kriminellen auszuweichen.

Sobald der Boden der Gaskammer mit den Säcken voller Kleidung bedeckt ist, beginnt das Aufhängen. Es ist heiß.

Die gehetzten Lungen arbeiten schnell und atmen dabei das Gas ein, das hier niemals ganz verfliegt. Die kleinsten Arbeiterinnen, die auf den Deckenbalken stehen, nehmen den größten Frauen die Bündel ab und entrollen sie. Staub, Sand, Dreck und Läuse fallen auf die Köpfe, Augen, Lippen der Stehenden. Die warm angezogenen Körper bedecken sich schnell mit Schweiß. Die Herzen schlagen übermäßig stark. Jedes Kleidungsstück muss einzeln aufgehängt werden. Nur die Meisterinnen der Täuschung können ein ganzes, nicht aufgelöstes Bündel so an einem Nagel befestigen, dass man es nicht sehen kann. Wenn die Gaskammer gefüllt ist, gehen die Mädchen ins Kleidermagazin zurück. Es bleiben nur zwei, die das Begasen beaufsichtigen; sie schließen die Öfen, Ventilatoren und Türen, nachdem sie im Raum das Zyklon-Granulat verschüttet haben. Währenddessen beginnt im ganzen Lager der Appell. Die *efingerki* stellen sich für einen Moment in ihrer Baracke auf, und damit ist das Zählen von ihnen erledigt. Genauso bleiben um diese Zeit die Köchinnen neben ihren Kesseln stehen, und die gebeugten Frauen in der Schälküche hören nicht einmal auf, die Kartoffeln zu schälen. Sie gehen nicht zum Appell, und es ist nicht zuletzt dieser Vorteil, der die Arbeit hier für alle anderen so begehrenswert macht.

Jetzt tragen die *efingerki* große Mengen noch nicht durchgesehener Kleidung in den vorderen Teil der Baracke und beginnen mit ihrer Arbeit. Jede hat in der Tasche ihres Overalls ein Messer oder eine Schere. Vor allem muss man von der Oberbekleidung den jüdischen Stern und alle Aufnäher mit Namen, Adresse usw. entfernen. Dann müssen alle Nähte und Verdickungen untersucht werden – ob nicht irgendwo etwas eingenäht wurde. Und schließlich wird ein Kleid oder ein Hemd zu einer Art Sack zusammengebunden und mit der durchgesehenen Kleidung gefüllt. So hat man ein Bündel fertig. Doch die *efingerki* wissen, wie man im Lager »gut« arbeitet. Manchmal schneiden sie den Davidstern eine Dreiviertelstunde oder eine Stunde lang in winzige Fetzen. Oder sie trennen zum Spaß die Stickereien von einem Kleid ab. Hauptsache, sie tun etwas, um ihre Hände zu beschäftigen und Kapo Inge, die sie vom Herd aus beobachtet, ruhig bleiben zu lassen. Die Meisterschaft besteht darin, den ganzen Tag lang ein einziges Bündel fertigzumachen und es dann abends unbemerkt aufzulösen und dessen Inhalt auf den Stapel unsortierter Kleidung zurückzuschütten. Es ist eine unschuldige Sabotage, die das Kriegsende um einige Sekunden beschleunigen soll.

Die Sabotage besteht auch darin, die für die Front bestimmten Pelze kaputtzumachen. Nach etlichen Versuchen, etwas zu finden, womit man die wegen des Lagerschlamms immer nassen Schuhe auslegen könnte, stellte sich heraus, dass Skunks sich dafür wunderbar eignen. Robbenfell ist warm, rollt aber im Schuh zu schnell zusammen, Skunks hingegen sind unersetzlich. Also findet manche Pelzjacke, statt an die tapferen deutschen Soldaten in den Osten zu wandern, eine andere Verwendung. Tief unten, zwischen den aufgestapelten Kleidungsstücken, wird sie von den geschickten Händen der Saboteurinnen auf dem Boden ausgebreitet. Um den Schein zu wahren, sitzt eine der Frauen still da und tut etwas, ohne die Kapo aus den Augen zu lassen. Für ihren »Wachdienst« wird sie warme Schuheinlagen bekommen. Die Ärmel der Jacke werden abgetrennt, der untere Teil in der Taille abgeschnitten. Auf diese Weise entsteht eine Weste, die einer alten Frau, die auf dem Feld arbeitet, sehr nützlich sein wird. Die übrigen Pelzstücke werden schnell aufgeteilt und zu Schuheinlagen verarbeitet. Jetzt verstecken die Mädchen die fertigen Produkte ihres Unternehmergeistes unter den Kleiderstapeln und warten auf eine Gelegenheit, sie aus der Baracke zu schaffen. Zweimal am Tag ruft die Kapo laut: *»Austreten!«* Selbst geht sie nicht mit den Arbeiterinnen hinaus, und das ist eben ein ausgezeichneter Moment. Ein weiterer günstiger Umstand sind die breiten Hosenbeine der Overalls, die unten mit einem starken Gummiband zusammengezogen sind. Wie viele Tücher, Bandagen, Hemden, Strümpfe und Handschuhe werden von *efingerki* auf diese Weise hinausgeschmuggelt! Zwar halten sich in der Latrine immer irgendwelche feindseligen deutschen Kriminellen auf, doch ein paar Zigaretten machen sie zu unterwürfigen Dienerinnen. Wenn sich gerade Bekannte in der Nähe befinden, kommen sie nach einer Weile heraus, wobei sie eine dicke Schicht von »allerlei Galanteriewaren« am Körper tragen. Am Abend gibt es eine gerechte Verteilung der Sachen, und schon am nächsten Morgen wärmen sie die Körper derjenigen, die auf dem Feld arbeiten. Wenn die Mädchen vom *»Austreten«* zurückkommen, leuchten ihre Augen wie bei einem Kartenspieler nach einer guten Partie.

Das »Organisieren« ist eine Droge des Lagers. Die *efingerki* haben keine gute Laune, bis sie nicht etwas »organisiert« haben. Das ist die einzige Sportart, die hier getrieben wird und in der die einen es bereits zur Meisterschaft gebracht haben, während die anderen noch zu den Anfängern gehören. Sie beschäftigt pausenlos die Gedanken. Bewirkt, dass die Tage kürzer werden. Gibt dem Leben Sinn und Farbe. Man plant ununterbrochen, was zu »organisieren«, an wen zu übergeben und wie durchzuführen ist. Auf diese Weise schweifen die Gedanken mühelos von der Realität ab und kehren nur dann widerwillig zurück, wenn sie durch neue Ereignisse dazu gezwungen werden.

Ab und zu kommt es vor, dass Inge mit ihrer durchdringenden Stimme ruft:

»Los! Die Wäsche holen!«

Das bedeutet, dass wieder neue Frauen im Lager eingetroffen sind. Die *efingerki* gehen hinaus und nähern sich neugierig der Kolonne, die vom Tor her kommt. Manchmal sind es Jüdinnen aus Holland, in Skianzüge gekleidet und mit der Bräune von Schnee und Nordsonne in den verängstigten Gesichtern. Junge Mädchen, in flauschige Wolle gehüllt, mit dicken holländischen Decken über den Arm gehängt. Manchmal sind es elegante belgische Jüdinnen, die zauberhafte Schuhe, seltene Pelze und leichte Schleier an formschönen Hüten tragen. Und manchmal sind es Jüdinnen aus Frankreich, voller Koketterie, nach guten Parfüms riechend. Es gibt unter ihnen keine Heranwachsenden, es gibt auch keine Alten. Sie sind alle jung und stattlich: *»gut gebaut«*. Mit weit geöffneten Augen sehen sie sich fragend um. Sie misstrauen den Gestalten mit rasierten Köpfen, die sich in ihren Häftlingskleidern in der Nähe herumtreiben. Manchmal fragen sie nur, was mit ihren Eltern passiert sei, die den Bahnhof von Auschwitz mit den Autos verlassen hätten. Sie selbst seien zu Fuß gekommen. Doch wo seien die Eltern? Es ist allgemein bekannt, dass nur der kleine Teil jedes Transports, der für das Lager bestimmt ist, zu Fuß geht. Mit den Autos fährt man direkt zu den Krematorien. Die ausländischen Mädchen schauen sich aber um und suchen mit den Augen nach ihren Müttern. Inzwischen steigt aus dem Schornstein des Krematoriums ein dunkler Rauch empor, und die *efingerki* wissen genau, wo die Mütter ihrer Altersgenossinnen sind.

Währenddessen ändert sich das Aussehen der neu Angekommenen. Sie sind bereits nackt, stehen im Vorraum des Badehauses und warten, bis sie dran sind. Durch die zerbrochenen Fensterscheiben dringt Frost herein und bewirkt, dass ihre Körper nicht mehr weiß, sondern bläulich und mit Gänsehaut bedeckt sind. Von ihrer Eleganz sind nur noch die manikürten Fingernägel und die Locken geblieben, die erstklassige Friseure verraten. Ihre Bewegungen sind anders geworden. In sich kauernd, den Rücken beugend, pressen sie die Knie zusammen, zittern und treten auf der Stelle. Ihre schon mit Holzpantinen beschlagenen Beine haben sich sofort in seltsam träge Gliedmaßen verwandelt. Ihre Kleidung, noch warm und den Duft des Menschen ausströmend, der sie vor einem Moment verlassen hat, liegt zu ihren Füßen. Die *efingerki* haben die Pflicht, all das einzusammeln und in ihre Baracke zu bringen. Als sie hinausgehen, begegnen sie in der Tür den ersten Kahlgeschorenen. Das sind nicht mehr die schönen Mädchen von vorhin. Das sind Affenmenschen, blau angelaufen, gebückt, mit ungleichmäßig rasierten Köpfen und mit Gesichtern, in denen tierische Angst steht.

Ihre schöne Kleidung und ihre exquisite Unterwäsche kommen in die Entwesungskammer. Dort werden die flinken Finger von fünfzig Arbeiterinnen jede Naht durchsuchen. Manchmal finden sie in einem Mantel mit Fellverzierung an den Taschen tausend Dollar, die zwischen Fell und Stoff eingenäht sind. Oder sie ertasten in der Ecke einer Daunendecke oder Wolldecke eine harte Verdickung. Es ist ein Diamant, eingefasst in einem Ring aus ziseliertem Gold – das Ergebnis einer kunstvollen Juwelierarbeit. Alles muss aufgetrennt werden, sogar die Schulterpolster der schäbigsten Mäntel und Jacken. In der Polsterwatte verbergen sich manchmal in Stofffetzen eingenähte goldene Zwanzigdollar-Münzen. Sie fallen auf eine ausgestreckte Hand raus wie kleine amerikanische Sonnen. Das auf sie geschriebene Datum deutet darauf hin, dass sie alt sind. Ihr Farbton ist dunkel wie bei Dukatengold, die Zeichnung auf beiden Seiten und an den Rändern wunderschön. Es ist ein ziemlich großes Vermögen, das da in der Hand liegt.

Dieses Vermögen hat jedoch gar keinen Wert. Nichts kann

hier für Gold gekauft werden – es sei denn, der Tod oder eine schwere Strafe, wenn man es in der Hand behalten würde. Das Gold soll man Effinger aushändigen, aber man kann es auch in den tiefen Birkenauer Schlamm werfen oder den Häftlingen aus dem Männerlager geben, damit sie damit illegal diejenigen freikaufen, die aufgrund des Dezimierungsprinzips zum Tode verurteilt wurden. Und offenbar gibt es noch andere, den Mädchen unbekannte Verwendungsmöglichkeiten. Als sie von der Baracke zur Gaskammer laufen, murmelt ein Jude, der einen Graben schaufelt, scheinbar zu sich selbst: »Ein Kilo Zwiebeln gegen eine goldene Uhr.« Doch Effinger hat die Geheimregeln der »Organisation« durchschaut, und er weiß, wie er sie unter seinen Arbeiterinnen verhindern soll. Von Zeit zu Zeit erzählt er von der Todesstrafe, die gegen Männer, die mit Gold handeln, eingesetzt wird. Die Todesstrafe! Dabei hat das Leben hier, in diesem Kreis der Vernichtung, einen außerordentlichen, geradezu übersinnlichen Wert.

Inzwischen weiß jeder, dass das im Lager befindliche Gold mit dem Blut derjenigen besudelt ist, die auf eine elende Weise ums Leben gekommen sind. Es ist, als würde man sich daran die Hände verbrennen. Wenn ein neuer Transport kommt, stellt sich Effinger vor seine Arbeiterinnen, stützt die Ellbogen an einer Schranke ab, die ihn von ihnen trennt, und beobachtet, ob zwischen den Fingern einer von ihnen nicht ein Edelstein blinkt. Wenn ja, bekommen seine schmalen Augen einen gierigen Glanz, und er streckt seine dünne Hand aus:

»Komm, komm! Na ja, schön …«

Er schaut den Fund an, schätzt ihn mit seinem Blick. Er sollte ihn der Lagerkommandantur übergeben. Doch die Arbeiterinnen kennen die kleinen Sünden ihres Chefs. Er hat in ihrer Baracke einen Stapel Koffer versteckt. In den einen bewahrt er Schokoladentafeln, Vorräte an Kaffee und Tee, Dosen mit Sardinen, Weine und Obstkonserven auf. In den anderen hat er lauter Lederartikel. In einem besonders großen Pelze. Und separat die Wertgegenstände. Nach und nach bringt er das alles nach Deutschland. Da er aber nicht sehr oft Urlaub bekommt und nicht alles auf einmal mitnehmen kann, überlässt er seine Schätze der Obhut seiner Arbeiterinnen. Sie sind diskret, erzählen es niemandem. Obwohl sie manchmal in die Koffer hineinschauen, nehmen sie nie etwas von den Sachen, die dem Chef gehören, ja sie wissen sogar, dass man im Falle einer Durchsuchung die Koffer mit Kleidungsstapeln zuschütten soll. Und der Chef zeigt sich erkenntlich. Beim Bestrafen der Mädchen überschreitet er nicht seine Kompetenzen, und er erstattet niemals – nicht einmal, wenn der Grund schwerwiegend ist – den Lagerbehörden Meldung.

Mehr noch: Effinger kümmert sich um seine Arbeiterinnen. Er trägt die härtesten Kämpfe mit der sogenannten »Puffmutti« aus (sie besitzt in Deutschland ein Bordell), die im Lager als Kapo des Badehauses arbeitet. Durch diese Streitereien macht er sich eine skrupellose Kriminelle zum tödlichen Feind, doch seine Mädchen dürfen nach ihrer schmutzigen Arbeit alle sechs Tage baden. Die Lagerbehörden erlauben ihnen nicht, zivile Unterwäsche zu tragen, nur die aus dem Lager, also schickt Effinger regelmäßig eines von ihnen zu Frau Schmidt (angeblich war sie Sekretärin von Beneš[4]), die als Kapo der Bekleidungskammer arbeitet, und lässt frische Unterwäsche holen. Frau Schmidt, allgemein »die Lumpenkönigin« genannt, ist für ihren Geiz bekannt; sie versteckt die sauberste oder neue Kleidung im hinteren Teil der Regale

4 Edvard Beneš (1884–1948), tschechoslowakischer Politiker, vor dem Krieg Staatspräsident.

und gibt den Gefangenen die heraus, die sich bereits zum Aussortieren eignet. Vielleicht ist es aber auch die Schuld der Aufseherin Brandel, die in dieser Arbeitsgruppe ein strenges Regiment führt.

Allerdings inspiziert Effinger auch die Unterwäsche, die er für seine Arbeiterinnen bringen lässt. Und meistens dauert es nicht lange, bis er sich seinen Gürtel und seine Mütze schnappt und hinausläuft. Nach einer halben Stunde kommt er mit boshaftem Lachen zurück. Er nimmt ein paar Mädchen mit, und nach kurzer Zeit tauchen in der Baracke frische Unterwäsche, neue Schürzen und schneeweiße Kopftücher auf. Er ist stolz auf sich. Setzt sich vor das Foto seiner Frau, stützt den Kopf mit den Händen ab und schaut. Dieses Sitzen kann lange dauern. Manchmal murmelt er in Richtung der Mädchen: *»Ruhe da.«* Und manchmal befiehlt er ihnen, ohne die Körperhaltung oder den Gesichtsausdruck zu verändern: *»Singen, polnisch singen.«* Er schickt jemanden zum Wachestehen hinaus und ermutigt den Rest, laut zu singen (polnischer Gesang gehört zu den am meisten verbotenen Dingen). Einige Lieder, zum Beispiel »Das Rauschen der Trauerweiden«, bekommen einen festen Platz im Repertoire der Mädchen. Manche gefallen Effinger so sehr, dass er sie mehrere Male hören will und nach der Bedeutung der einzelnen Wörter fragt, bei deren Klang er sanfter wird. Dann erhebt er sich, stützt die Ellbogen an der Schranke ab und schaut die Singenden an. Sein Blick wandert von Gesicht zu Gesicht, von einem über die Arbeit gebeugten Kopf zum anderen. Er schaut lange, und über sein Gesicht huschen verschiedene Grimassen. Schließlich nickt er und sagt mit einem bitteren Lächeln:

»So oder so Krematorium, so oder so Birkenau.«

Jeder im Lager weiß, dass man keinen Kampf gegen die *efingerki* führen kann, ohne auf Effinger selbst zu stoßen.

Daher ist ihre Situation besser als die aller anderen Arbeiterinnen. Ihre schicken marineblauen Overalls sind jedem bekannt und öffnen ihnen jede Tür. Es kommt nie vor, dass sich jemand traut, eine von ihnen zu schlagen. Wenn sie mittags ihre Suppe holen, bemerken weder der Chefkoch noch der Küchenkapo, dass einige Kohlköpfe, ein kleiner Sack Kartoffeln oder ein paar Kohlrabi geklaut wurden. Die *efingerki* dürfen es, außerdem heißt es, es sei »für den Chef«. Und vom Chef wollen viele ihrerseits verschiedene Dinge haben. In der Kantine, im Krankenrevier, bei der Zahnärztin – überall hat die Entwesungskammer den Vortritt. In ihren neuen Uniformen (persönlich vom Chef in den Magazinen von Auschwitz ausgewählt und besorgt) mit hellen Kragen, Lederriemen in der Taille und dunkelroten Seitenstreifen an den Hosen, in den flatternden weißen Kopftüchern, die sie auf seinen Wunsch hin anders binden, als es im Lager üblich ist – so kommen die *efingerki* daher. Ihr sauberes und gesundes Aussehen springt ins Auge; es unterscheidet sie von der Masse anderer und weckt die Anerkennung des Chefs.

Doch sollte er eine dabei erwischen, wie sie sich zwischen den Baracken mit einer Handvoll »organisierter« Sachen schleicht! Man könnte meinen, dass er seine Strafen nicht für das »Organisieren« selbst, sondern für dessen ungeschickte Durchführung verhängt. Wenn es am Tag der Bestrafung regnet oder schneit – umso besser. Vor der Baracke liegen Betonrohre, und dahinter gibt es einen tiefen Graben mit steilen Rändern. Meist werden alle bestraft, unabhängig von der Anzahl der Schuldigen. Man muss auf allen vieren wie ein Frosch hüpfen, in so ein verdrecktes Betonrohr steigen und auf der anderen Seite hinausspringen. Der junge Chef steht dann in der Tür der Baracke. Er lehnt sich mit dem Rücken gegen die Tür, die Hände an der Brust verschränkt. Der Ausdruck höchster Wonne verschwindet nicht von seinem Gesicht, ein nahezu schmerzhaftes Lächeln lauert in seinen zusammengekniffenen Augen. Er schaut den springenden Frauen zu, quält sie mit neuen Befehlen. Nach dem Verlassen des Betonrohrs muss man, immer noch auf allen vieren, in den Graben springen und dann an seinem rutschigen Hang entlang hochklettern. Das ganze Lager weiß bereits, dass die *efingerki* »Sport« haben; die Angst macht sich breit, weil andere SS-Männer Effinger nachahmen könnten. Nach einer oder zwei Stunden eines solchen Spiels, wenn die schon besorgte Inge bittet: *»Herr Chef, genug!«*, dürfen die Mädchen in die Baracke zurück. Sie sind schmutzig, mit Schlamm verschmiert und bespritzt. Wehe aber, wenn eine von ihnen wagt, ihre Kleidung nicht sofort zu reinigen! Der Chef assistiert Inge jeden Abend bei der Durchsuchung, und er überprüft auch selbst die Sauberkeit. Nach einem ganzen Tag Arbeit in der Gaskammer und in der verlausten Baracke, nach wiederholter Begasung der Kleidung in der Zeit, in der das ganze Lager Appell steht, bereiten sich die *efingerki* auf die Rückkehr in ihren Block vor. Jetzt müssen sie sich ordnungsgemäß anziehen. Also schlüpft jede aus ihrem Overall und warmen Pullover und legt ein Häftlingshemd aus weißem Leinen, lose gestreifte Unterhose, Kleid, Schürze, Weste und Kopftuch an. Während einer Strafe gibt es gar keinen Pullover; in normalen Zeiten ist es erlaubt, einen zu haben. Man darf keine Büstenhalter, Schals oder Socken tragen. Wenn Handschuhe, dann solche, die am meisten abgenutzt sind und nicht zueinander passen. Diese Auflagen sollen es verhindern, dass die Arbeiterinnen der Entwesungskammer etwas an andere Frauen ausgeben.

Wenn das ganze Lager den Appell hinter sich hat, beginnt Inge mit der Leibesvisitation, die sie sehr gründlich durchführt, manchmal sogar indem sie in den Knoten am Kopftuch reinschaut. Der Chef ist bei der Kontrolle anwesend.

Und dann kommt jede Arbeiterin auf ihn zu. Er taxiert sie mit einem rätselhaften Blick. Dass an der gestreiften Jacke ein Knopf fehlt oder dass die Holzpantinen nicht mit schwarzer Schuhcreme blank geputzt sind, kommt nicht infrage. Doch der Chef erspäht mit seinen verengten Augen immer noch etwas anderes, was er auch gleich zur Sprache bringt. Vielleicht ist es ein zu schwach angenähter Knopf, der nach einem Ruck in der Hand des SS-Manns bleibt. Vielleicht eine Schüssel, in der heimlich etwas gekocht wurde und die nicht gründlich genug geschrubbt ist. Oder ein Finger, schwarz vom Kartoffelschälen. Sogar wegen einer Zahnbürste, in deren gegen das Licht gehaltenen Borsten eingetrocknete Reste der Zahnpaste zu sehen sind, kann man vom Chef aufgehalten werden. Oder wegen eines Haarkamms, wenn dieser nicht tadellos sauber ist. Er geht so weit, nicht nur die Ohren zu kontrollieren, sondern auch die Füße. Nur eine Handvoll von Glücklichen wird vorbeigelassen. Die meisten bleiben, um ihre Strafe abzubüßen. Wieder beginnt der »Sport«, das Laufen um die Baracke herum, das Strafschrubben von Geschirr usw. Manchmal wird im ganzen Lager längst geschlafen, wenn die müden *efingerki* endlich in ihren repräsentativen Block 10 zurückkehren.

Es gibt Tage, an denen es Inge gelingt, auf eine rätselhafte Weise Lebensmittel aufzutreiben, die den hungrigen Mädchen nicht zugänglich sind. Sie kennt die streng geheimen Wege, auf denen man im Tausch gegen Wertsachen Essen bekommen kann. Wie an jenem unvergesslichen Tag, an dem sie beschließt, ein ganzes Huhn zu braten. Der Arbeitstag ist zu Ende, doch die Mädchen dürfen noch nicht gehen, weil ihre Anwesenheit für den Fall des Besuchs eines der SS-Männer erforderlich ist. Sie stehen also in Fünferreihen und warten, bis Inge fertig ist. Der leckere Geruch des Bratens strömt von dem kleinen Ofen herbei und regt den Appetit der Hungrigen an – den berühmten Appetit, der auf den überstandenen Typhus folgt. Die vor Fett triefende Haut des Huhns wird immer brauner, sein Brutzeln ist in der Stille der Baracke deutlich zu hören.

Die Pakete von den Angehörigen kommen noch nicht an. Und die Frauen erhalten seit ihrer Ankunft täglich nur eine Portion Kohlrübensuppe und eine Portion Schwarzbrot, dem manchmal gemahlene Kastanien und fein gehackte Sägespäne beigemengt sind. Dazu einen kleinen Teelöffel Rote-Bete-Marmelade oder einen Löffel Margarine, manchmal eine Scheibe Pferdewurst. Das ist alles. Der Hunger, der sich in verschiedenen Phasen unterschiedlich äußert, ist ihnen allen bekannt. Der erste, natürliche, für den Körper harmlose kann mit einigen Portionen zusätzlich ergatterter Kohlrübensuppe oder einer größeren Menge Brot, das von den Kranken gern den Gesunden überlassen wird, gestillt werden. Der spätere Hunger, mit dem ja eine langanhaltende Erschöpfung einhergeht, äußert sich in Kopfschmerzen, ständiger Übelkeit, Magenkrämpfen, gekrümmter Haltung und Frieren. Nach dieser Phase rufen alle gekochten Speisen, und oft sogar der Geruch von Essen, Brechreiz hervor.

Die Frauen stehen da und schauen gierig. Dabei ist es der Heiligabend-Nachmittag. Inge schiebt den fertigen Braten beiseite. Jetzt stellt sie einen großen Topf mit Kartoffeln und einen zweiten mit Hühnerbrühe auf den Herd. Die Zeit fließt dahin. Ein paar feingehackte Zwiebeln werden in einer Pfanne in Margarine gedünstet. Zwiebeln sind im Lager sehr begehrt. Es ist einfacher, Brot mit Margarine zu essen, wenn man wenigstens ein kleines Stück Zwiebel hat. Man weiß nicht, ob es die Folge von Typhus, Ruhr oder Hunger ist, aber jeder kennt das Verlangen nach etwas, was im Gegensatz zu der faden Suppe sauer, salzig oder würzig schmeckt. Die Kapo, ungewöhnlich fröhlich, macht sich ständig lächelnd am Ofen zu schaffen. An ihrem Festmahl soll auch der Chef teilnehmen. Ab und zu wendet sich Inge mit einem Grinsen an die düster dreinblickenden Frauen und heischt nach Anerkennung für ihre Vorbereitungen. Schließlich befiehlt sie:

»Singen, schön, lustig singen!«

Sie müssen singen. Es ist der Heiligabend, doch er unterscheidet sich kaum von jedem anderen Tag im Lager. Und genau das haben sich die Frauen am meisten gewünscht – dass dieser Tag normal, unmerklich verläuft, dass er nicht zu einer Tortur von Sehnsucht und Bedauern wird. Sie sind genauso hungrig wie an jedem anderen Tag, aber heute setzt ihnen dieser Hunger viel stärker zu als sonst. Sie werden völlig unnötig daran erinnert, dass die Menschen anderswo um diese Zeit Vorbereitungen für ein festliches Abendmahl treffen.

Plötzlich stellt Inge fest, dass sie in ihren Vorräten viel weniger Margarine hat, als sie glaubt, haben zu müssen.

»Jemand hat sie mir gestohlen!«, schreit sie.

Dabei sieht sie die umstehenden Frauen eindringlich an. Sie erklären ihr, dass sie die Margarine wahrscheinlich für andere Gerichte aufgebraucht habe (alles, was Inge für sich selbst zubereitet, schwimmt in Fett), dass keine der Arbeiterinnen auch nur in die Nähe der Ecke komme, in der Inge ihre Vorräte verstecke. Es hilft alles nichts. Die Kapo schreit immer lauter und erregt sich so lange an ihrem Geschrei, bis sie schließlich anfängt zu glauben, was sie behauptet. Im Endeffekt ordnet sie eine Leibesvisitation an. Während die Frauen die täglichen Durchsuchungen mit Ruhe ertragen, als etwas, was zu ihrem Alltag gehört, sorgt diese eine, außergewöhnliche, die durch den Verdacht ausgelöst wurde, eine Mitgefangene zu bestehlen, für allgemeine Bitterkeit.

Als Inge bereits die letzten Frauen kontrolliert, öffnet sich die Barackentür, und im Widerschein des Schnees erscheint ein junger Mann in Häftlingskleidung. Die gestreifte

Mütze sitzt auf seinem kahlrasierten Kopf leicht schief, was hier im Lager als Ausdruck dessen gilt, dass man auf sein Äußeres achtet. Der sogenannte »arme Schlucker« (ein verwahrloster Häftling) trägt meistens eine zerknitterte Kappe, die er tief in die Stirn gezogen hat. Der »Muselmann« (ein völlig abgemagerter, ausgezehrter Mensch, die letzte Kategorie eines Häftlings) bedeckt oft seinen Kopf mit einem Lappen anstelle einer Mütze. Eine saubere, sorgfältig aufgesetzte Mütze hingegen zeugt von einer positiven Haltung des Gefangenen.

Der Eindringling fragt nach dem Chef, wechselt mit ihm ein paar Worte über eine Elektroinstallation, prüft die Leitungen, schaut da und dort nach, als würde er nach einem Tisch oder einer Leiter suchen. Man muss das Lager und seine Angelegenheiten genau kennen, um zu wissen, dass die Reparaturen nur ein Vorwand sind, um für sich oder einen anderen Häftling etwas zu erledigen, was viel wichtiger ist als eine Elektroinstallation. Ein nicht eingeweihter Beobachter wird also die nur einen Sekundenbruchteil dauernde Geste nicht bemerken, die nötig ist, um die Mission zu erfüllen, wegen der dieser junge Häftling möglicherweise gekommen ist. Vielleicht hat er für eine der Frauen einen Kassiber von ihrem Liebsten? Vielleicht will er einen solchen Geheimbrief einer der Frauen abnehmen und einem Kameraden überbringen, der keinen dienstlichen Grund hat, das Tor des Frauenlagers zu passieren? Vielleicht bringt er ein unter Lebenseinsatz besorgtes Medikament für eine Schwerkranke oder einige Lebensmittel für die Feiertage? Man weiß es nicht. Der junge Mann ist jedenfalls offenbar fertig und will gehen. Er verbeugt sich und sagt in Richtung der Frauen:

»Ich wünsche erholsame Feiertage.«

Doch Inge hält ihn auf. Sie weiß, dass er Pole ist. Und sie weiß nur zu gut, warum er hergekommen ist. Also breitet sie vor ihm das Problem ihrer beiden Halbkilowürfel Margarine aus und fügt hinzu, dass eine der Arbeiterinnen sie heimtückisch bestohlen habe oder dass sie es nach Absprache alle gemeinsam getan hätten. Sie spricht viel und mit piepsiger Stimme, gestikuliert und zeigt ständig auf die Frauen. Der junge Häftling sieht die Gruppe lange und düster an, unter der Stirn hervor, die er beim Zuhören gebeugt hat. Er erfährt, dass Inge es dem Chef sagen und dass der Chef die Durchsuchung selbst vornehmen und jeder fünfundzwanzig Schläge verpassen oder drei Tage »Sport« anordnen werde. Der Häftling hört zu und schaut. Während die Kapo weiter redet und ihren Blick von einer Verdächtigten zur anderen schweifen lässt, zeigen sich in seinem Gesicht verschiedene Emotionen: Die Erniedrigung weicht der Rebellion, dann taucht der Stolz auf, der seinen Kopf in die Höhe hebt und seine Gestalt aufrichtet. Sein Gesicht ist wieder von einem Lächeln beherrscht, einem leisen, ironischen Lippenverziehen voller verborgener Gedanken.

»Warte«, sagt er zu Inge, »ich ersetze dir die Margarine, die sie dir, wie du behauptest, gestohlen haben.«

Er geht hinaus. Die Demütigung und das Bedauern versetzen die Frauen in eine deprimierte Stimmung. Das Bedauern, dass es ausgerechnet jetzt, kurz vor dem Heiligabend, passieren musste. Doch inzwischen ist der junge Häftling zurückgekehrt. Ohne die Gefährlichkeit der Situation zu beachten, als befände er sich gar nicht in einem Lager, greift er in seine Tasche und zieht zwei Würfel Margarine hervor. Mit einer Geste voller Verachtung knallt er sie auf den Tisch und fragt Inge:

»Na, ist das genug?«

Dann verbeugt er sich tief vor den schweigenden Frauen und geht. Wo und auf welche Weise hat er die Margarine aufgetrieben? Das weiß niemand. Er hat sie aufgetrieben und der gierigen Deutschen hingeworfen, um fünfzig polnischen Frauen am Heiligabend zusätzliches Leid zu ersparen.

Es gibt Tage, an denen der Chef nicht da ist. Er verschwindet frühmorgens, nachdem er die Baracke mit einem Vorhängeschloss verriegelt hat. Dann beginnen die schönsten Stunden. Ein kleines Geschenk verwandelt Inge in ein nettes Wesen, das gern Sympathiebeweise entgegennimmt. Aus den konspirativen Verstecken tauchen Töpfe, Töpfchen und Pfannen hervor. Jemand hat Kartoffeln. Jemand hat eine Portion Margarine. Noch jemand anders eine Zwiebel oder einen Löffel Mehl für die Sauce. (Mehl, Zwiebeln oder Zitronensäure kann man manchmal in minimalen Mengen in den Taschen der sortierten Kleidung finden. Alle Lebensmittel werden den Ankommenden direkt am Bahnhof von den Mitarbeitern des Krematoriums weggenommen.) Es bilden sich Gemeinschaften, gemeinsame Küchen. Auf den Herd eines kleinen Ofens passt das Kochgeschirr von fünfzig Frauen! Sie arbeiten friedlich und still. Inge probiert jedes Gericht und hat nichts dagegen, den Tagesablauf zu ändern. Wer nichts zu kochen hat, brät am Herd kleine Brotscheiben. Backen von Kartoffeln in der Asche ist auch sehr beliebt, obwohl es lange dauert. Wenn vor der Baracke das Klirren von Effingers Fahrrad zu hören ist, werden die Töpfe sofort gehoben und wieder versteckt. Der Chef kehrt von seinen Eskapaden nicht immer ganz nüchtern zurück. Manchmal schläft er gleich ein, dann kann zu Ende gekocht werden. Manchmal aber muss man die Gerichte halbroh essen.

Eines Tages haben die Frauen gerade mal genug Zeit, um einige Töpfe blitzschnell vom glühenden Herd zu nehmen. Direkt in der Mitte bleibt ein offenes Kochgeschirr voller halbgekochter Kartoffeln stehen. Und da kommt der Chef herein, und ihm voran der Schrecken des Lagers: die Aufseherin Drechsler. Ihre bösen Augen und hervorstehenden

Zähne richten sich sofort auf den Ofen. Effinger sieht aber die ganze Zeit direkt in Drechslers Gesicht. Er zwingt sie mit seinem Blick, die Kartoffeln nicht anzuschauen. Und Drechsler stellt sich gehorsam mit dem Rücken zum Kochgeschirr, und sagt, um ihre Position zu retten, laut auf Deutsch:

»Ich möchte Sie darauf aufmerksam machen, dass ich in meinem Lager das Kochen von Kartoffeln, die vor der Küche organisiert wurden (die SS hat diesen Ausdruck von den Gefangenen übernommen), nicht tolerieren könnte. Das erneute Erhitzen der Lagersuppe ist was anderes. Ja, das ist erlaubt.«

»Ja, ja. Das ist die Lagersuppe«, antwortet Effinger. *»Es stimmt, Fräulein Drechsler!«*

An einem anderen Tag, während der Abwesenheit des Chefs, wird das gemütliche Kochen durch ein heftiges Klopfen an die Barackentür unterbrochen. Dann ertönt durch die Holzbretter die Stimme der Blockältesten:

»Kommt eure Sachen holen, denn ihr habt einen anderen Block bekommen. Euren Platz werden die Deutschen einnehmen und euer ganzes Zeug gleich wegwerfen. Ihr werdet in Block 15 wohnen, es ist der gleiche wie die Nummer sieben. Kommt, sobald der Chef wieder da ist.«

Sie geht weg. Nach zwei Stunden kehrt sie zurück.

»Mädchen! Ihr werdet doch alles verlieren! Eure Strohsäcke und Decken liegen auf dem Boden, und die Frauen aus anderen Blocks nehmen sie mit. Die Deutschen schlafen schon in euren Betten. Ich kann sie nicht bewachen, weil ich zu tun habe. Womit werdet ihr euch in der neuen Baracke zudecken, wenn diese Weiber eure Decken klauen?«

Der Chef kommt spät zurück. Aber er kann seine Arbeiterinnen nicht sofort entlassen, weil er für diesen Abend »Sport« angeordnet hat.

Als die Mädchen endlich hinaus dürfen, geraten sie in ein

Schneegestöber, das, durch starke Windstöße getrieben, parallel zum Boden rast. Die Straßen zwischen den Baracken sind unter den Schneeverwehungen verschwunden. Die Füße stapfen unsicher in Richtung der mit dem Widerschein der elektrischen Lichter blinkenden Baracke 10. Doch hier haben die Mädchen nichts mehr zu suchen. Es ist spät. Die Deutschen liegen in ihren Betten. Von ihren Briefen von zu Hause, kleinen persönlichen Gegenständen, sogar von Schreibutensilien keine Spur. Die guten Zeiten sind vorbei.

Die *efingerki* treten in die Dunkelheit hinaus und schauen in Richtung des Blocks 15. Diese Seite des Lagers ist von keinem einzigen Licht erleuchtet. Von den dunklen Backsteinbaracken strömt ein nicht enden wollendes Stimmengewirr herbei. Die Mädchen gehen in diese Richtung. In der Baracke 15 herrscht Stille. Nach dem Betreten hören sie den durchdringenden Wind, der in den Wandspalten pfeift, und das Geräusch des über das Dach huschenden Schneegestöbers. Der Wind hat durch die zerbrochenen Fenster Schnee hereingeweht und an den Wänden Streifen gebildet, die nun in der Dunkelheit weiß schimmern. Der Block ist leer. Viele Schlafkojen sehen aus wie Löcher in den Wänden, in die der Mensch sich hineinbohren soll. Dieselben Schlafkojen, die vielen Personen während ihrer Typhuserkrankung in quälenden, fiebrigen Träumen erschienen. Hier haben Jüdinnen gelebt. Ihre Stimmen, ihr Treiben haben noch vor einigen Wochen die ganze Baracke erfüllt. Heute sind von ihnen nur die Leere und die stockfinsteren Schlafkojen übrig. Eine ausgestreckte Hand trifft im Dunkeln auf die nackten Bretter. Es gibt weder Decken noch Strohsäcke. Irgendwelche praktischen »Organisatorinnen« aus den benachbarten Baracken haben alles mitgenommen, was sich mitnehmen ließ, da und dort haben sie sogar Bretter zum Heizen herausgeklaubt. Der Wind weht herein und bewegt die Kopftücher der Stehenden, die gestern in der besten Baracke gewohnt haben und heute obdachlos sind. Solche Situationen kommen im Lager oft vor.

Von irgendeinem Urlaub kam Effinger trauriger als sonst zurück. Er hörte auch damals auf, Wertgegenstände in Koffern zu horten. Von diesem Moment an tauschte er alles, was er kriegen konnte, gegen Wodka. Er war ständig betrunken, vergaß die Welt um sich herum, fiel hin und schlief stundenlang wie ein Stein. Das Foto auf seinem Schreibtisch war das Einzige, was ihm geblieben war. Er hatte anstelle seines Hauses Schutt und Asche vorgefunden, seine Frau war unter den Trümmern ums Leben gekommen. Effinger trank. Und in den seltenen Augenblicken, in denen er bei Bewusstsein war, verspürte er einen Tatendrang, der ihn wirklich gefährlich machte.

Da läuft er zum Beispiel eines Tages in die Mitte der Baracke und schießt aus seinem Revolver in Richtung Hintertür. Auf deren anderer Seite, hinter einem Lumpenhaufen, wird gearbeitet. Doch Effinger ist taub und blind gegen alles. Er füllt das Revolvermagazin mit neuen Kugeln und schießt weiter. Die Aufseherin Drechsler rennt herbei und ruft schon von Weitem:

»Wer schießt hier in meinem Lager?«

»Ich schieße hier in meiner Baracke!«

»Warum schießen Sie? Das ist doch verboten.«

»Ich jage Ratten!«

»Ach so. Dann schießen Sie weiter«, sagt Drechsler irritiert und geht hinaus. Effinger wirft ihr ironisch hinterher:

»Schieß dich selbst in den Wind!«

Und er jagt die Ratten weiter. Er setzt sich in eine Ecke, befiehlt den Arbeiterinnen, sich so leise wie möglich zu verhalten, lädt seinen Revolver durch und wartet. Er harrt auf seinem Posten zwei Stunden aus, bis schließlich ein Schuss ertönt. Effinger trägt an einem Haken eine riesige Ratte. Aufgeregt, mit glänzenden Augen, öffnet er den Ofen und wirft seine Trophäe auf die heißen Kohlen. Flammen und Gestank steigen empor. Effinger hüpft über dem Feuer, stochert darin mit dem Haken herum, lacht wie verrückt und schreit:

»Krematorium! Birkenau! Hopsasa, Birkenau!«

Er lässt einen wilden Blick über die Gesichter der Frauen schweifen und singt, wieder lachend:

»Krematorium! Birkenau, Krematorium!«

Niemand kann seiner Wahnsinnsattacke ein Ende setzen. Er ist heute völlig unerreichbar.

Doch der Tag seiner Niederlage rückt immer näher. Bevor er aber kommt, versucht Effinger, die Kontrolle über seine Arbeiterinnen zu behalten. Während einer Durchsuchung nimmt er einem der Mädchen eine Schachtel Streichhölzer weg, schüttet sie heraus und findet ein Stück Gold. Nach langen Untersuchungen und Befragungen teilt er ihr mit, sie müsse mit der Todesstrafe rechnen. Denn er habe ja mehrmals gesagt – und das sei dem ganzen Kommando bekannt –, dass aufs »Organisieren« von Gold die Todesstrafe stehe. Er werde das Urteil selbst vollstrecken. Die Verurteilte werde in einer Stunde erschossen werden. Jetzt solle sie sich waschen und dem Anlass entsprechend anziehen.

Die Mädchen beobachten den Vorfall. Sie sitzen still da, versteinert vor nervöser Anspannung und dem Gefühl der eigenen Machtlosigkeit.

Als die Verurteilte fertig ist, wird sie von Effinger gefragt, ob sie Angehörige habe, die man benachrichtigen solle. Ja, sie habe Eltern und einen Verlobten. Effinger lässt sie wissen, dass sie ihm wegen ihrer Jugend sehr leidtue und dass er ihr zum Zeichen seines Mitgefühls erlaube, zwei Abschiedsbriefe zu schreiben. Er werde sie selbst abschicken. Das Mädchen schreibt, während sie die ständig auf die Uhr gerichteten Augen des SS-Manns spürt. Als sie endlich fertig ist, stellt Effinger sie mit dem Gesicht zur Wand, tritt selbst zurück und holt seinen Revolver heraus. Er lädt ihn langsam durch und entsichert, dann befielt er ihr, niederzuknien und das letzte Gebet zu sprechen. Anschließend weist er die anderen Mädchen an, die Baracke zu verlassen und zu warten. Plötzlich ist ein Schuss zu hören. Die Tür öffnet sich, und Effinger lässt die Frauen wieder herein. Der Schuss wurde in die Luft abgegeben. Und der Chef fragt lachend:

»Na, bist du schon tot?«

Nein, sie ist nicht tot. So schnell stirbt man nicht.

Die Tage fließen langsam dahin. Fast täglich gibt es »Sport«. Jetzt träumt jedes der Mädchen davon, gefeuert zu werden. Währenddessen bleibt die Kapo des Badehauses wachsam. Es ist diese abstoßende »Puffmutti«, die Effinger regelmäßig um einen Löwenanteil dessen bringt, was den ins Lager neu gekommenen Frauen geraubt wird. Sie hat viel Einfluss im Lager; obwohl sie eine Gefangene ist, gleicht ihre Macht fast der Macht von SS-Männern. Sie wartet auf Effingers besonders spektakulären Tag – und sie wartet nicht umsonst.

Noch nie war Effinger so betrunken wie an jenem Tag. In diesem Zustand völliger Bewusstlosigkeit betrat er die Baracke, doch Inge riet ihm, zur Gaskammer zu gehen. Er erklärte sich einverstanden und ging, mit den Füßen unsichere Spiralen zeichnend, am Badehaus und der in der Tür sitzenden »Puffmutti« vorbei. Als er ankam, konnten ihn die diensthabenden *efingerki* überreden, sich schlafen zu legen.

Neben der Gaskammer, auf der anderen Seite des Flurs, liegen zwei Räume. In dem einen werden Kohle und Koks gelagert, in dem anderen Kleiderstapel, die mit Gas desinfiziert wurde. Effinger ließ sich im Letzteren nieder und schlief sofort ein. Währenddessen betrat eine Gruppe von

SS-Leuten, mit Lagerkommandanten, Oberaufseherin, Rapportführerin und Arbeitsführer an der Spitze, die Baracke.

»Wo ist der Chef?«

»Ist nicht da.«

»Wo ist er?«

»Leider wissen wir es nicht.«

Sie gingen. Sie inspizierten die Gaskammer von außen – sie war gerade in Betrieb, und ein starker Gestank drang durch die Tür. Sie sahen in dem Raum mit Kohle nach – niemand da. Sie schauten in den anderen hinein – dunkel.

»Was für Wäsche ist das? Ist hier kein Licht?«

»Nein, hier ist es immer dunkel. Hier haben wir bloß schmutzige Wäsche mit lebendigen Läusen.«

Sie traten zurück und gingen in Richtung Tor. Dann zwang man den Chef aufzustehen. Noch schlimmer torkelnd als zuvor, defilierte er wieder vor den Fenstern des Badehauses und der Kammer der »Puffmutti« vorbei. Er betrat die Baracke und begann, jeden zu beschimpfen, der ihn gesucht hatte. Dann stieß er die Tür seines Zimmers auf, fiel an der Schwelle hin und schlug sich die Nase blutig. Ohne das Blut zu stillen, schloss er sich ein und fiel bald in einen tiefen Schlaf. Durch das Fenster konnte man seinen fatalen Zustand sehen und sein lautes Schnarchen hören. Doch er schlief nicht lange. Die Tür der Baracke sprang weit auf und ließ den Schein der Wintersonne herein. An der Schwelle standen alle höchsten Amtsträger des Lagers. Die Mädchen beugten sich eifrig über ihre Arbeit. Die SS-Leute klopften, baten und drohten – Effinger schlief. Ihre Empörung wuchs. Mal sahen sie abwechselnd durch das Fenster hinein und steigerten sich beim Anblick der zertrümmerten Nase, der blutigen Flecken auf dem Boden, der Pose und des unbeschwerten Schlafs Effingers in ihre Wut hinein, mal gingen sie zur Tür, um immer fester an ihr zu zerren. Schließlich liefen ihre Gesichter rot an, sie stemmten sich gegen die Tür, drückten sie mit der ganzen Kraft ihrer Muskeln ein – unter den Mädchen wurde es still, die Angst befiel alle. Jeder der Männer konnte im Zorn töten, jeder hatte sich durch die Grausamkeit seiner Taten in ihr Gedächtnis eingeprägt. Auf einmal gab die Tür mit lautem Krachen nach. Effinger sprang auf, und sein kraftloser Körper fiel erneut geräuschvoll wie ein Getreidesack zu Boden. In dem Moment stieg ein Schrei aller Anwesenden auf, ein Chor deutscher Stimmen voller Empörung und Hochmut. Es wiederholten sich darin die erhabenen Worte: Heimat, Deutschland, Führer.

Das Geschrei dauerte recht lange. Es schwoll an und wurde wieder leiser. Schließlich erklang über dem Lärm die unerwartet starke und nüchterne Stimme Effingers. Er sprach. Er sprach darüber, was er von seiner Rolle hielt. Über das Lager und die, die vor ihm standen. Über das Dritte Reich. Und er beendete jeden seiner Gedanken mit einem lauten Aufruf, als wäre er ein Redner, der sich an ein breiteres Publikum wendet und einen Toast nach dem anderen ausspricht:

»Ich scheiße auf Birkenau und Auschwitz! Ich scheiße auf Deutschland! Und auf den Führer! Und auf euch alle! Arbeit macht frei durch Krematorium drei!«

Die SS-Leute wichen zurück. Ihre Gesichter wechselten die Farbe von dunkelrot zu weiß. Ihre regungslosen Posen kündigten die nahende Explosion an. Plötzlich wurde alles für einen Moment durch das Knarren der geöffneten Tür gedämpft. Ein Wagen aus Auschwitz war gekommen, um die desinfizierte Kleidung mitzunehmen. Ein Häftling, der als Fuhrmann fungierte, und ein SS-Mann mit Gewehr betraten die Baracke. In dem Moment packten die starken Hände der Deutschen Effingers Körper wie einen schweren Sack, schaukelten ihn ein paar Mal in der Luft, um ihm Schwung zu geben, und warfen ihn auf den Wagen. Und alle schrien gleichzeitig:

»Nach Auschwitz! Nach Auschwitz!«

Gegen Abend, während der Pfiffe zum Appell, erschien Effinger noch einmal, zum letzten Mal, in der offenen Tür der Baracke. Mit gesenktem Kopf, als würde er sich wegen seiner Situation ein wenig schämen, trat er ein und schaute umher. Er sah die Arbeiterinnen aufmerksam an; ein ironisches Lächeln spielte unablässig auf seinem Gesicht. Schließlich winkte er ab und ging in sein Zimmer murmelnd:

»Ich komme meinen Schnaps holen. Irgendwo habe ich einen halben Liter versteckt. Es ist nicht viel, aber im Bunker wird er mir sehr nützlich sein.«

Es war sein letzter Auftritt.

Kurz darauf wurde die Gaskammer niedergebrannt, und die *efingerki*, die eine Zeitlang unter Sabotageverdacht standen, gingen »nach draußen« (aufs Feld).

Seitdem fehlte von Effinger jede Spur. Über sein Schicksal kursierten im Lager noch lange verschiedene Geschichten. Eine hörte ich kurz vor der Evakuierung:

In den ersten Tagen des Januar 1945 kamen nach Birkenau Häftlinge aus den Kriegsindustriebetrieben im Lager Buna. Anscheinend brauchten sie etwas aus dem Stammlager und erschienen auch bei uns unter dem Vorwand, die von den Frauen geflickten Decken mitzunehmen. Es waren Juden und Deutsche. Einer von ihnen behauptete, mit ihnen zusammen würde ein Häftling namens Effinger arbeiten, der einmal Chef der Entwesungskammer in Birkenau gewesen sei.

In den letzten Tagen fiel ununterbrochen Schnee, und heute Nacht hat der Frost das feuchte Schneegestöber beendet und das Weiß erstarren lassen. Unter den schneebedeckten Dachtraufen, mit den weißen Verwehungen an den Toren und Balken ähneln die Baracken ländlichen Scheunen. Der Schnee mildert die Strenge der Lagerlandschaft – er umhüllt die umliegenden Wiesen, nur hier und da zeigt ein höheres Grasbüschel seine gelblichen Halme. Heute ist ein besonderer Tag, und der Schnee ist wie ein schönes Geschenk, das die Natur den Häftlingen von Auschwitz gemacht hat. Es ist seltsam ruhig im Lager, als ob die Rührung, stärker als alles bis dahin Gewesene, die Kehle zudrücken und das Schweigen befehlen würde. In dieser Helligkeit und Stille ist die Sprache der Sehnsucht deutlicher als sonst zu hören. Die Kolonnen kommen vom Feld zurück. Mit gesenkten Köpfen waten sie durch die Schneeverwehungen und tragen ihre ewige Traurigkeit mit ins Lager.

Es ist ein früher Nachmittag. Im Lager findet ein Appell statt. Die Fünferreihen, diese zusammengedrängten geometrischen Figuren der Trübheit, stehen reglos da. Der Gedanke, dass der Heiligabend nun gekommen ist und es trotzdem keine Veränderungen gibt, macht Angst und raubt die Sprache.

Auf einer schneebedeckten Fläche zwischen den Baracken und über sie hinaus, bis zum Stacheldrahtzaun, sind Fußabdrücke zu sehen. Der Vorabend füllt sie mit einem bläulichen Schatten. Die ungetrübte Stille der Berge, der leeren Felder und der nahe gelegenen Wiesen ist zwischen die Baracken hinuntergestiegen und löst bei den Menschen starke Rührung aus. Weit und breit sind nur die gestreiften Uniformen und die an der linken Brust aufgenähten Nummern zu sehen. Die gleich blassen und geschwollenen Gesichter haben ihre früheren individuellen Züge verloren. Jede der Frauen ist ein Atom in dem großen, unkoordinierten Gebilde namens Lager. Ein Atom, das, wenn es verschwindet, automatisch durch ein anderes ersetzt wird. Die im Schnee sichtbaren Spuren haben in sich einen Ausdruck von Beweglichkeit; sie sind zahlreich, abgedrückt in Eile, auf der Flucht, beim Springen über die Gräben. Jetzt sind sie erstarrt. Die Füße, die sie hinterlassen haben, sind weg. Sie sind gegangen, um, zum Krematorium hin gerichtet, reglos beim Appell zu stehen, um die Illusion zu erzeugen, dass es diese vielen Füße, die heute Morgen durch den Schnee gelaufen sind, nicht mehr gibt. Es herrscht Stille. In der klaren Luft sind auf der Südseite des Horizonts die Berge zu sehen. Der Wind hat den Ansturm von Schneewolken vertrieben, den Himmel geklärt, die Nebel aufgerissen und deren dunkelblaue, deutlich sichtbare Konturen enthüllt. Die weißen Schneeflocken haben sich in der Nacht auf sie gelegt, wie eine Weihnachtskunde.

Schon seit Langem, seit die Augen zum ersten Mal die weit entfernten, an manchen Tagen kaum sichtbaren Berge registriert haben, keimt die immer schmerzvollere, immer freudigere und unruhigere Hoffnung auf Rückkehr.

Dort eben, über die bewaldeten Hänge und sonnigen Geröllhalden, über die Felsbrocken und Felsschluchten, wandert die ersehnte Freiheit. Von dort, aus der Ferne, durch den Stacheldraht, durch Leere und Tod, dringen ein Hauch von Freude, Lebenslust und Überlebensausdauer herüber.

In der Ruhe des Weihnachtsnachmittags spielen die Berge ihr winterliches Lied.

Tausende von Frauen stehen da und hören auf die Stille und den Rhythmus der Ereignisse, die über ihr Schicksal entscheiden. Die Angst schleicht sich heran und hindert sie daran, etwas in der Art zu denken: »Was wird in ein paar Monaten sein, wenn der Frühling das Lager mit frischem Grün umgibt? Was wird in einem Jahr sein, wenn die Erde wieder mit dem Weihnachtsschnee aufleuchtet?«

Dieser Appell ist eben deshalb so schmerzhaft, weil man ihm in Gedanken weder in die Vergangenheit noch in die

Zukunft entfliehen kann, weil sich in keine Richtung träumen lässt. Als wäre die gesamte Existenz des Lagers, die ganze Gegenwart von Tausenden plötzlich erstarrt – wie Pflanzen am Grund eines Sees, dessen Oberfläche von einer dicken Eisschicht bedeckt ist. Weder mit den Augen, noch mit der Anstrengung der jungen Arme, noch mit einem hellen Gedanken lässt sich diese Eisschicht durchbrechen, die sich über ihrem Leben gebildet hat. Es gibt keine Faust, unter deren Schlag das Hindernis bersten könnte.

Wie der Schlamm am Boden eines Teiches, so kreist um die Gedanken eine gegenstandslose Illusion, an die keiner glaubt.

Im Männerlager wächst ein einziger Baum, eine hohe Eiche. In vielen Vorhersagen und politischen Prognosen der Gefangenen tritt diese Eiche als Zeitmaß auf. »Wenn die Blätter gelb werden, sind wir wieder zu Hause.« Wie oft bleibt ein Gedanke während eines langen Appells an diesem Baum hängen. Der Blick prüft die Farbe seiner Blätter. Die Tage fließen dahin. Es wird kälter, die Appelle werden immer länger. Die Blätter der Eiche verfärben sich gelb, dann werden sie rostbraun und schrumpfen wie ein Trauerkranz. Wieder lässt ein einfacher Glaube jemanden zu den anderen sagen: »Wenn die Blätter fallen, kehren wir heim.«

Jeden Tag sehen viele Augen zu, wie der Wind die trockenen Blätter von den Ästen reißt und zwischen die Baracken trägt; jeden Tag werden die Äste kahler. Heute ist die Eiche nackt. Der Wind, der in ihren Zweigen pfeift, stößt auf keine Blätter mehr. Die Augen der Häftlinge bleiben aus Gewohnheit an dem kahlen Baum hängen – Hoffnung gibt es in ihnen nicht.

Hinter der Silhouette der Eiche, hinter dem Stacheldraht des Männerlagers geht die Sonne unter; sie sieht aus wie ein riesiges, opalisierendes Juwel, das langsam in Schneeweiß versinkt. In ihrem Licht sind die Berge stechend blau geworden, von den Schneelagen an ihren Hängen geht ein starkes Leuchten aus. Sie scheinen näher zu sein als sonst, man hat das Gefühl, sie würden auf den Stacheldraht zugehen, um den Stehenden die mythische Freiheit, die in allen Bergen steckt, die legendäre Bergräuber-Freiheit, zu schenken. Sie sind so nah. Etwa dreißig Kilometer von Birkenau entfernt. Das bedeutet so viel wie sechs Stunden Fußmarsch. So viel wie das Ausstrecken einer Hand. Sie sind zum Greifen nah.

Eine frühe Dämmerung legt sich auf die Baracken und auf die grauen Kolonnen der stehenden Frauen. Die Bergkette, die in dieser Dämmerung immer grauer wird, ähnelt langsam einer vorabendlichen Wolke, die hinter dem Horizont hervorschaut.

Die stehenden Gestalten schmelzen langsam mit der Schneedämmerung zusammen. Wenn sie sich etwas wünschen, dann nur, dass sie die Baracke betreten, zwei Scheiben von ihrer Portion Brot essen und dann einschlafen und vergessen können.

ZWEITER TEIL

Das Jahr 1943

ERSTES KAPITEL

Kommando 117

Die ersten Monate des Jahres 1943 und auch schon die letzten Dezembertage 1942 bringen eine grundlegende Veränderung in der Situation der Frauen. Eine Veränderung zum Schlechteren. Mitten im strengen Winter, an einem Dezembermorgen, wird die allgemeine Formierung zur Arbeit, verbunden mit einem Zählappell, angeordnet. An jenem fatalen Tag hat sich herausgestellt, dass allein in Block 7, in dem nur Polinnen wohnen, etwa dreihundert Frauen, also zwanzig Prozent, sich vor der Arbeit drücken. Und dass sich in anderen Blocks die Dinge mehr oder weniger ähnlich verhalten. Die Lagerbehörden halten es für einen Skandal, und schon bald gibt es Anordnungen, die diese Situation verändern sollen. Mithilfe der Blockältesten wird ausgerechnet, wie viele Frauen unbedingt in der Baracke bleiben müssen – wegen Arbeiten, die mit der Verwaltung, Reinigung, Zubereitung von Brotrationen usw. verbunden sind. Dem wird die Anzahl derjenigen hinzugefügt, die im Lager beschäftigt sind. Der Rest jeder Baracke, dazu gibt es streng festgelegte Zahlen, muss »nach draußen« gehen.

Jeden Morgen bietet das Lager einen besonderen Anblick. Kurz vor dem Ende des Appells stellen sich die Stubenältesten und die Vertrauten der Blockältesten so um die Frauen hin, dass sie einen dichten Kordon bilden, den niemand durchbrechen kann. Getrennt von ihnen steht eine Gruppe derjenigen, die am Vorabend von der Blockältesten für krank erklärt wurden und ins Krankenrevier gebracht werden sollen. Sie haben alle Fieber. Ohne Fieber kann niemand zu den Kranken gezählt werden. Sie sind allerdings nicht in einer besseren Situation als die, die zur Arbeit gehen. Es ist eine Zeit, in der die Gefangenen vom Typhus dezimiert werden und die Lagerbehörden öfter und strenger als zuvor eine Selektion durchführen, um die Epidemie zu beenden. Die Schwerkranken, die es bisher geschafft haben, sich in der Baracke zu verstecken und dadurch vermeiden, »nach draußen« zu gehen, wurden durch die letzte Anordnung ans Tageslicht geführt. Sie haben Angst. Ihre Blicke fliegen ängstlich über die Gestalten der in der Nähe stehenden gesunden Frauen. Aber auch unter denen, die aufs Feld geschickt werden, gibt es Schwerkranke, die taumeln und sich kaum auf den Beinen halten können. Sie haben genauso große Angst vor dem Krankenrevier wie die anderen vor »draußen«. Sie hoffen auf die Hilfe ihrer Kameradinnen, darauf, dass sie die schwersten Tage der Krankheit dank der frischen Luft der Felder überstehen können.

Sobald der Appell endet, laufen etliche Kapos herbei, um die Frauen zu holen. Sie erlauben niemandem, die Fünferreihen zu verlassen; stattdessen zählen sie diese hastig durch und führen sie zum Tor. Doch es sind oft mehr Gefangene für die Arbeit vorgesehen, als unter den Gesunden zu finden sind. Und die Position einer Kapo hängt von ihrer Effizienz ab. Wenn ihr also Arbeiterinnen fehlen, ergänzt sie schnell die Anzahl mit den Kranken. Sie weiß, wie man sie mit ein paar Schubsen zwingt, sich schneller zu bewegen und gleichmäßig zu marschieren. Hauptsache, sie passieren vorschriftsmäßig das Tor – das ist für eine Kapo das Wichtigste. Sie gehen in Fünferreihen. Siebzigjährige Frauen und fünfzehnjährige Mädchen, darunter viele, die Fieber haben und entweder freiwillig aufs Feld gehen oder vom Tor des Krankenreviers weggezerrt wurden. Es ist fast unmöglich, sich unter diesen Bedingungen zu verstecken.

Und doch kommt es manchmal vor, dass jemand einen passenden Moment abwartet, über den Graben springt, zwischen die Baracken in Richtung Latrinen läuft und sich dabei mit Schlamm bedeckt. Versuche dieser Art sind selten erfolgreich, denn meistens werden durch die Schreie der zuständigen Kapo andere Deutsche alarmiert, die ihr gern zu Hilfe eilen. Bald liegt die Geflüchtete im Schlamm, und auf ihren Kopf und Körper fallen Schläge und Tritte. Danach muss sie aufstehen und an ihren Platz in der Fünferreihe zurückkehren. Und manchmal gelingt eine Flucht, aber sie wird nie von denen unternommen, die sie am dringendsten bräuchten, weil sie zu schwach sind, um schnell zu laufen.

Bis alle Kapos die richtige Anzahl von Menschen versammelt haben, vergeht viel Zeit. Die Kolonnen stehen am Tor. Zu dieser Tageszeit, vor dem Sonnenaufgang, ist der Frost am stärksten. Am schlimmsten setzt er einem aber dann zu, wenn der Wind weht und ein feuchter Schnee fällt. Wer es nicht geschafft hat, sich Handschuhe zu besorgen, wickelt seine Hände in eine Decke ein und versucht, diese »Sabotage« sorgfältig zu verbergen. Das Öffnen des Tors wird mit einem Seufzer der Erleichterung begrüßt. Die Fünferreihen können passieren. Wer das Tor morgens überquert, der darf erst abends zurückkommen, auch wenn er in der Zwischenzeit umfallen sollte.

Der Block 7 geht zur Arbeit ins Kommando 117 in Budy, acht Kilometer von Birkenau entfernt. Der schnelle Marsch über den vereisten Boden zerreißt die Muskeln, die vom Typhus geschwollenen Füße tun weh und schwellen noch mehr an. Jeder Schritt verursacht Schmerzen. Aber jeder

Schritt bedeutet auch eine freie, sich immer mehr öffnende Fläche, die sich ununterbrochen verändert und die Augen, in die seit Monaten der Anblick von Baracken, Drähten und Lagergrau hineindringt, mit ständig neuen Landschaften reizt. Gleich hinter dem Lager, rechts vom Tor, erscheint ein breiter Feldweg, an dem die schwarzen Silhouetten von Weiden aufragen. Die Bäume sind alt und haben um diese Zeit keine Blätter; jeder hat eine andere Form, jeder verdreht seine Arme auf eine andere Weise, jeder hat andere Züge und Wunden an der rauen Rinde, jeder ist in einer anderen Pose erstarrt und harrt nun an dem Weg aus, über den die grauen, von Hunden angetriebenen Menschenkolonnen ziehen. Die Gefangenen kennen diese Bäume, sie betrachten sie als eine weitere Etappe ihrer beschwerlichen Wanderung. Der Weg, der in Kurven und Bögen verläuft, führt zu einem wunderschönen Palast, dessen hohe, weiße Mauern inmitten eines alten Parks erstrahlen. Es ist Harmense.

Wenn man diese Residenz zum ersten Mal sieht, wenn man das Wiehern der Pferde hört, den Stallgeruch riecht, von den Teichen her das Schnattern und langgezogene Schreien der Gänse vernimmt, die eine nach der anderen hervortauchen und, kleinen weißen Booten ähnlich, ruhig durch die Gegend schaukeln, dann erliegt man der faszinierenden Illusion, dass hier Menschen leben. Dass man jeden Moment jemanden zu sehen bekommt, der ein normales Leben führt, dass man das große Vergnügen haben wird, aus der Nähe freie Wesen zu betrachten, denen die Gefangenen seit Langem nicht mehr begegnen. Die Kolonne geht geradeaus, biegt vor der hohen Frontwand des Palastes ab, und auf einmal öffnet sich eine Seitentür. Eine Herde Gänse stürzt wie eine laute Wolke in die Richtung, aus der mit einem Korb Futter in der Hand eine Gefangene kommt. Hinter ihr taucht die untrennbare Silhouette eines SS-Soldaten auf. Also hier auch. Das Konzentrationslager hat sich wie ein Geschwür in der ganzen Gegend ausgebreitet, und die Augen suchen hier vergeblich nach einem normalen menschlichen Leben.

Harmense ist eine Zuchtfarm, die von Frauen geführt wird. Im Herbst 1942 fand in Ravensbrück ein Freiwilligenkurs in Geflügel- und Kaninchenhaltung statt. Nach dem Abschluss erwartete die Absolventinnen die Fahrt nach Auschwitz. Die meisten von ihnen meldeten sich deswegen für den Kurs, weil sie Familienangehörige in Auschwitz hatten. Sie kamen in den ersten Oktobertagen an. Viele von ihnen erhielten nach langen Bemühungen die Information, dass die Menschen, deretwegen sie gekommen waren, tot seien.

Das Kommando 117 geht jeden Tag durch Harmense und überbringt dabei vorsichtig die spärlichen Informationen zwischen dem Lager und den hier beschäftigten Frauen.

Die Lebensbedingungen in Harmense sind unvergleichlich besser als in Birkenau. Man wohnt in den Palastzimmern, hat ein Esszimmer und kleine Schränke für die eigenen Sachen zur Verfügung, und vor allem die Möglichkeit zu baden. Birkenau schickt ab und zu nach Harmense saubere Kleidung und Unterwäsche (die zuständigen Kapos lassen sich dafür mit Eiern, Hühnern und Kaninchen bezahlen).

Die Kolonne geht aber an Harmense vorbei und marschiert weiter, entlang einer geraden Hainbuchenallee; auf beiden Seiten gibt es eine Wiese und auf dieser Hühnerställe und von einem Drahtgeflecht umgebene Hühnerkäfige.

Und ein Stück weiter sieht man schon die Teiche, die unter den Windstößen Wellen schlagen, und an deren Ufern das in tiefen Verbeugungen schwankende Schilf. Es ist der schönste Teil der Strecke. Die lange Reihe der grauen Gestalten passiert diese Stelle in dem Moment, in dem hinter den Teichen die Sonne aufgeht und mit den Farben der Morgenröte das zitternde Wasser füllt.

Am Ufer sind hier und da ein flacher Baumstumpf, ein Stein oder ein von der Natur gebogener Ast zu sehen, die einen bequemen Platz bilden, auf den man sich hinsetzen könnte. Aber der vorbeigehende Mensch ist Teil einer Kolonne, die er nicht verlassen darf. Seine schmerzenden Füße sind mit Hunderten von anderen Füßen zusammengewachsen, die mit ihrem Rhythmus die Zeit messen. Er kann nur mit den Augen die hier großzügig verstreuten Schätze der Natur umfassen, den Zauber der Landschaft in sich aufnehmen, von der er in der Nacht träumen wird, die nackten Triebe und Stacheln der wilden Rosen betrachten, die an der Straße wachsen. Wenn er so vor sich hin geht, den Blick auf all das geheftet, schlagen seine Füße gegen die harten Erdklumpen und verursachen bei jedem Schritt einen starken Schmerz. Seine schweren Füße, mit geschwollenen Knöcheln, in Schichten von Lumpen eingewickelt und nur mühsam die schweren Holzpantinen schleppend. Die einen sind an Typhus gestorben und mühen sich nicht länger ab, die anderen leben weiter und haben, wie die Meerjungfrau in Andersens Märchen, um den Preis der durchdringenden Beinschmerzen von den Zehen bis zur Leiste, manchmal sogar bis zur Hüfte, das Recht, die Welt zu betrachten, das Recht zu leben, das Recht zu fühlen. Für eine gewisse Zeit. Für wie lange, ist ihnen nicht bekannt.

Der Damm wird immer schmaler, die an seinen Ufern wachsenden Brombeer- und Wildrosensträucher bleiben mit ihren Stacheln an der gestreiften Kleidung der Gefangenen hängen, als wollten sie diese bei sich behalten. Aber die mit den Lumpen umwickelten Füße bewegen sich in einem ununterbrochenen Rhythmus vorwärts.

Am Ende des Damms erhebt sich über dem tosenden Wasser eine alte Mühle, die vielen Brüsten einen Seufzer der Erleichterung entlockt. Die Hälfte der Strecke ist geschafft.

Die Frauen gehen aber weiter, ohne anzuhalten. Der Weg wird jetzt noch beschwerlicher, weil er, sobald man die Stelle zwischen den Teichen erreicht hat, nach oben steigt, auf einem sandigen Boden, wo die Beinmuskeln zwar nicht mit jedem Schritt einen Ruck spüren, dafür aber die Füße tief hineinsinken und nur mit Mühe vorankommen. An der Kreuzung, unter vier Kastanienbäumen, steht eine kleine weiße Kapelle mit der Passion Christi. Die Augen grüßen sie von Weitem, sehen aber in ihr, wie in der alten Mühle, nur eine der Etappen der langen Wanderung.

Es gibt so viele Dinge, an die man denken kann, während man so zwischen den Feldern geht. In der durch den Sand stapfenden Gruppe herrscht Stille, die Erschöpfung hat die Stirnen der Frauen gebeugt und mit Schweißperlen bedeckt. Es ist einfacher, in Gedanken versunken zu gehen – so kann man leichter die Schmerzen und den Hunger vergessen.

Am Horizont erhebt sich eine Waldmauer. Das ist schon Budy. Man möchte, dass der Weg dahin so lang wie möglich ist, weil das die Arbeitszeit vom Zeitpunkt der Ankunft bis zur Mittagspause verkürzt, und gleichzeitig würde man ihn gern möglichst schnell zurücklegen, um dem Schmerz in den Beinen, die sich immer wieder zu dem schwierigen Marsch aufraffen, ein Ende zu bereiten.

In der Nähe des Waldes, auf einem von Stacheldraht umzäunten Gelände, stehen Baracken, an denen sich eine Gruppe von Männern zu schaffen macht. Es ist eine besondere Zweigstelle des Lagers, das sogenannte Strafkommando (SK), der Ort, an den man zur Strafarbeit geschickt wird.

Ein Stück weiter, an einer Biegung der Straße, die in den Wald führt, sind mehrere Bauernhütten zu sehen. Dort leben, auch von einem Stacheldraht umgeben, die weiblichen Gefangenen vom SK, die von den Lagerbehörden zu schlechteren Bedingungen verurteilt wurden als die, die in Auschwitz und Birkenau herrschen. Das Kommando 117 passiert das Straflager, aus dem durch die Drähte die Augen der Isolierten schauen, und geht weiter in Richtung Wald.

Die Kiefern rauschen schläfrig, ihre duftenden Kronen wiegend. Ein starker Harzgeruch verbreitet sich über die Straße. Alle Wälder, die man kennt, laufen in diesem einen zusammen, alle Freuden steigen aus dem flauschigen Moos, hinter den grünbewachsenen Baumstämmen und unter den Wacholderbüschen hervor. Eine friedliche Stille und der Segen der Ruhe umwehen für einen Moment die laufende Frauengruppe. Sogar die Stimmen der SS-Männer verlieren hier ihre Bedrohlichkeit, weil sie vom Waldecho aufgefangen und mit sanften Rufen in die grünen Tiefen getragen werden. Sogar das Wasser eines kleinen Teichs am Straßenrand erscheint schön, weil die grünen Zweige der Fichten sich in seiner Oberfläche spiegeln.

Doch die Bäume lichten sich, der Wald bleibt rechts liegen, und die Straße führt durch einen Tunnel unter einer Eisenbahnstrecke. Die Gleise grenzen an ein Lagergelände, das von Zivilisten nicht betreten werden darf. Dies wird von einer Tafel verkündet, auf der in deutscher Sprache steht:

K. L. AUSCHWITZ, LAGERRÄUME.
BETRETEN STRENG VERBOTEN.

Hinter dem Gleis sind kleine Häuschen zu sehen, in denen auch Menschen wohnen. Das ist der Arbeitsplatz der Kolonne 117. Hier werden Gräben ausgehoben. Seit der Errichtung des Lagers Auschwitz wurden ständig irgendwelche Gräben gegraben. An verschiedenen Stellen, in verschiedene Richtungen, von der Form her einwandfrei, zwei Meter breit, zwei Meter tief. In Budy führt der eine Graben durch die Wiese in Richtung Felder, der zweite in Richtung Bahndamm und der dritte bis zur Straße, auf der Autos fahren und Menschen gehen. Für diejenigen, die hier keine Strafarbeit verrichten, hat Budy viel Charme. Der Anblick von Menschen, die sich in ihren Häusern zu schaffen machen, das Gebrabbel von Kleinkindern, die gemütliche Ruhe der sauberen Innenhöfe, wo auf den bemoosten Dächern Tauben herumspazieren, der Geruch von Kühen und Milch, der einem im Vorbeigehen entgegenströmt – das schafft neue Träume, weckt eine Sehnsucht und lindert den Schmerz.

Außerdem sind die Straße und der Bahndamm großartige Beobachtungsobjekte. Hier gehen und fahren freie Menschen vorbei. Auf der Straße, vor allem freitags, sind Bäuerinnen zu sehen, die, mit Körben beladen, auf einen Markt eilen, Bauern auf Pferdewagen, Kinder mit Schulbüchern. Wenn sie den Blicken der Gefangenen begegnen, drehen sie ängstlich die Köpfe weg. Die aus dem Zug sind mutiger. Von der rasenden Maschine in die Ferne getragen, zögern sie nicht, sich aus dem Fenster zu lehnen und die Frauen mit einer Handbewegung zu grüßen. Sie fahren vorbei, begleitet von deren Blicken. Vielleicht sind sie gerade auf dem Weg in die Stadt, in die einen selbst die Sehnsucht am meisten treibt, vielleicht werden sie dort zufällig mit jemandem sprechen, der einem nahesteht? Manchmal gleiten über die Schienen Züge mit Verwundeten. Sie tun es leise und langsam, ihre Fenster sind mit weißen Vorhängen verdeckt – purer Luxus. Manchmal fährt ein langer, endloser Güterzug vorbei. Es ist unsere schlesische Kohle oder unser vom Feind gestohlenes Erdöl. Und manchmal transportieren die Deutschen von der Front ihr kaputtes Kriegsspielzeug: beschädigte Bomber – riesige, dreiflügelige Rümpfe mit zerbrochenen Flügeln –, Autos, Panzer und Kanonen. So ein Zug fährt lange und schwer, mit lautem Knarren des Eisens. Um die Zeit totzuschlagen, rechnet jemand aus, wie viele Schulen, Bibliotheken und Krankenhäuser zum Preis dieses verschwendeten Eisenzeugs entstehen könnten.

Die Zeit fließt dahin. Ein Tag gleicht dem anderen, noch mehr als ein Gefangener dem anderen gleicht. Und doch, wie viel inneren Inhalt, wie viel bewussten Willen, wie viel sorgfältige Planung steckt in jedem von ihnen!

Ein Mensch, der mit einer Schaufel in der Hand über einem halbfertigen Graben steht, hat seinen Tagesplan, an den er sich exakt hält. Er weiß, dass sein Untergang durch eine ganze Reihe von Umständen herbeigeführt werden kann, die aus verschiedenen Verordnungen oder Zufällen resultieren, aber auch, dass die Chance, den Tod zu vermeiden, durchaus besteht und dass der Sieg zum großen Teil in seiner Hand liegt. Deshalb schafft er sich möglichst viele Beschäftigungen, die ihm helfen sollen, die Zeit zu überwinden. Beobachten von all dem, was in seiner Sichtweite geschieht, Gespräche und Nachdenken, das sind die Hauptbeschäftigungen eines Häftlings, der sich schweigend über seine Schaufel bückt. Die Zeit, die in kleinere Einheiten aufgeteilt ist, lässt sich einfacher erfassen und vorantreiben. Wenn man etwas zu essen dabei hat, macht man daraus auch einen Punkt des Tagesplans, indem man sich zum Beispiel sagt: Wenn ich von hier nach dort gegraben habe, esse ich eine Scheibe. Der lange, für die entkräfteten Rekonvaleszentinnen sehr beschwerliche Marsch verursacht großen Appetit.

Zum Glück tauchen nach Monaten des Hungers die ersten Pakete auf. Sie bringen viel Freude und Nutzen, aber gleichzeitig auch viele Sorgen! Man möchte die darin enthaltenen Lebensmittel in Portionen einteilen, damit sie einen bis zum Eintreffen des nächsten Pakets vor Erschöpfung retten. Es gibt aber keinen Ort, an dem man sie aufbewahren könnte. Der über den Graben gebeugte Mensch denkt auch darüber nach und kommt zu dem Schluss, dass die Rechte, die den

Gefangenen offiziell von den Lagerbehörden gewährt werden – eben solche, wie das Recht auf das Erhalten von Paketen oder Geld –, von denselben Behörden durch böswillige Anordnungen aufgehoben werden, was zu einem Chaos führt, das immer zulasten des Gefangenen geht.

Die Pakete dürfen zwar ins Lager geschickt werden, und man darf sie auch in der Paketkammer abholen, aber es ist verboten, ein Paket zu *haben*. Ein Gefangener trägt gar nichts bei sich, nur eine Schüssel und einen Löffel. Keine Taschen, keine Bündel. Was soll man also mit dem Paket machen, das am Vorabend eingetroffen ist? Man sollte nur versuchen, es auf seiner Pritsche liegen zu lassen und zur Arbeit zu gehen! Man wird nach seiner Rückkehr keine Spur von ihm finden. Es ist viel besser, illegal vorzugehen und einen Teil des Essens mit aufs Feld zu nehmen. So bereitet man abends ein flaches, in Papier eingewickeltes Päckchen vor, ein zweites, ähnliches gibt man der besten Kameradin, und indem man die eigene und ihre Magerkeit nutzt, trägt man beide morgens leicht durchs Tor. Und in Budy, wenn die Zeit langsam fließt, wenn der Wind einem stark zusetzt und der Schneesturm die Hände an der Schaufel gefrieren lässt, ist es angenehm, an einem trockenen Stück Brot zu kauen und nicht nur seinen Geschmack und Geruch, sondern auch seine Form und Farbe zu spüren.

Die Züge, die über die Schienen donnern, sind gute Zeitmesser; gegen elf Uhr fährt immer der Schnellzug aus Kattowitz vorbei, an dem man erkennt, dass es in eineinhalb Stunden die Mittagssuppe geben wird. Die dünne Wiesia, ein siebzehnjähriges Mädchen, gibt vor, mit ihrer Schaufel den Sand am Hang des Grabens zu verteilen, und nähert sich auf diese Weise dem zweiten Arbeitsabschnitt. Ihre Mutter starb im Gefängnis, ihr Vater ist in einem Offizierslager, von wo er seiner Tochter Pakete und herzliche Briefe schickt. Sie hat einen lustigen Gang in ihren riesigen Holzschuhen, in denen die vor Kälte schützenden Lumpen mehr Platz einnehmen als die Füße. Die dürren Beine bewegen sich nicht sehr sicher. Der rasierte Kopf bewirkt, dass die riesigen Augen zu groß erscheinen. Ohne aufzuhören, mit der Schaufel zu hantieren, sagt sie mit einem Lächeln und ohne die Augen zu heben, als würde sie sich an den Sandhügel wenden:

»Hast du ein Messer? Vielleicht könnten wir etwas essen.«

Heimlich, um nicht von der Kapo entdeckt zu werden, die gern eine Siesta mit ihrem Schlagstock unterbricht, holen die beiden Frauen ihre Vorräte heraus, um sich zwischen dem einen und dem anderen Spatenstich zu stärken. Auch das verkürzt die Zeit. Und es ist eine der wenigen Attraktionen des Tages. Es erhöht dieses unergründliche Potential an innerer Kraft, das es einem ermöglicht, die Körperwärme zu bewahren, obwohl die durchdringende Luft den Boden gefrieren lässt und den feuchten Sand in einen Klumpen verwandelt. Es hilft, die Heiterkeit zu behalten, obwohl ringsherum Vernichtung und Tod herrschen; es hilft, an die Niederlage Deutschlands zu glauben, obwohl die ganze Umgebung, einschließlich der Eisenbahnstrecke mit den planmäßig transportierten Lieferungen, von seiner Übermacht zeugt.

Die von Raureif umhüllten Wintertage vergehen in Budy schneller als in anderen Arbeitskolonnen. Obwohl es erst Februar ist, obwohl es oft schneit und der Frost den Boden durchfriert – in der Sprache des Lagers ist es schon Frühling. Denn hier existiert das Heute nicht. Hier lebt man für das Morgen. Die Novemberwindstürme sind vorbei, die Schneestürme und Frostschübe von Dezember und Januar bedrohen uns nicht mehr. Vor uns liegen März und April, vor uns liegt der Sommer! Wir haben das hinter uns, wovor alle Frauen am meisten Angst hatten: den düsteren Winter in Auschwitz (und viele werden den Frühling tatsächlich nicht mehr begrüßen). Jeder Tag ist jetzt länger, die Sonne geht früher auf. Täglich machen sich in den Menschen, wie in zertretenen Pflanzen, hartnäckiger Lebenswille, Lebensfreude und Überlebenshoffnung stärker bemerkbar.

Nein, Kommando 117 ist gar nicht so schlecht, wenn man bedenkt, dass es mit jedem Tag wärmer wird, und wenn man es schafft, die Schmerzen in den Beinen auszuhalten oder durch sorgfältige Massagen zu beseitigen.

Doch im Leben, vor allem in einem Lager, geht alles, was gut ist, schnell zu Ende. Es naht der Tag der Katastrophe. Es ist eine Zeit, in der mehr Gefangene als früher Geld bekommen, das an sie in Form von Lebensmittelmarken ausgezahlt wird. In der Kantine wird zu diesem Zeitpunkt eine wunderbare Sache verkauft: eine Suppe, die aus dem Schlachthof von Auschwitz stammt und mit dem Wasser zubereitet wird, in dem das Fleisch gekocht hat. Jeden Abend, nach dem Appell, versammelt sich vor der Kantine eine Menschenmenge, die gelegentlich von den Deutschen mithilfe von Besen verscheucht wird. Und auch an diesem Tag drängt sich die Menge vor der Tür, wohl wissend, dass es auf keinen Fall für alle reichen wird. Plötzlich wird das Stimmengewirr von langen Pfiffen übertönt. Um diese Zeit, nach dem Appell, ist es etwas Außergewöhnliches. Gleichzeitig lassen sich Rufe vernehmen:

»Zählappell! Block sieben, Zählappell!«

Niemand glaubt es. Der Appell ist ja vor einer Stunde zu Ende gegangen, warum sollte man jetzt also ausschließlich den Block 7 aufrufen. Man hält es für einen Trick der Deutschen, die auf diese Weise die Polinnen von der Kantine weglocken wollen. Doch die Pfiffe sind schon im ganzen Lager zu hören und werden immer aufdringlicher. Der Anblick der Blockältesten von Block 7, die in Panik in Richtung Tor rennt, deutet auf etwas Ernstes hin. Nach einer Weile hallen im ganzen Lager die Schreie wider:

»Block sieben, Block sieben, Block sieben!«

Die Wintersonne ist bereits untergegangen und hat am Himmel rote Lichtspuren hinterlassen. In diesem Schein laufen aus verschiedenen Richtungen die Polinnen von Block 7 zusammen. Die also, die mit ihren Schüsseln vor der Kantine um die Suppe oder anderswo um Wasser standen, die, die es geschafft haben, sich ins Krankenrevier hineinzuschleichen, um jemanden zu besuchen, und die, denen es gelungen ist, trotz des Lärms einzuschlafen. Sie rennen in Gruppen herbei, stellen sich in Fünferreihen auf. Keine versteht, was es bedeutet. Die Blockälteste ist nicht da, die Stubenältesten sind mit dem Zählen beschäftigt. Das dauert vielleicht eine Stunde. Die winterliche Dämmerung des frühen Abends hat bereits das Lager umhüllt, als die Stehenden durch ein Pfeifen entlassen werden. Suppe aus der Kantine ist natürlich keine mehr da, Müdigkeit und Kälte nehmen die erschöpften Körper in ihren Besitz. Doch bevor sich auch nur eine der Frauen ausziehen kann, werden sie erneut durch Pfiffe zum Appell gerufen. Wieder in Fünferreihen aufgestellt, bekommen sie den Befehl, in Richtung Tor zu gehen. Sie gehen. Nach einer Stunde beendet ein Pfeifen abermals diesen unverständlichen Appell. Viele Frauen schlafen schon, als sie zum dritten Mal gerufen werden. Diesmal werden alle Polinnen versammelt. Es ist Nacht. Die schlaftrunkenen Körper zittern. Alle beschäftigt nur ein Gedanke: Wann wird es ein Ende haben? Es ist egal, was kommt, ob man durchsucht oder geschlagen wird – Hauptsache, es kommt schnell. Die Nacht ist kalt – es ist Anfang Februar. Es wird ihnen befohlen, sich zu zehnt aufzustellen. Eine flüstert: »Sie werden uns dezimieren.« Eine andere hat gehört, es sei wegen einer Flucht aus dem Lager, die man heute in Budy festgestellt habe.

Die Frauen stehen dicht beieinander und versuchen, keine Kälte zwischen sich zu lassen. Zum ersten Mal kann man sehen, wie viele Polinnen im Lager sind. In Hundertergruppen vor der Blockführerstube aufgestellt, erscheinen sie im Dunkeln wie deutlich gezeichnete geometrische Figuren. Sie stehen so nah am Stacheldraht, wie sonst niemand stehen darf; von den tödlichen Isolatoren trennt sie nur ein Graben. Die grellen Lampen leuchten direkt in ihre Augen. Die Zeit fließt, ohne eine Veränderung mit sich zu bringen. Es wird immer kälter. Die Hände reiben, schlagen und kneifen den Körper, um zu versuchen, ihn aufzuwärmen, doch vergeblich. Selbst den SS-Mann im Wachturm zwingt die eisige Kälte zum lauten Stampfen.

Endlich beginnt sich etwas zu tun. Man muss sich alphabetisch aufstellen. Es dauert lange, weil nicht alle Frauen das Alphabet und ihren Platz darin kennen. Eine Stimme ruft in der Dunkelheit die Namen aus, jemand überprüft die auf die gestreiften Uniformen aufgenähten Nummern. Sie kündigen an, dass jede, die die Kontrolle hinter sich hat, in ihren Block gehen, sich aber noch nicht schlafen legen soll. Und tatsächlich lässt sich einige Zeit später ein erneutes Pfeifen vernehmen. Wieder ein Appell vor der Blockführerstube. Diesmal ertönt aber in der Dunkelheit, sobald das Aufstellen und Zählen zu Ende ist, ein entsetzlich lauter, klagender Schrei:

»Maria Bieda! Maria Bieda! Wo ist Maria Bieda?«

Jetzt weiß jeder, dass Maria geflohen ist. Sie ist schon weit weg, irgendein Heuschober oder Schuppen heißt sie willkommen, während man hier, im Lager, nach ihr ruft. Alle Polinnen stehen da und zittern. Inzwischen nicht mehr nur vor Kälte. Die Deutschen schlafen. Die Jüdinnen schlafen. Und die Polinnen stehen in der frostigen Kälte und hören zu, wie im Dunkeln irgendwelche Lippen – wessen, wissen sie nicht – weinerlich wiederholen:

»Ma-ria Bie-da! Maria Bie-da!«

Sie wird nicht nur von der Angst verfolgt – das ganze Lager

jagt sie; alle Arten von Gespenstern und Toden, vor denen sie heute aus Budy geflohen ist, sind jetzt hinter ihr her, indem sie rufen:

»Wo-ist-Ma-ria-Bie-da?«

Ihr ruft vergeblich nach Maria Bieda. Sie ist schon weit weg. Ihre Flucht ist gelungen. Die polnischen Straßen und Feldwege werden sie glücklich nach Hause führen, was, wie man hört, in Tschenstochau ist.

Um Mitternacht gehen die Polinnen schlafen. Um halb vier werden sie wieder aufstehen und zur Arbeit gehen. Am Tor bleibt nur noch das Kommando 117, um zur Strafe für Maria Bieda, die aus dem Lager geflohen ist, Appell zu stehen.

Bei dieser ersten Überprüfung wurden die Ungenauigkeiten in der Registrierung aufgedeckt. Die Lagerleitung wusste auch von einigen weiteren Frauen nicht, was mit ihnen passiert war – niemand konnte sagen, ob sie gestorben oder geflohen waren. Das wurde zu einem Grund für Generalappelle und Tätowierungen.

Maria Bieda hat den Anfang gemacht. Seit ihrer Flucht gilt der Freitag, der ein Markttag ist, an dem die Straßen voller Menschen sind, als ein gefährlicher Tag. Jede Woche versucht jemand sein Glück. Aber nicht immer mit Erfolg. Nach Maria Biedas Flucht wurden den Frauen Nummern an die Unterarme tätowiert. Unabhängig davon gibt es dreimal am Tag – nach der Ankunft auf dem Feld, in der Mittagszeit und vor der Rückkehr zum Appell – eine Zählung, die vom Chef mithilfe der Kapo durchgeführt wird. Im Falle einer Flucht werden der Chef, die SS-Männer, die das Kommando bewachen, und die Kapo mit dem Bunker, also einer Kellerzelle, bestraft. Außerdem wurden allen in Budy arbeitenden Polinnen die schlimmsten Strafen angedroht, falls es eine weitere Flucht geben sollte.

Seitdem ist nur eine Woche vergangen. Es ist wieder Freitag, der Markttag, und viele Menschen befinden sich auf der Straße. Gegen Mittag, noch vor der Verteilung der Suppe, wird eine neue Flucht festgestellt. Die SS, die telefonisch verständigt wurde, beginnt mit der Suche. Das mit der Aushebung der Gräben beschäftigte Kommando hält mit Entsetzen Ausschau, ob sie nicht die Gefasste führen. Nein, sie ist glücklich entkommen. Sie hat nur ihre gestreifte Häftlingskleidung in einem Schuppen zurückgelassen, der zu einem der Bauernhöfe gehört. Am nächsten Morgen bietet sich den Polinnen, die an diesem Bauernhof vorbeigehen, ein bekannter Anblick: Vor dem Haus ein schönes, langes Auto. An der Schwelle eine Gruppe Gestapomänner. Und aus dem Haus kommen nacheinander alle Bewohner, ein älteres Paar mit einer Handvoll Kinder. Ein kleines Mädchen klammert sich an die Hand ihrer Mutter und sagt im reinsten Polnisch:

»Mama, Mama, ich habe Angst.«

Ein Gestapomann öffnet die Tür der Limousine und lädt sie mit einer Geste zum Einsteigen ein. Ihre Gesichter sind sehr blass und völlig regungslos. Ihre Augen begegnen den Augen der Frauen in gestreiften Häftlingsuniformen. Dann wird das Auto geschlossen und fährt schnell weg.

Doch dieses Bild hat keine entmutigende Wirkung. Wieder folgen ein Freitag und eine Flucht. Diesmal führt die Suche zunächst zu keinem Ergebnis, obwohl die SS-Männer alle Höfe und Häuser durchkämmen. Erst am Nachmittag fragt einer von ihnen die Kinder, die am Straßenrand spielen, ob sie nicht eine Frau in einem gestreiften Kleid gesehen hätten, genau in einem solchen wie die Kleider aller Arbeiterinnen. Ja, sie hätten sie gesehen – und sie zeigen die Richtung. An diesem Tag wird am Ende des von der Arbeit zurückkehrenden Kommandos 117 die blutüberströmte Leiche einer Frau getragen, bedeckt mit einem gestreiften Kleid. Der Wind weht durch die kurzen Haarsträhnen und wirft hartnäckig das Häftlingskleid von dem leblosen Körper hinunter. Sie hat schon aufgehört, ein Häftling zu sein. Wie weit ist sie doch von der Marschkolonne entfernt, als sie so still und regungslos gleitet, getragen von den Armen ihrer müden Kameradinnen. Wie schwer und widerspenstig ist ihr Körper auf dem letzten Weg zurück ins Lager. Ein wütender SS-Mann hetzt seinen Hund, der die tragenden Frauen an den Beinen fasst und sie damit zwingt, schneller zu marschieren. Doch sie hat keine Angst mehr vor den Hunden der SS-Männer, sie wird nie wieder beim Anblick eines auf sie gerichteten Revolverlaufs erschaudern, sie wird nicht mehr weinen, wenn sich das Tor hinter ihr schließt. Sie ist schon frei.

Das Kommando Nr. 117 wird zum allgemeinen Schrecken.

Jeden Morgen spielen sich vor dem Block 7 ungewöhnliche Szenen ab. Manche der Frauen, die sich in Fünferreihen aufstellen, wählen sofort einen Platz, der näher an der Straße oder neben einer Grabenbrücke liegt. Wenn der Appell endet, stürmen sie alle – als eine zuvor verabredete Gruppe – direkt auf die Blockälteste zu. Das ist die beste Methode, die Arbeit im Kommando 117 zu vermeiden. Ihre Gestalt, die den Durchgang versperrt, huscht vor den Augen der Laufenden vorbei wie die eines Dompteurs. Der Ausdruck von Wut in ihrem Gesicht, der Schlagstock, der auf die Köpfe der Vorbeirennenden fällt, die Beschimpfungen – das alles dauert den Bruchteil einer Sekunde. Die Blockälteste kann nicht hundert oder zehn Frauen auf einmal zusammenschlagen. Sie wird vielleicht jemandem einen schnellen Hieb verpassen, aber sie wird niemals in der Lage sein, auch nur eine der Frauen aufzuhalten, die beim Laufen eine dichte Gruppe bilden.

Die Blockälteste ist auch zu vernünftig, um in diesem entscheidenden Moment den fliehenden hundert Frauen hinterherzurennen, wenn sie noch tausendeinhundert weitere zu beaufsichtigen hat. Die anderen sind glücklich entwischt. Um aber der Bestrafung zu entgehen, müssen sie vor das Tor hinausmarschieren. Sie wollen sich ja auch nicht vor der Arbeit drücken. Sie wollen nur nicht im Kommando 117 landen. Sie rennen also auf die Straße, um sich einer anderen Gruppe anzuschließen, und machen die dortige Kapo glücklich, weil sie sich freiwillig melden, ohne dass die Kapo sich darum bemüht hat. Manchmal müssen sie dafür jemanden schmieren, aber jetzt, da sie Lebensmittelpakete bekommen, können sie viele Dinge durch Bestechung leichter erreichen.

Es gibt zum Beispiel so eine rothaarige Käte, die Kapo einer Gruppe, die in der Baumschule in Budy arbeitet. Jeden Morgen soll sie eine bestimmte Anzahl deutscher Krimineller zur Arbeit hinausführen. Doch die bestehen darauf, besondere Rechte zu genießen. Käte nimmt also nur etwa zwanzig von ihnen für die ersten Fünferreihen, und dann fängt sie, zusammen mit ihren Helferinnen und unter Einsatz eines Knüppels, die verschiedensten Frauen ein, die sich in der Baracke verstecken, um mit ihnen die fehlenden Deutschen zu ersetzen. Mit dieser Käte eben haben die Polinnen von der Baracke 7 eine Vereinbarung. Es sind junge Frauen, voller Eigeninitiative und nicht bereit, sich der Gewalt des Lagers zu fügen. Sie sehen ordentlicher aus als die anderen, sodass sie jeden sofort für sich einnehmen.

Käte geht mit ihrer Gruppe auch nach Budy, aber die dortige Baumschule hat ihre Gärten und darin eine kellerartige Baracke, in der es bei Regen gemütlicher und angenehmer ist als draußen. Hier kriegt man auch mittags mehr zu essen – einen ganzen Liter Suppe pro Person, und nicht, wie die Polinnen an den Gräben, nur einen halben Liter. Während der Mittagspause spürt man im Körper ein Gefühl von Wärme und Sattheit, das sich bis zu den durchgefrorenen Händen und Füßen ausbreitet. Die Deutschen haben den beheizten Teil der Baracke für sich; sie wärmen sich am Herd, machen sich etwas zu essen, und man hört sie sogar singen. Die Polinnen bleiben im kalten Teil und nutzen die Pause, um sich auszuruhen. Es liegen hier große Vorräte an Weiden, Bretter zum Ordnen von Pflanzen, riesige Körbe für die Gartenarbeiten. Auf diesen Brettern und Weiden, ja sogar auf dem Boden der Körbe liegen gekrümmte Gestalten in einem schweren Schlaf. Ihre erschöpften, ausgemergelten Körper suchen Stärkung in der Wärme der Kohlrübensuppe, im flüchtigen Moment des Mittagsschlafs, in der gesunden Luft, die man in Budy atmet. Die Mittagspause ist kurz. Nachdem die Suppe gebracht und verteilt worden ist, bleiben für den Schlaf nicht mehr als fünfzehn Minuten. Und doch stärkt er ungemein. Wenn die Pfiffe ertönen und die Frauen aufspringen, sind ihre Wangen gerötet, ihre Augen glänzen, und ihre Gedanken jagen den wegfliegenden Träumen hinterher.

An sonnigen Tagen arbeitet man in den Gärten. Man sieht schon den erwachenden Frühling, die sonnengewärmte Erde beginnt zu riechen, jeden Augenblick werden die Knospen an den Bäumen anschwellen. Die Wipfel der kleinen Kiefern biegen sich im weichen Wind, der aus dem Süden, von den Beskiden her weht und einen Hauch von Freiheit, die an den steilen Hängen lebt, mit sich bringt – einen nach Zwergkiefern und Schnee duftenden Gruß. Er steigt in den Kopf wie Wein, wie ein starker, hemmungslos getrunkener Weißwein. Jeder der geneigten Bäume wirkt wie ein Hinweisschild, das die Richtung anzeigt – dort, wo die Kronen der alten Weiden zu sehen sind, verläuft eine befestigte, weiße Straße, die in die Stadt führt. Warum sollte man nicht versuchen, sie zu betreten und das Wunder der Verwandlung von einer unpersönlichen Nummer in einen Menschen erleben? Die kleinen

Kiefern biegen sich und drohen umzukippen; es fehlt nicht viel, und sie werden nicht mehr an ihrem Platz stehen. Die Deutschen summen ein Lied, dessen Inhalt vor dem Hintergrund des Lagerlebens ziemlich merkwürdig klingt:

»Es geht alles vorüber, es geht alles vorbei,
Nach jedem Dezember kommt wieder ein Mai …«

Wie viele Male schon ist ein solcher Dezember oder Mai vor den Augen der hier seit Jahren inhaftierten Deutschen vorübergegangen. Das NS-System versucht sie zu brechen und sich unterzuordnen. Sie arbeiten mit der SS zusammen – als Aufseherinnen der anderen Gefangenen, als Erweiterung der Lagerbesatzung. Wie viele Gefühle und natürliche menschliche Eigenschaften sind in diesen Jahren in ihnen abgestumpft. Die Polinnen, die dieses Lied hören, haben Angst vor dem Gedanken an den Mai, der »kommt« und wieder »vorbeigeht«. Bis dahin ähnelt ein Tag dem anderen, und für sie sind die Tage am besten, an denen sie das Kommando 117 vermeiden können. Das gelingt ihnen aber nicht immer. Es kommt zwar manchmal vor, dass ein fataler Zufall die Flucht der besagten Verschwörerinnen verhindert oder dass eine andere Gruppe schnell die Lücke schließt und Käte keine Polinnen mehr braucht. Aber wenn nicht, marschieren sie wieder in den Reihen des Kommandos, das vom Tod verfolgt wird. Sie marschieren, um abends über acht Kilometer die Leichen der Gestorbenen zu tragen.

Es ist eine Zeit großer Selektionen im Krankenrevier und unter denjenigen, die tagsüber im Lager bleiben. Doch für die Gesunden und Jungen ist es viel einfacher, sich zu verstecken, als für die Kranken oder Alten. Deshalb werden von den Blockältesten auch ganz alte Frauen hinausgetrieben, die mit ihren dürren Beinen die schweren Holzschuhe schleppen und dabei mit ihren faltigen Gesichtern die Jungen anlächeln, als wollten sie sich dafür entschuldigen, dass sie weniger agil sind, dass sie stolpern und dadurch anderen den Marsch erschweren. Sie gehen, halb blind vom Schweiß, der ihre Augen überströmt. Sie leisten die harte Arbeit des Marsches, während ihr Herz, wie eine Maschine, die auf vollen Touren läuft, das Blut im Gehirn zur Wallung bringt und die Augen mit Dunkelheit verdeckt. Es kommt vor, dass jemand sofort nach dem Verlassen des Lagers hinfällt, nur ein paar Schritte hinter dem Tor. Doch umkehren kann man nicht. Wer hinausgegangen ist, muss weitermarschieren und den ganzen Tag arbeiten, bis zum abendlichen Appell.

Da bricht gerade eine Frau zusammen. Die Kameradinnen legen die Ohnmächtige auf eine Trage und schleppen sie acht Kilometer nach Budy, wo sie bewusstlos auf dem nassen Boden liegt. Auf dem Rückweg ins Lager stirbt sie.

Die SS-Männer misshandeln die Kranken, die nicht schnell genug gehen können und hinter der marschierenden Kolonne zurückbleiben. Je jünger einer von ihnen ist, desto verbissener schlägt er auf die Frauen ein. Oder er stößt sie mit einem Gewehrkolben so gezielt, dass sie mit dem Gesicht nach unten in den Graben fallen, um dann, während sie ungeschickt versuchen, sich auf ihren geschwollenen Beinen aufzurichten, den Hund auf sie zu jagen. In einem einzigen Moment verwandelt sich ein menschlicher Körper in einen formlosen, stöhnenden Lumpen. Das Blut sickert schnell in den Sand der Straße ein, und die Füße von Tausenden Marschierenden werden die rote Spur zertreten. Nur hier und da liegt auf den abends leeren Wegen eine verlorene Schüssel oder ein zerrissener, mit Blut befleckter Kleidungsfetzen und deutet die Dinge an, die hier jeden Tag passieren. Die weitverzweigten Weiden, die in zwei Reihen am Straßenrand stehen, beugen ihre buckligen Gestalten. In der Leere, die das Lager umgibt, sind sie die einzigen Zeuginnen.

Nach der Flucht von Maria Bieda wurde angeordnet, die Disziplin zu verschärfen und gegenüber den Frauen, die in dieser Kolonne arbeiten, besonders repressiv vorzugehen. Es wurde angekündigt, dass das Verlassen der Straße während des Marschs oder das Stehenbleiben über einem Graben zum Schöpfen von Wasser als ein Fluchtversuch ausgelegt wird. Die Frauen waten also in ihren löchrigen Holzpantinen über die zugefrorenen Pfützen, wobei sie immer wieder das Eis eintreten und tief in den Schlamm sinken. Am Rand ist die Straße trocken, aber dort schreitet ein SS-Mann, der in den Händen ein schussbereites Gewehr hält. Sie laufen daher direkt durch den Schlamm, sodass ihnen ein Arbeitstag in nassen Schuhen bevorsteht.

Es wurde ebenfalls angekündigt, dass es während der Mittagspause bei Todesstrafe verboten ist, sich von der Gruppe auch nur zwanzig Schritte zu entfernen. Nachdem man also seine Suppe gegessen hat, muss man stillstehen oder auf dem sumpfigen, gefrorenen Boden sitzen. Bei jeder Flucht werden die Kapo, der Chef, der die Arbeiten beaufsichtigt, und die Wachposten bestraft. Ihre Wut manifestiert sich in allem. Die deutschen Aufseherinnen nutzen gern die entsprechenden Befehle, um ihre kriminellen Neigungen auszuleben. Auf dem Feld, zig Schritte vom Graben entfernt, wurde auf einer freien Fläche eine Grube ausgehoben, die als Latrine dient. Manche Frauen, die magenkrank sind, gehen für längere Zeit dorthin. Die Kapo treibt sie mit Schreien an, weil sie den Verdacht hat, dass sie es als eine Gelegenheit nutzen, um Läuse zu fangen. Schließlich rennt sie verärgert hin, schnappt sich die erstbeste Frau, misshandelt sie, verpasst ihr mehrere Tritte und Schläge und stößt sie schließlich in die

Kloakengrube. Die anderen, die zuschauen, dürfen sich nicht vom Fleck rühren und mit keiner Geste und keinem Wort zeigen, was sie in diesem Moment empfinden.

Seit der Zeit der Fluchtversuche ist die Arbeit auch schwerer geworden. Die Chefs wählen absichtlich schwierige Gebiete aus und lassen die Gefangenen genau dort die Gräben ausheben. Einer von ihnen, ein Schlesier, ordnet einen »Modellgraben« an, der genau an der Stelle entstehen soll, wo sich eine kleine Rille voller Wasser befindet. Sein Plan ist ganz einfach. Man steigt in dieses Wasser (man muss es tun, denn wer vom Ufer aus zu arbeiten versucht, wird sofort hineingestoßen), schöpft es mit der eigenen Schüssel und schüttet es geduldig aufs Feld aus. Sobald der Graben entwässert ist, beginnt man zu graben, während man im sumpfigen Schlamm steht. Aber in der Nacht füllt sich der Graben mit Wasser, das von den Feldern hinunterläuft, und am nächsten Morgen muss man von vorne beginnen. Der Chef passt genau auf. Man kann bei dieser Arbeit nicht innehalten und sich ausruhen, ohne dass er gleich herbeirennt und mit einer Schaufel droht.

Niemand will nach Budy gehen, doch niemand kann sich davor drücken. Die Polinnen von Block 7 haben die Pflicht, ausschließlich in dieser Kolonne zu arbeiten. Beim Verlassen des Lagers schärft man ihnen jeden Tag ein, dass sie es sofort melden sollen, falls sie eine Mitgefangene bei Fluchtvorbereitungen oder einem Fluchtversuch erwischen. Die Blockälteste ermahnt sie, daran zu denken, dass sie durch das Verstecken einer solchen Verbrecherin das gesamte Kommando den Tod, das Dezimieren oder den Block 25 riskieren lassen würden. Eine Welle von Leibesvisitationen reißt nicht ab. Man darf nichts Warmes, nichts Überzähliges tragen, weil es sofort als eine für die Flucht vorbereitete Zivilkleidung eingestuft wird. Die Kontrolle der Kleidung wird morgens von der Blockältesten, später am Tor von den Aufseherinnen und auf dem Feld von der Kapo durchgeführt.

Das steigert sich zu einem Verfolgungswahn. Die Frauen beobachten und belauschen sich gegenseitig, behalten die Verdächtigten ständig im Auge. All das wird von der Blockältesten geschürt, die für viele als Orakel gilt. Es kommt sogar vor, dass während eines morgendlichen Freitagappells eine selbsternannte Anklägerin der Blockältesten die Nummer einer Frau zusteckt, die angeblich vorhat, an diesem Tag zu fliehen. Die Blockälteste meldet es in der Blockführerstube. Die Nummer wird dem eskortierenden SS-Mann mitgegeben, mit einem entsprechenden Befehl. Am Arbeitsplatz angekommen, spaziert der junge SS-Mann den Graben entlang und beobachtet die Arbeitenden. Schließlich findet er die Nummer, nach der er gesucht hat, und teilt der Frau mit, der sie gehört, dass sie getötet werde, weil eine Meldung vorliege, dass sie zu fliehen beabsichtige. Sie könne aber die Strafe vermeiden, wenn sie gestehe, wer sie dazu angestiftet habe oder wer außer ihr fliehen wolle. Nach kurzer Überlegung entschließt sich die Frau zu reden; sie sagt, sie sei von einer Mitgefangenen überredet worden, die ihre Flucht seit Langem plane, und kommt mit dem SS-Mann mit, um unter den Frauen, die sich über ihre Schaufeln beugen, nach der Schuldigen zu suchen. Schließlich zeigt sie auf eine Gefangene. Niemand weiß, ob die beiden sich überhaupt kennen. Plötzlich sagt der SS-Mann, sie solle die andere töten, wenn sie beweisen wolle, dass sie selbst unschuldig und Opfer einer Anstiftung geworden sei. Sie solle sie mit ihrer Schaufel töten. Und diese dumme Kreatur hebt tatsächlich die Schaufel, um der Beschuldigten einen Schlag nach dem anderen zu versetzen. Der SS-Mann und die Kapo stehen daneben. Und über den Köpfen der arbeitenden Frauen ertönt ununterbrochen:

»Los! Weitermachen! Bewegung!«

Die Klinge der Schaufel hinterlässt blutige Wunden am Körper der Frau, die unter den Schlägen immer schwächer wird. Als sie schließlich zu Boden fällt, befiehlt der SS-Mann der Schlagenden, die Schaufel wegzulegen und in Richtung Eisenbahngleise zu gehen. Es ertönt ein Schuss. Jetzt bemerken auch die an anderen Gräben Arbeitenden, dass jemand entlang der Gleise läuft, und zwar in einer gefährlich großen Entfernung vom Rest der Frauen. Allerdings tut sie es langsam, ohne Eile. Sie erstarren. Kann es sein, dass sie auf eine so alberne Weise davonzulaufen versucht? Wieder fällt ein Schuss, doch die Frau geht weiter. Die meisten SS-Männer können nicht gut schießen. Hin und wieder folgt ein weiterer Schuss, unterbricht die Stille, hallt im Wald wider – und sie geht weiter. Die Augen der anderen möchten sie schon liegen sehen, und sie selbst kann wohl auch nicht länger auf ihren Tod warten, weil sie plötzlich, nach dem achten verfehlten Schuss, umkehrt und beginnt, schnell in Richtung des Schützen zu laufen. Der neunte Schuss trifft endlich ins Ziel, und die Frau fällt tot um.

Jetzt ist die Verwundete dran. Diese springt aber auf einmal auf und läuft, trotz der ihr von der anderen Gefangenen zugefügten Wunden, schnell in Richtung Wald. Es gibt einen Moment freudiger Erwartung, dass der SS-Mann daneben schießt, dass der Wald sie verdeckt und ihr die Flucht ermöglicht. Es ist ein kurzer Moment, doch er birgt den Wunsch vieler Zuschauerinnen in sich. Sie kommt dem Wald immer näher, und der Deutsche schießt schlecht … Diesmal trifft er aber, und die Frau fällt mit dem Gesicht nach vorn, die erhobenen Arme zur Seite werfend.

Außer den beiden Fluchtverdächtigen wurde an diesem Tag noch eine junge Jüdin getötet, die sich in der Mittagspause um etliche Meter von der Gruppe entfernt hatte und auf einer offenen Wiese ihr Essen zu sich nahm. Am Abend kam dem von der Arbeit zurückkehrenden Kommando 117 ein Krankenwagen mit rotem Kreuz entgegen und nahm die Toten mit.

Da die Anzahl der Todesopfer in Budy die Frauen offenbar nicht davon abschreckt, Fluchtpläne zu schmieden, greifen die Lagerbehörden zu einer anderen Methode, die sofort wirkt. Eines Tages sehen die vom Feld zurückkehrenden Kolonnen im Tordurchgang eine alte, grauhaarige Frau stehen, die an ihrer Brust ein Schild ungefähr diesen Inhalts trägt: »Der Sohn dieser Frau ist aus dem Konzentrationslager Auschwitz geflohen, und seine Mutter wurde mit der ganzen Familie im Tausch gegen den Flüchtling verhaftet.« Die meisten unter den Tausenden der in Fünferreihen vorbeigehenden Gefangenen haben Menschen, die sie lieber tot als nach Auschwitz gebracht sehen würden. Die Freiheit um den Preis der Verhaftung von Familienangehörigen ist verflucht. Wer Auschwitz kennengelernt hat, der möchte der Letzte sein, der hierhergebracht worden ist, damit niemand mehr zum Opfer der hiesigen, mit so grausamen Methoden vollzogenen Vernichtung wird.

Jetzt verführt das über den Teichen rauschende Schilfrohr, an dem das Kommando 117 vorbeimarschiert, niemanden mehr zur Flucht. Es weckt nur den Gedanken, dass die Flucht eine machbare Sache ist, die man aber – wegen der Repressionen, denen die nächste Familie oder die Menschen, an deren Adresse man Briefe schickt, ausgesetzt wären – nicht wagen darf. Jede Gefangene, die an der alten Frau mit der Tafel am Hals vorbeigeht, sieht in ihr ihre Mutter. Und jede schwört sich, dass sie niemals, nicht mal unter den günstigsten Umständen, versuchen wird zu fliehen. Der Zwischenfall mit der alten Frau hat dem Lager einen zusätzlichen Riegel verpasst. Er ist nicht sichtbar, aber sicherer als jedes Tor und jedes Maschinengewehr. Es ist der Wille der Gefangenen, die wegen der Sicherheit ihrer Angehörigen, die zu Hause geblieben sind, nicht mehr an die Flucht denkt. Man erzählt sich zwar ab und zu irgendwelche Geschichten, etwa die über eine Gruppe aus Warschau, die mittags nach Auschwitz gekommen sei und in der Nacht einen SS-Mann betrunken gemacht, ein Holzfass ohne Boden zwischen dem unter Strom stehenden Stacheldraht und die Erde gepresst und sich auf diese Weise aus dem Lager geschlichen habe. Doch solchen Geschichten gibt man den Charakter einer Anekdote, ohne aus ihnen ein Beispiel für sich zu machen.

Jetzt kann man unbesorgt Tausende von Gefangenen auf das Feld neben dem Lager führen. Sie sind alle von einem Zaun umgeben, der stärker ist als der Stacheldraht, uneinnehmbar, lückenlos. Sie können zwischen dem Schilf und den Trümmern der zerstörten Häuser herumgehen. Sobald die Trillerpfeife ertönt, kommen sie alle zurück, und zwar sehr schnell, damit niemand verdächtigt wird, eine Flucht zu planen. Dabei entstehen manchmal Situationen wie diese:

Eine Frau nutzt die Unaufmerksamkeit eines SS-Manns, findet während der Arbeit an den Trümmern eine ruhige Ecke hinter einer Mulde und schläft ein. Währenddessen geht die Arbeitszeit zu Ende, und die Kolonne entfernt sich in Richtung Lager. Die schlafende Frau hört weder die Pfiffe noch das Geräusch vom Reinigen der Schaufeln noch den Befehl zum Abmarsch. Sie wird von der Stille geweckt. Sie springt auf und sieht, dass sie allein ist. Auf dem verlassenen Arbeitsplatz liegt ein Stapel Geräte. Sie ist allein inmitten der Felder, ein paar Kilometer von Birkenau entfernt. So weit das Auge reicht – Leere. Die Stille ist überwältigend, grenzenlos, und in ihr pulsiert in einem ununterbrochenen Rhythmus das heiße Herz Schlesiens. Es sind die dortigen Maschinen. Ihr Rattern war bisher in dem Lärm, den die arbeitenden Gefangenen machten, nicht zu hören. Über den Teichen und Sümpfen beginnt ein klarer Nebel zu steigen und den Horizont zu verdecken.

Die Frau kniet nieder, beugt sich tief und umfasst mit ihren Armen die Erde, aus der üppig Thymian, Mauerpfeffer und Sauerampfer sprießen. Sie lehnt den Kopf an den Boden, presst das brennende Gesicht in das kühle Laub und verabschiedet sich mit einem Kuss von dem Ort, an dem sie einen Moment der Einsamkeit erleben durfte.

Ein Schnellzug rast über die nahen Bahngleise und zieht hinter sich einen Kometen aus Rauch und Funken, die langsam auf die Wiese herunterfallen und ausgehen. Die Frau springt auf und rennt los. Ihr Lauf, immer schneller und heftiger, voller Angst, lässt den Wind in ihren Ohren pfeifen, kann aber das sich entfernende Rumpeln des Zuges nicht übertönen.

Sie ist immer näher an den Wegen, die zum Lager führen, immer näher an den Kolonnen, die von der Arbeit zurückkehren. Wenn sie es schafft, sie einzuholen, wird die für ein paar Minuten besessene Freiheit dem durchdringenden Pfeifen der Lokomotive hinterherfliegen.

Wenn sie es nicht schafft, wird über diese Bahngleise ein Unglück in ihr Haus fahren.

Ihr Lauf wird immer gefährlicher. Jeder SS-Mann kann sie aufhalten und erschießen. Schon sieht sie das Lager und die Kolonnen, die sich seinen Toren nähern. Sie erkennt die ihre und holt sie in dem Moment ein, als der Chef die Gefangenen zählt und dabei ständig durcheinanderkommt. Erhitzt und schweißüberströmt, stellt sie sich vor ihn hin und entschuldigt sich. Sie hat ein besonderes Glück, weil sie nicht einmal eine Ohrfeige bekommt. In eine Fünferreihe hineingezählt, marschiert sie nun gleichmäßig im Takt des Kommandos: *»Links, links, links und links.«*

Ihr müdes Herz hämmert immer noch, aber die Schläge werden gleichmäßiger, langsamer, ruhiger.

Der Wind zerrt an den Zweigen der mickrigen Bäumchen, die am Tor wachsen, als wollte er sie aus dem Boden reißen. Und einen Moment später, in der Stille des abendlichen Appells, ertönt in der Ferne das kaum hörbare Pfeifen der Lokomotive.

ZWEITES KAPITEL
Sonntag

Ein zufälliger Beobachter, der mit dem Zug vorbeifährt, könnte beim Anblick der Tausenden von Häftlingen, die sich entlang der Bahngleise bewegen, zu falschen Schlussfolgerungen kommen. Er könnte mit Erleichterung feststellen, dass es offenbar doch vielen Menschen gelinge, den Tod zu vermeiden, wenn so zahlreiche Kolonnen unverändert, zu jeder Jahreszeit, zur Arbeit an den Gräben kommen.

Aber das sind nicht dieselben Menschen. Jeden Morgen verlässt das Lager die gleiche Anzahl von Fünferreihen, an denen dieselben, immer schäbigeren gestreiften Häftlingsanzüge zu sehen sind, doch zu jeder Jahreszeit sind neue Nummern an sie geheftet, und sie werden von ständig neuen Häftlingen getragen.

Im Lager vergehen die Menschen wie die Bienengenerationen.

Ein im Frühjahr eingetroffener Transport schmilzt bereits in den Sommermonaten. Diejenigen, die im Sommer gekommen sind, sterben im Herbst aus. Von den Herbsttransporten werden nur wenige den Frühling erleben, da der Winter die schwierigste Zeit ist. Die höchste in der Kartei registrierte Nummer gibt ja nur die Anzahl der ins Lager Gekommenen wieder.

Die wahre Anzahl von Menschen, die hier in einem bestimmten Moment leben, kann man auch anders erfahren: Sie ist den Küchenmitarbeitern bekannt, die die entsprechende Menge Suppe kochen, man kennt sie in der Brotkammer, die das Brot ausgibt.

Die Durchschnittsanzahl von Lebenden steht in keinem Verhältnis zur Anzahl derer, die ins Lager kommen. Es gibt irgendwelche Regulative, die bewirken, dass – unabhängig davon, ob die höchste Nummer mit zweiundzwanzig-, achtunddreißig- oder siebenundachtzigtausend beginnt – die Gesamtanzahl derer, die hier leben und arbeiten, immer gleich bleibt (mit kleinen Abweichungen, die schnell ausgeglichen werden). Wenn man sich also vom rein optischen Eindruck leiten lässt, kann man zweifellos sagen, dass im Lager viele Menschen leben und dass viele vor die Tore gehen. Nur weiß man nicht, dass unvergleichlich mehr durch die Schornsteine der Krematorien hinausgehen als durch die Tore.

Von Zeit zu Zeit will auch die Lagerverwaltung die genaue Zahl der Lebenden wissen. Bereits im Herbst 1942 fand in Birkenau ein Generalappell der Frauen statt. Er dauerte den ganzen Sonntag und wurde auf einer Wiese vor den Toren durchgeführt. Am Abend wurden Hunderte von Gefangenen, die infolge von Hunger oder Krankheiten ohnmächtig geworden waren, und mindestens ein Dutzend Tote ins Lager getragen. Seit diesem Tag, einem der schwersten im Lager, sind mehrere Monate vergangen. Doch das Wort »Generalappell« weckt bei den Häftlingen immer noch Angst.

In der Zwischenzeit haben sich die SS-Leute, die für den »scharfen Kurs« der ersten Monate des Jahres 1943 zuständig waren, ein noch interessanteres Programm für den nächsten Generalappell ausgedacht.

Als sich diese Nachricht, die von den Mitarbeiterinnen der politischen Abteilung und der »Schreibstube« kam, unter den in dieser Zeit ohnehin niedergeschlagenen Frauen zu verbreiten begann, fiel ein Schatten der Traurigkeit über das Lager. Seit einiger Zeit ist jeder Sonntag mit solchen Zwangsbeschäftigungen wie Entlausung, Putzen und Strafarbeiten gefüllt (dazu gehört zum Beispiel das Laufen mit Sand oder

Steinen in den Kleidern und Schürzen vom Ende des Lagers bis zum Tor und zurück).

Vom Sonntag, dem einzigen Tag, an dem man seine Pritsche sauber machen, die Kleidung durchsehen und sich waschen kann, träumt man die ganze Woche lang. In letzter Zeit scheitern jedoch sämtliche dieser Pläne. Der Sonntag kommt und bringt nur neue Müdigkeit, Nervosität, die aus den vergeblichen Versuchen resultiert, sich vor zusätzlichen Aufgaben zu drücken, und bittere Enttäuschung. Und dann ist er vorbei – der Feiertag, den es nicht gab, der einzige Moment, in dem man vor weiteren langen Tagen ohne Atempause etwas Luft hätte holen können. Wieder beginnt eine schwere Woche der völlig übermüdeten Menschen.

Dem Generalappell gehen, wie allen Ereignissen im Lager, geheime Befehle voraus. Der Gefangene muss von den Anordnungen überrascht werden. Wenn also an einem Sonntag noch im Dunkeln, lange vor dem Sonnenaufgang, das Pfeifen zum Aufstehen ertönt – anstatt wie sonst beim ersten Morgengrauen –, ahnen die Frauen, dass der Tag wieder der SS gehören wird.

Der Morgenappell stellt sich wie jeden Tag auf, und nach ihm, noch lange vor der ersten Morgenröte, die im Februar sehr früh erscheint, geht die Frauenmenge in Richtung Tor. Doch hier wird sie diesmal, an diesem Tag des Generalappells, anders als sonst formiert. Nicht nach Arbeitskolonnen, nicht nach Blocknummern, sondern in chronologischer Ordnung, in der Reihenfolge der Häftlingsnummern. Zum ersten Mal seit vielen Monaten treffen sich also diejenigen, die gemeinsam in einem Transportwaggon fuhren. In der unüberschaubaren Menschenmenge des großen Lagers verstreut, verschiedenen Baracken zugeteilt, in anderen Kommandos beschäftigt, haben sie einander bis jetzt nicht gesehen. Obwohl sie sich – durch Erfahrungen wie das gemeinsame

Betreten des Lagers, Hunger und Durst, erste Prügel, Haareschneiden verbunden – vorgenommen hatten, zusammenzubleiben, wurden sie erst durch Krankheiten und dann durch das riesige Chaos getrennt, in dem niemand, der eine Krankheit überstanden hat, die ihm nahestehenden Menschen finden kann.

Nun begegnen sie sich wieder. Im nebligen Grau des Wintermorgens wird die Erinnerung an manche Bekannte wach – »aus unserem Tausend«, und vor allem »aus unserem Transport«. Gleich werden Frauen kommen, mit denen man ein paar Stunden in dem nach Auschwitz rasenden Zug verbracht hat. In der wiedererwachten Erinnerung erscheinen Gesichter voller innerer, aus der Berührung mit dem Unbekannten resultierender Konzentration, müde Gestalten, die sich an die Waggonwand oder an eine Schicksalsgenossin lehnen. In der Erinnerung haben sie ihr früheres, normales Aussehen, das durch das Haar und die individuelle Kleidung entsteht. Vielleicht gerade deswegen, weil sie ein winziger Teil des Lebens vor Auschwitz sind, weil sie ein Fragment des letzten Moments sind, den man vor dem Betreten des Tors erlebt hat, haftet ihnen ein angenehmes Stigma der Vertrautheit an. Unabhängig davon, wer sie früher waren, stehen sie einem heute sehr nah.

Einmal mehr tauchen im Gedächtnis auf:

Eine junge, sportliche Lehrerin, die am nächsten Tag in der Desinfektionsbaracke die verfrorenen Frauen überredet, zum Aufwärmen ein paar Turnübungen zu machen. Neben ihr eine hochgewachsene Blondine in Skihose und grüner Bluse, mit einem Rucksack, an dem sich ihre hellen, zu einem harten Knoten zusammengerollten Zöpfe abstützen.

Ein Stück weiter eine Frau von außergewöhnlicher Schönheit, die ununterbrochen in die Augen ihrer Tochter starrt. An dem Kleid des Mädchens prangt ein Pfadfinderkreuz.

Auf dem Boden des Waggons kauern zwei Familien aus Kielce. Eine wie aus Stein gemeißelte Bäuerin mit harten Gesichtszügen, zusammen mit ihrer Mutter und der Mutter ihres Mannes. Alle drei wurden als Geiseln genommen. Und neben ihnen ein junges Mädchen – helle Haut, Augen wie Kornblumen – und ihre ebenso blauäugige Mutter. Außer den beiden wurde auch der Vater verhaftet. Anstelle des Sohns, der während des Besuchs der Gestapo nicht zu Hause war.

Gleich daneben ein paar zottige Zigeunerinnen, die etwas in ihrem Dialekt jammern. Eine von ihnen, breitnasig, mit fremdartigen Gesichtszügen, die gerade mal einige Worte auf Polnisch sagen kann, kam auf folgende Weise hierher: In Radom wurde ein Zigeuner verhaftet. Andere Zigeuner wollten herausfinden, inwieweit die Gestapo beabsichtige, den Fall genauer zu untersuchen, und beschlossen, zu diesem Zweck dem Verhafteten ein Lebensmittelpaket zu senden. Jemand musste mit diesem ins Gefängnis gehen, und die Wahl fiel auf die dumme Zigeunerin. Sie brachte das Paket hin, und als sie den Namen des Adressaten nannte, wurde sie selbst verhaftet. Prügel und Folter halfen nichts – die Alte konnte nicht viel sagen. Doch die Zigeuner hatten nicht zufällig sie ausgesucht. Als sie ins Lager kam, erhielt sie aufgrund der Papiere, die von der Gestapo immer zusammen mit dem neuen Häftling geschickt werden, ein rotes Dreieck mit dem Buchstaben P (Polin, die wegen politischer Aktivitäten verhaftet wurde).

Die Fantasie bevölkert zwar mit diesen Menschen den Platz vor dem Lagertor, doch der Blick sucht vergeblich nach ihnen, während er all die identischen Gestalten und rasierten, mit schmutzigen Tüchern umwickelten Köpfe streift. Viele sind nicht mehr am Leben. Unter den grauen Gesichtern der Frauen, die am nächsten stehen, erkennen die Augen nur die Mutter der jungen Pfadfinderin, abgemagert, mit einem zarten Haarflaum an den Wangen. Ja, sie hätten beide Typhus bekommen, und die Tochter sei gestorben. Über die sportliche Lehrerin ist nur bekannt, dass sie drei Wochen nach ihrer Ankunft ins Krankenrevier kam, wo sie bewusstlos und mit Wasser in der Lunge von Block zu Block und von Pritsche zu Pritsche verlegt wurde. Es fehlt von ihr jede Spur, und es ist schwer zu sagen, ob sie lebt oder tot ist. Von der Gruppe der Bäuerinnen aus der Gegend um Kielce ist nur die mit der alten Mutter übrig geblieben. Auch eine Zigeunerin ist noch da – offenbar ist sie von ihrem Zigeunerschicksal ausreichend abgehärtet worden.

Die einzelnen Tausenden wurden bereits aufgestellt, die Abstände zwischen ihnen festgelegt. Aber es genügt, die Menge von der Seite ins Visier zu nehmen, um zu merken, wie klein diese »Tausenden« sind. Die, die direkt am Tor stehen, existieren fast nicht mehr – von den ersten sind nur einige, von den weiteren höchstens zwanzig, im besten Fall ein paar Dutzend Personen übrig. Die Frauen, die heute hier sind, wirken wie eine traurige Delegation derjenigen, die nicht mehr am Leben sind. Und um sie herum werden – herbeigerufen durch einen Gedanken, ein Gespräch, eine Erinnerung – diejenigen lebendig, von denen nur eine Lücke zwischen den Stehenden geblieben ist. Je länger man im Lager lebt, desto größer wird diese Lücke, desto mehr wird sie durch neue Todesfälle erweitert. Und je öfter man vor sich und hinter sich einen freien Platz hat, desto klarer erkennt man die deprimierende Wahrheit, dass die Vernichtung hier wohl alle erreichen wird, dass es nur eine Zeit lang möglich ist, ihr zu entkommen. Und dass es nicht eine Frage der Widerstandsfähigkeit des eigenen Körpers ist, sondern der Zeit, die den Tod bringt. Obwohl also am Tor eine Menschenmenge steht, spürt man von allen Seiten die Leere. Der hiesige, nummerierte Tod rückt näher und ruft die nächsten Nummern herbei.

Irgendwann am Morgen, als es schon etwas heller geworden ist, öffnet sich das Lagertor ganz weit, hinter dem Tor wurde ein Tisch hingestellt; er ist mit Papieren übersät, und an einer Seite des Tischs sitzen Polinnen von der politischen Abteilung und einige SS-Männer. Jetzt geht man nacheinander durch das Tor, krempelt den linken Ärmel hoch und zeigt seine Nummer. Das Tätowieren wurde, wie gesagt, aufgrund der Schwierigkeiten, die es im Registrierungsbüro gegeben hatte, und damit es einfacher war, einen Flüchtling zu schnappen, eingeführt. Jedem Häftling (mit Ausnahme der Deutschen und der Volksdeutschen) wurden am linken Unterarm die Nummer, die er bis dahin an der Kleidung getragen hatte, in die Haut gestochen und dann ein dunkelblauer chemischer Farbstoff in die Wunde gerieben. Bei den Juden wurde unter der Nummer ein kleines Dreieck hinzugefügt. Seitdem werden alle, die ins Lager kommen, gleich am ersten Tag tätowiert, während sie in der Desinfektionsbaracke die Häftlingskleidung erhalten und geschoren werden. Kinder, die in Auschwitz geboren oder dorthin gebracht werden, bekommen die Nummer in den Oberschenkel gestochen. Bei einem Baby reichen die fünf Ziffern von der Leiste bis zum Knie.

Nun, während des Generalappells, erleichtert die Tätowierung die Arbeit der Gruppe von der politischen Abteilung, die auf dem Tisch ihre Papiere ausgebreitet hat. Hier werden die Personalien überprüft und die Fehler korrigiert. Da in der Registrierkartei ein riesiges Durcheinander herrscht, dauert das sehr lange. Dann geht man auf eine große Wiese, um die herum die dicht nebeneinander postierten SS-Wachen mit Hunden stehen, bewaffnet mit Maschinengewehren und Revolvern. Es beginnt ein stundenlanges Warten. Die Menge auf der Wiese wächst und verdeckt das Tor immer mehr. Nur manchmal kann man sehen, wie eine gestreifte Gestalt mit freigelegtem linkem Unterarm auf den Tisch zuläuft, für einen Moment stehen bleibt und dann weitergeht.

Die ersten Tausenden sind ziemlich schnell vorbeigegangen. In ihren Rubriken steht meistens, seit vielen Monaten unverändert, ein kurzes Wort, »Tod«, das macht die Sache einfach.

Die nächsten Tausenden sind aber noch recht zahlreich. Oft weiß man nicht, ob jemand gestorben ist, irgendwo im Krankenrevier liegt oder auf eine andere Weise verschwunden ist. Das führt zu Unterbrechungen und zum Anhalten des ganzen vorbeilaufenden Frauenstroms.

Es ist Nachmittag, als endlich die letzte, zahlreichste Gruppe, die erst vor Kurzem gekommen ist, das Tor zu passieren beginnt. Es sind darunter die Französinnen, die im Januar hierhergebracht wurden; sie vertragen das hiesige Klima und die Bedingungen im Lager sehr schlecht, weswegen sie schneller aussterben als die Polinnen. Ihnen folgt eine Gruppe, die sich von allen vorherigen unterscheidet. Woher kommen mitten in dieser Masse von krankhaft grauen, ausgemergelten Menschen diese stämmigen Gestalten, diese frischen, frostgeröteten Gesichter, diese blauen Augen, die so ruhig schauen? Es sind Frauen aus der Gegend um Samosch, es sind Vertriebene.[5] Sie wurden mit ihrem ganzen Hab und Gut, mit Daunendecken, Schaffellmänteln und Säcken voller Lebensmittel, mit Kindern und uralten Omas hierhergebracht. Ihnen wurden alle Sachen weggenommen, die Haare abrasiert, auf die Arme die Nummern eintätowiert. Jede von

5 Samosch, poln. Zamość – eine Stadt im Südosten Polens. Im November 1942 wurde der Kreis Samosch auf Anordnung von Heinrich Himmler zum »ersten deutschen Siedlungsgebiet« erklärt, woraufhin aus den um die Stadt liegenden dreihundert Dörfern etwa 110 000 Polen vertrieben wurden.

ihnen hörte auf, als menschliches Wesen zu existieren. Jede ist nun ein Häftling mit Nummer zweiunddreißigtausend und irgendwas – das ist das aktuelle Tausend im Frauenlager. Sie wurden aber noch nicht von einer Epidemie berührt, mussten noch nicht das Elend der langen Monate des Lagerlebens ertragen. Sie schreiten energisch in ihren Holzschuhen durch das Tor, ohne Angst, sich auf der vereisten Straße schnell bewegen zu müssen.

Als die letzten Frauen dieser Gruppe das Lager verlassen, endet die Bestandsaufnahme. Jetzt folgt ein langes Zusammenzählen und Ordnen der Papiere, währenddessen auf der Wiese weiterhin gestanden wird. Der Wind hat einen weißen, kalten Nebel von den Teichen herangetragen und ihn tief über die Baracken angeweht. Die Feuchtigkeit setzt sich mit feinen Tropfen auf Haaren, Kleidern und Gesichtern fest. Der mit Eis bedeckte Boden im Lagertor wird glasig und rutschig. Niemand hat im Laufe dieses Tages etwas zu essen oder zu trinken bekommen; das lange Stehen und der Hunger haben viele Frauen geschwächt. In den Blocks sind Lebensmittelpakete zurückgeblieben, doch jeder weiß nur zu gut, dass sie verloren sind – gestohlen von den Funktionsgefangenen, die in der Zwischenzeit die Baracken bewachen.

Während auf der Wiese der Generalappell läuft, öffnet sich das Tor von Block 25. Mehrere Lastwagen fahren vor und lassen die Klappen runter. Aus dem Block kommen gespenstische Wesen, schwankend, mit benebeltem Blick. Auf diesen Moment haben sie in der Qual der letzten Tage gewartet. Willenlos, gehorsam, steigen sie auf die Autos und stellen sich so nah nebeneinander auf wie nur möglich. Vielleicht wird dort, im Krematorium, in der letzten Sekunde des Lebens, ihr Widerstand erwachen, aber das wird nichts mehr ändern. Die Wände des Krematoriums sind robust, das Eisen ist stärker als der menschliche Reflex.

Ein SS-Mann knallt die Autotüren zu, und die Wagenkolonne fährt weg, an der Wiese vorbei, auf der der Generalappell stattfindet. Von hier aus kann man die Gesichter der Fahrenden genau sehen. Manchmal erhebt sich auf einem Auto eine Hand in der Geste des letzten Abschieds – und die stehenden Frauen empfinden es als einen beunruhigenden Aufruf, möglichst schnell denselben Weg zu gehen.

Mehrere Male fährt diese düstere Wagenkolonne vom Lagertor zum Krematorium, bis der Block 25 sich geleert hat. Während der letzten Fahrt sind die völlig Entkräfteten dran, die nicht mehr von alleine stehen können. Sie werden wie Mehlsäcke auf die Lastwagen geworfen und eine über die andere gelegt, bis sie ganz voll sind. Wenn die Fahrzeuge beschleunigen, wackeln die kraftlosen Körper der ganz oben Liegenden bei jeder Erschütterung; die dürren Beine und Arme heben und senken sich rhythmisch, flattern über den Reihen der Stehenden, über dem Drahtzaun, den sie passieren, über dem Weg, den sie zum letzten Mal zurücklegen.

Die Vorbeifahrenden tragen meist grüne Hosen der russischen Infanterie, zerlumpt, beschmutzt durch Ruhr und Blut. Das ist die Kleidung, die im Lager den Jüdinnen gegeben wird. Die Uniformen der sowjetischen Armee werden hier als Gefängniskleidung der Todgeweihten verwendet.

Am Nachmittag werden das Ende des Appells und die Rückkehr ins Lager angeordnet. Am Tor stehen der Rapportführer Taube, die Aufseherin Drechsler, die Aufseherin Hasse, Dr. König und viele andere weniger wichtige Blockführer und Aufseher. Die Frauen müssen einzeln an ihnen vorbeilaufen. Eine Glatteisschicht bedeckt die an dieser Stelle gewölbte Straße. Die Holzschuhe rutschen auf ihr gefährlich aus, nur mühsam von den geschwächten Beinen getragen. Taube hält einen Stock mit gebogenem Ende in der

Hand. Von Zeit zu Zeit schreit er laut: *»Laufen, laufen!«*, und lacht über sein Spiel.

Hochgewachsen, zur Straße hin gebeugt, die langen Beine weit auseinandergestellt, fängt er all diejenigen ein, die nicht laufen können. Mit dem Haken seines Stocks zieht er sie beiseite und schickt sie in den Block 25, dessen Pritschen leer sind und dessen Tor offen steht.

Unter den Laufenden gibt es ziemlich viele Typhuskranke, die am Vortag während der Selektion nicht zugegeben haben, dass sie immer noch Fieber haben, und aus dem Krankenrevier entlassen wurden. Sie rennen zusammen mit den anderen, indem sie übermenschliche Anstrengungen unternehmen, um sich schnell zu bewegen. Es sind auch ganz junge Mädchen unter ihnen.

Viele haben bei diesem Lauf Glück, etliche sind aber durchgefallen. Es gibt sechzigjährige Frauen, die diese Selektion gut überstanden haben, doch wie viele andere müssen in den Block 25 gehen.

Es fallen nicht nur Alte und Kranke durch, sondern auch solche, deren Beine geschwollen oder mit Geschwüren bedeckt sind, was ihnen das Laufen erschwert. Es fallen viele zarte Französinnen durch, die das raue polnische Klima nicht vertragen. Sogar einige der wackeren und völlig gesunden Frauen aus der Samosch-Gruppe werden festgenommen. Es genügt, auszurutschen und hinzufallen, um sein Leben zu verwirken.

Es beginnt langsam zu dämmern. Die letzten Tausenden nähern sich dem Lagertor, indem sie die Körper der Ohnmächtigen, die auf der Wiese liegen, umgehen oder überspringen. Die Gruppe vor dem Block 25 wächst, sie zählt bereits mehrere Hundert. Die Lastwagen stehen bereit. Wer nicht in den Block passt, wird sofort zu den Gaskammern fahren.

Über dem Lager herrscht Stille, nur Taubes Rufe sind

noch zu hören: *»Laufen, laufen!«*, und das Geklapper der Holzschuhe auf dem Eis.

Die Selektion geht zu Ende. Die letzten Gruppen sind zwischen den Blocks verschwunden. Die Straße ist leer geworden. Nur noch auf der Wiese sind einige Blockführer zu sehen, die sich in der Dämmerung nähern und, nach vorne gebeugt, etwas hinter sich über den Boden herziehen.

Einer von ihnen bleibt stehen und rückt seine Ladung zurecht. Erst jetzt kann man sehen, dass auf der Straße eine weibliche Gestalt liegt, um den Hals einen Riemen gebunden, an dem der SS-Mann zieht, während er langsam auf das Tor von Block 25 zusteuert.

So endet dieser Sonntag, einer von vielen sich ähnelnden Tagen. Die Trillerpfeifen kündigen die »Lagerruhe« an.

Das Feuer der Krematorien lässt den Gedanken aufkommen, dass dort bereits jene Wesen brennen, die hier vor drei Stunden mit einer Geste des Abschieds vorbeifuhren.

DRITTES KAPITEL

Es kommt hoher Besuch[6]

Im Frühjahr 1943 führen der Rapportführer Taube und die Aufseherin Drechsler das Regiment in Birkenau, und sie tun es mit eiserner Hand. Ständig erlassen sie neue Vorschriften, die sich nach ihrer Einführung als unlogisch erweisen und deren ganzer Unsinn sich negativ auf das Schicksal der Gefangenen auswirkt. Es ist eine Zeit, in der es immer noch Massen von Läusen gibt und in der allein die Latrinen, würde man sie Europa zeigen, eine ausreichende Illustration der katastrophalen Hygieneverhältnisse wären. Dennoch wird die Frage, ob man die Strohsäcke und Decken längs oder quer auf die Pritschen legen soll, zu einem ernsthaften Problem, und die, wann ein Häftling seine Schüssel bei sich tragen darf, zu einem Grund für Durchsuchungen, zahlreiche Anordnungen und Repressionen.

Eine Schüssel ist im Lager die Grundvoraussetzung, um ab und zu flüssige Nahrung aufzutreiben. Sie zu besitzen zeugt gewissermaßen von der Widerstandsfähigkeit und der Lebenstüchtigkeit eines Häftlings.

Wer ins Lager kommt und zum ersten Mal, halb bewusstlos vor Durst und Müdigkeit, halb erstickt nach der Fahrt in einem Güterzug, eine rote Schüssel bekommt, auf deren Boden eine winzige Menge dunkler Flüssigkeit schwimmt, und davon trinkt, der wird zu ihrem Anbeter. Wenn man sie zum ersten Mal an den Mund führt, fühlt man gar nichts. Mehrere vor Ungeduld zitternde Hände warten schon auf sie und

6 Im Original Deutsch.

schnappen sie weg, sobald man fertig ist. Erst später, viel später, dringt einem ihr abstoßender Geruch in die Nase. Aber in diesem Moment versteht man es noch nicht. Man beschafft sich einfach möglichst schnell irgendeine »eigene« Schüssel und trägt sie auf die allgemeine praktizierte Art an der Brust unter der Jacke oder befestigt sie, nachdem man zuvor ein Loch in ihren Rand gebohrt hat, am Band der Schürze auf dem Rücken. Auf diese Weise entsteht die Silhouette des sogenannten »Muselmanns« oder des »armen Schluckers«. Ein abgemagerter Körper in willkürlich zusammengestellten, schmutzigen Lumpen, unter denen eine Schüssel hervorsteht, die einem Buckel ähnelt: So laufen die Frauen zu jeder Tageszeit herum, so gehen sie zur Arbeit und kommen ins Lager zurück. Nachts verstecken sie das Geschirr unter ihrem Strohsack, wodurch sie dessen Kopfteil erhöhen.

Doch das Frühjahr 1943 verändert die Gewohnheiten des Lagers. Die Ausgabe der Suppe, die normalerweise in der Mittagspause zwischen zwölf und eins am Arbeitsplatz verteilt wurde, wird auf den Abend, die Stunden nach dem Appell, verschoben. Seitdem darf man kein Geschirr mehr dabei haben.

Jeden Morgen stehen auf beiden Seiten der Kolonne, die sich aufmacht, aufs Feld zu gehen, einander gegenüber: die Aufseherin Drechsler (von den Russinnen *Zubata*[7] genannt), deren Name allein Angst weckt, und der Rapportführer Taube. Immer wenn sie eine Wölbung unter der Kleidung entdecken – egal, ob es sich um eine Schüssel, ein Päckchen mit Essen oder die in einen Lappen eingewickelten Briefe von zu Hause handelt –, entreißen sie es einem, wobei sie die Erwischte schlagen und ihr Eigentum auf den Boden werfen.

7 Von Russ. *zub* – der Zahn.

Schon nach kurzer Zeit türmt sich wenige Schritte vom Tor ein Stapel Beutel, Brotstücke, Wasserflaschen und Becher. Die Füße der vorbeilaufenden Kolonnen bedecken die Sachen mit Schlamm oder stoßen sie in den stinkenden Entwässerungsgraben, auf dessen Oberfläche eine grüne Schicht schwimmt. Wenn der Ausmarsch beendet ist, kommen die Jüdinnen, ziehen das Geschirr aus dem Schlamm, sammeln es auf Schubkarren ein – dieselben, mit denen beim Säubern der Latrinen der Kot weggefahren wird – und verschwinden. Die Schüsseln werden in die Latrinenbaracke gebracht und in eine Ecke geworfen, direkt auf den mit Feuchtigkeit und Schlamm überzogenen Boden. Dort liegen sie manchmal ein paar Wochen und werden in dieser Zeit für alle möglichen Zwecke benutzt.

Natürlich wecken sie Ekel, und jede der Frauen, die ihre Schüssel verloren hat, leiht sich eine von der anderen, bis es ihr dank der Hilfsbereitschaft einer Mitgefangenen oder im Tausch gegen ein Stück Brot gelingt, eine neue aus der Baracke zu bekommen, in der man den Neuzugängen ihre Sachen wegnimmt. Nach den Schüsseln, die in der Latrine liegen, greift scheinbar niemand, um aus ihnen zu essen. Trotzdem wird der Stapel immer kleiner. Ständig schleicht sich jemand heran und schnappt sich unmerklich die, die er vorher entdeckt hat. Im Lager gibt es keine Waschschüsseln, also wird sie zum Waschen von Gesicht, Haaren und dem ganzen Körper benutzt. Die Frauen waschen darin auch ihre schmutzige Kleidung, wofür sie kaltes Wasser mit oder ohne Seife verwenden.

Manchmal kommt es auch vor, dass jemand beim Saubermachen der Latrinen mithilfe dieser Schüsseln den Kot schöpft. Und hin und wieder werden sie heimlich in den Block gebracht, wo sie als Nachttopf dienen. Es ist schwer zu sagen, ob es sich um eine Unsitte oder nur um das Elend kranker Menschen handelt, die nachts mehrmals auf die Toilette müssen. Tatsache ist, dass jede Kranke irgendwo ihre zwei oder drei manchmal sehr ähnlichen Schüsseln versteckt und genau weiß, welche wozu dient, wobei sie die, aus der sie isst, am liebsten am Körper trägt.

Doch manchmal gibt es eine große Durchsuchung, bei der alle Schüsseln im Block mit viel Geklapper aus verschiedenen Schlupflöchern, aus Strohsäcken und anderen Verstecken, auf den Boden fliegen. Sie werden in die Latrine zurückgebracht, wo sie bis zu dem Tag liegen bleiben, an dem sie wieder gebraucht werden. Das geschieht dann, wenn neue Transporte ins Lager kommen oder wenn die Blockälteste den deutschen Behörden meldet, sie habe nicht genug Schüsseln, um die von der Arbeit zurückkehrenden Frauen mit Suppe zu versorgen.

Dann bekommt eine Gruppe von Funktionsgefangenen Wasser und spült darin – alles andere als gründlich – das ganze Geschirr aus, um es dann wieder für den täglichen Gebrauch auszugeben.

Am Abend, wenn die erschöpfte und hungrige Menge vom Feld zurückkommt und nach einem langen Appell ungeduldig in den Block drängt, sieht sie an der Tür einen Stapel von Geschirr – dem, das gerade gespült wurde – und einen Kessel, aus dem der schlechte Geruch von Kohlrüben dampft. Jede Frau bekommt jetzt ihre ganze Mahlzeit in die Hand gedrückt. Man gibt ihr eine rote Schüssel mit Suppe, dazu eine Portion Brot und ein Stück Margarine. Jetzt muss sie, von der Menge hin und her geschubst, die Suppe schnell aufessen, um in derselben Schüssel die für sie vorgesehene Portion schwarzen Kaffee zu erhalten. Was mit dem Geschirr in der Zwischenzeit geschieht, erfährt sie nicht. Sie verbringt den ganzen Tag auf dem Feld, und die Arbeit nimmt all ihre Kräfte und Gedanken in Anspruch. Im Lager ist sie nur nachts und schläft dann wie ein Stein. Sie weiß nicht, warum sie eine lästige Krankheit bekommt, die an Ruhr erinnert und hier »Durchfall« genannt wird und die ihr den Rest der Kräfte raubt. Selbst die konsequente Zurückhaltung in Bezug auf das Trinken von Wasser aus Gräben und Teichen, an denen ihr Weg vorbeiführt, bringt unter diesen Bedingungen kein positives Resultat.

So ergeht es jedem Napf, der zum Essen benutzt wird, bis zu den letzten Tagen des Lagers, und nichts, nicht einmal die sogenannte »Unterkunft«, ein Lagerraum, aus dem heraus später die Verteilung des Geschirrs vorgenommen wird, kann etwas daran ändern.

Glücklicherweise wurde irgendwann die Essenszeit in die Mittagspause zurückverlegt und damit den Gefangenen das Recht zurückgegeben, die für die Ausgabe der Suppe benötigten Schüsseln bei sich zu tragen.

Doch der frühe Frühling 1943 steht im Zeichen des Kampfs um dieselben. Man könnte meinen, das gesamte Frauenlager bestehe aus Spielerinnen, die um einen unvorstellbar hohen Einsatz kämpfen. Dieser Einsatz ist das menschliche Leben. Die Bemühungen der Frauen haben einen tieferen, geheimen Sinn, der im Besitzen oder Nichtbesitzen einer Schüssel symbolisch zum Ausdruck kommt. Denn nur wenn man sie hat, kann man wenigstens teilweise diesem monströsen Schmutz ausweichen, in dem Birkenau ersäuft, kann man die Abgestumpftheit vermeiden, die es einem möglich macht, die Lagersuppe zu verschlingen, ohne einen Gedanken darauf zu verschwenden, wozu die Schüssel vorher gedient hat.

Birkenau hat immer noch kein Wasser. In Birkenau schlafen die Gegangenen immer noch eng zusammengepfercht auf immer schmutzigeren Pritschen. Und es kommen ständig neue Frauen hinzu.

Frühling 1943 – das ist die Zeit einer großen Überfüllung

von Birkenau. Die unteren, direkt an den lehmigen Boden grenzenden Schlafkojen, schlimmer als Hundehütten, sind genauso überfüllt wie die oberen, und es tauchen immer noch neue Gruppen von Gefangenen auf, die von der Blockältesten unter Einsatz eines Schlagstocks auf die überladenen Pritschen verteilt werden. Die Neuzugänge strömen in die dichte, durch die »Gemeinschaft des Elends« verbundene Menge herein, wobei sie Läuse und Krankheiten mit sich bringen oder sie von den »Einheimischen« bekommen.

Im März kommt eine Frauengruppe aus Krakau, deren Papiere während der Reise verloren gegangen sind. Sie werden von der politischen Abteilung als das achtunddreißigste Tausend registriert. Es gibt unter ihnen viele polnische Jüdinnen, die sich als Polinnen ausgeben, einen roten Winkel mit dem Buchstaben P bekommen und sich geschickt hinter diesem Abzeichen verstecken, um die gegenüber den Juden angewandten Repressalien zu vermeiden.

Ihre Situation ist ein offenes Geheimnis. Die Polinnen kennen meistens ihre echten, jüdischen Namen, in manchen Fällen auch ihren ehemaligen Wohnsitz. Aber es kommt während der ganzen Existenzzeit des Lagers nicht ein einziges Mal vor, dass eine Jüdin denunziert oder dass eine deutsche Gefangene in die Angelegenheit eingeweiht wird.

Um den 25. April treffen Polinnen aus Posen und Warschau ein, mit denen das fünfundvierzigste Tausend von weiblichen Gefangenen anbricht.

Zur gleichen Zeit werden auch langjährige Insassinnen aus der Strafanstalt Bromberg-Fordon eingeliefert. Sie sind größtenteils an das Leben in einem geschlossenen Gefängnis, an den Mangel an Luft und Bewegung gewöhnt und ertragen das Lager schlechter als die Gefangenen, die direkt aus den normalen Verhältnissen gekommen sind.

Die Frauen von Fordon sterben ungewöhnlich schnell

aus. Ihre Plätze, für kurze Zeit frei geworden, was der in der Enge erstickenden Menschenmasse ein wenig Erleichterung brachte, werden neu besetzt.

Niemand, der morgens aufwacht, weiß, neben wem er abends einschlafen wird, wessen Körper, durch die anderen weggedrängt, in seiner unmittelbaren Nähe liegen wird.

Es sind keine besonderen Repressalien nötig. Die Bedingungen, unter denen man lebt, rauben einem die Gesundheit, machen das Nervensystem kaputt, führen zu körperlicher und geistiger Entwürdigung. Sie töten. Manchmal entwickelt jemand eine antrainierte, bei den Kriminellen abgeguckte Widerstandsfähigkeit, eine rücksichtslose Fähigkeit, aus dem allgemeinen Elend heil herauszukommen, auf Kosten anderer, auf die eigenen Bedürfnisse bedacht. Frauen, die diesen Weg wählen, schlagen, stehlen, steigen schnell zu Funktionsgefangenen auf.

Eine hin und wieder durchgeführte Selektion säubert das Lager von denen, die keine Kraft mehr haben, die für einen Moment aufgehört haben, gegen die Übermacht der Verhältnisse zu kämpfen. Und das ist der effektivste Weg, um Tausende zu töten. Ein »natürlicher« Tod durch Krankheit. Niemand hat sie erschossen, niemand musste ihnen den Typhus einimpfen, weil die Läuse ihn wirksamer verbreiten als jede künstliche Infektion. Sie befallen die Menschen aufgrund des Mangels an Wasser und an Unterwäsche zum Wechseln, indem sie ihnen Tag und Nacht den Typhus »spritzen«.

So stellt sich Birkenau in kleinen, die Gesamtheit kaum wiedergebenden Fragmenten dar.

So sieht der größte Teil von Auschwitz aus. Der Teil, der weder für ausländische Kommissionen, noch für das Rote Kreuz, noch für sonst jemanden zugänglich ist. Verdeckt durch den repräsentativen Teil von Auschwitz-Birkenau, bildet er die Kulisse des Lagers. Eine fürwahr blutdurchtränkte Kulisse. Sie ist nur den SS-Leuten bekannt, die im Lager arbeiten – und den Gefangenen.

Von außen kommt manchmal Himmler hierher. Und wenn er kommt, ordnen die Lagerbehörden die Vollstreckung irgendwelcher extra auf diesen Tag verschobenen Exekutionen an, es finden Selektionen statt, Lastwagen voller Menschen fahren in Richtung Krematorien ab, im Männerlager knarren die Galgen, die Gefangenen heulen unter den Gummiknüppeln – Birkenau gewinnt an Ausdruck.

Schließlich passiert es aber, dass das berüchtigte Wort »Birkenau«, das offiziell nie verwendet wird, nach draußen gelangt. Eine den Häftlingen nicht näher bekannte Kommission will diesen Teil von Auschwitz besichtigen. Die Lagerverwaltung erfährt es natürlich früher. Sie ordnen Investitionsarbeiten an, die bis zum Schluss nicht aufhören werden, zumal es auch später ab und zu Besucher im Lager geben wird.

Eines Tages kommt eine Gruppe von Männern und beginnt mit der Arbeit. Einige der Latrinenbaracken werden geschlossen (was zu einer noch größeren Überfüllung der übrigen führt) und anschließend umgebaut. Und nach einiger Zeit kann man die Latrinen sehen, die sich in Birkenau bis heute erhalten haben. Sie wirken nicht sonderlich bequem und auch nicht ganz hygienisch, aber im Vergleich zu den vorherigen geradezu luxuriös. Gleichzeitig werden Teile dieser Baracken in Waschräume mit mehreren Wasserhähnen auf beiden Seiten der Wasserleitung und einem Abfluss darunter umgewandelt. Zwar sind sie im Moment noch nicht betretbar, und das Wasser an den Waschbecken ist nicht eingeschaltet, aber der bloße Anblick dieser sauberen, mit Zement und glänzenden Fliesen ausgestatteten Räume weckt Erstaunen und Vertrauen in die Zukunft.

Genau zu dieser Zeit ordnen die Lagerbehörden ein großes Saubermachen des Geländes an, Reinigung von Gräben,

Kehren von Straßen. Gleichzeitig wird den Blockältesten befohlen, je einige der gesündesten, hübschesten und am kräftigsten aussehenden Frauen auszuwählen. Von diesem Tag an sind sie von der Arbeitspflicht befreit; sie bekommen saubere Unterwäsche und Kleider aus dem Magazin, Frau Schmidt (Kapo der Bekleidungskammer) wählt für sie persönlich schöne Schuhe aus. Seitdem werden sie zum Baden geführt und bekommen besseres Essen. Das dauert mehrere Tage, in denen das Lager in ständiger Anspannung lebt. Mit täglich wachsender Rücksichtslosigkeit werden penible Durchsuchungen in den Blocks vorgenommen, bei denen von den Pritschen alles verschwindet, sogar ein Handtuch, ein Stück Seife oder ein Kamm; die täglichen Kontrollen der Gefangenen am Tor werden auch genauer. Bis der Tag kommt, an dem die erwartete Kommission eintrifft. Am Morgen wird eine erhöhte Anzahl von Häftlingen zur Arbeit nach draußen geschickt. Die Kranken, Schwachen und Ausgemergelten werden aus dem Lager weggebracht. Und es wird angekündigt, dass der verbleibende Teil der Frauen sich nach einem bestimmten Zeichen in ihren Blocks verstecken solle und dass keine von ihnen – denn darauf würden die höchsten Strafen stehen – sie verlassen dürfe.

Das Wetter ist seit einigen Tagen schön, der Lagerschlamm getrocknet; alles erscheint irgendwie klar und leuchtend – wie immer an den Tagen, an denen die Sonne die Welt in Besitz nimmt und den Blick dazu zwingt, den weiten, endlosen Himmel anzusehen, über den ein frischer Nordostwind die schneeweißen Wolken jagt. Die von dieser sonnigen Klarheit durchdrungenen Augen sehen die Barackenreihen wie durch einen silbernen Nebel, der das Bild weicher macht. Der alltägliche Schmutz ist verschwunden, die vor den Blocks sterbenden Gestalten sind verschwunden, die misshandelten, vor Schmerz heulenden Jüdinnen sind verschwunden. Es ist still. Der Segen der Stille fließt auf die Erde hinab, die nicht reden kann, auf die Baracken, die nichts sagen werden, auf die Drähte, deren Murmeln sich nicht in die Schreie der sterbenden Menschen verwandeln wird. Ein Pfeifen ertönt. Alle Frauen in die Blocks! Die SS-Mannschaft hilft, sie zusammenzutreiben und schnell der Obhut der Funktionsgefangenen zu übergeben.

Wie anders sieht das Lager aus, wenn es leer ist. Auf der sonnenerleuchteten Hauptstraße spazieren kleine Gruppen von »Vorzeigefrauen« herum; sie sind sauber gekleidet und unterhalten sich miteinander.

Der »hohe Besuch« ist noch in Auschwitz. Man hatte Birkenau rechtzeitig telefonisch informiert, damit der Verwaltung genug Zeit blieb, dem Lager das richtige Aussehen zu geben, während die Kommission Auschwitz besuchte.

Auf den saubergefegten, gepflasterten Straßen des Stammlagers Auschwitz, zwischen den grünen Rasen, auf denen Stiefmütterchen, Kapuzinerkressen und frühe Rosen blühen, gehen die Mitglieder der Kommission umher. Sie betrachten die Backsteingebäude, in deren großen Fenstern ab und zu die Gestalten ansehnlicher, ordentlich in weiß-blau gestreifte Uniformen gekleideter Häftlinge erscheinen.

Über breite Treppen, immer noch zwischen Rasen und Blumen, betritt die Kommission das Innere der einzelnen Gebäude. Die Lagerleitung weiß, wie man Gäste herumführt. Hinter einer Glastür taucht ein Korridor mit farbigem Bodenbelag und gefliesten Wänden auf. Auf der rechten Seite des Korridors – der Eingang zu einem Fotostudio, in dem jeder neue Häftling mit entblößtem, rasiertem Kopf fotografiert wird. Das Studio ist vorübergehend geschlossen. Weiter ein Bad: englische Klosetts, Spiegel, fließendes Wasser. In einem anderen Gebäude: ein stomatologisches Behandlungszimmer, komfortabel eingerichtet. Nicht jeder europäische Zahnarzt, der eine private Praxis besitzt, hat einen so eingerichteten Arbeitsraum.

Und dann das Krankenhaus: makellos saubere Betten, gut betreute Patienten, Ärzte, denen Röntgenlampen, UV-Bestrahlungsgeräte und andere medizinische Apparate zur Verfügung stehen.

Es ist das Jahr 1943, in dem der Schwerpunkt des Lagers auf Birkenau liegt. Auschwitz ist zu einem repräsentativen Teil geworden, den man der Welt zeigt. Die Spuren des Jahres 1940 sind verwischt. Verstummt ist das Gestöhn der mit dem Pfahlhängen bestraften Männer, verstummt sind für einen Moment die Salven in Block 11, verstummt ist das Knarren der Wagen, mit denen die Körper der Erschossenen weggebracht werden. Der Blutstreifen, der sich immer hinter den Wagen zog, ist in die Erde eingesickert. Auschwitz wird bis zum Schluss den Block 11 mit seinen Kellern und seiner Todeswand beibehalten, und es hat immer noch seinen Experimentierblock, in dem medizinische Versuche an lebenden Menschen durchgeführt werden, aber von außen sieht jetzt alles ganz anders aus.

Auf einem Platz zwischen den Blocks, vor dem Hintergrund des blühenden Rasens, spielt ein gut eingeübtes Gefangenenorchester. Es spielt die Melodien, die jedem von den Tageszeiten bekannt sind, zu denen man zur Arbeit geht und von ihr zurückkommt. Die Melodien, bei deren Klang wir, die Gefangenen, bis ans Ende unseres Lebens die wie Gespenster dahingleitenden Todgeweihten sehen werden, in deren Rhythmus wir gewohnt sind, die ins Lager getragenen Leichen der bei der Arbeit getöteten Kameraden zu zählen, aus denen wir immer, noch nach Jahren, die schweren Schritte der Märtyrer von Auschwitz heraushören werden.

Doch die Kommission hört es nicht. Den einladenden Gesten der höflichen SS-Männer folgend, steuert sie auf die

Arbeitsgebäude zu. Dort, in sauberen Räumen, auf Regalen, die an die Einrichtung großer Magazine erinnern, liegen Stücke guter Seife, schneeweiße Laken und flauschige Handtücher. Die Häftlinge zählen sie, notieren die Ergebnisse, halten alles in Ordnung. Sie bewegen sich in den stillen Räumen wie gut bezahlte Ladenverkäufer, indem sie auf ihren Schultern Bürsten, Schachteln mit Scheuermehl und Packungen Wischtücher tragen.

Von hier werden die Mitglieder der Kommission zum Sportplatz gebracht, auf dem gerade ein Basketballspiel stattfindet. Und dann, müde von der Besichtigung, fahren sie noch für einen Moment nach Birkenau, wo sie schnell zwischen den Baracken herumgehen, wobei sie einen flüchtigen Blick auf die neu fertiggestellten Latrinen (bis heute geschlossen), die Küche, das Kleidermagazin und einen speziell für sie vorbereiteten Musterblock werfen.

Den Augen der Besucher drängt sich unwillkürlich das saubere und gesunde Erscheinungsbild der spazierenden Frauen auf. Keiner ahnt – keiner kann ahnen –, wie die Menschen in Birkenau wirklich aussehen.

Und im Inneren der Baracken, nur wenige Schritte von der vorbeigehenden Kommission entfernt, zittern die Fäuste der Frauen. Es herrscht tödliche Stille – als ob hier gar keine Menschen wären.

Unter den Eingesperrten wäre so manche bereit, die im Lager üblichen Strafen auf sich zu nehmen, vielleicht sogar ihr Leben dafür zu geben, wenn sie nur mit den Besuchern sprechen könnte.

Ein Gefangener, der Bürger eines Landes ist, das sich in einer Situation wie Polen befindet, ein Gefangener, den der eigene Staat nicht retten kann, muss an das internationale Gewissen glauben. Er ist wie ein verwaistes Kind, das daran glaubt, dass Verwandte und Freunde ihm helfen würden.

Er will es ihnen leichter machen, er will ihre Aufmerksamkeit auf das Wichtigste lenken. Vielleicht ist unter den Mitgliedern der Kommission jemand, der unser Bruder ist – Vertreter einer Nation, die Polen wohlgesinnt ist und hier die Wahrheit erfahren will. Vielleicht gibt es jemanden vom Internationalen Roten Kreuz, das für alle Konzentrationslager viel tun könnte, wenn es nur wüsste, was zu tun ist. Und sei es nur die Zustellung von Nachrichten an die Nächsten der Gefangenen. Oder ein Austausch von Adressen zwischen Menschen, die helfen wollen, und Gefangenen, die niemanden zum Schreiben haben und keine Pakete bekommen.

Es gibt Dinge, von denen die Kommissionsmitglieder erfahren sollten, von denen sie erfahren müssen, im Gegenzug für das Gefühl der Solidarität mit den Gefangenen, von dem sie wohl geleitet wurden, im Gegenzug dafür, dass sie sich von dem Wort »Auschwitz« nicht abschrecken ließen, im Gegenzug für den Mut, mit dem sie nicht zögerten, seine Tore zu passieren.

Sie sind so nah, nicht einmal hundert Schritte entfernt. Sie sind wie ein Gedanke, der sich mit dem Schicksal der Gefangenen befassen will und deshalb Grenzpfosten und Drahtzaunstreifen überwand, um hierherzugelangen.

Sie werden mit einer kleinen Ernte wegfahren.

Die ziemlich raffiniert inszenierte Komödie wird sie in die Irre führen.

Es ertönt die Stimme einer Hupe – immer weiter entfernt, immer weniger hörbar. Die Limousine, die am Tor gewartet hat, trägt die ungewöhnlichen Gäste, die Auschwitz besichtigt haben, bereits davon.

Die SS-Männer pfeifen das Ende der »Blocksperre«, sie stolzieren aufgeregt herum, lächeln zufrieden, dass der »hohe Besuch« so gut verlaufen ist.

Vor die Baracken strömt eine Menge ausgemergelter Menschen mit geschwollenen Beinen heraus. Von ihren Schultern hängen schmutzige, stinkende Lumpen herab. Sie denken nicht mehr an die Kommission – sie stürzen voran, denn da heben schon die Stubenältesten die Deckel der Suppenkessel. In die von allen Seiten hingestreckten Schüsseln fließt eine Brennnesselsuppe, die nach den langen Monaten, in denen man ununterbrochen halbgare Kohlrüben gegessen hat, ungewöhnlich gut schmeckt.

VIERTES KAPITEL
In die Freiheit

Es ist Frühjahr 1943. Die Wiesen rund um das Lager haben sich mit dem Smaragd des Grüns bedeckt. Das märchenhafte Wetter bewirkt, dass der im Gras versteckte gelbe Löwenzahn schnell wächst; der etwas weiter weg an den Aufschüttungen am Straßenrand wachsende Schlehdorn ist mit schneeweißen Blüten übersät. Die Frauen, die vom Feld zurückkehren, saugen diese Schönheit ein, weiden sich mit sehnsüchtigem Blick an ihr, würden am liebsten einen ganzen Armvoll Blumen den Kameradinnen bringen, die nie vors Tor gehen: den Pflegerinnen aus dem Krankenbau und den Kranken selbst, den Mädchen, die in Büros und Lagerräumen beschäftigt sind, oder jenen Mitgefangenen, die zur Strafarbeit verurteilt wurden. Man darf aber keine Blumen pflücken und ins Lager bringen. Man kann sie höchstens hineinschmuggeln, unter der Kleidung, in einem Kochgeschirr oder auf einem anderen Weg.

Es kommen viele neue Frauen ins Lager, denen noch keine Niedergeschlagenheit anzumerken ist. Das Warschauer Pawiak-Gefängnis schickt oft Transporte. Eine siegreiche Kraft geht von ihren Gestalten aus, ein Lächeln erhellt ihre gebräunten Gesichter. Sie glauben, dass der Krieg bald enden wird, und zweifeln nicht daran, dass sie dieses Ende erleben werden. Die Frauen, die schon lange im Lager sind, lassen sich von dem Glauben der Neuen anstecken. Das Bewusstsein, dass sie den Winter glücklich überstanden haben, erfüllt sie mit Vertrauen.

Es entstehen neue Kolonnen, in die auch Polinnen aufgenommen werden. Gartenkolonnen, die in der Nähe von

Auschwitz arbeiten, oder Kräuterkolonnen, die Heilpflanzen für die Lagerapotheke sammeln. Durch einen merkwürdigen Zufall haben viele herausragende Frauen hierhergefunden, Vertreterinnen der Wissenschaft, der darstellenden Künste und der Literatur. Diese kleine Gruppe, die sich auf den umliegenden Feldern frei bewegen darf und ungewöhnlich sanft behandelt wird, hat ein eigenes, intensives intellektuelles Leben, das viele Feuerproben übersteht und in die Geschichte des Lagers eingeht.

Zugleich wird bekannt gegeben, dass Botanikerinnen mit Hochschulabschluss und einer mindestens fünfjährigen Laborpraxis gesucht werden. Nachdem man ihre Nummern notiert hat, werden sie mit Blechkannen ausgestattet und auf Feldwege hinausgeführt, mit dem Auftrag, junge Brennnesseln für die Suppe zu sammeln. Die verlangten Qualifikationen erweisen sich als überflüssig, aber sie bewirken, dass in der Kolonne der Brennnesselsammlerinnen nur Frauen arbeiten, die sich geistig nahestehen, was dieser Gruppe einen besonders netten Charakter verleiht.

Von zwei jungen SS-Frauen eskortiert (von denen eine sich bei diesen Eskapaden mit ihrem Geliebten trifft), wandern die Brennnesselsammlerinnen von einem grünen Büschel zum anderen. Es stellt sich heraus, dass die meisten Brennnesseln an verlassenen Häusern wachsen.

Es hat einen seltsamen, schmerzlichen Reiz, die Höfe der polnischen Bauern zu betreten, die von hier durch den Krieg vertrieben wurden.

Da ist ein Haus, dessen Dach niedergebrannt ist, dessen Wände aber vollständig erhalten sind. In einem kleinen Fenster hängt ein Bild der Muttergottes, das vor Blitz und Unglück schützen soll. Der einzige Hausherr hier ist die Sonne, die durch die leeren Räume strahlt. Die Reste der Einrichtung erzählen die Geschichte der Menschen, die gezwungen waren, von hier wegzugehen. In der Kammer liegt eine primitive Waage, neben einer leeren Wiege Kinderspielzeug, im Garten eine rostige Getreidemühle; im Hof sind ein Göpelwerk und ein von den Pferden ausgetretener, kreisförmiger Pfad zu sehen.

Vor dem Haus, im Schatten der spatenförmigen Blätter, blühen Veilchen, und über ihnen quellen Trauben von lilafarbenem und weißem Flieder, der jeden Augenblick auch zu blühen beginnt.

Die Natur verwischt sehr schnell die Spuren des tragischen Schicksals eines Menschen.

In allen Räumen des verlassenen Hauses ist der Boden mit einem üppigen Teppich aus jungen Brennnesseln bedeckt. Hier setzen sich die Frauen hin und füllen schnell ihre Blechkannen mit dem künftigen Mittagessen für Tausende von Mitgefangenen.

In der Nähe der Bauernhöfe gibt es manchmal Brunnen, Teiche oder Bäche, sodass diese Glücklichen nach getaner Arbeit sich und ihre Unterwäsche waschen können.

Die Brennnesselsammlerinnen gehen jeden Tag an einen anderen Ort und kehren über einen anderen Weg ins Lager zurück. Auf diese Weise umrunden sie Birkenau von allen Seiten, lernen seine nähere Umgebung kennen. Wenn sie über die Straße zwischen den Lagern laufen, haben sie auf der linken Seite die beiden ältesten, mit Backsteinbaracken bebauten Abschnitte, von denen der eine von Frauen, der andere von Männern bewohnt wird. Und auf der rechten die schmalen Streifen der zahlreichen, nebeneinander gelegenen Lager; sie sind lang und unbekannt – wer weiß, von wem bewohnt und für wen bestimmt.

In einem von ihnen sind Menschen zu sehen. Auf dem Boden, der mit schlammigen Schlaglöchern übersät ist und auch an sonnigen Tagen nass bleibt, stehen Baracken voller

Spalten und Risse. Zwischen ihnen tauchen ab und zu Zigeuner auf, gekleidet in große Hüte und hohe Stiefel, mit Spuren ihrer eigenen Schönheit, die sich in lockigen Haaren, schwarzen Schnurrbärten und Pfeifen manifestiert. Es wurde ihnen nichts weggenommen, als sie das Lager betraten. Dicht neben ihnen die Frauen, in üppigen, faltigen Röcken mit Blumenmustern, in bunten Korsetts, die ihre Brüste umspannen, mit Reihen von Perlen und an Ketten aufgefädelten Goldmünzen, mit Ohrringen, die leise an ihren Ohren klimpern. Sie sind entsetzlich schmutzig. Wahrscheinlich ziehen sie ihre Damast- und Seidenkleider auch abends nicht aus, wenn sie sich neben ihren Männern schlafen legen, waschen ihre dunklen Körper nicht, kämmen ihr schwarzes Ebenholzhaar nicht. Zwischen ihnen rennen die Kinder herum. Ganz klein, halbnackt, unter einem Dickicht schwarzer Locken, oder größer, gekleidet wie ihre Eltern. Zigeuner, Kinder von Wäldern und Feldwegen, eine Nation ohne Heimat.

Ohne die Verbote der SS-Leute zu beachten, kommen sie ganz nah an den Drahtzaun, um sich die vorbeigehenden Frauen anzusehen. Sie erklären oder fragen etwas in ihrer unbekannten Sprache; in ihren ausdrucksstarken Gesichtern spiegeln sich viele Gefühle wider.

Die Frauen gehen weiter und nähern sich dem mit Bäumen bewachsenen Teil des Lagers Birkenau. Sie passieren die Kolosse der Krematorien, schauen aus der Nähe durch ihre offenen Türen hinein.

Was für ein seltsames Gefühl es ist, über ein Feld zu laufen, auf das die Asche der Toten hinausgefahren wird. Die Füße betreten mit Furcht die hellgraue Fläche, über die der Wind den leichten Dunst verweht. Es sind Menschen, die noch vor einigen Monaten neben einem beim Appell standen, die leben wollten. Die vermischte Asche von Tausenden wurde hier auf dem Feld verstreut, und nun haftet dieser menschliche Staub an unseren Füßen.

Es ist gefährlich, so herumzugehen und die mit Bäumen bewachsenen Wege, Haine und von Obstgärten umgebenen Bauernhöfe zu betrachten. Es ist gefährlich, inmitten dieses Rhythmus der ruhigen Arbeit und der tiefen Gedankenversunkenheit sonniger Tage auch nur für einen Moment den Stacheldraht zu vergessen, hinter den man zurückkehren muss.

Wenn die Sehnsucht ihren Höhepunkt erreicht, sodass sie sogar imstande ist, die Vernunft zu übertönen, ist es viel sicherer, nicht über das Gelände der Baracken hinauszugehen. Es ist die einzige Möglichkeit, den waghalsigen Schritt zu vermeiden, zu dem die gesamte Umgebung verführt.

Wenn eine dem Gedanken nicht widerstehen kann, dass die frühlingshaft erwachte Erde ruft, dass das mit Grillengesang erklingende Gras dazu einlädt, sich hineinfallen zu lassen und nicht mehr hinter die Drähte zurückzukehren, sich der Obhut der Natur anzuvertrauen und auf den eigenen tierischen Instinkt zu verlassen, der sie vorwärts treibt, dann soll sie das Lager besser gar nicht verlassen. Denn es könnte ein Moment der Vergessenheit kommen, in dem sie einfach losgeht, in Richtung der Bäume, der am Horizont sichtbaren Berge und der in der Ferne lebenden Menschen – in Richtung der ersehnten Freiheit.

Sie soll sich lieber eine Schaufel oder einen Schubkarren schnappen, sich an irgendeine Arbeit innerhalb des Lagers klammern und dabei pausenlos die verblichenen Baracken anschauen, damit es den ganzen Tag keinen einzigen Moment gibt, in dem sie vergessen könnte, dass sie sich in einem Konzentrationslager befindet. Sie wird ruhiger sein, wenn sie kein Auf und Ab der Illusionen und Ernüchterungen erlebt. Sie wird in allen Stunden jeden Tages eine Gefangene sein – und dadurch nicht die Bäume sehen, von denen aus in ihre Richtung der Ruf der Freiheit ertönt.

Um vom Reiz des Lebens, das ringsherum in der Natur pulsiert, nicht verrückt zu werden – denn man muss sich jeden Tag mit Gewalt von ihr lösen und mit wachsendem Widerwillen in die künstlichen Formen der Lagerexistenz hineinzwängen –, ist es besser, in das Lager wie ein Stein hineinzuwachsen. Es ist besser, keine andere Luft als die der Krematorien zu atmen und kein anderes Leben als das einer Gefangenen zu führen.

Das Lager nach dem abendlichen Appell stellt ein einziges, riesiges Gewühl von schmutzigen, sonnenverbrannten, zerlumpten Menschen dar.

Der Frühjahr 1943, das ist die Zeit der Ankunft griechischer Transporte, die Birkenau buchstäblich überfluten und ihm eine sehr individuelle Note geben. Die Griechinnen bringen die exotische Schönheit ihres sonnigen Landes mit sich. Ihre Sprache ist hastig und unverständlich, hat den Rhythmus der Küstenstädte, erinnert durch ihren Klang an das Fließen von Wasser und den Lärm eines Hafens, übertönt in dem abendlichen Stimmengewirr alle anderen Sprachen.

Es sind sehr viele. Ihre dunkelhäutigen Körper, die oft sehr schön sind, wurden in die Fetzen alter Uniformen gesteckt. Ihre Haare wurden abgeschnitten. Während der langen Fahrt von Thessaloniki nach Auschwitz hat sich ihre Haut mit Läusen und Geschwüren bedeckt. Es hat wohl noch nie einen Transport gegeben, der so viele Läuse mitbrachte wie dieser Transport der Griechinnen. Und man hat noch nie so viele Körper auf einmal gesehen, die mit verkrusteten Geschwüren und Pusteln übersät wären. Dennoch haben sie eine sehr lebhafte Art, lernen schnell, wie der Handel im Lager funktioniert, und versuchen, mit Hilfe von ein paar lustig ausgesprochenen deutschen Wörtern und vielsagenden Gesten mit der Umgebung zu kommunizieren. Manchmal kommt aus ihrem Mund ein Seufzer oder ein Satz, mit dem sie den anderen Frauen, die ihre Sprache nicht verstehen, einen Gedanken unbedingt mitteilen wollen: *»Thessaloniki – extra, prima! Birkenau – nichts!«* Dieser Ausruf geht in das Lagervokabular ein, zusammen mit einem anderen, den die Griechinnen sehr oft von sich geben, nämlich dann, wenn sie feststellen, dass sie ihres dürftigen Eigentums beraubt wurden. Dann rufen sie: *»klepsy, klepsy!«*[8] Seitdem gebrauchen die Häftlinge aller Nationalitäten und sogar einige SS-Männer das Wort *klepsy* als Bezeichnung für einen Dieb.

Die meisten Transporte aus Griechenland werden in die Krematorien geschickt; ins Lager wird, wie üblich, nur ein kleiner Prozentsatz hineingelassen. Das ist aber trotzdem sehr viel. Damit wird die Überbevölkerung des Frauenlagers Birkenau, die schon davor allen sehr empfindlich zusetzte, geradezu unerträglich. In heißen Nächten kann man in dem stickigen Block, in dem in jeder Koje zehn gekrümmte Gestalten liegen, kaum schlafen. Die Menschen suchen ständig nach einem Platz.

Die robusteren Frauen wickeln sich in ihre Decken ein und schlafen auf der Erde vor den Baracken. Andere stellen zwei Hocker zwischen die Kojen und legen sich darauf. Nachts kann man in der Baracke nicht durchgehen, denn überall stößt man im Dunkeln auf die Liegenden. Zwischen den Blocks steht eine Walze, mit der die neu gebaute Straße verdichtet wird; ihre leere Führerkabine dient auch einigen Frauen als Schlafplatz.

Die Überfüllung resultiert daraus, dass die Sterblichkeit

8 So klang offenbar in den polnischen Ohren das griechische Wort *kleftis – Dieb.*

zurückgegangen ist und ständig neue Transporte eintreffen. Der Flecktyphus, der schon im Februar und März einen leichten Verlauf hatte und in vielen Fällen mit einer Genesung endete, wurde im Lauf des Frühlings seltener.

Der Lagerverwaltung war dieser Zustand auch aufgefallen. Man führte Selektionen durch, die aber die Anzahl der Häftlinge nicht so stark reduzierten, wie es frühere Epidemien getan hatten. Deshalb begann man von der Verlegung mehrerer Tausend Frauen in einen anderen Teil von Birkenau zu sprechen. Bevor dies aber geschah (im Lager geht jede Umsetzung eines Plans sehr langsam voran), sollten Dinge passieren, die große Hoffnungen weckten.

Eines Tages kehrte eine Gruppe von Polinnen, die in den Gärten von Auschwitz arbeiten, aufgeregt zu ihrem Block 7 zurück. Sie wurden am Tor angehalten, ihre Nummern wurden notiert. Die Erklärung dafür fand sich schnell. Die Blockälteste stellte sich zwischen die Kojen und begann zu rufen, offenbar fest von ihren Worten überzeugt: »Wir erleben einen freudigen Moment! Endlich wird die erste Gruppe von uns das Lager verlassen. Es bedeutet noch keine vollkommene Freiheit, im Sinne ›Rückkehr nach Hause‹, aber ein freies Arbeiten! Ich lese jetzt die Nummern und die Namen der Glücklichen vor.«

Über tausend Frauen erstarrten, um in der Stille gespannt zuzuhören. Und sie rief genau diejenigen auf, die vor einer Stunde am Tor angehalten worden waren.

Am nächsten Tag durften sie sich waschen und umziehen und gingen weg. Da einige krank waren, gelang es, an ihrer Stelle ein paar Freiwillige auf die Liste zu setzen und wegzuschicken. Eine dieser Freiwilligen war Lodka, ein junges Mädchen, das in der Desinfektionsbaracke, im sogenannten »Läusekommando«, gearbeitet hatte.

Nach einiger Zeit erreicht das Lager die Nachricht, dass

die Frauen, die zu dem angeblichen freien Arbeiten geschickt wurden, sich in den Baracken einer neuen Filiale des Lagers in der Nähe von Babice befinden.

Gleichzeitig wird auf dem vier Kilometer von Birkenau entfernten Gut Rajsko eine Gartenfarm eröffnet, die über ausgezeichnet ausgestattete Laboratorien verfügt; dort soll in großen Mengen eine Pflanze angebaut werden, die für die Herstellung eines Kautschukersatzes erforderlich ist. Dieser Arbeitsabschnitt wird als »Pflanzenzucht« bezeichnet. Eine große Gruppe qualifizierter Botanikerinnen, die oft über einen Hochschulabschluss verfügen, wird nach Rajsko geschickt. Das bedeutet einen hohen Abfluss der Intelligenz aus Birkenau, der sich für einige Zeit sehr negativ auf das Lebensniveau des Frauenlagers auswirken wird.

Zur gleichen Zeit hat man die Baracken in Budy fertiggestellt. Und eines Abends werden alle Frauen eingefangen, die sich in den Tiefen der Kojen versteckt haben, und auf die Liste derer gesetzt, die am nächsten Tag auf das Gelände der »Baumschule« umziehen sollen (Budy, Rajsko, Babice, Harmense, Steinbrüche in Jaworzno und Jawiszowice, Buna mit dem I. G. Farben-Industriekomplex und das Lager für britische Kriegsgefangene bilden das sogenannte Auschwitz III).

Durch diese Umzüge wird jedoch die Überfüllung des Lagers kaum verringert. Ständig treffen neue Transporte von Polinnen ein. Am 12. Mai kommen weitere Frauen aus dem Pawiak-Gefängnis und bekommen Nummern tätowiert, die mit vierundvierzigtausend beginnen.

Diese ganze Gruppe wird beschuldigt, während der Fahrt einen Fluchtversuch unternommen bzw. versucht zu haben, sich von den Partisanen befreien zu lassen, und ins Strafkommando geschickt. Es kommen auch Polinnen aus anderen Gefängnissen, und viele von ihnen gehen ebenfalls direkt ins SK.

Aus Budy und Babice kommen Nachrichten über Hunger, Mangel an Seife und Unterwäsche, verbunden mit Bitten um Hilfe.

Bis eines Tages die Blockälteste von Babice ins Lager zurückkehrt, zusammen mit einigen Funktionsgefangenen. Ihre Rückkehr ist eine Strafe für die Flucht von Lodka, die zuvor in der Desinfektionsbaracke gearbeitet hat. Angesichts der vielen neuen Ereignisse ist dieses Detail unbemerkt geblieben.

Denn soeben sind etliche Personen von den obersten Lagerbehörden an Flecktyphus erkrankt: die Aufseherin Drechsler, die Ehefrau des Lagerkommandanten und der Chefarzt. Der Kommandant kündigt an, dass er persönlich eine Entlausung vornehmen werde, nach der eher kein einziger Mensch am Leben bleibe, als dass es auch nur eine Laus tue.

Und so beginnt die sogenannte Generalentlausung, die auf dem Gelände des Frauenlagers von Männern durchgeführt werden soll. Die Tage sind warm. Zwischen den Baracken wurden Eisenbottiche aufgestellt; sie sind einige Meter lang und mit Wasser gefüllt.

Die Augen der Frauen verfolgen die Vorbereitungen. Fast niemand denkt an das Schicksal von Lodka, die aus Babice geflohen und seit einigen Tagen frei ist. Fast niemand hat die Zeit, ihr für den riskanten Heimweg Glück zu wünschen.

Die Männer, die im Frauenlager bei der Generalentlausung beschäftigt sind, arbeiten mit Gasmasken. Vom Wasser, mit dem die Bottiche gefüllt sind, geht der charakteristische Geruch der Blausäure (Zyklon) aus, die im Lager verwendet wird. Die weiblichen Kolonnen gehen nicht zur Arbeit, der normale Betrieb wurde gestoppt, man darf die Blocks nicht verlassen.

Und da kommt, angetrieben durch die Befehle der SS-

Männer, eine tausend Personen zählende Gruppe von nackten Frauen. Jede von ihnen trägt in den Händen ihre zusammengerollte Kleidung, die sie in der Nähe der Bottiche liegen lässt. Die Männer rücken ihre Gasmasken zurecht und beginnen mit dem Waschen. Sie werfen die Kleider und Unterwäsche in das stinkende Wasser, um sie dann zusammenzudrücken, umzurühren und schließlich, nach leichtem Auswringen, auf den Boden hinauszuwerfen.

Währenddessen warten die in Fünferreihen aufgestellten Frauen auf ein Bad.

Ein nackter Mensch kann sehr schön sein. In der freien Natur, bei einem Sonnenbad, braungebrannt, zwischen den Sanddünen und den saphirblauen Wellen des Meeres oder im Grün der hitzeatmenden Wälder. Auch in der Stille einer Wohnung kann er schön sein, im Weiß eines Badezimmers, im weichen Halbschatten der Stoffe, die einen Schlafraum schmücken.

Aber ich weiß nicht, ob es etwas genauso Hässliches gibt wie eine riesige nackte Menschenmenge, die in Fünferreihen aufgestellt ist. Falls sich unter ihnen junge und gut gebaute Körper befinden, sind sie nicht sichtbar. Sie verstecken sich in der Tiefe der Reihen, um sich den Blicken der Männer, die in einem nahegelegen Graben arbeiten, zu entziehen. Oder sie krümmen sich, versuchen, sich kleiner zu machen, nehmen lächerliche Posen an. Oder sie verschwinden hinter den Frauen, von deren Körpern nur Gesichter, Arme und Beine braungebrannt sind. Eine seltsame, formlose Masse von Nacktheit, die sich langsam mit Gänsehaut bedeckt und im Wind immer bläulicher wird. Der Blick schweift über die deformierten Figuren alter Frauen, die es gern vermieden hätten, sich öffentlich zu entblößen, über Gestalten, die einst beleibt waren und an denen jetzt alles schlaff herabhängt.

Die Arbeit im Lager und um den Drahtzaun ist in vollem

Gange. Autos, Güterloren, Schubkarren fahren vorbei. Die arbeitenden Menschen werfen Blicke auf die nackte Gruppe; sie wissen, dass jeder es über sich ergehen lassen muss.

Es weht zwar ein starker, kalter Wind, aber gleichzeitig scheint die Sonne, die für die Entlausung gut ist. Nach einer langen Wartezeit und einem kurzen Bad sowie der Desinfektion der Haare rennt die Gruppe los, um ihre gewaschenen Kleider zu holen. Das Gas ist schon von Weitem zu riechen. Es ist sehr schwierig, in dem feuchten Haufen durcheinandergeworfener Kleider und Wäschestücke von tausend Frauen eigene Sachen zu finden. Wer länger stehen bleibt, wer sich bückt und in dieser Haltung beginnt, in den Sachen zu wühlen, der fällt um, vom Gas außer Gefecht gesetzt. Man muss sich schnell den erstbesten Fetzen schnappen, der einem in die Hände fällt, und aus dem Gasbereich fliehen.

Es gibt bereits die ersten Versuche, der Entlausung zu entgehen. Es ist nicht allzu schwierig, die Gruppe zu verlassen, mit der man auf das Bad wartet. Es ist schwieriger, einen Ort zu finden, an dem man sich verstecken könnte, und dann unentdeckt zurückzukommen.

Da hat sich die Bewohnerin eines Blocks, der in diesem Moment zum Baden geht, unter die Frauenmenge aus einer fremden Baracke gemischt, die von der Entlausung zurückkehrt. Um ihnen ähnlich zu sehen, zieht sie ihr Kleid aus und schwenkt es in der Luft, indem sie vorgibt, es zu trocknen. Sie steigt auch zusammen mit ihnen über eine Leiter aufs Dach, wo sie schon ohne größeres Risiko mit ihrem trockenen Kleid herumfuchteln kann. Unten auf der Straße geht gerade der Lagerarzt Rhode vorbei, der die Entlausung strengstens kontrolliert. Die junge Frau sagt zu den anderen:

»Was meint ihr, wird es diesmal jemandem gelingen, sich vor der Entlausung zu drücken?«

»O nein, das wird keine schaffen!«, antwortet eine. »Selbst

Katja (der Rapportschreiberin) würde es nicht gelingen, auch sie muss mitmachen. Es ist ja eine Generalentlausung!«

»Ja«, sagt die junge Betrügerin mit einem Lächeln, »eine Generalentlausung.«

Vom Dach aus beobachtet sie die nackten Frauen, mit denen sie jetzt zusammen auf der Straße stehen sollte. Sie fragt sich, wie viele, von ihr abgesehen, ihr Glück versucht haben.

Sie sieht, wie die Nackten zurückkehren und über dem Bottich mit flüssigem Zyklon stehen bleiben. Jetzt sollte sie unter ihnen sein. Sie zieht schnell ihr Kleid an, steigt vom Dach und rennt fast durch das ganze Lager. Eine Kolonne nackter, ihre nassen Lumpen in den Händen haltender Frauen läuft gerade heraus. Ein schwarzgekleideter Jude unbestimmten Alters beobachtet sie hinter einer Barackenecke. Die junge Frau bleibt stehen, zieht, womit sie ihn in Verblüffung versetzt, mit schnellen Bewegungen ihre Sachen aus, wickelt sie in ihre Schürze ein, spuckt sich auf die Hand, befeuchtet mit dem Speichel ihr Haar, und schon ist sie mit ein paar Sprüngen unter den laufenden, vom stechenden Gasgeruch geblendeten Frauen.

Diese ersten Versuche führten später zu einem bestimmten System, sich vor der Entlausung zu drücken. Da die Menschen nicht gezählt wurden, blieb ein erheblicher Teil der Schwachen, Erkälteten und Alten in der Baracke, um auf die Kleidung der übrigen Frauen aufzupassen. Und diejenigen, die zur Entlausung gingen, taten es sozusagen als Repräsentantinnen.

Die Zeit der Generalentlausung ist eine Zeit, in der es möglich ist, sauber zu bleiben, wenn man es wirklich will, wenn man nächtliches Waschen in einer abgebrannten Gaskammer dem Ausschlafen vorzieht. Daher gibt es bereits Frauen, die sauber sind, die ihre Unterwäsche waschen und keine Läuse haben. Sie wissen den Schmutz zu vermeiden, sie wissen auf Sauberkeit zu achten, die im Lager ein Luxus ist.

Doch gleichzeitig bringt die Generalentlausung alles durcheinander. Die Läuse, durch Wasser und Gas aufgebläht, krabbeln über die auf den Boden geworfene Kleidung. Man kann sie nicht anziehen, denn sie ist nass. Die entlausten Frauen verlassen also nackt die Baracken und gehen an den Drahtzaun, wo sie, hin und her laufend, ihre Hemden und Kleider schwenken, von den Insekten befreien und trocknen.

Sie ahnen nicht, dass sich das Tor genau in dieser Zeit öffnet und Lodka ins Lager gebracht wird.

Der Blick der Gefassten umfängt all das, was sie seit dem Moment ihrer Flucht jede Nacht in quälenden Träumen gesehen hat. Und was sie nun wieder sieht: Überall, wo sie hinschaut, zieht sich der Stacheldraht hin. Es gibt nirgendwo einen Ausweg.

Sie betrachtet das Lager, das heute, am Tag der Generalentlausung, noch abstoßender wirkt als sonst. Überall Gruppen von nackten Gestalten, Berge von stinkenden, nassen Lumpen, herumlaufende Männer mit Gasmasken im Gesicht, Barackendächer, auf denen Dutzende von Frauen sitzen und die dunklen Fetzen ihrer trocknenden Kleider ausbreiten. Als hätte jemand Tabakblätter auf eine Schnur gefädelt, sie an allen Blocks aufgehängt und zwischen sie eine Menge haarloser Affen hineingelassen.

Es ist eine Welt, aus der sie, ihr Leben riskierend, ausgerissen ist. Es ist eine Welt, in die sie nicht mehr zurückkehren kann. Und in die sie nicht zurückkehren wird.

Sie geht ruhig und still.

Sie kneift die Augen zusammen, um nicht zu schauen, um nicht zu sehen, um die grenzenlose Freiheit, die in ihr wiedererwacht ist, nicht zu töten.

Es ist früh am Morgen. Der Appell ist vorbei. Der Lagerältesten Leo (einer Deutschen mit rotem Winkel und dem Äußeren eines männlichen Sportlers) will es nicht gelingen, die Kolonnen zu formieren, die außerhalb des Lagers arbeiten sollen. Die Frauen sind noch nicht angezogen. Viele durchschliefen die Nacht nackt, eingehüllt in die wenigen Decken, die direkt vor Ort begast wurden. Andere wurden zur Desinfektion mitgenommen, von wo sie noch nicht zurückgekehrt sind. Deshalb waren bei dem Appell die seltsamsten Gestalten zu sehen: nur mit Hemd und Schürze oder mit Hemd und Handtuch bekleidet. Oder ganz nackt und zu mehreren unter einer Bettdecke gekrümmt, die zuvor auf dem Boden gelegen und während der Begasung schmutzig geworden war. Selbst wenn jemand ein Kleid ergattert hatte, dann ein fremdes – und ohne die eigene Nummer hat man kein Recht, vors Tor zu gehen.

Es braucht viel Zeit, das den SS-Männern zu erklären, die schon heute, unmittelbar nach der Entlausung, die Gefangenen aufs Feld schicken wollen.

Es wird hell. Im Morgendunst erkennen die Augen der apathisch dastehenden Frauen einen länglichen Umriss am Stacheldraht; es sieht so aus, als ob dort ein Mensch läge.

Währenddessen wird herumerzählt, dass das Ergebnis der Appellzählung nicht stimme, weil letzte Nacht jemand durch das Fenster der *Zugangsbaracke* (Baracke für Neuzugänge) geflohen sei und man die Ausreißerin nicht finden könne.

Niemand nimmt sich diese Neuigkeit zu Herzen. Die naiven Fluchtversuche der Neulinge, die sich irgendwo in einer Ecke des Lagers, hinter einem Stapel von Schubkarren, in einem Fass oder in der Latrine verstecken, sind gut bekannt. Das sind harmlose Dinge, aber man muss so lange Appell stehen, bis die Versteckte sich findet.

Vom Tor her, entlang des Stacheldrahts, kommt eine

Gruppe von SS-Frauen in der Gesellschaft der Lagerältesten und steuert auf den dunklen Fleck zu, der am Fuß der mit Isolatoren bedeckten Betonmasten liegt. Sie beugen sich über die Gestalt und ziehen sie zur Seite; man sieht, wie sie sich langsam bewegt und aufsteht. In den länglichen Strahlen der aufgehenden Sonne glänzt Lodkas blondes Haar. Sie ist immer noch so gekleidet wie in dem Moment, als sie gefasst wurde – in einem Frühlingskostüm und einer bunten Bluse.

Von den SS-Frauen angetrieben, geht sie sehr langsam, ihre Bewegungen wirken steif, mechanisch.

Ein Stromschlag hat sie gelähmt – und die Begegnung mit dem Tod, dem sie sehr nahe gekommen ist.

Sie hat gerade noch so viel Kraft, zu Fuß das Krankenrevier zu erreichen, wo sie unter ärztlicher Aufsicht liegt, regelmäßig besucht von Josef Houstek-Erber, einem hohen Funktionär der politischen Abteilung, der aus ihr ein Geständnis darüber herausbekommen will, wie sie ihre Flucht organisiert und wo sie sich in der Nähe des Lagers versteckt habe. Da Lodka das Geständnis verweigert, wird sie zur politischen Abteilung von Birkenau gebracht, von wo sie nicht mehr in die Reihen der Lebenden zurückkehrt.

So ist die Freiheit. Manchmal ist sie aber auch anders.

Es bestehe die Hoffnung auf eine legale Freilassung aus dem Lager, die könne aber nicht früher als nach sechs Wochen Aufenthalt erfolgen: Diese Nachricht wird von den Frauen verbreitet, denen selbst von der Gestapo versichert wurde, für sechs Wochen in ein Konzentrationslager zu kommen.

Das Problem der Entlassungen interessiert allerdings nur die Neuzugänge. In den ersten Tagen ihres Aufenthalts im Lager reden sie viel darüber, fragen, nach welcher Zeit man entlassen werde und wer zuerst – die Kriminellen oder die Politischen. Doch die Frauen, die hier länger sind, antworten nur mit einem Lächeln und mit Schweigen. Hier gibt es keine Entlassungen. Es ist ein Vernichtungslager!

Das sagt man den Neuen nicht, aber nach einiger Zeit erraten sie es selbst und verstummen. Manchmal zählt eine die sechswöchigen Etappen ab und wartet nach jeder von ihnen gespannt auf eine Nachricht von der politischen Abteilung. Aber sie wartet vergeblich.

Mag sein, dass dieses Zählen ein wenig hilft, die Zeit totzuschlagen.

Doch der Frühling bringt auch in dieser Hinsicht eine Veränderung mit sich. Direkt vor dem Tor des Frauenlagers, auf einem Feld, das bisher als Generalappellplatz diente, tauchen Stapel von Brettern auf, aus denen schnell zwei große Baracken gebaut werden, die sich von den Baracken im Lager nicht nur durch ihre Größe, sondern auch durch ihr Aussehen und ihr Hygieneniveau unterscheiden. Man geht über eine Treppe hinein, wodurch sich drinnen kein Schlamm und keine Feuchtigkeit ansammeln. Diese Baracken haben große Fenster und sind in kleine Räume unterteilt. Unter den Gefangenen kursieren verschiedene Vermutungen, die meistens ziemlich pessimistisch sind. Einer zufolge werden hier die SS-Frauen einziehen, um auch nachts in der Nähe des Lagers zu sein, in das sie bis jetzt aus Auschwitz mit dem Fahrrad kommen mussten.

Stattdessen stellt sich heraus, dass in diesen schönen Baracken diejenigen Frauen eine Zeit in Quarantäne verbringen werden, die für die Freilassung vorgesehen sind.

Es fällt einem schwer, das zu glauben. Aber schon nach ein paar Tagen wird bekannt, dass die erste Gruppe von Frauen ausgerufen wurde, für die morgen die Quarantäne beginnen soll. Die Menge sucht sie, will sie mit eigenen Augen sehen, um sich zu überzeugen, dass es wahr ist. Sie findet sie. Die müden Gesichter werden von einem Lächeln erhellt, sie wollen die Auserwählten berühren, sie wollen für einen Moment in der Reichweite ihres Glücks sein. Es fallen Bitten und Adressen, viele Adressen, die die Entlassenen in den letzten Stunden auswendig lernen. Dann noch das Fiebermessen in der Ambulanz, ein Bad, nach dem sie wirklich frische Unterwäsche und Kleidung bekommen, und sie sind bereit. Sie gehen in Fünferreihen, verabschiedet vom Weinen und Winken der Frauen, die dableiben. Sie passieren das Tor, hinter dem die zwei großen Baracken mit ihren frischen Brettern locken – die Vorstufe der Freiheit.

Unter denen, die in die Quarantäne gehen, gibt es viele Deutsche und Jugoslawinnen, aber auch einige Polinnen. Unerwartet wird die Lagerälteste ausgerufen, die allgemein Leo genannt wird. Die langjährige Gefangene ist gerührt. Man nimmt ihr die elegante Kleidung weg, die sie aufgrund ihrer Funktion tragen durfte, und zieht ihr ein graues Leinenkleid an. Mit sehnsuchtsvollen Augen schaut sie in Richtung der hellen Baracken, die sich hinter dem Tor vor dem Hintergrund des sonnigen Himmels und der Felder erheben. Für die Quarantäne sind auch Greta, die Oberkapo des Paketlagerraums und der Brotkammer, und Martha, die Leiterin der Kantine des Frauenlagers, vorgesehen.

Nicht alle Deutschen haben Lust, in die Quarantäne zu gehen. Es gibt welche, die weinen und die Lagerverwaltung bitten, bleiben zu dürfen. Dieses anormale Verhalten weckt das Misstrauen der Polinnen in Bezug auf die versprochene Freiheit. Fast jede der Weggehenden gibt ihr Wort, dass sie einen Brief oder ein Paket ins Lager schicken werde, als Zeichen, dass sie zu Hause sei. Aber man wartet vergeblich. Die geheimnisvolle Freiheit, in die die Frauen gegangen sind, antwortet mit keiner einzigen Stimme.

Nach und nach gehen auch die Polinnen weg, von denen alle Frauen wissen, dass sie sie nicht enttäuschen und bestimmt benachrichtigen werden, falls sie wirklich frei sein sollten. Zofia Gromska, eine Lehrerin aus Schlesien, die einzige Polin im Lager, deren Nummer mit vierzehntausend beginnt – alle anderen Polinnen aus ihrem Transport sind gestorben, nur sie ist geblieben. Felicja Iwanowska, bekannt im Lager für ihre Energie und viele positive Charaktereigenschaften.

Die Frauen von der Quarantäne dürfen die Frauen aus dem Lager nicht sehen, außerdem verhindert das Tor jegliche Treffen. Eingeschlossen in den hellen Baracken, beobachten sie jeden Morgen und Abend die Kolonnen der Arbeiterinnen, die an ihren Fenstern vorbeigehen.

Sie arbeiten nicht, sie warten nur.

Sie können von dort aus sehr gut die Berge sehen, sie können die Züge sehen, die über die nahen Bahngleise fahren.

Nach einiger Zeit kehrt Felicja Iwanowska ins Lager zurück.

Auch die Deutschen kehren zurück: Leo, Martha, Greta und fast die Hälfte derer, die freigelassen werden sollten. Jetzt werden andere unter Quarantäne gestellt.

Nur ein Teil von ihnen ist wirklich weggefahren, und in dieser Gruppe befand sich auch die Lehrerin aus Schlesien. Es vergehen aber Wochen und Monate, und das versprochene Zeichen kommt nicht. Stattdessen kommt sie selbst.

Es stellt sich heraus, dass sie in ein Gefängnis in Kattowitz gebracht wurde, in dem sie schon einmal gewesen war, bevor sie zum ersten Mal nach Auschwitz kam. Diesmal wartete sie im Gefängnis zwei Monate auf weitere Vorfälle. Nach dieser Zeit wurde sie zu einer Gerichtsverhandlung vorgeladen, zu der auch ihre Eltern und ihr Ehemann kamen, um sie zu sehen. Nach langen Verhören wurde der Freispruch verkündet:

»Sie sind frei«, erklang es im Gerichtssaal.

Dann aber sprachen sich die anwesenden Gestapomänner gegen die Freilassung aus, und die junge Frau wurde – nachdem man ihr eine Stunde Zeit für ein Gespräch mit der Familie gegeben hatte – wieder nach Auschwitz gebracht, wo sie unter derselben Nummer wie zuvor registriert wurde.

Die hellen Quarantänebaracken glänzen in der Sonne, blenden mit der Reinheit ihrer Fenster und Wände; die Existenz der dort eingeschlossenen Frauen erinnert an das Leben in stillen Klöstern.

Davon, in eine dieser Baracken zu gelangen, träumt niemand mehr, trotzdem sind sie immer voll.

Manchmal kommt eine Kommission ins Lager, und bevor ihre Mitglieder das Tor von Birkenau betreten, schauen sie sich genau die Quarantäne an – ohne zu ahnen, dass sie nicht in die Freiheit führt.

FÜNFTES KAPITEL

Das SK

Manche der Frauen, die wegen eines Vergehens verurteilt wurden, kommen in das acht Kilometer entfernte Lager Budy, wo sie im SK (so die gängige Abkürzung für das Strafkommando) so lange arbeiten, bis die Zeit ihrer Verbannung abgelaufen ist.

Budy war ursprünglich ein Dorf, das für den Gebrauch des Lagers requiriert wurde. Von Stacheldraht umzäunt, von der Welt noch mehr als Birkenau isoliert, ist es sogar jener Möglichkeiten der Existenzgestaltung beraubt, die das Leben in einer großen Gemeinschaft bietet. Im Sommer 1942 zum Beispiel, als eine Polin während der Arbeit bei der Ernte flüchtete, wurde allen anderen erstmals die Haare abrasiert und sie selbst zum Aufenthalt in Budy verurteilt. Die Frauen arbeiten hier, indem sie bis zur Taille im Wasser stehen und in dieser Position Gras mähen und einsammeln.

Das Lager mit seinem hektischen Leben der ständig angetriebenen Menschenmenge bemerkt ihre Abwesenheit nicht. Ihr Verschwinden ist weniger schmerzhaft als das Weggehen der Verstorbenen, von denen man weiß, dass sie nicht zurückkehren werden. Die eintreffenden Transporte nehmen schnell den Platz der Verbannten ein und lassen die Erinnerung an sie verblassen. Irgendwann, manchmal, kehrt eine Gruppe der Vergessenen zurück und findet das Lager nicht mehr so vor, wie es zum Zeitpunkt ihres Weggangs war. Sie verschmilzt trotzdem mit der Menge und lebt in ihrer monotonen Tristesse weiter, nur dass sie inzwischen gut die Kunst beherrscht, durch nichts mehr aufzufallen.

Die Frauen, die aus Budy zurückkommen, sprechen nicht gern über ihren Aufenthalt dort. Sobald das Wort »Budy« fällt, reagieren sie auf die gleiche Art: Ihre Gesichter verdüstern sich, ihre Augen wenden sich ab, ein Ausdruck verbissener Ruhe zieht ihre Gesichtszüge zusammen. Sie schweigen. Ihr Blick auf die Welt ist geprägt von einem unwiderruflichen, fast zynischen Pessimismus – dermaßen sind sie von einer Traurigkeit des Verlustes erfüllt, so sinnlos erscheint ihren gequälten Augen das Leben. Es erweckt den Anschein, als hätte der Aufenthalt in Budy von ihren Seelen jegliches Vertrauen auf ein Morgen weggewischt. Viele von ihnen nehmen eine psychische Haltung ein, die sich so manifestiert, als würden sie ihr eigenes Leben und ihre Rolle darin gleichsam von der Seite, aus der Ferne beobachten. Sie können nicht glauben, dass das alles gerade ihnen passiert ist, dass sie selbst dieses fast willenlose Objekt geworden sind, das von einer Lawine unveränderbarer Ereignisse mitgerissen wird. Ihr Pessimismus ist die Folge des Selbstschutzes ihres Geistes, der, um weiterhin die Kräfte in sich zu finden, die für immer neue Katastrophen benötigt werden, mit ruhelosen Gedanken alle schlechten Eventualitäten errät und sich darauf vorbereitet, ihnen entgegenzutreten. Das bewirkt, dass sie in jeder neuen Situation nur den schlechtesten Ausgang vermuten, dass sie jede optimistische Äußerung mit einem sarkastischen Lächeln begrüßen. Sie werden dazu durch die Angst vor einer weiteren Enttäuschung, einer neuen schlechten Erfahrung, einem endgültigen Glaubensverlust getrieben.

Im Frühjahr 1943 wurde das Strafkommando von Budy nach Birkenau verlegt. Zwischen den Baracken erschien eine neue Kolonne von Frauen: Alle sind ununterbrochen über eine schwere Arbeit gebeugt, und am Rücken jeder von ihnen, direkt zwischen den Schulterblättern, leuchtet vor dem Hintergrund des grauen Kleids ein roter Kreis.

Es sind nicht sehr viele. Aber solange das SK in Budy war, schien seine Existenz der Lagerverwaltung kaum bewusst zu sein, sodass die Verurteilten nur im Fall von außergewöhnlich schweren Vergehen dorthin geschickt wurden. Jetzt allerdings, da es sich in Birkenau befindet, da die roten Kreise jedem ins Auge springen, da diese Gruppe in Block 25 (dem ehemaligen Todesblock) mit seinen vielen freien Plätzen untergebracht wurde, beginnt das SK, sich zu füllen. Man spürt, dass die SS-Männer einen klaren Befehl bekommen haben, die verlassene Baracke schnell zu besiedeln. Das kleinste Vergehen, das bisher im allgemeinen Chaos übersehen werden konnte, wird nun der Oberaufseherin Mandl gemeldet und als Grund für eine Anklage angesehen. An verschiedenen Stellen des Lagers tauchen der Rapportführer Taube und die Aufseherinnen Drechsler, Hasse und Milan auf, um die Gefangenen zu überraschen und ihnen nachzuspüren.

Ein Mädchen, das sich aus den Fetzen eines zerrissenen Kleids zwei Taschen gemacht und diese an ihre Lagerjacke genäht hat, wird wegen Sabotage zur Strafarbeit verurteilt.

Eine alte Frau, die im Männerlager einen erwachsenen Sohn hat, wagt es, einen illegalen Brief (also einen, der nicht durch die Lagerzensur geht) an ihre Familie zu schreiben und zu schicken. Der Brief wird abgefangen, die alte Frau in den Block 25 verlegt.

Eine der Frauen, die bereits einen zweijährigen Aufenthalt im Lager hinter sich haben, entdeckt in einer Gruppe von Männern ihren Ehemann, der vor einigen Tagen eingeliefert wurde. Sie tauscht mit ihm ein paar Worte, ohne zu bemerken, dass Taube bereits herbeiläuft, um beide zusammenzuschlagen und zum SK zu verurteilen.

Ein junges Mädchen, das in seiner Baracke Dienst als Nachtwache hat, holt einen Zettel hervor, den es am Vortag aus dem Männerlager bekommen hat, und beginnt, ihn bei

Kerzenschein zu beantworten. In dieser Nacht kontrolliert die Aufseherin Hasse das Lager, und schon am nächsten Morgen marschiert die Täterin in den Reihen derjenigen, die mit einem roten Kreis gekennzeichnet sind.

Solche »Verbrechen« werden jeden Tag von allen Frauen begangen. Nach nationalsozialistischen Kriterien haben sie also längst lebenslange Haftstrafen, dauerhafte Arbeiten im SK, vielleicht sogar den Tod verdient. Sie wissen es. Bestraft werden aber nur diejenigen, die kein Glück hatten und von der SS gefasst wurden.

In diesem schwersten Kommando sind die Polinnen, die man versuchte, auf dem Weg vom Pawiak-Gefängnis nach Auschwitz zu befreien.

Hier fand sich auch eine Hellblonde wieder, die als erste Polin im Sommer 1942 aus dem Lager geflohen war. Sie war zehn Monate frei, und nun, festgenommen und mit einem roten Kreis markiert, lebt sie mit den anderen in Block 25.

Niemand kann dem Schicksal entgehen, das er mit sich trägt. Im Lager soll man entweder sterben, indem man sich strikt an alle Verbote hält, oder sich ständig eine Bestrafung einhandeln, indem man gegen sie verstößt. Jeder Versuch, das eigene Leben zu retten, kann einen leicht ins SK führen.

Es ist eine Zeit ungewöhnlichen Hungers. Seitdem die Pakete eintreffen, haben die Lagerbehörden die knappen Brotrationen noch weiter reduziert. Dabei kann sich nur ein kleiner Prozentsatz der Häftlinge von dem ernähren, was von außen geschickt wird. Die meisten sind auf die Lagerrationen angewiesen, die nicht ausreichen. Der Hunger zwingt die Menschen, erfinderisch zu sein. Jeden Abend, bis spät in die Nacht hinein, kann man Gestalten sehen, die geduldig im Schatten der Küchenbaracke stehen und auf einen günstigen Moment warten. Manchmal läuft von dort eine Bekannte heraus, die als Köchin oder beim Kartoffelschälen arbeitet, und bringt ein paar rohe Kartoffeln. Es fahren Lastwagen vor, die vor die Küche einen Haufen Kartoffeln oder Steckrüben werfen. Dann steht zwar in der hell erleuchteten Tür der Küchenchef, der die Arbeiterinnen beaufsichtigt, aber wenn er für einen Moment wegschaut oder weggeht, tauchen sofort aus der Dunkelheit mehrere Frauengestalten auf, wie eine Schar hungriger Vögel. Sie graben mit ihren Fingern die Kartoffeln aus dem Schlamm und dem schwarzen Kies heraus, sammeln sie in einer Schüssel, einer Schürze oder einem Kopftuch ein und fliehen mit ihnen in den Schatten der Baracken.

Sie laufen durch den tiefsten Schlamm, damit der sie jagende SS-Mann die Verfolgung aufgibt. Es kommt dennoch oft vor, dass er eine Gefangene einholt und so lange schlägt, bis sie den letzten Atemzug von sich gibt. Oder dass er sie misshandelt, indem er sie unzählige Male hochhebt, in einen Graben wirft und anschließend auffordert, von dort sofort herauszuklettern. Er tut es, um ein abschreckendes Beispiel zu geben und sich seine Arbeit zu erleichtern. Manchmal aber gelingt es einer Fliehenden, die Wachsamkeit des SS-Manns zu täuschen; sie springt dann in den Schatten der Nacht oder zwischen die Frauengruppen, um schließlich mit einem Bündel Kartoffeln in den Händen keuchend in ihre Baracke hereinzustürzen.

Erst jetzt beginnen aber die Probleme: Man braucht einen Topf, Wasser, Brennholz und etwas Platz auf dem Herd. Es ist schon Mitternacht, manchmal sogar zwei Uhr nachts, als die Kartoffeln endlich gar sind. Wenn die Frauen zu lange auf einen Platz im Block warten müssen oder nichts haben, womit sie die Nachtwachen bestechen könnten, die für jeden gekochten Topf eine Gebühr verlangen, kommt es sehr oft vor, dass sie im Schatten oder gar in einer von den Latrinenbaracken ein paar Steine aufstellen und so ihren eigenen

Herd errichten. Es ist die gefährlichste Art zu kochen, denn ein Feuer, das nachts im Lager brennt, kann schnell entdeckt werden, doch der Hunger ist stärker als der Verstand. Wenn man nichts zu essen hat, leidet man oft schwer, aber passiv. Wenn man hingegen etwas hat, was man kochen, was man in einer Minute essen könnte, meldet sich der Hunger mit plötzlicher Kraft, zerrt und saugt an den Eingeweiden, lässt sich nicht unterdrücken. Alle Hindernisse scheinen leicht überwindbar zu sein, alle vernünftigen Argumente werden ins Halbdunkel der Unaufmerksamkeit gerückt. Es gibt einen natürlichen Willensdrang des Organismus, der sich in einem kurzen, pausenlos ausgesprochenen »ich will« ausdrückt. Je vitaler ein Mensch ist, desto stärker erliegt er seinem Instinkt. Das »hungrige Tier« verlangt, dass sein größtes Bedürfnis befriedigt wird, und der Mensch findet in sich die Kraft und die Erfindungsgabe, die in diesem Moment benötigt werden.

Nachts brennen also da und dort Feuer, und die Hungrigen kochen ihr ärmliches Mahl. Manchmal passiert es aber, dass das Tor sich leicht öffnet und ins Lager mehrere SS-Frauen in schwarzen Umhängen und tiefen Kapuzen hereinkommen. Wer sie rechtzeitig bemerkt, der flieht, seinen kostbaren Topf mit dem halbgekochten Essen davontragend. Einmal ertappte die Aufseherin Bormann, der Schrecken des Lagers, eine alte Frau, die mit einem dampfenden Topf voller Kartoffeln wegrannte. Sie rief sie herbei und als die Ertappte näherkam, sich krümmend und verzweifelt bemüht, einen Schlag zu vermeiden, streckte die Aufseherin die Hand aus, um unter den Deckel zu schauen. In dem Moment reichte ihr die Alte den heißen, randvollen Topf, drehte sich blitzschnell um, und bevor Bormann die Situation erkannte, lief sie in eine der Baracken hinein und verschwand in der Menge der gestreiften Gestalten.

Nicht alle haben aber so viel Glück. Es kommt manchmal

vor, dass die schwarzen Umhänge ganz leise über den Kochenden stehen bleiben, bevor diese imstande sind, sich in Bewegung zu setzen. Dann schlagen und treten sie so lange um sich, bis von den heißen Töpfen und den Feuerstellen nichts mehr übrigbleibt, und, was am schlimmsten ist, sie notieren sich die Nummern der Erwischten. Nach einiger Zeit findet ein Verhör bei der Oberaufseherin Mandl statt, und die Frauen werden beschuldigt: 1) Lebensmittel aus der Küche zu stehlen, 2) Holz im Lager zu »organisieren«, was einer Sabotage gleichkommt, und 3) die im Lager geltenden Vorschriften zu verletzen. Wenn es die erste Bestrafung einer Gefangenen ist, wird sie in einem so schwerwiegenden Fall zu zwei Jahren SK verurteilt. Wenn sie schon mal bestraft worden ist, wartet lebenslange Strafarbeit auf sie.

Angesichts dieser großen Gefahren, die das nächtliche Kochen mit sich bringt, suchen die Frauen nach anderen Möglichkeiten, an Essen zu kommen. Wenn sie etwas haben, bringen sie es denjenigen, die bereit sind, ihre Portion Brot gegen andere Dinge zu tauschen. Jeden Abend, vom Ende des Appells bis zu den Pfiffen zur Nachtruhe, schlendern die Anhängerinnen des Tauschhandels zwischen den Blocks, ihre bescheidenen Waren vor sich hin tragend und sie in den verschiedensten Sprachen feilbietend. Brot, Brot! Das ist in dieser Zeit das Ziel aller Bemühungen. Es ist Frühling, die Tage werden länger, die Luft und der überstandene Typhus regen den Appetit an. Wer etwas hat, gibt es für eine Portion Brot her. Frauen, die Lebensmittelmarken erhalten, kaufen dafür die in der Kantine erhältlichen Artikel und tauschen sie mit denjenigen, die keine Marken haben. Leider gibt es mehr von denen, die auf der Suche nach Brot sind, als von denen, die es hergeben wollen. So passiert es manchmal, dass eine Gefangene, die ein kleines, aber feines Paket voller guter Sachen bekommen hat, davon nichts für sich behält, sondern alles einer Kranken gibt – im Tausch gegen ein paar Portionen Schwarzbrot, mit dem sie sich für die harte Arbeit, die sie verrichtet, den Magen vollstopfen muss.

Nicht alle jedoch haben solche Sachen zum Tauschen wie die Delikatessen, die in den Paketen geschickt werden. Die meisten wandern von Block zu Block mit ihrer abendlichen Scheibe Wurst in der Hand.

Es ist so einfach, wochenlang die kleine Ergänzung zum Brot nicht zu essen, ihren Geschmack nicht zu kennen, sie nur zu riechen und anzusehen.

Es ist so einfach, mit dem winzigen Stück Wurst durch den Schlamm zu waten und dabei an die plötzlichen Magenkrämpfe nicht zu denken und das Zittern der Hand, die diesen kleinen Bissen zum Mund führen will, zu beherrschen. Denn vielleicht findet sich doch jemand, der sein Stück Brot für die Wurst hergeben möchte?

Hauptlieferantinnen von illegalem Brot sind naturgemäß die Arbeiterinnen der Brotkammer. Ihr geschicktes »Organisieren« befriedigt aber die Bedürfnisse von nur einem kleinen Prozentsatz der Hungernden. Sie sind also die letzte Hoffnung aller, die auf der Suche sind. Dabei setzt der Hunger den Frauen immer noch weniger zu als den Männern. Die tägliche Portion, nach der eine Frau allmählich ihre Kräfte verliert, kann natürlich einen Mann umso weniger ernähren. Man sieht es an den abgemagerten Gestalten und den eingefallenen, veränderten Gesichtern, am wilden Blick der von Schatten umrandeten Augen, die ungesund glänzen oder infolge völliger Entkräftung matt und gleichgültig wirken. Die Wahrscheinlichkeit einer illegalen Beschaffung von Nahrungsmitteln ist im Männerlager minimal. Die Frage der Brotversorgung wird dort ganz anders gelöst. Die Männer haben kein internes Magazin, es gibt daher keine Reserven, auf die sie zurückgreifen können. Es bleiben ihnen nur die

Rinden und Krümel, die sie bei einem Brottransport auftreiben. Doch die können schon zwanzigtausend Frauen nicht ernähren, wie sollten sie es dann bei etwa hunderttausend Männern schaffen? Der Hunger bewirkt also, dass mancher bereit ist, sich auf eine riskante Situation einzulassen, was fatal enden kann.

Über die Straße, die aus dem Lebensmittelmagazin führt, das sich auf einem umzäunten Streifen zwischen dem Frauen- und dem Männerlager befindet, fährt ein mit Brot beladener Wagen. Es passen fünfhundert Ein-Kilo-Brote drauf, aber die Zahl stimmt nicht immer exakt – manchmal gibt es zu viele und manchmal fehlen welche, was später irgendwie ausgeglichen wird. Das ermöglicht den Gefangenen, Brotlaibe vom Wagen zu klauen. Acht junge Arbeiterinnen schieben mit der ganzen Kraft ihrer Arme den quietschenden Zweiradwagen über die Schlaglöcher des Lagers, zwei weitere ziehen an der Deichsel. Auf einmal streckt sich von der Seite die Hand eines an der Straße arbeitenden Mannes aus und greift nach einem Brotlaib. Keine der Frauen hat ein Wort gesagt oder sich gerührt, es scheint, als ob keine es gesehen hätte. Und er schnappt sich ein weiteres Brot, versteckt es unter seiner Jacke und flieht hinter die Baracken.

Gegenüber der Brotkammer, in einer hölzernen Trennwand, befindet sich ein kleines Fenster, das zur Ausgabe von Paketen dient. Man kann dadurch alles sehen, was auf der Straße passiert. An diesem Tag sitzt im Fenster die Aufseherin Milan. Als der Wagen vorfährt, steht sie bereits mit einem fertigen Beschluss in der Tür: Alle Arbeiterinnen der Brotkammer sollen ab morgen aufs Feld gehen, deren Stelle werden neue einnehmen.

Der Wechsel wirkt sich schmerzlich auf die Verfassung der hungernden Frauen aus. Die Neuen, die nur die Arbeit auf dem Feld kennen, wissen noch nicht, wie man im Lager »organisiert«, außerdem haben sie Angst vor der Aufseherin Milan und wollen das Schicksal ihrer Vorgängerinnen vermeiden. Es wird mindestens ein Monat vergehen, bis sie wenigstens die Hälfte der »Norm« der früheren Arbeiterinnen schaffen.

Eine wichtige Lieferquelle ist also weg. Es bleiben die Block- und Stubenältesten, die immer genug Brot durch das Verringern der Tagesrationen haben. Es hat sich unter ihnen eingebürgert, von jedem Kilo zwei dicke Scheiben für sich zu behalten. Ein Laib wird in vier Portionen aufgeteilt, als Tagesration für vier Menschen. Wenn in einem Block 1200 Frauen wohnen (der Durchschnitt in einem Backsteinblock in dieser Zeit) und die Blockälteste je zwei Scheiben von den dreihundert Broten einbehält, die pro Block gerechnet werden, hat sie jeden Abend sechshundert Scheiben. Das reicht für sie und die Stubenältesten aus. Für alles zahlen sie mit diesem geschnittenen Brot, und es macht sie nicht im Geringsten verlegen, dass seine Herkunft allgemein bekannt ist.

Doch es ist schwierig, ihnen etwas davon abzukaufen. Sie wollen keine Lagerwurst oder Margarine, weil sie beides täglich in ausreichender Menge bekommen, und zwar auf ähnliche Weise wie das Brot. Sie kaufen gern Lebensmittel aus den privaten Paketen, Unterwäsche aus den Lagerräumen in Auschwitz oder aus Effingers Magazinen. Sie wollen auch Kartoffeln, weil sie aufgrund ihrer Funktion nicht selbst vor die Küche gehen können. Das ist eine sehr günstige Situation, denn so kann man alle gestohlenen Kartoffeln an die Stubenältesten eines der vielen Blocks verkaufen und sich dann endlich den Mund mit frischem Brot vollstopfen, den unangenehmen Gedanken von sich weisend, dass diese Brotscheiben den Gefangenen gestohlen wurden.

Der Handel wird geahndet und genauso wie Kochen und andere Verbrechen bestraft, aber er breitet sich im Lager trotzdem immer mehr aus, bis er irgendwann richtig floriert. Für viele ist es der einzige Weg, am Leben zu bleiben.

Wenn eine Gefangene nichts zu verkaufen hat und nirgendwo etwas zu essen auftreiben kann, dann verlässt sie gelegentlich ihre Baracke und, von Hunger und Unruhe getrieben, läuft vor sich hin, nach Rat in sich selbst und in der Umgebung suchend. Manchmal begegnet sie dabei Stubenältesten, die keine Lust haben, die Kessel mit dem abendlichen Kaffee zu schleppen. Sie geht ihnen zur Hand und verdient sich auf diese Weise etwas Brot oder Suppe.

Und manchmal begegnet sie niemandem und geht allein durch das fast leer gewordene Lager. Sie atmet die weiche Frühlingsluft ein und betrachtet die Sternkonstellationen, die vom dunklen Himmel hinunterblicken und von der Vergänglichkeit dessen erzählen, über dem sie seit eh und je leuchten, was unter ihnen, auf der Erde, seit Jahrhunderten passiert.

Irgendwo hinter der um diese Zeit verlassenen Küche schleichen düstere Bettlergestalten herum, die jetzt ungehindert den dortigen Müllhaufen durchsuchen können, auf dem weggeworfene Schalen, angefaulte Kartoffeln und Knochen liegen. Sie suchen die besseren Stücke heraus und füllen die mitgebrachten Taschen damit. Sie werden versuchen, die Kartoffeln in der Nacht zu kochen und die Knochen mit aufs Feld zu nehmen, um dort gierig, bis zum letzten Tropfen, das Mark aus ihnen zu saugen – es sei denn, ein SS-Mann reißt sie ihnen aus der Hand und wirft sie mit einer höhnischen Bemerkung weg.

Ein Schauer der Angst läuft einem über den Rücken, und man hat den stillen Wunsch, es möge kein Tag kommen, an dem die innere Bremse nicht mehr in der Lage wäre, einen davon abzuhalten, auf diesen Müllhaufen zu gehen und dort nach Abfällen zu wühlen.

Neben dem Beschaffen von Essen gibt es noch viele andere Dinge, für die man an den Frühlingsabenden Zeit findet. Zwar schrillen die Pfiffe zur Nachtruhe recht früh und die Blockältesten zwingen die Gefangenen, schlafen zu gehen, aber es ist noch lange hell, und man kann sich unbemerkt aus dem Block schleichen. Man kann sich waschen. Von einer abgebrannten Gaskammer sind nur die Wände mit schweren Türen, ohne Dach und Decke, übrig geblieben. Die Kanalisationsanlage wurde aber nicht beschädigt, und aus zwei Hähnen kommt Wasser. Hier ist das schönste, konspirative Badezimmer entstanden, in dem sich bis zur späten Stunde nackte Frauen waschen. Die frische Luft, der Duft von Seife, das Plätschern von Wasser und die Wände der vergessenen Ruine, die einen vor den Augen der SS-Männer schützen, machen den Reiz dieses Ortes aus. Für die Freude, die man angesichts der eigenen Sauberkeit empfindet, lohnt es sich, auf einen Teil der Nachtruhe zu verzichten.

Es gibt aber noch andere Gründe, weshalb eine von der ganztägigen Arbeit erschöpfte Gefangene bereit ist, nicht zu schlafen.

Auf der Südseite des Stacheldrahts gibt es einen Streifen Wiese, auf der sich üppiges Grün wiegt und die nach Kräutern und Wind riecht. Der Frühling kommt wie ein uferloses Meer, wie ein Ozean des erwachenden Lebens bis hierher, bis an die Schwelle dieser Stadt des Todes. Er spricht am stärksten diejenigen an, die niemals das Lager verlassen, die nicht aufs Feld gehen, die seit Langem nur zwischen den Baracken leben. Er ruft sie.

Am Rande der Wiese, direkt hinter dem Stacheldraht, blüht eine gelbe Iris. Sie hat ihre zarten Blütenblätter geöffnet und ihre weichen Härchen gezeigt. Die Frauen kommen hierher, setzen sich an den Hang des Wassergrabens, stützen die Köpfe mit den Händen ab und schauen hin. Sie überwinden mit ihren Gedanken die Drähte, hinter denen eine riesige freie Fläche zu sehen ist. Es ist so schwer, sich dessen ein für alle Mal bewusst zu werden, dass hier, wo sie sind, und dort, wo die gelbe Blume wächst, zwei verschiedene Welten sind. Manchmal ist es schon sehr dunkel geworden, und die Frauen gehen immer noch nicht. Eine tiefe Ruhe strömt von den Feldern und Wiesen her und nimmt die vom Lager erschöpften Wesen in ihren Besitz. Sie verlieren die kostbaren Schlafstunden, aber sie finden ihr Gleichgewicht wieder, das ihnen helfen wird, dem morgigen Tag mit neuer Entschlossenheit, vielleicht sogar mit Heiterkeit zu begegnen.

Dieses Privileg eines freien Abends steht nicht den Frauen zu, die eine zusätzliche Strafe bekommen haben.

Wenn eine von ihnen ins SK geraten ist, wird sie, obwohl sie sich im selben Lager befindet, vom Strom des hiesigen Lebens völlig abgeschnitten. Sobald sich das Tor des Blocks 25 hinter ihr schließt – früher hat es sich nur hinter den zum Tode Verurteilten geschlossen –, kann sie sich erst dann wieder frei bewegen, wenn sie ihre Strafe verbüßt hat.

Die Frauen mit dem roten Kreis am Rücken laufen nicht einzeln im Lager herum. Ihr Tag unterscheidet sich auch vom Tag der anderen. Sie sind niemals allein. Sogar in die Latrine, sogar zum Waschen gehen sie zusammen – in Fünferreihen aufgestellt und unter der strengen Aufsicht von Blockführer Ruiters und mehreren SS-Frauen. Sie sind völlig getrennt von den Frauen, die nicht im SK sind, denen wiederum verboten ist, mit ihnen in Berührung zu kommen, sie anzusprechen, etwas für sie zu erledigen oder ihnen etwas zu geben. Die Frauen aus dem SK verbringen ihre Mittagspause in Block 25, der von einer hohen Backsteinmauer umgeben ist. Dort werden sie auch sofort nach Beendigung der Arbeit eingeschlossen; sogar ihr Appell findet innerhalb der Mauern statt.

Abends, wenn das ganze Lager vor Lärm und Hektik

dröhnt, wenn ein Leben beginnt, das ein schwacher Ersatz des normalen ist, wenn der Tauschhandel, das Beschaffen von Lebensmitteln, die Krankenbesuche und die Suche nach Verwandten in anderen Baracken beginnen, sind die Frauen vom SK bereits in ihrem Gefängnis eingesperrt.

Sie werden kein Stück Brot für den nächsten Tag auftreiben, sie werden ihre Mütter oder Schwestern nicht besuchen. Und sie werden sich nicht von dem ganzen hektischen Tag erholen, nachdem sie in der nächtlichen Stunde einen Moment der Einsamkeit außerhalb der Baracken gefunden haben.

In dieser Zeit wird das SK bei einer primitiven Entwässerung beschäftigt. Den ganzen Mai über regnet es, und Birkenau versinkt in Pfützen von der Größe eines Teichs. Es hat keinen Sinn, Steine, Ziegel und Bretter in den Schlamm zu werfen. Der aufgeweichte Boden saugt alles in sich auf, und das Wasser steigt noch weiter nach oben.

Man könnte meinen, dass die schweren Wolken, die immer tiefer herabsteigen, einen Bund mit dem ununterbrochen schwappenden Schlamm geschlossen haben und diesen verdammten Ort verschlingen wollen. Das Wasser steigt immer höher, dringt in die Baracken ein, der Schlamm beklebt die Beine bis über die Knie, verfolgt den Menschen überall hin, an den Arbeitsplatz, auf die Pritsche. Eine schwere Decke aus Nieselregen und Wolken drückt die Rauchsäule nieder, die über dem hohen Krematorienschornstein bricht und in dichten Schwaden zu Boden fällt.

An einem solchen Tag hat niemand trockene Füße, außer den SS-Frauen und ein paar Köchinnen, die Gummistiefel tragen. In diesem Frühjahr gehen die Kolonnen wegen des langanhaltenden Regens nicht aufs Feld. Die Baracken sind voll von Menschen, die sich auf ihren Pritschen zusammenkauern und versuchen, ihre Schuhe und Kleidung nach dem Morgenappell zu trocknen. Niemand geht in diese Fluten hinaus, die jeden Block umgeben und weiterhin von oben herabströmen. Nur die Frauen aus dem SK haben ihre Arbeit nicht unterbrochen. Völlig durchnässt, mit Wasserbächen, die ihnen über das Gesicht und den ganzen Körper fließen, laufen sie unentwegt mit gleichmäßigen Schritten hin und her und schleppen etwas auf den Tragen – die einen Steine, die anderen Kies, noch andere Sand. Der Rest hebt schmale, tiefe Rillen aus, die als Abwasserkanäle dienen sollen. In diese Rillen werden Steine, Ziegel und Kies hineingeworfen und mit Erde zugeschüttet. Im menschenleeren Lager, wo nur das Schwappen des Regens und die plötzlichen Windstöße zu hören sind, ertönt der hartnäckige Schrei einer SS-Frau:

»Los! Weiter! Bewegung!«

Vielleicht wiederholt er sich jede Minute, vielleicht auch jede halbe Stunde. Den Frauen aber, die barfuß im Schlamm stehen, scheint es, dass sie ihn sehr oft hören, fast ununterbrochen. Ihre Beine werden rot und schmerzen vor Kälte, und die Zeit scheint stehen geblieben zu sein. Es ist kein Ende in Sicht, keine Veränderung, der Morgen ist genauso wie der Mittag, das Gestern geht unmerklich ins Heute über, das genauso eintönig mit dem Regen auf den Schlamm einschlägt. Der Hunger zerreißt die Eingeweide und lässt die Kälte im ganzen Körper noch schlimmer werden.

Der Brotwagen kommt, knirschend und in tiefen Pfützen stecken bleibend, nur mühsam voran. Das Lager muss aber Brot haben, trotz des schlechten Wetters. Die Arbeiterinnen, die den Wagen schieben, werden andauernd mit Schlamm bespritzt; er beschmutzt ihre Gesichter, gerät in ihre Augen. Der Wagen fällt ständig in die Schlaglöcher hinein und bleibt stehen. Von den Frauen gezerrt und hochgezogen, fährt er wieder los, um dann erneut abrupt stehen zu bleiben, wodurch mehrere Brote hinabrutschen. Zwischen den Mitarbeiterinnen der Brotkammer und dem SK besteht ein stilles Bündnis.

»Ich weiß nicht, ob ich morgen nicht genauso um Brot betteln werde, wie sie es heute tun«, sagen die Mädchen von der Brotkammer und lassen keine Gelegenheit aus, den Hungrigen etwas zuzustecken.

Das SK arbeitet zwischen Block 16, aus dem der betörende Geruch des frischen Brotes strömt, und Block 12, wo die ersten Proben eines weiblichen Orchesters stattfinden. Die Brotlaibe fliegen durch die Luft; je zwei auf einmal von Hand zu Hand geworfen, fallen sie geräuschvoll in die Regale. Aus dem Block 12 erklingen die Töne der vom Orchester gespielten Märsche. Und währenddessen ertönt über den vor Anstrengung gebeugten Frauen vom SK das ununterbrochene *»Los, Bewegung!«*, das ihnen nicht weniger zusetzt als Regen und Wind.

Die Deutschen, von denen es im SK viele gibt, besetzen als erste die Plätze, die möglichst nahe an der Brotkammer sind, um schneller die Brotstücke zu fangen, die auf den Boden fliegen. Doch die Arbeiterinnen der Brotkammer verlangen von ihnen eine gerechte Verteilung. Es entsteht eine strenge »Gemeinschaft des Elends« zwischen den Frauen verschiedener Nationalitäten, deren Hände sich mit dem gleichen Zittern nach Brot ausstrecken.

Die Mädchen von der Brotkammer riskieren viel. Man kann aber einem Menschen, in dessen Augen man brennenden Hunger sieht, nicht ein Stück Brot verweigern. Wenn der Wagen über die Straße fährt, schieben sie manchmal unmerklich einen Brotlaib neben einer Frau hinunter, die mit ihrer Schaufel den Schlamm unter den Füßen der Vorbeigehenden wegräumt, oder sie werfen in eine der frisch ausgehobenen Rillen eine unerwartete Gabe. Sie »organisieren« immer effizienter. Und sie können das Brot auf verschiedene

Weise unter ihren Jacken verstecken: auf dem Rücken, an der Seite oder an der Brust. Manchmal tragen sie einen Eimer Müll hinaus, auf dessen Boden zwei Brotlaibe liegen. Das Wegwerfen von Säcken voller Papiere von den zugesandten Paketen ist ebenfalls eine ausgezeichnete Gelegenheit zum »Organisieren«. Ein Paket, das man von zu Hause bekommt und in der angrenzenden Paketkammer abholt, ist auch oft ein Ort, an dem sich ein Laib Brot verstecken lässt. All diese Methoden sind jedoch riskant, und sie ziehen bald einen Verdacht und eine Durchsuchung nach sich. Doch die Not bewirkt, dass das System perfektioniert, die List geschärft und die Fähigkeit, Gelegenheiten richtig zu nutzen, weiterentwickelt wird.

Nach der Liquidierung von Effingers Entwesungskammer bekommen die Mädchen von der Brotkammer eigene Arbeitsanzüge. Diese Kleidung macht ihre Aktionen viel einfacher. In die beiden Taschen zwischen den Stofffalten passen leicht zwei Portionen. Man kann das Magazin mehrmals täglich mit vollen Taschen verlassen.

Die sicherste Methode aber, die gar keinen Verdacht aufkommen lässt, ist die folgende: Jede Arbeiterin trägt unter dem Arbeitsanzug einen elastischen Gurt, der speziell für diesen Zweck besorgt wurde. Wenn sie auf dem Boden kniet und das Brot in den Regalen stapelt, schiebt sie den flachsten Laib beiseite. In dem Moment, in dem die Kapo nicht hinsieht, drückt sie ihn unter den Gurt, macht den Anzug schnell zu und arbeitet weiter. Die Mädchen sind schlank. Das schärfste Auge kann die Deformation der Figur nicht erkennen – die Seitentaschen, mit etwas anderem ausgestopft, gleichen es aus. Auf diese Weise kann man mit einem Brotlaib am Bauch frei herumgehen, sich mit den SS-Männern unterhalten und noch lange arbeiten. Man soll sich nur möglichst nicht bücken.

Einmal wurde einer der Arbeiterinnen, die bereits ein Brot unter ihrem Gurt hatte, befohlen, den Wagen ins Hauptmagazin zwischen dem Frauen- und dem Männerlager zu bringen. Eine schwierige Situation: Man kann sich nicht zurückziehen, wenn eine SS-Frau dasteht und schaut. Und der Weg in beide Richtungen beträgt circa einen halben Kilometer. Die Ausgewählte ergriff mit verzweifelter Entschlossenheit die Deichsel und ging weg. Nach fünfzehn Minuten kam sie glücklich zurück – der Brotlaib war ihr nicht rausgefallen.

Wie die Kängurumütter ihre Kinder, so tragen die Arbeiterinnen der Brotkammer die Laibe, auf die ihre hungrigen Mitgefangenen warten.

Dieser planmäßige Diebstahl muss natürlich mit enormen Defiziten im Magazin enden – und so endet er in der Tat. Dazu muss man allerdings sagen, dass das Brot, das aus dem Magazin geklaut wird, aus den Überschüssen stammt, die sonst als Vorrat dablieben, und dass das gewagteste »Organisieren« niemals auf Kosten der Gefangenen stattfindet. Jeden Morgen bekommt eine Blockälteste die Anzahl von Broten zugeteilt, die den Angaben im Appellbuch entsprechen. Das, was die Arbeiterinnen zur Seite schaffen, ist zwar nur ein Tropfen im Ozean des Hungers, aber es erhöht die Menge Lebensmittel, die unter die Gefangenen geht.

Eines Tages ordnete der Leiter des Hauptmagazins eine Inventur an. Und es stellte sich heraus, dass im Frauenmagazin zweitausend Kilogramm fehlten.

Wenn diese Nachricht an die Lagerverwaltung gelangt wäre, hätten nicht nur die Arbeiterinnen, sondern auch ihre Vorgesetzten die schwersten Strafen bekommen. Der Leiter zog es also vor, die Sache ruhen zu lassen und die Inventur neu zu beginnen.

Seit diesem Tag »organisieren« die Frauen noch mutiger, nur denken sie daran, möglichst oft die Bezeichnungen

»schimmlig«, »zerkrümelt« oder »von Mäusen und Ratten gefressen« anzuwenden. Die Unordnung, die in der Buchhaltung der betrunkenen SS-Männer herrscht, lässt es ohne Weiteres zu.

Die ganze Anstrengung der jungen »Organisatorinnen« ist dennoch nicht imstande, die Hungrigen satt zu machen.

Eine beunruhigende Welle von Hunger setzt ein, mal in Gestalt von dreisten Ukrainerinnen, die plötzlich als eine ganze Gruppe auftauchen und sich auf den Wagen der Brotkammer stürzen, mal in Gestalt von Jüdinnen, die sich ungeschickt anschleichen und die seltsamsten Dinge im Tausch gegen das Brot anbieten.

Im Lager herrscht Hunger. Und doch macht der Gedanke, dass bei der Brotverteilung Mädchen arbeiten, zu denen man immer kommen kann und die einen nie mit leeren Händen wegschicken, die Angst etwas kleiner. Die Frauen tun alles, um sich das Brot selbst zu besorgen, durch Tausch, »Organisieren« oder indem sie es sich verdienen, aber sie vergessen nicht, dass ihnen im Fall eines Misserfolgs immer noch diese letzte, bewährte Möglichkeit bleibt.

Die Mädchen sind der Meinung, dass das, was sie tun, kein Diebstahl sei. Sie nähmen ja das Brot, das im Lager aus dem Mehl gebacken werde, das ein polnischer Bauer im Rahmen des Kontingents geliefert habe, um es an die Hungrigen zu verteilen. Sie seien das Bindeglied zwischen dem Bauern und den ausgehungerten Häftlingen.

Dieses Bewusstsein verschafft ihnen Bewegungsfreiheit und Ruhe für ihre gefährlichen Praktiken. Es bewirkt, dass ihre Augen selbst bei den riskantesten Unternehmungen strahlen. Denn sie wenden die raffiniertesten Diebstahlmethoden an, ohne wirklich zu stehlen.

Hin und wieder kommen in den Vorraum der Brotkammer die von einem SS-Mann eskortierten Frauen vom SK, an die Pakete gekommen sind. Wenn sie hinausgehen, die Sendungen von zu Hause in ihren Schürzen tragend, geht manchmal eine Tür einen Spalt breit auf, und eine geschickte Hand wirft schnell einen Brotlaib unter ein Paket. Sie werden ihn mit anderen SK-Gefangenen teilen.

Doch alles, was illegal ist, endet irgendwann mit einem Misserfolg, auch wenn es besonders gut funktioniert. Und so ist es auch diesmal. Eines Tages wird eine solche Hilfsaktion schlecht durchgeführt. Vor dem Schalter der Paketkammer stehen drei Frauen mit roten Kreisen am Rücken. Jemand läuft schnell vorbei und drückt einer von ihnen drei angebrochene Brote in die Hand. Doch das geschieht zu früh – die Aufseherin Milan hat den Inhalt der Sendungen noch nicht kontrolliert. Die erschrockene Frau nimmt aber trotzdem das an sie adressierte Paket vom Tisch und verdeckt mit ihm die in der Schürze versteckten Brote. Milan will jedoch die Schnur durchschneiden und den Inhalt überprüfen; sie streckt die Hand aus und bemerkt das von der Frau gehaltene Brot. Es folgen ein Handgemenge, Schläge und Schreie. Die des Diebstahls Verdächtigte weigert sich zu sagen, wer ihr geholfen hat, und wird daraufhin von einer SS-Frau abgeführt. Die Frauen vom SK schauen der Weggehenden nach. Sie wissen am besten, was es bedeutet. Und sie können die fünfzehnjährige Tochter nicht vergessen, zu der die von der SS-Frau eskortierte Gefangene zurückkehren wollte.

Ein so einfaches, natürliches Bedürfnis wie der Hunger führt manchmal zu den schwersten Strafen.

Und doch lässt es sich unmöglich unterdrücken. Je kräftiger ein Mensch ist, je gesünder, je normaler, desto stärker machen sich seine Bedürfnisse bemerkbar, desto öfter lassen sie ihn rebellieren – und desto sicherer werden sie sich im anormalen KZ-Leben gegen ihn wenden und ihm ständig mit einer Strafe oder mit Vernichtung drohen.

Deswegen gibt es in den Augen der Frauen vom SK so viel Traurigkeit und Bedauern. Denn die Motive, die der Grund für ihr Elend sind, resultieren ja aus einem gesunden Trieb, von dem die menschliche Natur seit Jahrhunderten regiert wird. Daher auch ihr stiller Vorwurf an sich selbst, dass dieser Trieb stärker war als die Vernunft, die einem aufgrund der momentanen Umstände abverlangt wird.

Ins Strafkommando geraten gerade diejenigen, denen ihr inneres Potenzial es nicht erlaubt, lange passiv zu bleiben.

Je widerstandsfähiger ein Mensch ist, je mehr gesunde Elemente er in sich trägt, desto beharrlicher bedrängen ihn seine eigenen inneren Kräfte, die ihn dazu bringen, all das zu tun, was das Leben erfordert.

Ein schwacher und passiver Mensch wird das Lager oft besser ertragen, weil seine Bestrebungen niemals zu einem starken Konflikt zwischen ihm und den ihm aufgezwungenen Rahmen führen können.

Eine vitale Person hingegen, eine, die das Leben liebt, kann scheitern, gebrochen durch die Stärke des eigenen Impetus, mit dem sie gegen die Strenge des Lagers ankämpft, die in einem Widerspruch zur menschlichen Natur steht.

Wenn man die Arbeiterinnen aus dem SK betrachtet, denkt man unwillkürlich an einen Keller voller längst vergessener Sträucher, Knollen und Wurzelstöcke. Über der Welt brennt eine heiße Sonne, deren Strahlen bis hierher nicht durchdringen. Trotzdem erwacht in den Tiefen dieser pflanzlichen Organismen eine enorme Kraft, die sie zum Keimen bringt. Ihre Triebe, die sich in der Dunkelheit des Kellers hochschwingen, sind blass und schwach, dennoch reichen sie höher, als sie es unter normalen Bedingungen täten. Sie drängen nach oben, um ihre Sehnsucht nach der Sonne zu stillen. Je stärker sie aber wachsen, desto schneller werden sie an das harte Gewölbe stoßen, an dem ihr Schwung ausgebremst und sie zu den Seiten gedrängt werden, um schließlich, an der eigenen gesunden Vitalität erstickend, einzugehen.

Diese Sehnsucht der Pflanzen nennt man Heliotropismus.

Menschen, die mit dem roten Fleck am Rücken stigmatisiert sind, das sind auch Pflanzen, die durch die Hand der Natur geformt wurden und nun an Heliotropismus leiden.

Jeder von ihnen hat irgendeine Leidenschaft, die meist einfach und natürlich ist und die in diese aus Drahtzäunen, Baracken und Krematorien bestehende Umgebung nicht passt. Je größer sie wird, desto stärker regt sie ihn zum Handeln an und desto schneller bringt sie ihn an das Lagertor, wo man ihm das Urteil vorliest: »Sechs Monate SK!«

Die menschliche Neigung, mit einer Umgebung, die den Gesetzen der Natur widerspricht, in Konflikt zu geraten, beobachtet man im SK stärker als im ganzen Lager, und im ganzen Lager stärker als im Leben außerhalb des Lagers.

Aus gesunden sozialen Systemen brechen Menschen mit kriminellen Instinkten aus, aus anormalen Systemen vor allem normale Menschen.

Mit dem roten Fleck gekennzeichnet, als wären sie mit einer Kugel in den Rücken getroffen worden, von der eine blutige Spur geblieben ist, laufen sie unablässig zwischen den Baracken umher und schleppen Kies, Sand und Steinblöcke. Die Verdammten des Lagers. Die, die nicht imstande sind, sich in die engen Rahmen eines anormalen Daseins hineinzuzwängen.

SECHSTES KAPITEL

Das neue Lager

Eine Gefangene weiß nicht, wem sie eine wirksame Einmischung in die Angelegenheiten des Lagers verdankt, wer zum Beispiel die deutschen Behörden überredet hat, den Erhalt von Lebensmittelpaketen zu erlauben; sie weiß nicht, wer um sie kämpft. Doch am Verhalten der SS-Leute kann sie erkennen, dass es irgendwelche Augen gibt, deren Blick die Deutschen respektieren müssen, dass es irgendwelche Instanzen gibt, denen gegenüber sie versuchen, den Schein zu wahren.

Eines Tages, während des Morgenappells, wird den Frauen befohlen, ihre Kopftücher abzunehmen. Es geht um die Überprüfung der Haarlänge. Nur wessen Haare frisch geschoren wurden, darf den Kopf mit einem Tuch umwickeln. Die anderen müssen ihre Tücher abgeben und werden angewiesen, ihr nachwachsendes Haar unbedeckt zu tragen, besonders, wenn sie zum Arbeiten nach draußen gehen. Offensichtlich will die Lagerverwaltung jemandem, der die aufs Feld marschierenden Kolonnen beobachtet, beweisen, dass den Frauen im Lager die Haare nicht abgeschnitten werden. Gleichzeitig tut sie so, als wäre sie um die Gefangenen besorgt. Bisher musste man auch beim Regen an seinem Arbeitsplatz ausharren und durfte so lange nicht weggehen, bis die Stimme der Trillerpfeife ertönte. Jetzt darf man in den nahe gelegenen leeren Scheunen und Hütten Schutz suchen, ja man darf sogar Feuer machen und seine Kleidung trocknen.

Wenn es ununterbrochen regnet und nichts darauf hindeutet, dass es bald aufhören könnte, fährt aus dem Lagertor ein in einen Regenumhang gehüllter SS-Mann auf einem Fahrrad, meistens der Chefarzt, und ruft die Kolonnen zur Rückkehr auf.

Eine Gefangene ist nicht imstande herausfinden, wem dies zuzuschreiben ist, aber sie weiß: bestimmt nicht den Deutschen.

In dieser Zeit wird das Badehaus im Frauenlager allen zugänglich gemacht, vor allem denjenigen, die vom Feld zurückkehren.

Außerdem spricht man – was in der Zeit der Überfüllung das Wichtigste ist – davon, dass ein Teil der Frauen in einen anderen, von den Männern freigeräumten Bereich des Lagers verlegt werde. Das erscheint allerdings den meisten unwahrscheinlich, so wie alle früheren Gerüchte über die Pakete oder, besonders zahlreich, über die bevorstehende Freiheit.

Doch eines Tages sehen die Frauen, dass alle Insassen des Männerlagers mit ihren Bündeln, Decken und Kleinigkeiten, die sie mitnehmen durften, mit kleinen Sträuchern und Blumen, die sie gezüchtet haben, auf die Lagerstraße strömen. Sie verlassen ihr Lager und ziehen hinter die Bahnrampe, zum zweiten, von Weitem sichtbaren Bauabschnitt. Ihr neues Lager heißt B II d. Sie werden ab jetzt die Zigeuner zu Nachbarn haben. Ihren früheren Platz werden die Frauen einnehmen.

Es wurde immer viel darüber erzählt, dass die Männer in ihrem Lager vorbildlich für Sauberkeit sorgen würden, dass der Hygienezustand dort imponierend sei und dass es keine Läuse gebe. In ein paar Tagen werden die Frauen das neue Gelände betreten und es mit eigenen Augen sehen.

Bisher war das Umgehen des gesamten Frauenlagers für ihre kranken, von den täglichen langen Strecken müden Füße und ihre erschöpften Körper eine unmögliche Aufgabe. Das Waten durch Löcher und Pfützen auf den seltsamen Pollern, in die sich ihre geschwollenen, tauben und gleichzeitig bei jedem ungeschickten Schritt schmerzenden Beine verwandelt hatten – das übersteigt die Kräfte der Mehrheit. Das Gelände des Frauenlagers kommt einem riesig vor, wenn man solche Beine hat. Bisher kannte man also nur den eigenen Abschnitt, und durch den Drahtzaun sah man die Silhouetten der Baracken anderer Lager, die sich in langen Reihen erstrecken. Überall dort leben Menschen, deren Elend oft noch größer ist als das, das den Frauen bekannt ist.

Nun werden sie das neue Lager kennenlernen.

Die weiblichen Feldkolonnen gehen weiterhin zu ihrer Arbeit, die internen Kolonnen hingegen tragen schon mal Teile der Barackeneinrichtung rüber, räumen auf und machen sauber.

Bis eines Tages der Umzug angeordnet wird. Die von den SS-Männern angetriebenen Stubenältesten packen Brotlaibe, Eimer mit Marmelade und Lebensmittelpakete, die ihnen von den Feldarbeiterinnen zur Aufbewahrung dagelassen wurden, in Decken und rennen in Richtung Tor. Die Befehle sind widersprüchlich. Am Tor steht eine slowakische Jüdin, die Rapportschreiberin des Frauenlagers, und zeigt den herbeigelaufenen Frauen, wer in welchen Block soll. Vor Ort werden aber oft andere Entscheidungen getroffen. Die Stubenältesten werden in mehrere Gruppen eingeteilt, die in verschiedene Richtungen gehen sollen. Die Bündel mit Brot, Marmelade und anderen Lebensmitteln bleiben am Tor. Andere Hände greifen nach ihnen und tragen sie unter der Aufsicht von Taube, Drechsler und Mandl, die mit einem Wagen gekommen sind und nun den Umzug überwachen. Frauen, die auf dem Feld arbeiten, werden ihre Pakete nicht mehr finden; sie werden vergeblich nach den Stubenältesten suchen, um sie zu fragen, wo sie ihre Sachen finden könnten –

ihre von Läusen gereinigten Decken, ihre Seifen, ihre Strohsäcke.

Wenn sie abends vom Feld zurückkehren, wissen sie gar nichts. Ob ihr Block leer oder von jemand anderem besetzt ist, wo sie sich heute zum Appell aufstellen sollen und wer ihnen das Abendessen ausgeben wird. An einem einzigen Tag haben sie alles verloren, was sie zum Leben im Lager brauchen, was sie im Tausch gegen Lebensmittel erstanden und bei Durchsuchungen und Entlausungen gerettet haben. Jetzt gehen sie in ein neues Lager. Die hohe Eiche, die bislang von Weitem zu sehen war, wird sich nun ganz nahe befinden. Nahe standen ihnen aber auch die Bäume von Birkenau, von denen die roten Wände der Krematorien umgeben sind.

Ein neues Lager! Ein Schauer der Unruhe durchdringt einen, wenn man dessen Tor durchquert und vor den dunklen Baracken steht. Der Traum, direkt vom ersten Aufenthaltsort heimzukehren, durch das Tor, durch das man so oft aufs Feld ging – ist ausgeträumt. Man geht tiefer in die Gefangenschaft hinein. Jetzt wird man nicht ein, sondern zwei Tore hinter sich lassen. Reihen von Baracken, lange Streifen des elektrisch geladenen Stacheldrahts, die sich in der Dunkelheit des Lagers verlieren, haben einen umzingelt, und man kann ihnen nicht entrinnen. Die neuen Abschnitte, die in der Ferne gebaut werden, die neuen, größeren Baracken, all das macht Angst, weil es den Gedanken weckt, dass die Deutschen ganz Polen, die ganze Welt, die ganze Menschheit in Konzentrationslagern einsperren wollen, planmäßig, über lange Monate und Jahre.

Das ehemalige Männerlager, mittlerweile als Lager b bezeichnet, ist ein symmetrisches Spiegelbild des Frauenlagers, das jetzt die Bezeichnung a trägt. Die Straße zwischen den beiden Lagern, die vom zentralen Brotlagerraum zur Blockführerstube führt, bildet die Symmetrieachse. Auf beiden Seiten der Straße, von der sie durch den Stacheldraht getrennt sind, gibt es bei Männern wie bei Frauen eine identische Küche sowie eine Desinfektionsbaracke. Die Küchen in beiden Lagern werden von der frisch aus Ravensbrück eingetroffenen Aufseherin Franz (Schwester der Arbeitsdienstführerin Hasse) übernommen, die nach und nach in allen Abschnitten des erweiterten Frauenlagers neue Sitten einführen wird; sie werden darin bestehen, größere Mengen wertvollerer Produkte aus dem Lebensmittelmagazin für den Gebrauch der SS und des Militärs sowie für private Zwecke wegzuschaffen. Auch die Anordnung der Wohnblocks und der Latrinen ist die gleiche. Als hätte jemand am Rand des Frauenlagers einen großen Spiegel angebracht, in dem das Männerlager erscheint. Im Laufe der Zeit wird es einige kleine Unterschiede geben, aber die Anordnung bleibt gleich.

Die Männer gingen weg und hinterließen leere Baracken, die identisch sind mit denen im Frauenlager. Davon haben die Deutschen Zehntausende an verschiedenen Orten der Erde gebaut.

Für die Frauen, die das Leben im Lager kennen, sind diese Baracken nicht tot. Die Spuren, die hier hinterlassen wurden, sind leichter zu lesen als die Sprache an den Mauern der alten Tempel des Ostens. Über die Wände, Fußböden, Ziegelsteine floss Blut, und nun erzählt es von den Menschen, die hier starben. In einer dunklen Baracke, die noch nicht von Frauen besetzt ist, stehen Männer in Reihen stramm, die ums Leben kamen und von hier nie wieder weggehen werden, trotz des Umzugs. Sie sind dort geblieben, wo ihr Blut vergossen wurde. Es macht nichts, dass die Wände neu geweißelt wurden.

Diese Wände sind immer noch rot.

An den Balken unter dem Dach wurden in großen Buchstaben Parolen gemalt, die einen, wie die Schreie der SS-Männer, bei Tag und bei Nacht quälen:

»Im Block Mützen ab!«
»Halte dich sauber!«
»Ruhe im Block!«
»Eine Laus – dein Tod!«
»Achte deine Vorgesetzten!«
»Im Block Rauchen verboten!«

Und was, wenn du mal eines dieser Verbote übertreten hast, Bruder? Was ist dann mit dir passiert?

Da ist der von einer Mauer geschützte Innenhof von Block 2. Darin mehrere Wandzellen mit schmalen Türen. Es sind die sogenannten Stehbunker. Hier verbringen die dazu verurteilten Häftlinge, die tagsüber genauso arbeiten wie alle anderen, ihre Nächte. Jeden Abend nach dem Appell lässt der Blockführer vier Verurteilte in eine Zelle hinein. Die Zelle ist ein hoher, schmaler Spalt, dessen Boden einen Quadratmeter groß ist. Vier Männer finden hier nur dann Platz, wenn sie dicht beieinander stehen; zwischen ihnen steht ein Eimer. Die Tür schlägt zu. Hoch oben gibt es ein vergittertes Fenster von der Größe zweier Handflächen.

In dieser Position müssen sie den ganzen Abend und die Nacht bis zum Morgenappell verbringen. In der Früh gehen sie zur Arbeit und werden dort von einem Kapo besonders aufmerksam beobachtet; dieser wird keine Gelegenheit auslassen, sie bei jedem Anzeichen von Müdigkeit zu schlagen. Abends nach dem Appell wird wieder der Stehbunker auf sie warten. Und das alles eine ganze Woche lang, manchmal länger.

Allein diese Strafe, über längere Zeit angewendet, verursacht auf natürliche Weise den Tod.

Doch da gibt es noch die Holzböcke, die direkt daneben aufgestellt wurden. Sie dienen dazu, die Prügelstrafe auszuführen.

Der abendliche Appell ist bei den Männern auch die Zeit

der Strafvollstreckungen. Der auf einem Bock ausgestreckte Häftling wird von dem vor Anstrengung schwitzenden Lagerältesten mit einem Gummiknüppel oder einer Peitsche geschlagen. Die niedrigste Strafe beträgt 25 Schläge. Aber es gibt oft 50 oder 75 oder sogar 100. Hundert Schläge auf den Rücken, auf die unter dem Knüppel stöhnende Lunge oder auf die bei jedem Schlag reißenden Nieren. Das genügt vollkommen.

Auf dem hölzernen Bock liegend, mit einem Gesicht, das vor Schmerz und der Bemühung, nicht zu schreien, blau angelaufen ist, vertraust du der Erde deine Schande an, junger Gefangener. Du kannst nicht aufspringen und deinen Peiniger am Hals packen, du kannst nicht einen SS-Mann ins Gesicht schlagen oder in den Bauch treten – du kannst nicht, weil du leben willst. Weil man dir hier beigebracht hat, dass eine solche Tat ein unproduktiver Wahnsinn wäre, dass eine Revolverkugel deinen Schädel zertrümmern würde und deine Kameraden mit schweren Verfolgungen rechnen müssten.

Also liegst du still da und zählst die Hiebe des Knüppels, der mit voller Wucht auf deinen Körper einschlägt, während die graue Erde, die bei jedem Schlag erzittert, geduldig zuhört, wenn deine Lippen etwas sagen, und sich mit deinem Blut und deinen Tränen der Schande vollsaugt.

Im Lager a ist nur der Block 25 ummauert. Im Lager b hingegen gibt es mehrere Baracken, die von der Düsterkeit eines gemauerten Zauns umgeben sind.

Der Block 7, das ist der ehemalige Todesblock und die spätere Unterkunft des Strafkommandos. Heute ist er voller Frauen verschiedener Nationalitäten, voller Hektik, Lärm und Streitigkeiten. Es gibt hier Jüdinnen aus Polen, Griechenland und der Slowakei, es gibt Polinnen, es gibt dunkelhäutige Zigeunerinnen, es gibt schwarzhaarige kleine Kroatinnen.

Sie verstehen sich gegenseitig nicht. Sie kämpfen um alles – einen Platz, Decken, Schüsseln, einen Becher Wasser. Jede Gruppe hat einen anderen Sprechrhythmus, ein anderes Temperament, aber in allen löst das Lager eine animalische Wildheit aus, einen Raubinstinkt, fast eine Mordlust.

An Einschlafen ist hier nicht zu denken. Wenn die Frauen sich schlafen legen, tauchen aus den Rissen in den Vertiefungen der Kojen Millionen, Milliarden von Wanzen auf. Es ist die Zeit ihrer Fortpflanzung. Neben den großen rennen auch, scharf beißend, die ganz winzigen herum. Sie sind dermaßen mit Blut gefüllt, dass ihre gedehnte und dünne Haut bei jeder Berührung platzt. Das hinterlässt blutige Flecken, viele kleine rote Flecken.

Es ist eine Sommernacht. Die Baracke, voller Ausdünstungen, fremdsprachiger Schreie und Flüche, und die Pritsche, die einem die Haut mit Hunderten von Bissen verbrennt, sind eine einzige Tortur. Es ist besser, nach draußen zu gehen und irgendwo an der Wand zusammengekauert die Nacht abzuwarten.

Es herrscht Stille. Auf der Nordseite des Lagers, in der undurchdringlichen Dunkelheit, leuchten die Linien der Drähte, indem sie die Grenzen der zahlreichen Teile des zweiten Bauabschnitts markieren. Es ist so leicht, der Illusion zu erliegen, dass man die langen Straßen einer modernen Stadt sieht, die durch eine Reihe von Lichtern gekennzeichnet sind.

Erst jetzt, da man in dieses Birkenau tiefer eintaucht, da man es von mehreren Seiten kennenlernt und die endlosen Barackenreihen – Barackenreihen – Barackenreihen vor sich hat, kann man erkennen, dass Auschwitz nur ein polierter Deckel ist, der auf der Oberfläche des wirbelnden, dampfenden Kessels liegt, den Birkenau darstellt.

So wie die elegant eingerichteten Vorräume der Krematorien, die mit ihrem Luxus die Wachsamkeit der Menschen täuschen, sich von deren Innerem unterscheiden, so unterscheiden sich auch die wenigen repräsentativen Blocks des Stammlagers Auschwitz von Birkenau, diesem beweglichen, lebendigen Schlammsee, dessen unzählige Baracken an Archen erinnern, die zusammen mit Hunderttausenden von Menschen im Hafen des Todes vor Anker liegen und warten.

Manchmal empfindet ein Mensch, der nachts in die Weite der Lichter einer neu entdeckten Stadt schaut, Angst bei dem Gedanken an ihre Größe und wird in den eigenen Augen zu einem noch kleineren Atom des friedlich atmenden Universums.

Doch hier, angesichts der Lichter *dieser* Stadt, gerinnt einem das Blut in den Adern und wird in der Brust zu einem harten Eiszapfen. Hier, in der Topografie der unbeweglichen, sich immer weiter und weiter erstreckenden Lichter, in dem Schweigen der Wachposten, von denen man weiß, dass sie mit einer Hand am Abzug warten, liest man ein Urteil gegen sich.

Der Gedanke, diese von Lichtern umgebenen Flächen zu durchqueren und sie glücklich zu verlassen, kommt einem vor wie eine Erinnerung an all die Abenteuer, die man aus Büchern und Filmen kennt, wie ein unwirklicher Traum.

Von rechts kommt ein Lärm herüber. Es sind die neuen Männer. Die Desinfektionsbaracke mit den angrenzenden Blocks 5 und 6 ist nur durch einen gewöhnlichen Stacheldraht vom Frauenlager getrennt und von einem großen Männertransport besetzt. Man kann ihre Stimmen hören. Sie wurden sehr zahlreich aus ganz Polen gebracht, vor allem aus Warschau. Sie strömten einen ganzen Morgen lang herein, jung, gutaussehend, gesund. Ihre Gestalten brachten zwischen die Stacheldrähte den ersehnten Charme des verlorenen Lebens. Es gibt unter ihnen viele Studenten, Straßenbahner, Mitarbeiter des Eisenbahnbetriebs. Sie wurden zu den Blocks 5 und 6 des Lagers geführt, das bereits von Frauen belegt ist. Dort stehen sie nun als eine reglose Menge und warten.

Wie sehr die alten Häftlinge diese Neuzugänge bedauern. Sie haben ihre ersten Tage im Lager nicht vergessen – die schwierigsten, die sie hier erlebten. Sie erinnern sich an sie und fühlen umso mehr mit all ihren Nachfolgern. Sie betrachten die Reihen der an der Wand kauernden, barfüßigen Männer, und sie wissen, dass nur ein kleiner Prozentsatz, eine kleine Gruppe von ihnen am Leben bleiben wird.

Morgen werden sie bereits Häftlinge sein. Heute, jetzt, sind sie es noch nicht. Wie gut wäre es, sich unter dem Schutz der Nacht an den Stacheldraht heranzuschleichen und leise zu rufen, dass einer von ihnen kommen soll, um den Arm auszustrecken und einen Händedruck der Verbundenheit auszutauschen. An ihrer Kleidung, ihrem Körper, ihren Haaren ist eine unsichtbare Spur der Freiheit, die sie aus ihren Häusern, aus fernen Städten und sonnigen Straßen mitgebracht haben.

Tag und Nacht arbeitet die »Sauna« (Desinfektionsbaracke). Tag und Nacht laufen Männergruppen vorbei. Die Frauen sehen, wie auf die Köpfe der Neuen die Stöcke der SS-Männer fallen. Sie sehen, wie sie nackt aus dem Tor von Block 5 treten und im Wind stehen. Wie sie dann laufen und in der »Sauna« verschwinden. Nach einer Weile kommen sie heraus, mit rasierten Köpfen und einem Bündel Lumpen in den Händen. Zitternd ziehen sie sich an. Fetzen schmutziger Unterwäsche, schmale, zu kurze Hosen, enge Jacken, in die erwachsene Männer unmöglich passen können. In dieser Kleidung, in der jeder Mensch wie ein Clown aus einem Wanderzirkus aussieht, sitzen sie auf ihren angewinkelten, nackten Beinen und zittern vor Kälte, Hunger und Müdigkeit.

Ab und zu stürzt zwischen sie ein Funktionshäftling, der

Schläge verteilt und viel herumbrüllt. Und dann fließt wieder die Stille auf die in der Dunkelheit kauernde Gruppe nieder. Vor dem Hintergrund der erleuchteten Fenster der »Sauna« kann man die Umrisse ihrer Gestalten sehen. Manchmal ist ein lauter gesprochenes polnisches Wort zu hören. Oder eine leise Bitte, die man nicht erfüllen kann.

»Wasser, Wasser!«

Irgendwann werden sie alle in einen Block hineingetrieben. Der Hof vor der Desinfektionsbaracke wird leer. Doch gleich füllt er sich mit neuen Häftlingen. Es sind auch Männer, aber ohne Ausnahme in gestreifte Lageruniformen gekleidet. Wie anders ist ihr Verhalten als das ihrer Vorgänger. In ihren Bewegungen ist die Eile von Sklaven, die imstande sind, einen Befehl auszuführen, bevor er zu Ende ausgesprochen wird, die Eile von Tieren, die die Schärfe der Peitsche kennen und mit der Summe aller ihrer Anstrengungen deren Schläge vermeiden.

Sie laufen in kleinen Gruppen, meistens zu zweit, dabei tragen sie etwas in ihren Händen, um es anschließend an die Barackenwand zu legen. Einige tun es mit hastiger, unterdrückter Vorsicht. Dann, nachdem sie fertig geworden sind, versammeln sie sich selbst an dieser Wand und hocken sich auf ihre nackten Fersen. Es herrscht Stille. Die SS-Männer sind endlich weggegangen.

In dem Licht, das von den Lampen am Stacheldraht fällt, kann man sehen, dass die auf dem Boden liegenden Gegenstände ebenfalls in weiß-blau gestreiften Uniformen stecken. Nach einiger Zeit bewegt sich einer dieser Umrisse – es sind also tatsächlich Menschen –, streckt eine Hand aus, wedelt mit ihr einen Moment lang in der Luft und setzt sich dann hin.

Allmählich können die Augen diese Gestalten immer genauer unterscheiden. Einige von ihnen haben die Gliedmaßen bis zu den Ellbogen oder Knien mit Lumpen umwickelt. Bei anderen sind die Verbände verrutscht oder ganz heruntergefallen und zeigen Stümpfe ohne Finger, die hilflos emporragen, unfähig zu irgendwelchen Tätigkeiten.

Es sind Gefangene, die aus einer Mine in Jaworzno gebracht wurden, wo sie wegen zu starker Erfrierungen an Händen und Füßen nicht mehr arbeiten konnten.

Einige Frauen, die Mitleid bekommen haben, schleichen sich unter dem Schutz der Nacht an den Drahtzaun heran; sie tragen Brotscheiben und Schüsseln mit Wasser. Die Männer brauchen nicht über ihren Hunger zu sprechen. Ihre locker herunterhängende Kleidung sieht aus, als wäre darunter nichts außer Knochen. Sie kommen an den Rand des kleinen Platzes, vor den Zaun, nehmen das Brot entgegen und geben es in kleinen Stücken an andere weiter.

Nicht alle haben die Kraft, aufzustehen und sich zu den wenigen Brotscheiben durchzukämpfen. Einige strecken nur eine Hand aus, ohne die Verteilenden anzuschauen. So viele Male gab es nichts mehr für sie, so viele Male wurden sie, die Schwächsten, von den Starken, die immer noch die Kraft haben, um ihr Leben zu kämpfen, einfach vergessen.

Und wenn es doch passiert, dass jemand in eine dieser hilflosen Hände eine Brotkruste schiebt, hebt der hungrige Menschenschatten die Hand zu den Augen, die er weit aufreißt, und schaut, vor Verblüffung keuchend. Sein Gesicht zeigt Erstaunen, Schmerz und Freude, seine Augen, die wie zwei Fackeln brennen, starren das in der Hand gehaltene Brot an, der Ausdruck seiner gesamten Physiognomie konzentriert sich auf diesen Krümel. Brot! Er sieht Brot! Er hat Brot, das ihm jemand gegeben hat! Dieser Bissen gehört ihm!

Weine nicht, Gefangener, den man in den Minen von Jaworzno zugrunde gerichtet hat, lass nicht zu, dass über dein abgemagertes Gesicht Tränen fließen, weil du zum letzten

Mal auf dieser Erde ein unerwartetes Geschenk bekommen hast – ein winziges Stück Brot.

Diejenigen, die anstelle von Fingern faulende Wunden haben, verschlingen das Brot nur mit den Augen, denn wer sollte sie füttern, nachdem ihre Hände in den Minen erfroren sind. Sie liegen an der Wand – wie Pflanzen, die noch am Boden haften, aber keine Zufuhr von lebensspendenden Säften mehr haben. Arbeitskräfte, die heute nutzlos sind.

Wenn man so dasteht und hinter sich eine riesige, aus zahlreichen Lagern bestehende Stadt hat und vor sich, im nächtlichem Licht, diese Gruppe sieht, merkt man plötzlich, dass schon seit Langem, seit Jahrhunderten, etwas nicht so ist, wie es sein sollte. Monumentale Bauten, die mit den Händen von Generationen errichtet wurden, Tempel und Botschaftsresidenzen, Sitze von Ministerräten und Parlamenten, beginnen zu wackeln und stürzen ein, weil irgendein Verbindungsglied in ihnen fehlte, weil an ihrer Konstruktion etwas falsch war. Und im weißen Staub der Trümmer bleibt nur eine Gruppe von noblen, in schwarze Fracks gekleideten, reglos an einem Tisch ausharrenden Herren zurück, die noch nie in ihrem Leben über die Fiktion der Bücher hinausgegangen sind. Sie heben ihre Hände und skandieren feierlich, dass der Krieg ein Hebel des Fortschritts sei.

Schade, dass man ihnen nicht, wie uns, die Haare abrasiert und clowneske Lumpen angezogen hat. Vielleicht würden sie dann anfangen, über diese eine, in diesem Moment wichtigste Sache nachzudenken: Wohin wird man die kranken Männer aus der Mine von Jaworzno bringen.

Niemand weiß es mit Sicherheit – doch alle ahnen es.

Manchmal schaut man auf das Lager, lebt tage-, wochen- und monatelang in seiner Mitte und stellt dabei mit Erstaunen fest, dass die eigene Stärke und Belastbarkeit in dem

Maß zunehmen, in dem man sie benötigt. Das verblüfft und weckt gleichzeitig Vertrauen in die eigene Kraft.

Bis der Tag kommt, an dem in einem etwas knackt und an einem Punkt stehen bleibt, von dem aus es unmöglich ist, sich weiter zu bewegen.

Die erste Nacht im neuen Lager. Es ist spät, die Menschen liegen im Schlaf. In einem Fenster von Block 9 harrt eine Frau aus. Ihr Gesicht ist reglos, ihre Augen starren vor sich hin, wer weiß, auf was gerichtet. Auf die Gruppe von Gefangenen aus Jaworzno? Auf die weiten Lichter auf der Höhe des Zigeunerlagers und des Männerlagers? Oder auf das brennende, von hier aus sehr gut sichtbare Krematorium? Keine Bewegung des Gesichts oder des Körpers deutet darauf hin, dass die Frau wach ist. Nur die weit geöffneten, reglosen Augen zeugen davon, dass sie nicht schläft. Sie kommt vom Land. Einst war sie gesund, sodass sie den Typhus gut überstand und als Genesene entlassen wurde. Niemand sagte ihr, wohin sie gehen solle, und ihr kam nicht in den Sinn, danach zu fragen. Bis dahin war es im Krankenrevier üblich, eine Patientin nach einer überstandenen Krankheit in den Block zu entlassen, aus dem sie gekommen war. Sie kannte diese Sitte und ahnte nicht, dass sich daran in der Zwischenzeit etwas geändert haben könnte. Also ging sie in ihren alten Block zurück und stellte sich mit den dortigen Frauen zum abendlichen Appell auf. Sie merkte nicht, dass das Ergebnis der Zählung nicht stimmte und dass sie die Ursache des Chaos war. Als die Sache geklärt war, wurde sie, die Schuldige, schwer bestraft. Sie bekam hundert Schläge auf den Rücken. Man brachte sie bewusstlos in eine Krankenhausbaracke, wo sie fieberte und fantasierte. Als sie entlassen wurde, litt sie an einer Ruptur mehrerer Rückenbänder und hartnäckigen Kopfschmerzen.

Jetzt sitzt sie in dem kleinen Fenster und schaut. Ihre Gesichtszüge werden immer regloser, erstarren zu einem festen Ausdruck. Ihre Augen leuchten rot vom Feuer des Krematoriums. Man kann schwer erraten, ob sie in dieser Sommernacht träumt, um der Realität des Lagers zu entfliehen, ob sie intensiv nachdenkt, während sie die Lichter der entfernten Lager betrachtet, oder ob sie den Geräuschen lauscht, die vonseiten der Desinfektionsbaracke kommen. Alle schlafen, niemand stört ihr einsames Schauen.

Plötzlich steht die Frau auf, drückt mit der ganzen Kraft ihrer jungen Arme auf das schmale Fenster ein, das mit einem Klirren der Scheiben zu Boden fällt, und schreit, auf ihre Hände gestützt, mit einer Stimme voller verzweifelten Protests:

»Nein!«

Stille ringsherum. Niemand antwortet ihr. Sie lässt den Blick verängstigt nach links und rechts schweifen, bis sie irgendwann ihren Schrei voller Kraft wiederholt:

»Nein!«

Das Entsetzen in ihren Augen wächst. Es scheint, dass das, was ein Körnchen, ein Samen in ihrem Gehirn war, jetzt anschwillt und ihre Gedanken ausfüllt, ihre Vorstellungskraft und ihr Nervensystem sprengt. Sie weiß keine andere Form, kein anderes Wort, um das auszudrücken, was in ihr vor sich geht. Sie hält den Kopf mit den Armen umschlungen, schützt sich in dieser Selbstumarmung vor dem, was ihren Geist verwirrt hat, was sie angstvoll wiederholen lässt:

»Nein! Nein! Nein!«

Glücklich diejenigen, denen der Wahnsinn ermöglicht, laut herauszuschreien, was ihren Geist erfüllt, glücklich diejenigen, die ihr »Nein« nach draußen tragen können. Denn ein »Nein« ist in jeder Gefangenen, es fließt über und bringt ihr Blut in Wallung, blendet ihre Augen in gefährlichen Momenten, in denen sie sich kaum noch beherrschen kann, mit ohnmächtigem Zorn. Es gibt Häftlinge, die in der Lage sind, ihr »Nein« tief unter einer Schicht guter Manieren und scheinbarer, opportunistischer Höflichkeit gegenüber den SS-Männern zu verbergen. Aber es gibt auch solche, die ihr »Nein« deutlich zum Ausdruck bringen – mit Haltung, Gesichtsausdruck, Blick. Und sie verbergen ihre die Wahrheit schreienden Augen vor den SS-Männern nicht, womit sie sich ohne ersichtliche Gründe Verfolgung und Hass einhandeln.

Von den Wahnsinnigen unterscheiden sie sich nur dadurch, dass sie ihr großes, einziges »Nein« anders ausdrücken als mithilfe der Sprache.

SIEBTES KAPITEL
Alegri aus dem sonnigen Griechenland

Laut neuester Anordnungen geht man aufs Feld barfuß. Jeden Tag, in der grauen Dämmerung eines Sommermorgens, laufen über den scharfen Kies von Birkenau Tausende von vor Kälte geröteten Füßen, durchqueren das Tor im Rhythmus des Orchesters, und nachdem sie die zu den Krematorien führende Straße passiert haben, versinken sie im taubedeckten Gras. Gleich hinter den Krematorien beginnen die Obstbäume, die von den verbrannten Dörfern übrig geblieben sind und die mit einer Menge Birnen, Äpfel und Kirschen übersät sind. Hier geht die Kolonne 115 vorbei, die aus Jugoslawinnen, Polinnen, Russinnen und Jüdinnen aus verschiedenen Ländern besteht. Alle sind hungrig, und der Marsch über eine Straße voller Früchte bringt ihnen ein wenig Erleichterung. Nicht immer können sie etwas davon ergattern. Nicht immer bekommen sie die Erlaubnis ihres Chefs und der sie eskortierenden Posten, Steine zu werfen und anschließend unter die Bäume zu laufen, und nicht immer fällt etwas herunter. Aber es ist nicht allein der Geschmack eines grünen Apfels, der sättigt. Vor allem ist es die Tatsache, dass es ein fruchtbares Gebiet ist, auf dem man immer mit einem Fund rechnen kann. Das lindert den Hunger und die Angst um den nächsten Moment.

Der Chef dieser Kolonne wählt jeden Tag, wahrscheinlich zu seinem eigenen Vergnügen, eine andere Strecke. Manchmal eine kurze, manchmal eine sehr lange – einen Umweg durch grüne Lichtungen, gesäumt mit üppigem, seit Langem nicht betretenem Gras, von allen Seiten von Bäumen umgeben, deren Wipfel zu einem grünen Gewölbe zusammenlaufen, durch Siedlungen und Bebauungen, die teilweise leer stehen, teilweise von den hier arbeitenden männlichen Häftlingen bewohnt sind. Jeden Tag weicht das Grün an einem anderen Punkt der Straße der Perspektive der Teiche aus, von denen eine kühle Brise weht.

An dieser Stelle, die in unmittelbarer Nähe von Harmense liegt, gibt es eine Fischerei.

Das saubere Wasser zittert und schlägt gegen die Ufer, an denen der vom Wind gebogene Kalmus rauscht. Neben den bewässerten Teichen gibt es auch leere, auf deren Grund sich nur harter Schlamm befindet und da und dort eine Algenschicht grünt. Hinter den Teichen ragt ein Hügel auf, der mit gelben Stoppeln bedeckt ist und an dessen Spitze, direkt am Horizont, ein üppiges Karottengrün wächst. Links, zwischen den Bäumen, schimmern weiß ein paar Wirtschaftsgebäude.

Wenn man zum ersten Mal diese Landschaft sieht, die so viele Merkmale anderer polnischer Landschaften trägt, könnte man für einen Moment fast vergessen, wo man ist.

Um diese Zeit schimmern überall golden die Stoppelfelder, überall herrscht über den Boden eine Sonnenhitze, die nur ab und zu durch einen Hauch von Feuchtigkeit vom Wasser her vertrieben wird, überall rufen sich gegenseitig auf die gleiche Art die Kiebitze im Schilf.

Solche Momente des Vergessens sind ein Segen für die Gefangene, die sonst Tag und Nacht daran erinnert wird, wo sie sich befindet. Momente, in denen die Natur ihr Bewusstsein mit ihrem einzigartigen Charme erfüllt, indem sie ihr durch die heitere Ruhe ihres Bestehens die Gesetze des Daseins und der Dauer vor Augen führt. Indem sie ihr sagt, dass sie ein winziger Teil des Universums ist, dass sie existieren muss, damit das Universum existiert, dass sie überleben muss, wenn sie schon ein Leben in sich hat, das an seine Ufer schlägt, wie das Wasser in den naheliegenden Teichen.

Dieses Eindringen der ewigen Weisheit der Natur ins menschliche Bewusstsein weckt eine leise innere Ekstase, unter deren Einfluss der nachlassende Lebenswille sich wie eine Faust streckt, bereit, auf die äußeren Hindernisse und die eigene Ohnmacht einzuschlagen. Bereit, sich im Grau des Alltags zu einem nur ihm bekannten Heroismus aufzuraffen, der es einem ermöglicht, trotz allem zu überleben.

Das Träumen, der unzertrennliche Begleiter der Gefangenen, kommt über den sonnigen Damm zwischen den Teichen, von einer Gruppe schattiger Bäume her, vonseiten rostbraun blühender Sauerampfer und schwarzer Rohrschilfe, die sich im Wind wiegen. Das Träumen, das einen völlig von der Realität abschirmt, alle unnötigen Elemente ausschließt, nur die Natur und den Menschen da lässt und die Umgebung mit den Schöpfungen seiner Fantasie bevölkert.

Man weiß nicht, wie die Welt eines Marienkäfers aussieht, der den ganzen Tag über die Blätter läuft. Und man weiß genauso wenig, wie die Welt einer Gefangenen aussieht, die auf einem Damm mit einer Spitzhacke Lehm zerkleinert oder Grasnarbe hin und her trägt.

Es gibt bestimmte Anzeichen, die sich den Augen als Warnungen vor übermäßigem Vergessen aufdrängen. Auf dem feuchten Grund der leeren Teiche oder auf einem mit Kleeblättern überwucherten Stoppelfeld liegt eine Holzpantine oder eine Blechschüssel, die jemand vor einem Jahr verloren hat. Am Ende des Dammes liegen zu Pyramiden aufgetürmte Tragen, Schaufeln, Spitzhacken, Holzhämmer. Und am Horizont, weit jenseits der Wiesen, von einer Baumgruppe verdeckt, steigt der Rauch des Lagerkrematoriums auf. Dahinter, am blauen Himmel über Auschwitz, hängen die Sperrballons wie riesige, aufgeblähte Fische. Von Zeit zu Zeit ändern sie unter dem Einfluss der starken Windböen ihre Position, ohne ihren Standort zu wechseln.

Wie naiv sind die Vorhersagen der Gefangenen, die in allem, auch im Anblick der Sperrballons, nach positiven Zeichen suchen. Aber womit sonst können sie ihre grauen, eintönigen Tage ausfüllen?

Da ist ein leerer Teich. An einem seiner Ufer bücken sich den ganzen Tag Frauen, die ununterbrochen mit Spitzhacken den harten Lehm ausheben. Andere laden ihn mit Schaufeln auf die ständig bereitgestellten Tragen. Über den Boden eines trockenen Teiches ziehen diagonal in zwei Reihen Karawanen von Frauen. Über den rechten Weg – die mit den leeren Tragen, über den linken – die mit denen voller Lehm. Ihre Füße bleiben im Sumpf stecken, dann trocknen sie in der Sonne und im Wind, wobei sie aufplatzen, bluten und sich mit Geschwüren bedecken.

Die mitgebrachten Lehmbrocken werfen sie ans andere Ufer, das gleichzeitig den Damm bildet. Hier wird der Lehm von einer anderen Frauengruppe zerkleinert und mithilfe von Holzstempeln gestampft, bis ein harter Lehmboden entsteht. Gleichzeitig werden die Ufer mit Grasnarbe ausgelegt, die stückweise mit Holznägeln befestigt wird. So wird der neue Damm errichtet.

Es genügt ein einziger Regensturm oder ein stark beladenes Auto, das hier vorbeifährt – und die zweimonatige Mühe von zweihundert Frauen wird umsonst gewesen sein.

Und wieder wird zum weißnichtwievielten Mal der Umbau des Damms von vorn beginnen. Doch die Arbeiterinnen, die jetzt hier beschäftigt sind, werden die Enttäuschung wegen ihres sinnlosen Einsatzes nicht mehr empfinden können. In einigen Monaten, wenn der Damm neu gebaut wird, wird diese Gruppe nicht mehr am Leben sein. Frauen aus neuen Transporten werden hierherkommen, und sie werden auf dem Weg, der mitten durch den Sumpf führt, die blutige Spur ihrer Vorgängerinnen nicht bemerken.

Die Fischerei ist groß, und es gibt dort viel zu tun. Manchmal kommen auch Männer hierher, um Gras für die Pferde zu mähen. Sie schauen dann mit Entsetzen zu, wie junge Funktionsgefangene ihre Stöcke auf den Rücken der über die Arbeit gebeugten Frauen brechen und sie in vulgärster Gossensprache beschimpfen. Sie verstehen nicht, wie die Frauen sich so daran gewöhnen konnten, dass sie gar nicht mehr reagieren – als würden sie es nicht hören. Und als könnten sie sich diese despotischen, maskulinen Funktionsmonster in dem künftigen Leben ohne Lager gar nicht vorstellen.

Gras und Schilf wachsen hier überall, man muss sie sogar auf der Oberfläche der Teiche mähen. Einige Tage nach den Mähern kommen die Frauen. Vor ihnen liegt ein Teich fast von der Größe eines Sees. An sein Ufer kommen zweihundert Frauen den Hügel herunter. Auf der anderen Seite des Teichs, die an weitläufige Sümpfe grenzt, schaukeln auf dem Wasser Kalmusbüschel, die eingesammelt werden müssen. Die Frauen haben Angst. Es ist zwar Sommer, doch sie, die sie ständig von Erkältungen, Schüttelfrost und Fieber geplagt werden, spüren es nicht. Der Chef, wegen ihres langen Zögerns ungeduldig geworden, fängt an, mit seinem Stock zu drohen. Unter den Stehenden taucht eine junge Vorarbeiterin auf, die sich von anderen Funktionsgefangenen dadurch unterscheidet, dass sie die Frauen niemals schlägt. Sie zieht ihr Kleid bis an die Leiste hoch, bindet es zu einem Knoten und steigt ins Wasser. Sie hat Geschwüre an den Waden beider Beine, und die Frauen hinter ihr können es gut sehen. Sie geht immer tiefer hinein, tastet den Grund des Wassers ab, das ihr jetzt bis an die Schenkel reicht. Auf einmal dreht sie sich zu den Frauen um, die sie mit den Augen verfolgen.

»Wer mir vertraut und glaubt, dass er mit mir nicht ertrinkt, soll mir die Hand reichen und hineingehen.«

Eine alte Jugoslawin, die an der jungen Frau sehr hängt, und ein jüdisches Mädchen sind die Ersten. Der Blick der Vorarbeiterin, ermutigend, voller ruhiger Tapferkeit, schweift über den unentschlossenen Rest. Es gibt irgendwelche persönlichen Bande, die sie mit Frauen verschiedener Nationalitäten verknüpfen und die jetzt bewirken, dass sie eine nach der anderen ins Wasser steigen, einander die Hände reichen und so die Kette ständig erweitern.

Die Jüdinnen haben zwar ein wenig Angst, wollen aber diese Vorarbeiterin, unter deren Aufsicht sie aus einem fernen Obstgarten Grasnarbe holen, nicht verlieren. Sie erlaubt ihnen, im Schatten der Bäume zu ruhen und frisches, sauberes Wasser aus dem Brunnen eines verlassenen Bauernhofs zu schöpfen. Und die Jugoslawinnen erkennen in ihr eine Schwester, wenn sie sich am Rande des Damms hinsetzt und, ohne auf die Verlangsamung des Arbeitstempos zu achten, mit ihnen in einem für beide Seiten verständlichen polnisch-jugoslawischen Dialekt über Jugoslawien, seine Sitten, seine Häuser und Obstgärten redet und am Ende verspricht, sie nach Kriegsende zu besuchen. Seitdem sie diese Gespräche führen, weckt der Anblick der Vorarbeiterin ihre Erinnerungen an die Familien ständig aufs Neue; er ist so schön wie der Anblick eines geliebten Menschen. In ihren Augen umweht der Zauber des fernen Jugoslawiens diese Gestalt, sodass ihr Blick sie mit dem feuchten Glanz der Rührung begrüßt.

Jetzt befestigen sie, nicht ohne Zögern, die Knoten ihrer Röcke um die Hüften und steigen in den Teich.

Durch ihre Hände verbunden, folgen sie ihr in zwei langen Reihen. Sie geht als Erste, in der Mitte, wie ein Schlepper, der mit der ganzen Anstrengung seines Körpers gegen die Wellen prescht, und zieht die zweihundert Frauen nach vorne, indem sie mit ihnen immer tiefer eintaucht. Eine stärkere Welle löst die Knoten der Kleider und Schürzen und bewegt ihre Ränder. Die Stelle ist tief, niemand mehr achtet auf das Nasswerden der Kleidung. Das Wichtigste ist, durch die Tiefe zu gelangen und die Kalmusbüschel zu erreichen. Die einander mit den Schultern stützenden Frauen spüren das Gesetz der Zusammenarbeit. Niemand schwankt, niemand hat Angst, die Letzten, gezogen von den Ersten, passieren die gefährliche Stelle, und dann, nachdem sie den ganzen gemähten Kalmus halbkreisförmig umstellt haben, schieben sie ihn alle mit ihren Hüften und Armen nach vorne ans trockene Ufer. Keine der Frauen verliert ein Wort darüber, aber alle spüren sie die Freude, eine Schwierigkeit ohne den Einsatz eines Schlagstocks überwunden zu haben.

Nun schieben sie den Kalmus vor sich her, und wenn sie auf der Wasseroberfläche eine weiße Seerose entdecken, pflücken sie sie und werfen sie auf das vor ihnen fließende grüne Bündel. Auf diese Weise sammelt sich ein großer Strauß Wasserblumen an, der später geschickt durch das Tor geschmuggelt und am Abend in der Baracke der Kranken stehen wird.

Als die Frauen mit dem Kalmus, den sie an Land gezogen haben, aus dem Teich steigen, sehen sie, dass die Geschwüre der Vorarbeiterin im Wasser aufgeplatzt sind. Es sind nur Vertiefungen zurückgeblieben, die leicht bluten.

Es ist schon spät, der Chef stellt die Kolonne schnell zu Fünferreihen auf und drängt zum Abmarsch. Die nassen Kleider kleben an den Körpern, was abkühlend und erfrischend wirkt.

Es ist nicht einfach, eine Arbeit zu überstehen, bei der man bis zur Taille in einem Teich steht. Es ist nicht einfach, an den durch die Hand des Todes gestellten Fallen vorbeizugehen und sie alle hinter sich zu lassen – immer näher an der

Ziellinie, von der man dennoch nicht weiß, ob man sie je erreichen wird.

Wenn man von Weitem die Gestalten betrachtet, die mit den Tragen in den Händen durch den Sumpf waten, sieht man nur, um die Lagersprache zu benutzen, einen Zug von weiblichen »Muselmännern«. Doch wenn man genauer hinschaut, kann man über mehrere dieser Frauen allein aufgrund der Beobachtung etwas sagen. Jede ist anders, viele sind ungewöhnlich, sogar herausragend. Die einen zeichnen sich durch ihre Schönheit aus, trotz der sonnenverbrannten Haut und der abgeschnittenen Haare, die anderen durch ihre freundliche Art, noch andere durch das, was man sich über ihre Vergangenheit erzählt.

Und es gibt Frauen, die einem für immer in Erinnerung bleiben.

Wer erinnert sich an Alegri? Alegri mit den Augen, die schön sind wie ein schwarzer Samt oder eine stürmische Nacht. Ihr rabenschwarzes Haar wächst gerade nach und lugt mit der ersten Locke unter dem weißen Kopftuch hervor. Doch das tut ihrer Schönheit in keiner Weise Abbruch. Ihr dunkelhäutiges Gesicht ist so schön, dass man sich bei ihrem Anblick fragt, ob die Künstler von der Natur gelernt haben oder umgekehrt: ob die Natur in ihren Schöpfungen die Hände der Künstler imitiert hat.

Alegri ist fünfzehn Jahre alt. Sie wurde aus ihrer fernen Heimat hierhergebracht und in die vielsprachige Menge wie eine Taubstumme geworfen. Sie spricht keine andere Sprache als Griechisch, also kann sie sich nur mit den Griechinnen unterhalten.

Alegris Bewegungen sind ruhig, was sie von der nervösen, in ihrer ständigen, eiligen Suche nach einer Überlebenschance vibrierenden Menschenmenge unterscheidet. Etwas grenzt sie von ihrer Umgebung ab, etwas macht sie anders –

als würde die Sonne, die über Polen scheint, an ihren Kopf einen der Strahlen werfen, die für das ferne Griechenland bestimmt sind.

Es stellt sich heraus, dass Alegri schön singen kann. Von den Funktionsgefangenen herbeigerufen, lässt sie ihre Schaufel liegen und steigt auf den Damm. Sie richtet einen fragenden Blick auf ihre Vorgesetzten, die ihr mit Händen und Füßen erklären, sie solle etwas vorsingen.

Es ist ein ruhiger, heißer Tag, die Luft riecht nach Kräutern, vom Wasser her strömt eine feuchte Brise. Die Sperrballons stehen, wie seit einiger Zeit jeden Tag, reglos am Himmel, an dem pausenlos eine Rauchwolke herumwandert, die mal als ein hoher Streifen aus dem Schornstein schießt, mal für einige Minuten ganz klein wird. Über die Feldwege, die Dämme und den Boden der vertrockneten Teiche ziehen ganze Prozessionen von Frauen, die eine völlig unnötige Arbeit verrichten, die nur dazu zusammengetrieben wurden, damit die Fiktion einer Beschäftigung ihnen die Arme bricht, die Köpfe mit der Hitze der Sonne verbrennt und die Körper vor Durst austrocknen lässt, während das Wasser Wellen schlägt und plätschert.

Alegri hat verstanden, worum man sie bittet. Ein flüchtiges Lächeln huscht über ihr Gesicht, wie ein Sonnenstrahl über eine schattige Waldlichtung. Sie hebt den Kopf, ihre riesigen Augen, in denen man die Pupillen kaum erkennen kann, schauen in die Ferne, als würden sie von den Dingen, die sie umgeben, nichts sehen, als hätten sie am Horizont die Inseln des fernen Griechenland erblickt, als würde ihnen in der blauen Luft eine Vision des Ägäischen Meeres erscheinen, über das ein weißes Segel gleitet. Als würden sie mit Ruhe und Vertrauen nach einem Schiff der Erlösung Ausschau halten.

Alegri beginnt ihr Lied, und das erste Wort, das aus ihrem

Mund über den Wiesen und Teichen Oberschlesiens fällt, lautet »Mama« – ausgesprochen mit demselben Akzent, mit dem es alle Münder bei uns in Polen aussprechen, an den unsere Ohren gewöhnt sind. Und zwischen den Refrains des auf Griechisch gesungenen Liedes wiederholt sich dieser eine Wort-Schrei, dieses Sehnsuchtswort, dieses Liebeswort.

Alegris Stimme, tief und weich, zittert manchmal vor heftiger Sehnsucht, die, so scheint es, gleich den Damm des Gesangs brechen und in unbändiges Weinen übergehen wird. Aber die Tränen, die im Lied durchklingen, fließen unhörbar ins Herz der Singenden, und aus ihrem Mund kommt das »Mama …, Mama!« in leisestem Pianissimo, um erst dann verzweifelt hervorzubrechen und die schwarzen Augen des Mädchens mit plötzlichem Schmerz zu verengen.

Klangvoll ist das Lied über die ferne Mutter, unerwartet schön in ihrer singenden Rezitation der unbekannten Sprache, in der nur dieses eine Wort verständlich ist.

Das Lied ist verstummt. Es ist schwer zu erraten, ob Alegri das Schicksal ihrer Mutter kennt, von der sie in einem einzigen Moment ihres Lebens durch den Krieg getrennt wurde. Oder wo, in welchem Teil der Welt, dieses einzige, sie grenzenlos liebende Herz, das noch lebt oder auch nicht, ihrem Singen früher zuhörte.

Wohin soll sie ihr Lied jetzt richten? An die Rauchwolke über dem Krematorium? An das ferne Griechenland? Oder an den unbekannten Weltraum, in dem sie einander verloren haben?

Ringsherum rauscht das Schilfrohr, spielt mit dem Wiegen des Kalmus eine Begleitung zu dem Lied, das sich wie der Tau auf ihn gelegt und in seinen Blättern festgesetzt hat.

Alegri singt noch ein zweites Lied. Es beginnt mit den Worten: *O, talme chasis*, was angeblich »Oh, komm zurück«

bedeutet.[9] Es ist ein Lied über Nostalgie. Das Wort *nostalgis* kommt darin jedenfalls mehrmals vor. Es ist ein sehr melodiöses Lied, das ganz aus Halbtönen der Traurigkeit und Sehnsucht besteht. Für dieses Lied, Alegri, solltest du einen Krug goldfarbenen Weins von den Händen gereicht bekommen, die dir am teuersten sind, die deinen Schmerz am ehesten lindern könnten.

Auf beiden Seiten der Straße, die durch den Ort Brzezinka nach Birkenau führt, auf einer großen Fläche – ähnlich wie auf den Plantagen der Baumschule in Budy und auf anderen Feldern, die das Lager umgeben – gefiel es den SS-Männern, die Anpflanzung der Eberesche anzuordnen. Man weiß nicht, was sie dazu veranlasst, wer ihnen die Idee zugeflüstert hat. Es wurden aber Hunderttausende von kleinen Sträuchern gepflanzt, die sich schnell mit Blättern bedeckten.

Heute sind Auschwitz und seine Umgebung leer. Ein internationaler Friedhof, der sich über mehrere Kilometer erstreckt. Die umliegende Erde rötet sich mit den Tropfen der Eberesche, die genauso unzählig sind wie die Blutstropfen, die jahrelang auf sie fielen.

Von den Menschen, die in Auschwitz umkamen, ist nichts übrig geblieben, außer dem, was in die Erde eingesickert ist, außer dem, was von der Erde ausgeht.

Die Frauen, die im Sommer 1943 zu den Teichen der Fischerei gingen, waren bereits im Herbst tot.

Während sie auf dem Grund der Teiche herumkrochen, war ihr Leben weniger beständig als das von Protozoen, die sich auf dem Glas eines Mikroskops bewegen. Sie wurden noch kurz gebraucht, oder man wusste einen Moment lang

9 Die Worte lauteten wohl *otan me chasis*, was »wenn du mich verlierst« bedeutet.

nicht, was man mit ihnen machen soll. Aber schon am nächsten Tag oder eine Stunde später wurde ihr »Glas« durch die Hand eines Menschen zerdrückt, in dessen Kopf sich kein Platz für den Gedanken fand, dass er irgendwelche Existenzen vernichtete.

Von ihren Körpern stieg ein Rauch über das Krematorium auf, wie von vielen ihrer Vorgängerinnen und Nachfolgerinnen. Eine Generation des Lagers starb, um der nächsten Platz zu machen.

Es starb auch Alegri, die weiße Blume, eine der vielen Blumen, auf die der Krieg seinen achtlosen Fuß gestellt hatte.

Ich vermute, dass sich auch heute, genauso wie damals, das Schilfrohr über den Teichen der Fischerei wiegt und sein monotones Lied raschelt. Ich denke, dass man dort irgendwelche Gegenstände finden könnte – mit Gras und Algen bewachsen, von Menschen verloren, die hier bis zum Schluss gearbeitet haben. Einen kaputten Schuh mit Holzsohle, einen zerdrückten Becher, die Dinge eben, die jeden Weg der Gefangenen markierten. Vielleicht verlaufen in der Diagonale des vertrockneten Teichs immer noch die Fußabdrücke von Menschen, die es nicht mehr gibt?

Die Sperrballons sind vom Horizont verschwunden, die Rauchwolke über dem Krematorium ist verschwunden.

Es werden nicht mehr jeden Morgen die endlosen Züge von dunklen, zerlumpten Menschen kommen, hinter denen Schritt für Schritt ein vielgestaltiger Tod herzog.

Es werden keine Häftlinge kommen, um über lange, heiße Tage Schlamm von einem Ort zum anderen zu schleppen.

In der Fischerei herrscht Stille.

Die Tage der Schreie, Flüche und Klagen sind vorbei, kein Laut mehr ist zu hören. Nur manchmal, wenn man dem tiefen Pfeifen des Windes lauscht, der durch das Schilfrohr weht, kann man, auf dem Damm zwischen den Teichen stehend, ein sehnsüchtiges, in einer fremden Sprache gesungenes exotisches, unverständliches Lied hören, in dem ab und zu wie ein verzweifelter Schrei ein Wort ertönt: »Mama!«

ACHTES KAPITEL
Ein Schlachtfeld

Die Tage vergehen, lang wie Jahre. Es kommen immer neue Transporte, die wie Generationen, deren Leben sich erfüllt hat, in Richtung Krematorium weggehen. Alles verändert sich. Das pulsierende Tempo der Vernichtung zerstört heute das, was gestern der menschliche Überlebensinstinkt geschaffen hat.

Wer hier ein Jahr überlebt hat, ist wie ein Mensch, der mit dem Privileg der Unsterblichkeit bedacht wurde: Er schaut auf das Kommen neuer Generationen, und er verabschiedet sie, wenn sie gehen. Wenn er ein lebendiges Herz hat, fühlt er sich manchmal einem dieser Passanten verbunden, zaubert gemeinsam mit ihm und mit der Kraft der eigenen Fantasie eine Welt, in der es sich leichter lebt. Diese Welt heißt »morgen«. Wer tatsächlich imstande ist, in ihr zu leben, der bewegt sich im hiesigen Alltag wie unter einer Tarnkappe, wie in einer verzauberten Rüstung, die gehärtet ist und den Schlägen der SS-Männer standhalten kann.

Der Geschmack von Freundschaft ist hier süß wie nirgendwo sonst – und bitter zugleich. Er besteht aus dem Bewusstsein, verwandte Seelen in dieser exotischen Wüste zu haben, und aus der Angst, ja fast Gewissheit, sie wieder zu verlieren.

Das Ende des Sommers bringt eine Verbesserung der Lebensbedingungen mit sich. Es ist die Folge vieler Faktoren, die gleichzeitig auftreten. Der wichtigste ist die Verlegung eines Teils der Frauen in das neue Lager. In der ersten Zeit danach hat man ungewöhnlich viel Platz. Zwar ist nichts da, womit man sich nachts zudecken könnte (während der Generalentlausung wurden die Decken mitgenommen und bis jetzt nicht zurückgebracht), aber es ist Sommer, man schläft gut, auch ohne dass man sich zudeckt, und genießt sowohl im Schlaf als auch im wachen Zustand die freudige Tatsache, dass es keine Läuse gibt. Es gibt keine Läuse, weil es keine Wollpullover und schmutzigen Decken gibt; in den Waschräumen, die neben der Latrine liegen, fließt Wasser, und die Bretter der Schlafkojen wurden von den Frauen persönlich saubergeschrubbt und mit dem im Krankenrevier »organisierten« Chlor desinfiziert. Es gibt auch nicht mehr so viele Körper auf den Pritschen, was bisher eine Hitze verursachte, die die Fortpflanzung und Übertragung von Insekten begünstigte. Man kann in den Kojen bequem schlafen, und sich abends, nach der Rückkehr von der Arbeit, mit ausgestreckten Beinen hinsetzen oder, das Kinn auf die Hände gestützt, daliegen und durch die kleinen Fensterscheiben auf die hinter den Baracken wachsende hohe Eiche schauen, die man vor einem Jahr nur von Weitem, vom benachbarten Teil des Lagers her, betrachten konnte.

Man sieht von hier aus die Gestalten der entblößten Frauen, die draußen sich und ihre Wäsche waschen, die ihr Äußeres eifrig in Ordnung bringen, indem sie die abscheuliche Schmutzkruste von sich entfernen und damit selbst die Ursachen der Epidemie ausrotten, die die Deutschen nicht beseitigen wollten. Nachdem sie Zugang zum Wasser erhalten haben, kommen sie schon allein zurecht.

Eigentlich ist das Wäschewaschen nicht erlaubt. Die schöne und elegante Lagerälteste, Stenia Starostka aus Tarnów, eine Polin, die unter den weiblichen Gefangenen die höchste Funktion hat, rennt in ihren hohen Stiefeln durch das Lager, vergießt da mit einem Tritt das kostbare Wasser, wirft dort die Schüsseln und die darin liegende Unterwäsche in den Schlamm, treibt die Waschenden auseinander, bekämpft alle Reflexe der Unabhängigkeit. Ruft mit heiserer Stimme den Flüchtenden die seltsamsten Beschimpfungen hinterher:

»Du Mistbiene! Du alte Kuh! Du Krematoriumsfigur!«

Doch die Not hat die Frauen erfinderisch gemacht; sie sind gerissener als die Lagerälteste, haben ihre eigenen Wachen und ihre Methoden. Trotz des ständigen Kampfs gegen die SS-Männer und ihre Helfer, die zwar selbst zu den Häftlingen gehören, oft aber eifriger sind als ihre Vorgesetzten, wissen sie gemeinsam alle Umstände zu nutzen, die dem Überleben dienen.

Die Lagerverwaltung, die oft genug Beweise für ihre Nachlässigkeit, Dummheit und mangelnde Qualifikation liefert, zeigt auch diesmal, dass sie ein Problem nicht schnell genug lösen kann, dass es ihre Kräfte übersteigt. Für viele der dort arbeitenden Beamten ist das Lager nichts weiter als eine Gelegenheit, sich schnell zu bereichern. Statt es also zu verwalten, beschäftigen sie sich lieber mit den Transporten, die ins Krematorium gegangen sind, indem sie Gold, Wertsachen und Pelze rauben und auf die Seite schaffen. Nach dem Umzug eines Teils der Gefangenen ins neue Lager sind sie praktisch nicht imstande, die Kartei entsprechend zu überarbeiten, also die Umgruppierung der Kolonnen oder die veränderte Zahl der Menschen, die täglich zur Arbeit gehen, zu vermerken.

Dieses Durcheinander kommt den Frauen nur zugute. Es ist jetzt viel einfacher, sich zu verstecken und nicht aufs Feld zu gehen, wenn noch nicht alle Kolonnen formiert sind, wenn die SS-Männer nicht mehr wissen, wer im Abschnitt a geblieben ist und wer zum Abschnitt b gewechselt hat.

Seitdem es Wasser gibt, ist es sehr wichtig geworden, ab und zu für einen ganzen Tag im Lager bleiben zu können.

Und seitdem es zwei Frauenlager gibt, kann man sich leichter als früher verstecken, weil die Lagerbehörden so gut wie nie gleichzeitig die Lagerabschnitte a und b kontrollieren, sondern ganz unerwartet als eine ganze Gruppe in eines der Frauenlager hereinstürzen, um sich dann das zweite vorzunehmen – oder sich auch mit dem ersten zu begnügen. Sie glauben offenbar nicht, dass jemand, der sich vor der Arbeit auf dem Feld drückt, es wagen könnte, frei das zurzeit offene, aber bewachte Tor zwischen den Frauenlagern zu passieren. Am Tor stehen mehrere Funktionsgefangene, die nur diejenigen unkontrolliert vorbeilassen, die dienstlich unterwegs sind. Doch nicht einmal die ältesten von ihnen kennen alle Blocksekretärinnen, Stellvertreterinnen und Stubenältesten, die das Recht haben, sich während der Arbeitszeit frei im Lager zu bewegen. Diese kennen sich gegenseitig auch nicht – es ist ja eine mehrere Zehntausend Menschen zählende Masse, die sich noch dazu jeden Tag verändert. Jeder Gefangenen, die zerlumpt und schmutzig ist und unsichere, ängstliche Bewegungen hat, wird wortlos eine Ohrfeige verpasst, und sie muss sofort umkehren, auch wenn sie tatsächlich aus einem wichtigen Grund unterwegs sein sollte. Eine hingegen, die ordentlich aussieht und sich mit der Gelassenheit eines selbstbewussten Menschen bewegt, ist weniger der Gefahr ausgesetzt, aufgehalten zu werden. Eine magische Rolle spielt in diesem Land der Dummheit ein in der Hand gehaltenes Stück Papier, es genügt ein leeres, weißes Blatt, aufgrund dessen man von den diensthabenden Funktionsgefangenen durchgelassen wird. Und sollten sie selbst dann misstrauisch schauen, wirft man kurz hin: *»dienstlich!«* Doch meistens ist das angesichts der Aussage eines Papierblatts, das einem die freie Bewegung auf dem Gelände beider Frauenlager erleichtert, völlig überflüssig.

Neben der Erweiterung des Lagergebiets gibt es noch andere Umstände, die das Schicksal der Gefangenen verändern. Es sind Ereignisse, die scheinbar eine zweitrangige Rolle spielen und schon oft beobachtet wurden, diesmal aber wichtige Folgen haben:

Die Funktion der Kapo des Badehauses wird von der sogenannten »Puffmutti« (namens Musskeller) ausgeübt, dem unverschämtesten Wesen unter den Gefangenen des Frauenlagers. Musskeller nutzt den günstigen Umstand aus, dass die Oberaufseherin Mandl sie, weil sie eine Landsmännin ist, die auch noch aus derselben Stadt stammt, bevorzugt behandelt, und nimmt sich viele Freiheiten heraus. Sie tut Dinge, die viele Funktionsgefangene ohne innere Rechtschaffenheit auch tun, aber die anderen sind dabei – sei es aus Angst vor den Lagerbehörden und weil sie befürchten, ihre Position zu verlieren, sei es aus Scham – weit weniger grausam als sie. Sie ist gegenüber ihren Mitgefangenen völlig schamlos. Wenn sie während einer Entlausung zwischen den nackten Frauen geht – beleibt, hochgewachsen, riesig –, weckt ihr Erscheinen solche Angst, als wäre der gefährlichste der SS-Männer unterwegs. Ihre Gestalt hat sich ins Gedächtnis der weiblichen Gefangenen von Birkenau für viele Jahre eingeprägt, und sie würde wohl heute noch einen sofortigen Rückzug derjenigen auslösen, die ihr plötzlich begegneten. Ihre beim Marsch weit auseinandergestellten Füße, ihre großen, dicken Hüften, die bei jedem Schritt in heftigen Biegungen schwanken, ihr dunkelrotes, muskulöses Gesicht, das vor einer seltsamen Zufriedenheit zuckt, die sich in einem Lächeln der dicken Lippen manifestiert. Ein Gesicht mit Augen, die nicht schauen und doch alles sehen. In ihren gequollenen Muskeln brodelt eine Kraft, die kein Ventil findet, die in diesem riesigen Körper bei jeder Bewegung hin und her schwappt und bei jedem Schlag ausbricht. Musskeller erregt sich, wenn sie schlägt, ihre blutunterlaufenen Augen bekommen dann einen trüben Ausdruck. Ihre Schläge können einen schnell zum Weinen bringen, nicht nur vor Demütigung, sondern auch vor Schmerz. Musskeller schlägt gern ins Gesicht, und zwar so lange, bis der Kopf des Opfers nach hinten springt, sie schlägt ohne Grund, am liebsten dann, wenn die SS-Männer ihr dabei zusehen.

Die von ihr beaufsichtigte Sauna ist nicht zugänglich. Nur während der Entlausungen oder an den offiziellen, äußerst seltenen Badetagen kann man sie benutzen. Zu anderen Zeiten kann sogar das Auftreiben von einer Schüssel Wasser böse enden.

Es gibt im Lager keine Sache und keine Person, die Musskeller nicht kaufen bzw. nicht bestechen könnte – zum Preis von Wertsachen und Lebensmitteln, die den durch ihre Hände gehenden Neuzugängen geraubt werden. Die SS-Männer, die von dieser »Kriegsbeute« profitieren, sehen es ihr gern nach. Immer wieder weicht sie auf diese Weise einer Gefahr aus, die über ihr hängt, und umgibt sich weiterhin mit Luxus oder erlaubt sich im betrunkenen Zustand Dreistigkeiten, um sich ihre zahlreichen Wünsche zu erfüllen.

Einmal passiert es allerdings, dass sie das Maß der Nachsicht übersteigt. Daraufhin bietet sich den Augen der verblüfften Frauen ein ungewöhnlicher Anblick: die Puffmutti am Lagertor kniend, in Erwartung einer Bestrafung. Irgendwann geht dort der Rapportführer Taube vorbei. Musskeller springt auf – sie haben ja oft Hand in Hand die Gefangenen gequält – und bittet ihn um Hilfe. Diesmal aber will Taube nicht mit ihr sprechen. Die Puffmutti beugt ihren massiven Rücken und will seine Hände küssen, doch der langbeinige Taube gerät in Wut, beginnt sie zu schlagen, und als sie davonläuft, verpasst er ihr, während er hinter ihr herläuft, einen energischen Tritt nach dem anderen. Dieses Bild hat aber nichts Trauriges an sich. Plötzlich bekommt es sogar die

Merkmale eines deutschen Marionettenspiels, in dem der sehr blasse, große und dünne SS-Mann Taube die sehr rote und dicke Puffmutti mit wütenden Tritten traktiert. Es ist schön zu sehen, wie ein Satan einen anderen Satan tritt, denn dadurch kann man hoffen, dass nur noch einer von ihnen übrig bleibt. Und so kommt es auch. Am nächsten Tag marschiert die Puffmutti mit einem feierlich geschulterten Spaten in der ersten Fünferreihe des Strafkommandos, und die Sauna wird der sich nach einem Bad sehnenden Menschenmenge zugänglich gemacht.

Ein Vorfall, der für das Lager charakteristisch ist. Die Unbeständigkeit des Schicksals, die der Mensch in seinem Leben immer wieder erfährt, ist hier besser zu beobachten als anderswo. Wie oft sieht man solche Herrscherinnen des Lagers wie die Puffmutti, die, gedemütigt und ihrer Privilegien beraubt, in einer Gruppe von Frauen – derselben, die gestern unter ihren Schlägen stöhnten – einen Wagen voller Scheiße schieben.

Das Glücksrad dreht sich hier schneller als andernorts, und wer auch immer nach oben kommt, fällt blitzschnell wieder runter. Einen Menschen von einem privilegierten in einen elenden Zustand zu versetzen, ist eine der Methoden, die den Häftlingen gegenüber oft angewendet werden. Man muss einen starken Kopf haben, damit einem davon nicht schwindelig wird.

Eines Tages werden infolge irgendwelcher Interventionen und unbekannter Entscheidungen alle Polinnen aus dem SK entlassen. Zur stillen, aber riesigen Begeisterung der anderen Frauen kehren sie in ihre Blocks zurück, um in der darauffolgenden Nacht schon »in der Freiheit« zu schlafen. Aufgrund derselben Anordnung werden in Block 25 deutsche Gefangene eingesperrt, die schwarze Winkel tragen (die an alte Kriminelle, Mörderinnen und Prostituierte vergeben werden). Man kann kaum vorhersagen, welche Folgen dieses Ereignis haben wird. Es stellt sich nämlich heraus, dass die höchsten Positionen in der Gefangenenhierarchie des Lagers bis jetzt von den Deutschen besetzt waren und dass die meisten von ihnen schwarze Winkel trugen. Innerhalb einer Stunde verlieren die Kolonnen ihre Kapos, die Blocks ihre Blockältesten, das Lager ihre Lagerältesten. Und innerhalb derselben Stunde werden viele verantwortliche Positionen von Polinnen übernommen, die sich ihre Mitarbeiterinnen frei aussuchen dürfen. Die Siegeszeit der »blauen Punkte« ist vorbei. Die hohen Funktionen gehören nun (dank der Hilfe von Wanda Maroszani, die in dem für Arbeitszuteilung zuständigen Büro beschäftigt ist) Frauen, die als politische Gefangene gelten und sich der Pflichten bewusst sind, die sie auf sich nehmen. Es gibt zwar gelegentlich auch jetzt Fälle, in denen Gefangene bestohlen werden oder die von Gleichgültigkeit und stumpfem Egoismus zeugen. Denn jede Funktion drückt einem den Schlagstock in die Hand, erfordert Grausamkeit und gehorsame Ausführung von Befehlen der SS-Leute. Das ist das Gesetz aller Konzentrationslager. Die Fähigkeit, die Funktion einer Kapo oder Blockältesten auszuüben und gleichzeitig das Faustrecht zu umgehen, wird nur von den wenigen Frauen demonstriert, die zugleich bewusste und sehr starke Gegnerinnen des Nationalsozialismus sind. Zusätzliches SS-Personal wollen allerdings die meisten neuen Funktionsgefangenen nicht sein. Sie haben ja die Zeiten des Elends und des Unglücks selbst durchgemacht. Sie wissen, wie man Steine klopft und schleppt, wie man mit einer Axt und einer Schaufel arbeitet, aber auch, wie es ist, schwach und ungeschickt zu erscheinen und verspottet zu werden.

Wer es inzwischen mit einer einfachen Arbeiterin aufnehmen kann, wer einer anderen Gefangenen einen Brotlaib wie einen Ball zuwerfen und zwei von oben fliegende fangen kann, ohne sie fallen zu lassen und den Rhythmus des Werfens und Fangens zu unterbrechen, wer schleppen und sich dabei mit den körperlich Stärksten messen kann, der hat schon viel erreicht. Doch wer gleichzeitig mit all seinem Willen, seiner Intelligenz und Geistesstärke dem Nationalsozialismus trotzt, der steht wirklich fest auf den Beinen. Dem kann nur ein ganz böses Abenteuer zum Verhängnis werden – er selbst kann es nicht. Die »verdammte Intelligenz« beginnt zu siegen, die »blauen Punkte« werden ins Abseits gedrängt.

Der im Juli eingetroffene riesige Transport von Polinnen aus dem Pawiak-Gefängnis findet eine unvergleichlich bessere Situation vor als die, die es noch vor wenigen Monaten gab. Es ist sauber, es gibt Wasser, es gibt viel Platz, die Funktionsgefangenen behandeln einen ziemlich korrekt. Die Sterblichkeit im Lager ist gesunken, die Krankenhausbaracken stehen leer und werden manchmal fast zu einem Ort der Erholung.

Es gibt keinen Flecktyphus!

Die Neuzugänge wollen nicht verstehen, dass es nur eine der vielen etwas besseren Perioden ist, die hier oft vorkommen und genauso schnell wieder vergehen. Sie hören nicht auf Ratschläge, glauben nicht an Warnungen, verspotten die verbitterten »alten Häftlinge«. Sie sagen, sie hätten sich Auschwitz viel schlimmer vorgestellt. Das reale Lager sei viel weniger bedrohlich und trostlos, als sie gedacht hätten.

Eine Sache finden sie wirklich schlecht: das Essen. Aber sie müssen dem keine besondere Bedeutung beimessen, weil sie sehr schnell Pakete aus Warschau bekommen, oft sogar noch bevor sie den ersten Brief aus dem Lager abgeschickt haben.

Die Baracken sind zwar abstoßend, aber das sonnige Wetter lenkt von ihnen ab. Die Arbeit auf dem Feld ist schwierig, aber die Rückkehr kann wirklich angenehm sein. Die Straßen, auf denen die Gefangenenkolonnen laufen, bergen manchmal kleine Schätze. Vielen Frauen gelingt es, etwas zu finden, was sie am Abend als Tauschware benutzen können. Karotten, Äpfel, Birnen, Vogeleier, Sauerampfer – all das wird eifrig gesammelt.

An der Straße ziehen sich kilometerweit Reihen von weitverzweigten Brombeersträuchern hin. Früher, vor dem Krieg, wurden sie wahrscheinlich von den Kindern aus den umliegenden Dörfern belagert. Heute bleiben die schwarzen, überreifen Früchte so lange an den Zweigen hängen, bis sie mit der Kraft ihres Gewichts zu Boden fallen.

Wenn die marschierenden Frauen für einen Moment an die Sträucher gelangen, brauchen sie gar nicht die Früchte zu pflücken. Es genügt, eine Schüssel unter die dichtbehängten Zweige zu halten und sie zu schütteln, und die Brombeeren, süß, duftend und weich, fallen von allein hinein. Die Wachposten verbieten es meistens nicht. Weit weg vom Lager, von den strengen Augen der ranghöheren SS-Männer, legen sie weniger Eifer an den Tag und quälen die Gefangenen seltener.

In der Eile kümmert sich niemand um die Brombeerstacheln, die an die Füße der laufenden Frauen gelangen und ihre Haut bis aufs Blut zerkratzen.

Gegen Herbstanfang finden die Polinnen aus den neuen Transporten problemlos – und dank der Hilfe anderer – eine Beschäftigung innerhalb des Lagers. Sie betreten die Baracken und die muffigen Räume der Magazine, wobei sie einen gesunden Glauben und natürlichen Optimismus mit sich bringen; sie sind nicht bereit, sich vom krankhaften Unglauben derer anstecken zu lassen, die hier schon viel erlebt haben.

Eines Morgens stellt sich eine Gruppe von ihnen ans Ende

einer Kolonne, die in dem als »Unterkunft« bezeichneten Lagerraum arbeitet. In den gestreiften Uniformen, die für die Feldkolonnen reserviert sind (die im Lager arbeitenden Gefangenen tragen seit einiger Zeit Zivilkleidung), gerade und ruhig stehend, sehen sie aus wie kleine Mädchen, die zum ersten Mal in die Schule gehen. Im Vergleich zur Blässe der alten Gefangenen, von deren Haut die Arbeit in den Tiefen der dunklen Baracken und das Leben im Lager die Röte weggewischt und sie gelblich und geschwollen gemacht hat, wirken ihre Gesichter ganz anders – hell durch den Glanz der Augen, einprägsam durch ihren Ausdruck, interessant wie Bücher. Wie schöne Bücher, die aus der ersehnten Ferne kamen, um die Häftlinge in ihrer Traurigkeit zu trösten.

Es gibt also auch solche. Sie sind wie interessante Bücher, deren Großteil vom Tod unerwartet geschlossen und ins Feuer geworfen wird.

Sie teilen das Schicksal aller Neuzugänge und werden hingeschickt, um die von der Entlausung zurückgekommenen Decken zu flicken und zu stopfen.

Es ist ein besonders schöner Herbst. Man hat das Gefühl, dass die Lagerbaracken unter dem Einfluss der sanften, doch ständig wärmenden Sonnenstrahlen verblasst, vertrocknet und geschrumpft sind. Das schläfrige Summen der Fliegen macht einen müde und faul. In der Tiefe einer Baracke, auf einem Stapel von Decken, die nach »mehr zerrissen« und »weniger zerrissen« sortiert sind und nach Gas und dampfendem Schmutz stinken, sitzt eine Gruppe von Frauen. Durch die offene Tür sieht man die grüne Wand der gegenüberliegenden Baracke, die in dem grellen Sonnenschein einer Wiese täuschend ähnlich sieht.

Vielleicht sind es wirklich nur morsche Bretter, die mit grüner Farbe bemalt sind. Doch für die Augen, die seit Langem nichts als die frisch entlausten Decken, Flicken und

Stoffrisse gesehen haben, ist diese Wand eine schöne Erinnerung an die Wiesen.

Die Arbeit im Lager beginnt einige Stunden früher als auf dem Feld. Unmittelbar nach dem Appell, in der Morgendämmerung, wenn die Feldkolonnen sich gerade erst formieren und noch lange Zeit am Tor stehen müssen, sind die internen Lagerarbeiterinnen bereits in den Baracken und beginnen ihren Arbeitstag. Die anderen werden noch ein, zwei Stunden brauchen, bevor sie zum ersten Mal ihre Spaten ansetzen. Diese hier stopfen schon seit Langem die zerrissenen Decken, deren Stapel mit jedem Tag größer werden. Dadurch ist die Zeit bis zur Mittagspause sehr lang, und Müdigkeit, Wärme und die sitzende Position, die bei den meisten Arbeiten im Lager verboten ist, lösen eine unüberwindbare Schläfrigkeit aus.

»Ich merke, wie mich die Bettschwere übermannt«, sagt Walentyna Aleksandrowicz-Kielanowska, eine Schauspielerin aus Wilna, und bewegt mehrmals ihre Augenlider. Sie steht auf, findet ein Stück Seife in ihrer Schürzentasche und schaut den Rest der Frauen fragend an. Eine kleine Gruppe stiehlt sich aus der Baracke, um sich zum ersten Mal an diesem Vormittag die Augen zu waschen. Walentyna geht als Erste über den Weg zwischen den Baracken. Ihr Haar, das bei der Ankunft im Lager nicht abgeschnitten wurde, umhüllt ihren wohlgeformten Kopf mit einem silbernen Schimmer. Sie hat eine besondere, anmutige Art, mit der sie die Menschen für sich einnimmt. Sie versteht es, nicht zu arbeiten und es so charmant zu tun, dass keiner es ihr übel nimmt. Einmal hat sie sich zum Beispiel in den Finger ihrer rechten Hand geschnitten und geht mit bekümmertem Gesicht auf die Kapo zu – die Polin Felicja Iwanowska, die eine Frau, von der sie angesprochen wird, sofort zu beurteilen weiß. Walentyna sagt in einem besorgten Ton:

»Frau Kapo, ich weiß nicht, was jetzt wird, denn ich kann mit der rechten Hand nicht arbeiten. Das Lager wird drunter leiden …«

Ihrem Gesicht und ihrer Haltung ist schwer zu entnehmen, ob sie scherzt oder es ernst meint. Und sie fährt fort:

»Vielleicht erlauben Sie, dass ich von nun an das, was ich bis jetzt mit der rechten Hand gemacht habe, mit der linken mache?«

Und so ist es auch bis zum Schluss: Walentyna macht mit der linken Hand dasselbe, was sie mit der rechten gemacht hat, das heißt gar nichts. Sie sitzt auf einem Stapel schmutziger Decken, die schönen Hände in den Schoß gelegt – nicht mal das Lager hat von ihnen die Spuren der sorgfältigen Pflege weggewischt –, und wartet allem Anschein nach auf den Moment ihrer Heimkehr. In Gedanken ist sie schon dort, außerhalb des Lagers, jenseits des aktuellen Moments, den sie nur in der Vergangenheitsform festhält. Sie ist offensichtlich überzeugt, dass sie hergekommen ist, um Birkenau kennenzulernen und später über ihren KZ-Aufenthalt berichten zu können. Ihre Gedanken, egal, an welchem Punkt man sie unterbrechen und auf ihren Wortlaut hin fassen würde, kreisen um Warschau, Wilna, Kattowitz und Lemberg; sie sind auf einer Bühne, in einer Theatergarderobe, vor einem Spiegel, in dem eine Gestalt in kostspieliger Krinoline zu sehen ist.

Angeblich ist es am einfachsten, über die wichtigsten Erfahrungen mit jemandem zu sprechen, den man nicht kennt, dem man zufällig begegnet ist, der nach einigen Stunden seinen eigenen Weg geht und den man nie wiedersehen wird. Auf eben diese Weise behandelt Walentyna die Gruppe von Frauen, die mit ihr bei der Arbeit sitzen. Als wäre sie jemand, der während einer Wanderung zufällig gezwungen wurde, für eine unbestimmte Zeit über einer großen Wasserfläche innezuhalten – so schaut sie ihr Spiegelbild an. Sie erlebt noch einmal all das, was in ihrem Leben wichtig war, was ihr vom Schicksal gegeben wurde und was sie selbst erschuf. Wieder ist sie fasziniert vom Theater, bereitet sich auf die Prüfungen vor, erlebt die Emotionen der ersten Proben und dann der ersten Auftritte. Sie erzählt sehr plastisch. Die Frauen hören ihr zu, während sie mit den Augen jede ihrer Gesten und Grimassen verfolgen; sie sehen den überfüllten Zuschauerraum, die strahlenden Lichter im Saal, die langsam ausgehen und nur den Rand des Vorhangs dezent erleuchten. Ein leiser melodischer Gong, und der Vorhang geht auf. Auf der Bühne Walentyna Aleksandrowicz-Kielanowska. Die Baracke verschwindet irgendwo im Nichts, die Stapel von Decken verwandeln sich in bequeme Sessel, in denen die Frauen Platz nehmen, um das Schauspiel zu verfolgen. Die Dekorationen wechseln, die bewegliche Szene dreht sich, die Künstler treten ab und kommen wieder. Die in Verzückung erstarrten Gesichter bilden um die Erzählerin einen immer engeren Kreis.

Es ist nicht nur die Freude, einer schönen Geschichte zu lauschen. Etwas viel Größeres und Erhabeneres spricht aus diesen Gesichtern. Sie sehen eine Frau an, die zu ihnen aus Warschau gekommen ist, die dort noch vor Kurzem, beinahe gestern war. Sie hat noch den aktiven, empfindlichen Nerv des Lebens in sich, während sie tief im Land des Sterbens stecken. Walentynas Erzählung regt zum Nachdenken an. Die Frauen schauen von ihrer Arbeit hoch und fühlen sich wie eine Greisin, die jahrelang gebeugt lief, dann aber das Gesicht hob und mit Erstaunen die Sonne bemerkte, die sie früher jeden Tag sah.

Wenn das Fahrrad des Chefs vor der Baracke klingelt, und er (sein Name ist Siebeneichel) hereinkommt, um die Arbeit zu kontrollieren, konzentriert sich die zuhörende Gruppe wieder auf die Decken und durchsucht sie hastig nach Löchern. Die Stimme der Erzählenden verstummt, die Köpfe beugen sich über die schmutzigen Lumpen, die Finger und Nadeln flitzen immer schneller. Dann werden in der Stille der Baracke die Gedanken wach.

Die zweite aus der neuen Gruppe ist Zofia Sikorska. Ihre Lage ist anders, und sie prägt sich auch ins Gedächtnis ihrer Kameradinnen auf eine andere Weise ein. Sie wurde zusammen mit Vater, Bruder und Ehemann verhaftet. Der Ehemann wurde in Auschwitz untergebracht, der Vater und der Bruder kamen nach Birkenau. Dem alten Mann gelingt es von Zeit zu Zeit, sich einer Gruppe anzuschließen, die ins Frauenlager kommt, um Abwassergräben auszuheben. In der tiefen Grube, hinter einer Aufschüttung aus Lehm, sieht sein weißer Kopf aus wie eine verblühende Gänsedistel. Er gräbt den ganzen Tag, um seine Tochter kurz anzusehen und im Vorbeigehen zu fragen:

»Bist du gesund?«

Zofia ist neu im Lager und hat an ihrem Arbeitsplatz noch nicht viele »Beziehungen«; sie kennt auch weder die hiesigen Sitten noch die Gefahren. Trotzdem weiß sie, einen Becher Kaffee zu erhitzen und ein paar Kartoffeln in der Asche zu backen, um dann aus der Baracke zu laufen und beides im Vorbeigehen am Rande der Grube, in der Nähe ihres Vaters, zu deponieren. Sie weiß auch, im Tausch gegen die guten Sachen, die aus den Paketen stammen, Pullover, Socken und Schuhe für ihre Männer zu besorgen.

Den Erzählungen der Frauen zufolge war es der Gestapo bekannt, dass sie der Schlüssel zu der Aktion war, wegen der sie verhaftet wurde, und dass es von ihrer Widerstandsfähigkeit während der Verhöre abhing, inwieweit die Deutschen Informationen über viele andere Involvierte bekommen würden. Sie hatten also beschlossen, dass Zofia Sikorska um jeden Preis aussagen musste. Und sie war sich ihrer Situation bewusst. Wahrscheinlich war sie auch nach den ersten Verhören entmutigt, vielleicht weil sie Angst hatte, die Folter nicht aushalten zu können und alles zu gestehen. In einer Einzelzelle eingesperrt, schnitt sie sich mit einem Stück Glas die Pulsadern auf. Infolge des hohen Blutverlustes wurde sie ohnmächtig, im Morgengrauen erlangte sie aber das Bewusstsein wieder. Es war die Zeit, in der die Zellen von einem Wachmann kontrolliert wurden. Zofia Sikorska wusste aber, dass er sich nur darauf beschränkte, einen Blick durch die Scheibe in der Zellentür zu werfen, also kroch sie ganz nah heran, stand auf, lehnte sich an die Wand und wartete, um in der Scheibe zu erscheinen und die blutverschmierte Zelle mit sich zu verdecken. Das Manöver gelang. Nach der Inspektion schnitt sie sich erneut die Adern auf, diesmal wirksamer. Als die Tür geöffnet wurde, waren die Zellenwände voller roter Spuren, und auf dem Boden, in einer Blutlache, lag Zofia. Der Wachmann verständigte die Gestapo, die sofort kam und einen Riesenkrawall machte. Die Kranke bekam die beste medizinische Versorgung, wurde gepflegt und mit Sachen ernährt, die während des Krieges als Luxusartikel galten.

Während der weiteren Verhöre schwieg sie.

Als sie nach Auschwitz kam, hatte sie am Körper rote, blaue und schwarze Schlagspuren, die längs und quer verliefen. Es waren Auszeichnungen für ihre Standhaftigkeit. Doch Zofia lachte nur, voller Vertrauen in ihre Stärke.

Barbara Czarnecka-Chłapowska sieht aus wie ein wohlgeratenes Mädchen, das noch nicht in einer Ehe gelebt hat. Ihr Körper, ob angezogen oder nackt, ist mädchenhaft schlank und geschmeidig. Ihr Gesicht mit den regelmäßigen, ein wenig leblosen Zügen, umgeben von flachsblondem Haar, das ihr unordentlich und burschikos in die hohe Stirn fällt, ist hell und schön. Auch ihr wurde das Haar nicht bis auf die Haut abrasiert und damit erlaubt, ein menschliches Aussehen beizubehalten. Ruhe und Helligkeit gehen von dieser Gestalt aus. Helligkeit von Gesicht und Stirn, von den fast unbeweglichen Gesichtszügen, Ruhe – von den großen, nachdenklichen, hellblauen Augen. Die Tatsache, dass Barbara vierzig Jahre alt ist, weckt Bewunderung. Weil Barbara so jung wirkt, was sich in ihrem Lebenshunger, ihrer geistigen Beweglichkeit und ihrer Leidenschaft fürs Planen zeigt. Sie war Erziehungsbeistand eines Jugendgerichts in Warschau und erzählt jetzt oft von »ihren« Kriminellen, wobei sie es versteht, sie vor dem Hintergrund der gesellschaftlichen Verhältnisse zu beurteilen.

Ein Berg schmutziger Steppdecken türmt sich ringsherum, Barbara hält eine von ihnen auf den Knien und flickt sie eifrig. Im Gegensatz zu Walentyna Aleksandrowicz-Kielanowska ist sie fleißig. Sie will ihren Teil der Arbeit ordentlich machen; sie will zusammen mit den anderen die Anzahl der reparierten Decken erhöhen, auf die in den Blocks die Menschen warten. Ihr Eifer wird oft von anderen ausgenutzt. Hin und wieder wird sie zu schweren, langwierigen Arbeiten geschickt, nach deren Beendigung sie lächelnd zu den auf sie wartenden Mitgefangenen zurückkehrt. Sie erträgt seelenruhig die schlechteste Behandlung durch die Funktionsgefangenen. Still, freundlich und voller einfacher Nachgiebigkeit, die man auf keinen Fall als Demut bezeichnen kann, denn davon gibt es in ihr keine Spur, ist sie wie ein Apostel, der die gestreifte Häftlingskleidung angezogen und sich unter die Gefangenen gemischt hat, um mit ihnen schwere Arbeit, trockenes Brot und Schmutz zu teilen.

Was diese drei Frauen verbindet – wie auch viele andere, die mit ihnen oder etwas später, als die Sechzigtausender-Nummern, gekommen sind –, ist ihr Optimismus. Sie haben einen so starken, offenbar auf ihrer inneren Ausdauer basierenden Glauben, dass sie bald freigelassen werden, dass sie damit die »alten« Gefangenen anstecken. Der Krieg hat ihnen schon auf verschiedene Weise zugesetzt und sie ihrer Kräfte dennoch nicht beraubt, also kann es der Aufenthalt in Auschwitz auch nicht tun. Es gibt in diesen Frauen einen hartnäckigen, gemeinsamen Willen. Den Willen zum Durchhalten, den Willen zur Rückkehr. Es gibt eine Tapferkeit, die ihnen erlaubt, der Gefahr die Stirn zu bieten. Es gibt eine Geduld, die ihnen hilft, sich unter den gegenwärtigen Bedingungen ruhig zu verhalten.

Wenn die Frauen aus früheren Transporten sie ansehen, erinnern sie aufgrund ihrer Vitalität an Bienen, die am Abend zu Boden gefallen und dort, vor Kälte gekrümmt, liegen geblieben sind und nun in den Strahlen der Morgensonne aufstehen, ihre Flügel ausstrecken und wieder fliegen wollen.

Zwischen denen, die im Sommer ins Lager gekommen sind, und den »dienstälteren« Gefangenen von Birkenau entstehen herzliche Beziehungen, die sich unter den schrecklichen Bedingungen schnell zu einer Verbundenheit und Gemeinschaft entwickeln. Ein kurzer, beiläufiger Austausch während der Arbeit, wenn Gespräche verboten sind, reicht bald nicht mehr. Die Gehirne der Neuen haben für keinen Moment aufgehört zu funktionieren, im Gegenteil, die direkte Konfrontation mit den Problemen von Auschwitz hat sie auf eine natürliche Weise angeregt. Und die Gehirne derer, die schon lange hier sind und alle Kräfte ihres Organismus darauf verwendet haben, den Körper am Leben zu erhalten, werden jetzt neu aufgeweckt. Sie erwachen unter dem Einfluss einer plötzlichen Verbesserung der Lebensbedingungen, die es ihnen ermöglicht, über das Niveau rein tierischer Bedürfnisse hinauszugehen, und unter dem Einfluss der Individualität der Neuen.

An den kurzen Sommerabenden, die auf die langen Arbeitstage folgen, finden sogar organisierte Treffen statt. Manchmal in Block 8, in einem kleinen Raum, wo sich früher die Ambulanz befand, manchmal in der »Unterkunft«, manchmal bei Idalia Sujkowska und Barbara Czarnecka-Chłapowska oder bei Wanda Moszczeńska. Die Themen dieser Treffen sind unterschiedlich, genauso wie ihr Charakter.

Wenn die Gestaltung des Abends in den Händen von Walentyna Aleksandrowicz-Kielanowska liegt, wird über dramatische Literatur und Theater gesprochen oder über die Problematik eines von Walentyna geschriebenen Dramas diskutiert.

Manchmal – wenn auch sehr selten – wird über das Lager gesprochen. Barbara würde gern, zusammen mit jemandem, eine Art Führung übernehmen (sie spricht sehr gut Deutsch), um die günstigsten Bedingungen für die Gefangenen zu schaffen. Sie denkt an alles. Eine Schüssel mit roten Flecken, ein schlammbeschmierter Schuh, ein nasses Kleid – alles wird von ihr genau betrachtet und analysiert. Wenn es nicht möglich ist, die Barriere unsinniger Verordnungen zu brechen, ist Barbara bereit, sie wo nur möglich abzumildern – im Gegensatz zu den meisten Blockältesten, die in Form von noch strengeren Befehlen reagieren. Sie möchte, dass die Baracke, in der eine Gefangene lebt, für sie ein Domizil und einen Zufluchtsort nach den Strapazen der harten Arbeit und des turbulenten Lagerlebens darstellt, während sie in Wirklichkeit eine weitere Etappe der ganztägigen Folter ist.

Die Sternbilder wechseln ihren Platz am Himmel, und die kleine Gruppe von Frauen sitzt im Dunkeln, ohne sich gegenseitig zu sehen. Sie hören sich nur.

Manchmal, wenn ihre Nachdenklichkeit die Form von Stille annimmt, könnte man der Täuschung erliegen, dass sie gar nicht da sind. Dass in der Leere nur Gedanken gesprochen haben, die infolge der großen Anspannung in Worte verwandelt, gefallen und verklungen sind. Oder man könnte denken, dass diese Frauen da waren und weggingen, dass sie von Dunkelheit, Lager und Tod verschlungen wurden – und dass von ihnen nur die Stille übrig blieb.

Doch an den Tod denkt niemand. Einmal in Fahrt gekommen, verfolgt die Gruppe weiterhin die Linie des größten Widerstands – und sie tut es mit Erfolg. Trotz der Befehle und Verbote, trotz der Strafen, trotz der Müdigkeit führen sie ihr eigenes Leben und gestalten es immer mehr nach dem Muster des normalen Lebens. Sie wissen schon, wie man sauber bleibt und wie man satt wird, und sie geben ihre Weisheit an andere weiter, um ihnen zu helfen, diese beiden Grundbedürfnisse zu befriedigen. Ihre siegreiche Haltung verbreitet sich immer mehr und wird von ständig neuen Kreisen von Frauen übernommen. Es ist, als ob jemand in der drückenden Glocke, die über dem Lager hing, ein kleines Loch gemacht hätte, durch das die ersten Stöße frischer Luft hereindringen, die erstickten Lungen wiederbelebend.

Es ist eine Zeit häufiger Entlausungen, in der man im Lager oft nackt herumläuft. Eine allgemeine Verlausung gibt es zu diesem Zeitpunkt in Birkenau nicht mehr. Es kommt zwar vor, dass jemand infolge einer extremen Vernachlässigung, die durch Krankheit, depressive Psychose oder geistige Störung verursacht wurde, in dem dunklen Loch der untersten Koje schläft und sich dabei mit einer beweglichen Schicht von Insekten bedeckt. Aber es sind Einzelfälle, die während der Appelle ein empörtes oder mitleidiges Wegrücken anderer Frauen auslösen.

Die Entlausungen werden jedoch weiterhin angeordnet und durchgeführt, um, wie jemand scherzhaft bemerkte, »eine leichtere Kreuzung der Gattungen zu erreichen«.

Und es wird auch, wenn nicht eine Kreuzung, dann zumindest – durch den »Umzug« der Läuse von der schmutzigen Kleidung auf die saubere – eine gründliche Vermischung der Gattungen erreicht.

Die Kraft, mit der der Typhus erneut ausbricht, ist erschreckend. Große Transporte, die zuletzt massenhaft aus Belgien, Frankreich, Holland und Deutschland gebracht wurden, sterben von einem Tag auf den anderen. Die Griechinnen sterben. Ihr Tod hat verschiedene Formen. Die einen gehen ins Krankenrevier und sterben dort, die anderen verstecken sich mit ihrer Krankheit in ihrem Block, wobei sie schnell die Gesunden anstecken, sich bei den Appellen quälen und irgendwo in einer Ecke sterben. Nachts sind die Blocks voller Gestöhn und fiebriger Schreie. Unter den Kojen stehen weiße Tonschüsseln, die vor Kurzem dem Lager zugeteilt wurden; sie werden von den Schwerkranken als Nachttöpfe benutzt. Immer öfter findet man Läuse, die sich am schnellsten an den Körpern der fiebernden Kranken vermehren. Die äußeren Bedingungen gewinnen zunehmend gegen die menschlichen Selbstschutzversuche. Wer bisher noch keinen Typhus hatte, wird ihn jetzt nicht vermeiden können. Wer gegen Typhus schon immun ist, erkrankt – möglicherweise infolge einer allgemeinen Infektion des Körpers – an irgendwelchen anderen Krankheiten. Viele haben Geschwüre, nestartig zusammengedrängt oder am ganzen Körper verstreut. Malaria bricht aus. Außerdem schlagen die Mitarbeiterinnen des Krankenbaus wegen des Ausbruchs einer neuen Krankheit Alarm. Niemand kann sie richtig einordnen; die Diagnosen sind widersprüchlich. Man weiß nicht, ob es sich um Hirnhautentzündung, Blasensucht oder, wie einige Ärztinnen behaupten, eine Art von Pest handelt. Die Krankheit dauert nur sehr kurz an und manifestiert sich durch einen bläulichen Körper, schwarz angelaufene Lippen, häufig durch einen aufgeblähten Bauch und große Flecken an der Haut. Der Tod erfolgt innerhalb von vierundzwanzig Stunden nach Auftreten der Symptome.

Das Krankenrevier war noch nie so überfüllt. In mindestens einem Dutzend Baracken, in denen es jetzt untergebracht ist, liegen drei oder vier Kranke in einem Bett.

Das Elend kommt von allen Seiten, ständig in einer anderen Form.

Man weiß nicht, aus welchem Grund und wofür die Frauen jeden Abend mit dem Knien bestraft werden. Bis zum Spätherbst kann man im Nebel der herbstlichen Dämmerung und des Krematorienrauchs vor den Baracken Fünfergruppen von Gefangenen sehen, die im Schlamm knien. Manchmal müssen sie dabei die Hände hochhalten, manchmal in den erhobenen Händen Ziegelsteine tragen. Ein Hauch von Herbst strömt über die Felder hinter dem Stacheldraht, ein Hauch von Vernichtung weht aus den Dämpfen der Krematorien.

Die individuellen Vergehen werden oft mit dem Stehbunker bestraft. Man könnte meinen, dass den über den Sommer faul gewordenen SS-Leuten plötzlich wieder die Existenz des Lagers eingefallen ist, dass der Geruch von brennenden Menschen und der Anblick von Leichen ihre Energie neu erregt haben. Sie sind aktiv wie nie zuvor. Man wird oft für das geringste Vergehen schwerstens bestraft. Wie die Gruppe von Frauen aus Babice, die nach Birkenau kommt, um eine Strafe dafür zu verbüßen, dass sie beim Marschieren ein polnisches Lied gesungen haben.

Eine Feldkolonne, die hauptsächlich aus Polinnen und Russinnen besteht, beschwert sich bei der Lagerleitung über die Kapo der deutschen Gefangenen, weil sie bei der Essensausgabe auf dem Feld die Suppe ungerecht verteilt habe. Offenbar fischte sie aus allen Kesseln Kartoffeln und Fleisch heraus und stellte sie in Schüsseln beiseite – als Mittagessen und eine weitere Mahlzeit für sich selbst und die, die ihr nahestanden – und erst dann verteilte sie den Rest des Kohlrübengebräus in kleineren Portionen an die hungrige Menge. Die Beschwerde wurde angenommen.

Es gibt viele Frauen im Lager, die manchmal sahen, wie die Kapos die Wurst, die für die Gefangenen bestimmt war, auf dem Feld brieten und mit ihr sich selbst und die SS-Männer fütterten (zu denen sie wegen der eigenen Sünden gute Beziehungen pflegen) und den Rest deren Hunden zuwarfen. Bisher hat aber niemand eingegriffen. Heute kehrt die mutige Kolonne von der Arbeit zurück in Erwartung der Gerechtigkeit. Stattdessen wird sie schon am Tor von dem SS-Arbeitsdienstführer Schultz erwartet. Nach dem Appell geht er mit den Frauen in den von Mauern umgebenen Innenhof von Block 2b, wo hölzerne Prügelböcke aufgestellt wurden. Schultz befiehlt der Lagerältesten aufzupassen, dass keine die Fünferreihen verlässt, und ergreift seine Peitsche.

»Na los, komm!«, ruft er der Nächststehenden zu.

Zweihundert Frauen sollen ausgepeitscht werden, für jede sind 25 Schläge gedacht. Nachdem aber eine der Lagerältesten unerwartet eingegriffen hat, erspart Schultz den Polinnen die Strafe und vollstreckt sie eigenhändig an den Russinnen. Als er aufhört, ist es schon dunkle Nacht. Bis dahin erscheint in den Lichtstreifen ein Zug von Frauen, die sich langsam der Stelle nähern, an der sich jede von ihnen auf den Prügelbock legt. Vor dem Hintergrund der Blocktür sieht man Schultz' gebeugte Gestalt und seine rauf und runter gehende Hand mit der Peitsche.

Plötzlich entsteht ein Durcheinander. Die wartenden Frauen versuchen die Dunkelheit zu nutzen, um in die Gruppe derjenigen zu rücken, die ihre Strafe bereits bekommen haben. Als Schultz es bemerkt, schnappt er sich irgendeine dürre Frau, die mühsam durch den Schlamm stapft, packt sie an den Hüften, hebt sie hoch und wirft sie mit dem Kopf nach unten wieder hin. Dann, nachdem er seine angeschwollene Hand angeschaut hat, kehrt er zum Schlagen zurück.

Die Russin bleibt inmitten des Hofs regungslos liegen, den Kopf nach hinten geneigt, die Arme offen. In der Dunkelheit des Herbstabends ertönen Geschrei, Geheul und Gestöhn.

Jeder Tag bringt jetzt eine Veränderung zum Schlechteren.

Die Polinnen, die im Sommer zu Funktionsgefangenen aufgestiegen sind und ihre Stellen übernommen haben, fallen eine nach der anderen wegen Krankheiten und Tod aus. Sie werden durch ihre deutschen Vorgängerinnen mit schwarzen Winkeln ersetzt, die nach und nach aus dem Strafkommando entlassen werden. Gleichzeitig füllen sich die Reihen des SK wieder mit Polinnen. Das gibt dem Lager sein altes, düsteres Gesicht zurück. Die neuen Funktionsgefangenen erkennen bald die Stimmung und die Tendenz in der Lagerverwaltung und erlauben sich jede Willkür.

Die Blockälteste in Block 25b ist eine Jüdin aus der Slowakei. Die Hälfte der dortigen Bewohnerinnen bilden die Arbeiterinnen der Bekleidungskammer, die von der Kapo Schmidt privilegiert behandelt werden. Sie bekommen keine Pakete, aber sie essen trotzdem Sardinen, Obst, Schinken und Wurst. Sie verkaufen für überhöhte Preise Kleidung und Unterwäsche, die aus dem Magazin gestohlen (und nicht legal an Gefangene ausgegeben) werden. Eine Frau, die einigermaßen sauber sein will, muss sich Kleidung, Seife, Unterwäsche und Schuhe kaufen. Wenn sie Lebensmittelpakete bekommt, ist die Sache einfacher. Wenn sie aber keine bekommt, sind ein Hemd oder warme Strümpfe für sie fast unerschwinglich.

Jeden Abend wandern in Block 25 Scharen von Frauen umher, an deren Kleidung, Füßen und Händen sich Straßenstaub, verklebte Erde und Schlammklumpen festgesetzt haben. Sie bleiben vor den höheren Kojen der Arbeiterinnen des Kleidermagazins stehen und rufen in einer Mischung verschiedener Sprachen, etwa so:

»*Pani! Koszulu ne majesz?*«[10]

Eine Frau streckt den Kopf heraus. Ohne das Hemd zu zeigen, fragt sie zurück:

»*A czo mate?*«[11]

Von unten zeigt eine abgearbeitete Hand die Tauschware. Wenn es das dunkle Lagerbrot mit einer darauf liegenden Scheibe Margarine ist, verschwindet der Kopf sofort wieder. Es gibt nicht einmal eine Antwort. Das müde Gesicht der Feldarbeiterin bleibt ausdruckslos. Nur die Augen werfen Blicke voller düsterer Blitze. Als sie weggeht, fragt sie noch:

»*Chliba ne choczesz?*«[12]

Die Russinnen sind hier in einer besonders schwierigen Situation. Sie können keine Pakete aus den fernen Gebieten der Sowjetunion bekommen, weil diese durch die Front abgeschnitten sind. Sie sind daher auf die Lagerportionen angewiesen, also zum Hungern verurteilt. In ihrer Not durchwühlen sie die Mülltonnen, oder sie stehen vor der Küche und versuchen, die Kohlrübensuppe aus den Kesseln zu stehlen. Sie sind am schmutzigsten, weil sie sich nichts kaufen können, und ein schmutziges Aussehen hindert sie daran, sich eine bessere Arbeit zu suchen. Die ist für sie übrigens auch deshalb nicht zugänglich, weil sie meistens kein Deutsch sprechen – im Gegensatz zu den Jüdinnen, von denen jede

10 »Sie da! Ein Hemd haben Sie nicht?«

11 »Und was haben Sie?«

12 »Brot willst du nicht?«

diese Sprache versteht und sich schnell mit den Deutschen verständigen kann.

In Block 25b wohnen neben den Arbeiterinnen des Kleidermagazins und etwa einem Dutzend Frauen, die in der »Unterkunft« beschäftigt sind, polnische und russische Feldarbeiterinnen. Die Situation dieser beiden Kasten – der Feldarbeiterinnen und der im Lager Arbeitenden – ist sehr unterschiedlich, und infolge dieser Unterschiede kommt es zu Konflikten, die strenge Strafen nach sich ziehen.

Die Blockälteste und die Stubenältesten, denen viel daran liegt, mit Unterwäsche, Kleidung und Schuhen aus dem Kleidermagazin versorgt zu werden, behandeln die Mitarbeiterinnen der Kapo Schmidt viel milder, indem sie sie von ihren Pflichten befreien.

Der Block 25b liegt am Ende des Lagers, am weitesten von der Küche entfernt. Vor den Pfiffen zum Aufstehen, also um drei Uhr nach deutscher Zeit (nach polnischer Zeit etwa um zwei) geht eine Gruppe von früher geweckten Diensthabenden hinaus, um Kaffee aus der Küche zu holen. Es ist dunkel, die verschlafenen Frauen stolpern in die Pfützen hinein. Dieser Morgendienst verkürzt ihren Schlaf um mindestens eine Stunde. Außerdem sind die 50-Liter-Kessel sehr schwer, zumal man sie über ein dunkles, holpriges Gelände schleppen und dabei durch den tiefen Schlamm waten muss.

Die Mädchen vom Kleidermagazin werden niemals hingeschickt, um die Kessel zu holen. Der Kaffee wird von den Feldarbeiterinnen gebracht, die nach eigenem Empfinden dafür zu oft bestimmt werden. Sie sind dennoch geduldig wie jedes menschliche Wesen im Lager, das sich der Ungerechtigkeit und schlechten Behandlung bewusst ist, aber trotzdem schweigt. Einmal gibt es allerdings einen Reflex des Protests; er kommt seitens der jähzornigen Russinnen, die an Gerechtigkeit und Gleichheit gewöhnt sind. Eines

Morgens, offenbar nachdem sie sich vorher abgesprochen hatten, beschlossen sie, auf das Wecken zum Kaffeeholen nicht zu reagieren. Die Blockälteste weiß aber, wie man einen aufweckt. Mit Schreien und Schlägen aus den Betten getrieben, stellen sie sich auf den Boden, geben aber nicht auf. Sie fliehen nach draußen und schreien, dass heute die Mädchen vom Kleidermagazin in die Küche gehen könnten. Eingefangen und brutal geschlagen, kämpfen sie, ergriffen vom eigenen Rebellionsgeist. Eine schreit unter den Schlägen, die sie auf Augen, Mund und blutende Nase bekommt:

»Jewrejka!«[13]

Eine andere versetzt im Handgemenge der Blockältesten einen Schlag. Das genügt. Die Blockälteste notiert sich die Nummern und erstattet der Lagerverwaltung Bericht.

Am Abend stehen im Schlamm vor dem Block 25, zwischen den Fünferreihen, die sich zum Appell versammelt haben, zwei hölzerne Böcke. Es kommt eine Deutsche namens Leo, die nach ihrer Rückkehr aus der Quarantäne wieder die Funktion der Lagerältesten ausübt. Vor Jahren verhaftet, angeblich wegen Kommunismus, trägt sie an ihrer Häftlingskleidung einen roten Winkel, den die Deutschen nur selten bekommen.

Die vielen Jahre in verschiedenen Lagern haben sie müde gemacht, und ihre privilegierte Stellung scheint ihr keinen besonderen Spaß zu machen. Der Rücken, gebeugt wie bei einem kranken Tier, das den Kopf über den Boden schleppt, richtet sich niemals auf, selbst wenn Leo aufschaut. Sie ist gekommen, um eine an diesem Tag zusätzlich angefallene Pflicht zu erfüllen, und sie wird es nachlässig tun. Sie sieht die stehenden Frauen mit stumpfem Blick an, in ihrem düsteren Gesicht regen sich keine Gefühle. Es gibt nicht eine

13 Russ.: »Jüdin!«

Spur von jenen Blitzen der Befriedigung, Genugtuung oder Aufregung, die sonst über die Gesichter der Deutschen huschen, die eine Exekution vornehmen.

Man hat den Menschen in ihr vor langer Zeit getötet, aber die Bestie nicht geweckt. Leo ruft die Verurteilten auf. Die erste, still und gehorsam wie ein Opfer, das sein Schicksal kennt, legt sich auf den hölzernen Bock. Doch das Verhalten der zweiten ist eigenartig. Sie kann die Erstarrung ihrer Augen nicht beherrschen, ihr Körper wirkt, als ob er infolge der Aufregung aller Anwesenden kleiner geworden wäre, als ob man ihn an elektrische Kabel angeschlossen und zugelassen hätte, dass der Strom durch ihn fließt – er zittert immer stärker und wird rhythmisch von konvulsiven Zuckungen gerüttelt. Die Frau hat Schaum vor dem Mund, ihr starrer Blick weicht nicht von der Geschlagenen. Ein schwerer epileptischer Anfall wirft sie zu Boden. Leo, die noch keine fünfzehn Mal zugeschlagen hat, hält inne, lässt die Peitsche fallen und geht mit den lustig auf Polnisch ausgesprochenen Worten »*niech to szlag trafi!*«[14] weg. Ihr Schritt wirkt schwer, müde.

Es ertönt ein krampfhaftes Schluchzen der Kranken, das an Hundegebell erinnert; es fließen Tränen, Speichel, Urin und Kot.

Die Feldarbeiterinnen haben verloren, die Mädchen vom Kleidermagazin gewonnen.

Das Beispiel wirkt. Die Willkür der Funktionsgefangenen wächst proportional zur Verschlechterung der Situation der Gefangenen.

In Block 19b gibt die Blockälteste Pessy das Brot nicht anders aus, als es den im Schlamm knienden Frauen aus der Ferne hinzuwerfen. Die Antwort auf deren Proteste ist der

14 Poln.: »Der Schlag soll es treffen!«

Befehl, während des ganzen Appells mit Ziegelsteinen in den über dem Kopf erhobenen Händen zu knien.

Da ist Maria Imiola, zu diesem Zeitpunkt die Blockälteste von Block 11, die sich in aller Offenheit für die Befreiung von der Arbeit mit Lebensmitteln aus den Paketen bestechen lässt: einem halben Kilogramm Schinken, einem Kilo Butter, einem Keks oder Rührkuchen. Diese Sitte bürgert sich in allen Blocks ein, und sie wäre für die Kranken ein Segen, wenn man nur immer etwas hätte, was sich für die Bestechung eignet.

Es kommen neue Selektionen. Frauen, die Fieber haben und mit dem Instinkt eines Tiers nach einer friedlichen Ecke für ihre tödliche Schwäche suchen, werden einer Überprüfung unterzogen.

Die Todesangst legt sich über das Lager. Die Angst von Tausenden, die leben wollen und nicht wissen, ob der Rauch des Krematoriums sich nicht in Kürze von ihren ins Feuer geworfenen Leichen verdunkeln wird, so wie er sich gestern verdunkelte, nachdem eine Gruppe von Aussortierten das Lager verlassen hatte.

Es ist ein Morgen, an dem niemand zur Arbeit geschickt wird. Man darf die Baracken nicht verlassen. Und dort, irgendwo in der Ferne, am anderen Ende des Lagers, ertönt ein durchdringender, lauter Schrei – der bekannte letzte Schrei. Das Wort »Selektion« und der Name Taube machen die Runde. Für viele klingt es wie »der Tod«. Die Halbtoten erheben sich von ihren Pritschen, von ihren stinkenden Strohsäcken. Wie Lazarus-Reliefs stehen sie von ihren Betten auf, um sich auf die Begegnung mit der Gefahr vorzubereiten und sie womöglich doch noch heil zu überstehen. Auf die blutleeren Wangen tragen sie Rouge auf, das Blau der Lippen übermalen sie mit einer Schicht Lippenstift, und dann fallen sie erschöpft zurück und ringen nach Luft, von Schweiß bedeckt.

Die Angst ist gewaltig. Manche sammeln Informationen über die Selektion. Sie wollen sich verstecken. Leise, unmerklich verkriechen sie sich irgendwo, verschwinden. Die übrigen Frauen gehen hinaus, um sich in der Sauna nackt den SS-Männern zu zeigen. Die wutschnaubenden Blockältesten kommen angelaufen, um die Fehlenden zu suchen; zusammen mit ihren Helferinnen finden sie sie – in den Ecken versteckt, flach unter den Decken ausgestreckt und sogar in zugebundenen Strohsäcken liegend. Hinausgetrieben, laufen sie auf ihren kranken Beinen, immer wieder hinfallend, ihrem Schicksal entgegen, dem sie nicht ausweichen können.

Am Abend dieses anstrengenden Tages stimmt das Zählergebnis des Appells nicht. Die Suche nach den Fehlenden bleibt ergebnislos. Mehrere Frauen fallen in den Fünferreihen in Ohnmacht.

Es wurden alle Blocks, Magazine, Toiletten, Mülltonnen und Gräben durchsucht, alle Drahtzäune inspiziert – nichts, nirgendwo. Die Situation wird durch die Existenz von zwei Frauenlagern erschwert. In beiden dauert der Appell, in beiden finden Zählen und Suchen statt. Erst am späten Abend wurden im um diese Zeit kalten Ofen des Badehauses die stark leuchtenden Augen von jemandem bemerkt. Man stellte mit Verblüffung fest, dass zwei dürre Französinnen sich durch ein kleines Loch in den Ofen hineingezwängt hatten und dort seit dem Morgen in einer entsetzlich unbequemen Position ausharrten. Das Herauskommen war, wie sich zeigte, viel schwieriger als das Hineinsteigen. Eine Zeit lang sah es so aus, als sollte es ihnen gar nicht gelingen, sich in dem engen Kanal umzudrehen und nach draußen zu gelangen. Als sie endlich herauskamen, waren ihre Kleidung, Körper und Haare pechschwarz.

Der Lagerarzt lachte freundlich und befahl, ihnen eine heiße Dusche und Seife zu geben.

Infolge der Herbstselektionen kommen manchmal völlig gesunde, herrlich gebaute junge Jüdinnen auf die Liste der zu vergasenden Gefangenen. Sie verstehen die Sprache nicht, begreifen nicht, warum sie zum Tode verurteilt wurden. Wahnsinnig vor Angst, stürzen sie in die Blocks herein, werfen sich anderen Frauen zu Füßen, mit Gesten und unartikulierten Schreien betteln sie um Hilfe oder suchen nach Verstecken. Doch es gibt für sie kein Versteck, sie werden nach Nummern aufgerufen und über die lange Straße getrieben, die zum Krematorium führt. Wenn eine von ihnen Goldzähne hat, wird sie noch vor ihrem Tod deren Herausreißen durchstehen müssen. Tausende von »Muselmännern«, die zwischen den Latrinen und den Blocks herumirren, Tausende von Kranken und Gesunden verschwinden vom Gelände des Lagers wie Ephemeriden, die jemand mit der Hand bedeckt und weggewischt hat.

Reflexartige Widerstandsgesten können den Gang der Ereignisse auch nicht aufhalten. Eines Tages sickert aus der Nähe des Krematoriums die Nachricht durch, dass eine in den Tod gehende junge Jüdin, angeblich eine Filmschauspielerin, beim Anblick dessen, wie der betrunkene SS-Mann Schillinger Frauen misshandelte, ihm seinen Revolver entriss und ihn erschoss.[15] Aber was kann schon ein einzelner Schuss gegen die ununterbrochene Stille der Tag und Nacht arbeitenden Krematorien anrichten? Rebellische Einzelmenschen gingen genauso vorüber wie passive Gruppen. Griechenland ging vorüber; es erschien im Frühjahr – wie ein Märchen, das

15 Gemeint ist die Tänzerin Franciszka Mann. Augenzeugenberichten zufolge spielte sich die Szene im Vorraum einer der Gaskammern ab: Sie entriss einem SS-Mann seine Pistole und gab mit ihr drei Schüsse ab. Ein Schuss traf den SS-Oberscharführer Josef Schillinger, der auf dem Weg ins Krankenhaus starb.

über ein sonniges Land erzählt – und endete im Herbst. Es gingen Menschen vorüber, die noch heute leben könnten.

Diesen Wirbelsturm, diese gedankenlose, blinde Kraft, die auf ganze Menschengruppen einschlug und Tausende zerstörte, überlebte Zofia Kossak-Szczucka.[16] Der Hurrikan des Todes fegte über sie hinweg und verstummte. Es ist schwer zu sagen, welchem Umstand diese gütige Laune des Schicksals zu verdanken war – ob hier der bei den Menschen unterschiedlich ausgeprägte Lebenswille oder andere Kräfte eine Rolle spielten. Die Frauen denken viel darüber nach, obwohl sie kaum etwas sagen. Die Ankunft von Zofia Kossak-Szczucka im Lager, ihr Aufenthalt und ihre Heimkehr sind, wenn man es aus einer bestimmten Perspektive betrachtet, ein Ereignis, das so wirkt, als sei es vom großen Regisseur des Lebens inspiriert worden, der uns die Rollen zuweist, die Requisiten liefert und die Dekorationen schafft. Offenbar war es notwendig, dass ausgerechnet sie, die Autorin der *Kreuzfahrer*, durch Birkenau ging, um all das zu sehen und im Gedächtnis zu behalten.

Die Selektionen, die in dieser Zeit stattfinden, dienen verschiedenen Zwecken. Um zum Beispiel den SS-Männern und den Funktionshäftlingen eine »kleine Abwechslung« zu bieten, schafft man in Auschwitz den Block 24a, den sogenannten Puff – ein Bordell. Es werden dort vor allem deutsche Prostituierte beschäftigt, aber man greift auch auf andere Frauen zurück. Die Prozedur der Anwerbung ist von einem Geheimnis umhüllt. Es wird erzählt, dass die Frauen in den

16 Zofia Kossak-Szczucka (1889–1968) war eine katholische Schriftstellerin, Widerstandskämpferin und Mitinitiatorin der Untergrundorganisation Żegota (Rat für die Unterstützung der Juden). Ihr bekanntestes Werk ist der historische Roman *Die Kreuzfahrer* (dt. 1962).

Block 24 nur freiwillig gehen. Aber in manchen Fällen kann man wirklich kaum verstehen, was diejenige zu einer solchen Entscheidung veranlasst hat.

In Block 25b wohnt eine Frau mittleren Alters, die hart in der Wäscherei arbeitet und sich am Leben hält, indem sie sich neben dem täglichen Waschen um die schmutzige Wäsche von Bekannten kümmert – im Tausch gegen eine bescheidene Lebensmittelspende. Sie trägt einen roten Winkel, was bedeutet, dass sie nicht wegen Prostitution verhaftet wurde. Eines Tages wird sie in die politische Abteilung gerufen. Das sorgt für eine verständliche Aufregung: Die Verhöre haben oft schwerwiegende Folgen, den Gang in die Quarantäne eingeschlossen.

Am Nachmittag kehrt sie zurück und sammelt wortlos ihre Sachen ein. Ihre einzige Antwort auf die Fragen der Frauen ist Weinen. Nach einigen Tagen, als sie vom Feld zurückkehren, erkennen sie ihre ehemalige Blockmitbewohnerin in einer Gruppe elegant gekleideter, frisierter und geschminkter Frauen aus dem Bordell, die ohne Nummern und sonstige Häftlingsabzeichen auf der Lagerstraße herumspazieren.

Der klügste Mensch hat manchmal Momente, in denen er etwas, was offensichtlich ist, nicht glauben kann. Dann werden seine ganzen Reserven an Vernunft, Intelligenz und Wissen darauf verwendet, die Wahrheit zu verschleiern, mit irrationalen Argumenten sich und anderen etwas zu suggerieren, was in diesem Augenblick die Situation retten soll.

So wie ein Verwundeter, dem es nach einer Amputation schwerfällt zu glauben, dass er keine Beine mehr hat, und der jedes Mal, wenn er in ihnen einen illusorischen Juckreiz empfindet, ständig mit der Hand hinlangt, um sich zu überzeugen, ob sie vielleicht doch da sind, so wollen manche Frauen ihren Typhus nicht wahrhaben.

Und das wird ihnen zum Verhängnis. Bei dieser Krankheit, die Kreislauf, Herz und Gehirn angreift, muss man liegen. Man muss von Anfang an liegen, bevor das Fieber, das schnell vierzig Grad erreichen kann, einen umwirft und eine unnötige Herzschwäche verursacht, die sich bei jeder Bewegung und Anstrengung bemerkbar macht. Wer dank eines Zufalls schon im ersten Stadium der Krankheit ins Krankenrevier kommt, hat größere Genesungschancen. Wer die ersten Tage durchhält, indem er herumläuft, der nimmt dem Herzen die Kraft, die es braucht, um während der schlimmsten Krise zu kämpfen. Der Typhus ist eine zu schwere Krankheit, als dass man sie durchstehen könnte, ohne zu liegen. Das weiß jeder. Aber nicht jeder glaubt, dass er an Typhus erkrankt ist.

Es ist sehr einfach, sich – und sogar der Umgebung – einzureden, dass man an Grippe oder Angina leidet.

Zofia Sikorska sagt entschlossen:

»Wie kann ich mit meiner Erkältung ins Krankenhaus gehen, wenn ich dort bestimmt Typhus bekomme? Ich habe doch Kinder, zu denen ich zurückkehren möchte.«

Dagegen gibt es kein Argument. Und die Kranke geht weiter zur Arbeit, gestützt von Freundinnen, nimmt das mühsam aufgetriebene Aspirin, mit dem sie sich unnötig schwächt, und wird bei den langen Appellen auffallend blass. Die Symptome, die sie hat, sind typisch, und jede, die schon lange im Lager ist, ist fast sicher, dass es Typhus ist. Aber keine will sagen, sie solle ins Krankenhaus gehen, weil keine sicher ist, ob sie damit keinen Fehler machen würde.

Zofia ist eine der vielen Kranken, die sich auf diese Weise quälen. Es tauchen an ihnen Läuse auf, die gern an fiebrigen Körpern kleben.

Barbara sitzt in ihrer Baracke, an die Wand gelehnt, steif, unbeweglich, wie tot. Ihre riesigen Augen starren auf die

Scheiben der Deckenfenster, die sich über die gesamte Länge der Baracke erstreckten. Hinter diesen Scheiben ist der Krematorienrauch zu sehen, der mal umherirrt und sich dahinschleppt, mal dick wie eine Lava wird, mal verschwindet. Es ist schwer zu erraten, was Barbaras klarer Verstand denkt, wenn sie stundenlang so untätig dasitzt und vom Fieber verbrannt wird. Eines Tages sagt sie:

»Sie haben heute früh Idalia mitgenommen. Auf einer Tragbahre. Wir haben einige ausgezeichnete geografische Bücher verloren.«

Und am nächsten Tag, indem sie die Hand gegen den Himmel hebt:

»Da, Idalia – der Rauch.«

Walentyna Aleksandrowicz-Kielanowska liegt tagsüber in der Stube der Blockältesten und steht nur morgens und abends auf, um am Appell teilzunehmen. Sie hat auch Typhus, aber sie will es nicht wahrhaben.

Erschöpft von Fieber und der eigenen Schwäche, die sie nicht überwinden kann, schnappt sie mühsam nach Luft. Sie öffnet die Augen, deren untere Ränder wie bläuliche Mulden aussehen.

»Die Existenz hier«, sagt sie, indem sie ein stockend geführtes Gespräch beendet, »erinnert an die Bemühungen einer Spinne, die ihr Netz zwischen den Fingern der kraftlos herunterhängenden Hand eines schlafenden Menschen webt. Eine zufällige Bewegung zerstört alles, der Faden reißt – Ende.«

Walentyna Aleksandrowicz-Kielanowska starb einige Tage später im Krankenrevier. Es war ihr wahrscheinlich egal, dass ihre nackte Leiche mit einem weißen Laken bedeckt wurde, dass man kleine Blumensträuße besorgte und ihren Körper sanft und vorsichtig in den Ambulanzwagen des Krematoriums legte. Die Toten fühlen es nicht. Es sind nur die am Leben Gebliebenen, die es früher nicht geschafft haben, ihre Gefühle auszudrücken, und nun, da es zu spät ist, das Bedürfnis haben, sie zu zeigen.

Zofia Sikorskas große Geduld weckt Bewunderung vom ersten Moment ihres Aufenthalts im Krankenrevier – an einem Ort also, an dem man sich über nichts mehr wundert.

Leider kommt sie zu spät dorthin. Ihr Herz ist zu sehr geschwächt. Die Krise geht zwar glücklich vorüber, doch sie bekommt eine Herzbeutelentzündung, und in ihrer Hüfte entsteht ein Blutgerinnsel, bei dem der Körper ruhiggestellt werden sollte.

Um Zofia Sikorska kämpfen viele Frauen.

Sie ist eine Gefangene, die, wie Tausende, aus politischen Gründen verhaftet wurde und die zurückkehren möchte. Niemand sonst. Aber Zofia ist eine äußerst, eine ungewöhnlich mutige Frau. Mit ihrem Mut hat sie vielfach für die Rettung bezahlt, die jeder für sie erwartet.

Doktor Węgierska, die sich Tag und Nacht an den dreistöckigen, unerträglich überfüllten Betten zu schaffen macht, ruft für Zofia andere Ärztinnen zusammen. Gemeinsam mit Doktor Kasia Łaniewska und Doktor Jasińska sowie mit Ärztinnen aus Russland tut sie alles, um sie zu retten. Doch weder Injektionen noch andere medizinische Behandlungen zeigen Wirkung. Man zählt nur noch auf die Widerstandsfähigkeit ihres Organismus. Es beginnt der entscheidende Kampf. Und vielleicht würde er sogar mit einem Sieg enden, aber genau zu diesem Zeitpunkt erfährt Zofia, dass ihr Vater gestorben und ihr Bruder nach Deutschland deportiert worden ist. Ihre brennenden Augen schauen konzentriert.

»Sagt meinen Mädchen, Jola und Gizia, dass sie sich wie Schwestern lieben sollen. Denn sie sind keine Schwestern – Gizia ist die Tochter einer toten Freundin.«

Auf den Gerüsten der dreistöckigen Betten liegen je drei, vier ausgemergelte, von der Krankheit überwältigte Körper. Ihre knochigen Glieder und die Lumpen, mit denen sie bedeckt sind, wirken wie ein einziges, verschmolzenes Grau. In vielen Fällen sind es schon Leichen, die nach einer Stunde oder einem Tag erkalten werden. Manchmal sind es noch Lebende, die vor Erschöpfung und Hunger ohnmächtig geworden sind. Sie liegen da, lethargisch, regungslos.

Barbara ist genauso abgemagert, und der Tod hat genauso Besitz von ihrem Körper ergriffen – er hat alle seine Funktionen ausgesetzt, außer Atmen und Denken. Sie liegt zwischen den verdrehten Körpern der Sterbenden. Zu ihren Füßen stapeln sich große Schachteln, richtige Vorratsschränke: die Lebensmittelpakete. Barbara isst nichts.

Nachts, wenn niemand sie sieht, setzt sie sich aufs Bett, öffnet die Schachteln und holt in Seidenpapier eingewickelte Orangen, Äpfel, Torten und Speck hervor. Sie beugt sich über die schlaflos liegenden Nachbarinnen, von denen sie weiß, dass sie sich langsam erholen und von Hunger gequält werden. Sie neigt sich zu den am niedrigsten Liegenden hinab, klopft von unten an die Bretter des oberen Bettes. Die haarlosen Köpfe an dürren Hälsen erheben sich, die dünnen Hände greifen nach den gereichten Päckchen.

»Da, nimm, iss!«, ruft Barbara im Flüsterton.

Das wiederholt sich jede Nacht. Nachdem Barbara das Verteilen beendet hat, schließt sie die Augen. Sie sieht dann aus wie eine verstorbene alte Frau. Der Tod hat dieses junge Gesicht bereits geprägt wie der Herbst eine Blume. Die Haut bespannt die langgewordene Nase und die stark hervorstehenden Wangenknochen. Die Lippen sind schmal und blau. In den tiefen Augenhöhlen schläft der mit der Haut der Augenlider bedeckte Blick.

Doch wenn die Lider sich langsam heben, erscheinen die

riesigen, azurblauen Augen, die als einzige unverändert geblieben sind. Diese Augen schauen von Weitem, von der anderen Seite des Lebens.

In diesem Kopf brennen ständig Gedanken, die sich durch ein intensives Vor-sich-hin-Starren manifestieren. Mit Menschen spricht Barbara nicht mehr, aber sie spricht ständig mit ihren Gedanken und mit Geistern, die ihre erregte Fantasie heraufbeschwören. Manchmal verwandeln sich ihre Gedanken in Worte, die sie ins Leere spricht.

Barbaras Gedanken sind wie ein heiliges Feuer, das gleichmäßig und hell brennt und ihren Körper ganz in sich verschlingt. Um sie herum herrscht Stille. Die anderen Frauen können vor lauter Schwäche ihre Wünsche nur einsilbig artikulieren, oder sie öffnen lediglich den Mund, ohne ihre Stimme zu finden. Barbara spricht in vollen Sätzen, klar und deutlich, als ob das Leben, das sie verlässt, hier eben, im Land der Gedanken, für den Moment des Abschieds stehen geblieben wäre. Ihre Worte erklingen über den Todesbetten wie der Ausdruck des letzten Willens der Sterbenden oder wie eine Ansprache, die von einem unsichtbaren Redner gehalten wird.

»Für die Deutschen bedeutet das Sein Kampf. Jeder Mensch und jede Nation haben in sich einen stärker oder schwächer entwickelten Expansionsdrang, ein Streben nach neuen Werten, einen Eroberungsgeist, eine Gier. Verschiedene Nationen nutzen diese Kraft auf unterschiedliche Weise, um aus ihr einen Hebel des Fortschritts zu machen. Die Deutschen kennen sie auch, sie bezeichnen sie als *Drang*. Sie richten alle ihre Fähigkeiten auf den Eroberungsdrang aus. Mit der Mentalität eines Höhlenmenschen sehen sie als Ziel ihrer Bemühungen nur den Mord, die Beute, das Blut. Wie ein primitives Wesen lieben sie es, ihr Opfer in eine Höhle zu schleppen und es zu zerreißen und zu zerteilen, um dann in den Blutdämpfen zu liegen und von weiteren Eroberungen zu träumen.«

»Es ist traurig, dass die deutsche Nation, die zweifellos viele Talente hat, sich selbst und ihre düstere Rolle in der Geschichte nicht erkennt. Sie ist dafür verantwortlich, dass die Menschheit auf große Abwege geraten ist, dass sie eine Zeit des Wahnsinns erlebt.«

»Wer als Deutscher kämpfen konnte und angesichts dieser Verbrechen nicht den Dienst an der Waffe verweigerte, der ist weit davon entfernt, irgendetwas zu verstehen.«

»Irgendwann, wenn die deutsche Jugend beginnt, Geschichte zu lernen, wenn sie die Geschichte ihrer eigenen Nation und anderer Nationen kennenlernt, wenn sie die Gesetze kultureller Entwicklung begreift, wird sich möglicherweise in ihr ein Protest gegen die Verschwendung der nationalen Fähigkeiten regen, wird sie vielleicht zu neuen Taten aufbrechen.«

»Sind die Deutschen imstande, ihre Seele zu erneuern?«

»Kann eine Nation, die bisher der größte Vernichter in der Geschichte war, jemals lernen zu bauen? Wir werden sehen. Bis dahin wird sie der Menschheit noch mehrmals Kummer bereiten und den Weltfrieden zerstören.«

Barbara verfällt in Lethargie, ihre Augen verschwinden unter den Lidern. Vielleicht schläft sie, wer weiß. Doch nein, sie streckt ihre dünne Hand aus, bewegt sie in der Luft und sagt, leise lachend:

»Sie bauen Toiletten, sie pflanzen Sträucher. Hier, in Auschwitz! Wir wissen, was es bedeutet: Sie verwischen die Spuren. Sie wollen den Namen ›Auschwitz/Oberschlesien‹ einem Ort zurückgeben, der ›Auschwitz-Todeslager‹ heißt. Oh, ihr *Herrenvolk*! Wir haben euch gründlich kennengelernt, eure Frauen und eure Männer, euren Fanatismus, zum Kampf angestachelt durch die Peitsche der Gestapo. Wir und ihr sind grundverschieden. Wir repräsentieren entgegengesetzte Werte, obwohl wir unmittelbare Nachbarn sind.«

Mit einem leisen Lachen fügt Barbara hinzu:

»Die polnische Nation wird nicht euer *Sklavenvolk* sein.«

Nach einer Weile setzt sie sich mit offenen Augen auf und ruft im Flüsterton:

»Heh, ihr Nazis! Öffnet die Tore! Die Welt kommt zu euch, eine große Koalition von Nationen. Sie wird die Barbarei besiegen. Beeilt euch! Verwischt die Spuren! Wascht die Erde!«

»In vielen Ländern ist die Erde mit dem Blut von Menschen durchtränkt, die ihr vernichtet habt. Das Getreide, das auf den Feldern wächst, wird über viele Jahre dieses Blut in sich tragen. Die nächsten Generationen werden mit dem aus ihm gebackenen Brot ein besseres Verständnis der Dinge bekommen. Sie werden erkennen, wer ihr seid, sie werden begreifen, dass mit euch keine Verhandlungen möglich waren, dass keine Kontributionen, keine Zahlungen halfen – weder das den Juden geraubte Gold, noch die Diamanten, die den Jüdinnen in den Vorräumen der Krematorien weggerissen wurden. Alles umsonst!«

»Wir sind nicht primitiv genug, um ›Zahn um Zahn‹ zu rufen. Wir wollen uns nicht so weit zurückentwickeln, dass wir uns mit euch in Bestialität messen können. Wir wollen nicht, wie ihr, das Messer bis zum Griffansatz im Körper eines Wehrlosen versenken.«

»Beeilt euch, ihr SS-Männer, verwischt die Spuren. Ihr werdet nicht alles verwischen. Wenigstens ein kleiner Teil dessen, was ihr getan habt, wird als Zeugnis bleiben. Die Wahrheit wird ans Licht kommen. Die Erde wird es den Menschen erzählen.«

»Wie die schwarze Rauchsäule, die über dem Krematorium stand und uns Tag und Nacht den Atem raubte, so wird die Wahrheit über euch stehen. Wie das Weinen der von euch lebendig in die Flammen geworfenen Kinder uns traf, so wird die Wahrheit euch treffen. Wie die unzählige, vielsprachige Menge von Elenden durch die Bruderschaft des Todes vereint war, so wird die Bruderschaft der Nationen sich gegen euch erheben. Wie die menschliche Asche über die Felder verstreut ist, so wird eure Nation, die ihr in eurem Wahn in die Selbstzerstörung treibt, verstreut sein. Ihr werdet noch mehr als die Juden, noch mehr als die Zigeuner obdachlos sein.«

Barbara fällt zwischen die Körper anderer Sterbender zurück.

In der Stille, die in der Baracke herrscht, ist manchmal nur ein letztes Stöhnen oder Seufzen zu hören. Irgendjemandes Augen, die so ausdrucksstark sind wie die Augen eines Stummen, betrachten in der Dämmerung die gesunden Gestalten, als würden sie versuchen, ihnen ihren letzten Gedanken mit dem Blick zu vermitteln, nachdem der Körper nicht mehr die Kraft hat, ihn in Worte zu fassen.

Morgens und abends taucht vor jeder der vielen Krankenhausbaracken ein kleiner Haufen toter Körper auf. Die durchschnittliche Sterblichkeitsrate in beiden Frauenlagern erreicht im Herbst und Winter 1943/1944 die Zahl von dreihundert Toten pro Tag.

Die nackten Leichen werden eilig auf der schneebedeckten Erde abgelegt. Bei ihnen bleibt nur die Stille, denn die Lebenden gehen zu den Lebenden zurück, oder sie gehen zu den Sterbenden, um gegen den Tod zu kämpfen. Die Toten sind allein. Der Blick der Lebenden meidet diese Leichenberge wie schlechte Vorzeichen. Und sie, jeden Morgen neue, liegen unverändert unter dem grauen Himmel, täglich auf die gleiche Art, den ganzen Herbst und Winter über.

Hab Mut, einsame Gefangene, die zwischen den Baracken umherirrt; hab Mut, näherzukommen und zu schauen. Alle freundlichen Hände sind durch die Kälte des Todes gekrümmt, alle heißen Herzen abgekühlt worden. Was da auf dem Schnee liegt, ist möglicherweise nur eine Zeichnung aus dem Zyklus *Bilder aus den Hungerjahren*. Niemand gab diesen Körpern die christliche Haltung der Toten – gerade liegend, die Hände an der Brust gefaltet. Jeder von ihnen erstarrte im letzten Krampf des Lebens; jeder behielt die letzte Sekunde des Todeskampfes in sich und liegt nun in dieser Position, in der er auch verschwinden wird. Der Schmerzensschrei blieb in den offenen Mündern und aufgerissenen Augen, in der Verkrampfung der an die Brust gedrückten Hände. Die Bäuche aufgebläht oder eingefallen, die Rippen deutlich erkennbar unter der fast durchsichtigen Haut, die dünnen Knochen der gebogenen Hände und Beine. An vielen Körpern dunkelblaue Flecken.

Das war's. So endet diese ganze Gruppe der siegessicheren, widerstandsfähigen Frauen, so klingt jener sonnige Sommer in Birkenau aus; ein Sommer voller Glauben, voller Pläne.

Es ist sinnlos wegzuschauen. Überall im Lager, so weit das Auge reicht, wiederholen sich ganze Serien von gleichen Bildern, nur in einer leicht veränderten Ausgabe: Da die Leichen von Frauen, dort die von Männern und noch ein Stück weiter die von Männern, Frauen und Kindern zusammen. Es ist auch sinnlos, nach oben zu schauen. Es ist nicht der Himmel, der über dem Stacheldraht zu sehen ist. Es ist eine dicke Eisschicht, die sich unmerklich und leise geschlossen hat und durch die nichts eindringen wird. Vergeblich würde man nach Gott oder einem Menschen rufen. Es ist unmöglich, jemanden zu erreichen.

Wie kann man glauben, dass in den schneebedeckten Städten und Dörfern, über den Tischen, in den Lichtkegeln von Lampen sich in diesem Augenblick die Köpfe von Kindern beugen, die Weihnachtsbaumschmuck für das bevorstehende Fest basteln?

Was für ein Unsinn! Das gibt es nicht. Und wenn doch, dann so weit weg, in einem so unwiederbringlich verlorenen Land, dass es besser ist, es zu vergessen. Es war nur ein ferner, verschwommener Traum, der sich nicht wiederholen wird. Es ist besser, alles zu vergessen und nur das zu erleben, was zwischen den Baracken ist.

Hier, unter der undurchdringlichen Eisschicht, irren die Pilger-Muselmänner umher, die – wie Algen, die mit ihren Wurzeln im Boden stecken – sich aus dem Schlamm nicht befreien können.

Wer von ihnen wird die Zeit der Unfreiheit überleben? Wo, an welchem Millimeter der Straße, ist das Ende ihrer Pilgerschaft vorgesehen?

Ein böser Zauber zwingt sie, immer weiter zu gehen, mühsam, schleppend, bis sie auf ihr Sterbebett fallen. Grauschwarze Gespenster, die alle auf die gleiche Art sterben, um dann über das Lager als ein dichter Krematorienrauch niederzugehen, der sich zwischen den Baracken ausbreitet, hinzieht, schleppt, bis er sich noch mehr verdichtet und menschliche Formen annimmt.

Man hat zunehmend das Gefühl, die Verbindung zur Realität zu verlieren, die in den Sommermonaten fast schon vertraut geworden ist – völlig unnötig, wie es scheint. Es war unnötig, die blühenden Wiesen zu betrachten und vor Freude zu zittern, wenn man das Gefühl hatte, die Kräfte wiederzuerlangen oder sich einer Gruppe marschierender Frauen verbunden zu fühlen.

Irgendein Geist der Dunkelheit irrt zwischen den Blocks von Birkenau umher, zerdrückt mit seinen dick in Lumpen eingewickelten Füßen den niemals gefrierenden Schlamm, diesen lebendigen Schlamm, der alles in sich hineinsaugt, und kichert leise. Genauso wie im vergangenen Winter nimmt er mit Wonne den Duft brennender Menschen in sich auf und befleckt mit seiner Spur den frisch gefallenen Schnee.

Wohin gehen, um nicht ständig die nackten Körper zu sehen, die auf dem Boden liegen? Wohin gehen, um zu vergessen?

Die Zeit vergeht – die Tage des Herbstes, die Wochen der Epidemie, die Monate der Gefangenschaft.

Wieder ist der Heiligabend gekommen.

Seit einigen Tagen fällt ununterbrochen Schnee, die Wolken haben sich über der Erde aufgehängt und sich in dieser regungslosen Position gleichsam geöffnet: Ohne Eile, langsam und gleichmäßig geht eine Unmenge von winterlichem Weiß nieder. Es wirbelt einen Moment lang, bevor es den Zielort wählt und fällt, bleibt im Vorbeifliegen mit einzelnen Flocken an den Wimpern und Augenbrauen hängen, berührt die Lippen, um sofort zu schmelzen, setzt sich auf Haare und Kleidung und fesselt durch seine raffinierte Form den Blick. In diesem Land ohne Blumen, fast völlig ohne jegliche Schönheit, bleiben die Augen gern an einem winzigen Schneesternchen haften, das auf den Ärmel gefallen ist und dort herumzittert, bewegt durch einen Hauch des Schneegestöbers, bevor es schmilzt.

Milliarden von wirbelnden Schneeflocken kreisen um die Lampen wie kleine, weiße Insekten, die in Scharen zum Licht strömen und in seinem Radius herumirren. Das Licht der Lampen fällt auf die Erde oder den Drahtzaun nicht wie sonst in Form eines kalten Scheinkegels, sondern als ein wirbelndes, tanzendes Gestöber, das mit der Flauschigkeit des Schnees den Stacheldraht bedeckt, die Isolatoren umhüllt und sich mit einer immer dickeren Schicht auf dem Boden niederlässt. Auf den Betonsäulen türmen sich weiße Kappen, die Wärterhäuschen sind mit Schnee bewachsen wie mit Moos, jeder Gegenstand und jedes Gebäude tragen eine weiße Schutzplane.

Das Schneetreiben verdeckt alles und dämpft alles. Man hört keine menschlichen Schritte, die im tiefen Schnee versinken, man hört keine Stimmen, weil eine wirbelnde Schneewolke sie in sich hineinsaugt.

Und doch gibt es in diesem Weiß, in diesem Schneegestöber jemanden, der wartet, der aus dessen Tiefe ruft – man muss nur zwischen den Baracken herumgehen und schauen, ob man durch den fallenden Schnee nicht irgendwo eine vertraute Gestalt erblickt. Man muss dicht an den Stacheldraht gehen, an die Eiche, die mitten in einem Schneewirbel steht, und dann durch das Tor von einem Lager ins andere, in Richtung der Krankenhausbaracken.

Unhörbar, einen Schritt nach dem anderen, geht jemand über den Schnee und spricht die Sprache der Stille. Es schneit und schneit, die Natur legt in ihrer großen Barmherzigkeit ein Tuch von makellosem Weiß über diesen riesigen Friedhof, bedeckt die Nacktheit der Körper, die an den Blocks und vor den Krematorien liegen.

In diesem Jahr gelang es den Feldarbeiterinnen, viele kleine Weihnachtsbäume, sechzig bis neunzig Zentimeter hoch, ins Lager zu schmuggeln. Sie wurden in den Kojen aufgestellt, darunter Briefe von den Nächsten gelegt.

Wenn man sein Zuhause lange nicht gesehen hat, können der Duft von Weihnachtsbaumzweigen und der Schein einer einzigen, mühsam aufgetriebenen Kerze Wunder bewirken.

Die Hände begegnen sich an der weißen Oblate, die in einem Paket geschickt wurde, und brechen je einen Krümel ab, damit es noch für viele andere reicht. Ein Lächeln erhellt die konzentrierten Gesichter. Die Frauen wissen, dass in diesem Moment, da der erste Stern am Himmel leuchtet, auch ihre Familien solche Oblaten miteinander teilen und alle guten Wünsche an die Anwesenden und Abwesenden richten.[17] Und dass sie, nachdem sie ihre Angehörigen in den Lagern erwähnt haben, die in Unfreiheit und Ungewissheit ausharren, ihre Tränen nicht zurückhalten können.

Die Frauen, die auf den Kojen sitzen, weinen nicht. Hier sucht man nicht nach Traurigkeit. Hier schiebt man sie sanft von sich weg, wenn man es nur irgendwie, für sich und andere, wenigstens für einen kurzen Moment der Illusion tun kann.

Aber die Traurigkeit will nicht weichen. Sie tritt nur einen Schritt zurück, hinter den Radius des Kerzenlichts, und erscheint im Schatten in Form von Gesichtern der Leidensgenossinnen, die im Kreis der Lebenden fehlen.

Der Blick der Frauen ist auf die brennende Kerze gerichtet, jemand erzählt, auf die eigenen Worte und die Konzentration der Sitzenden lauschend, ein Weihnachtsmärchen.

Die nach innen gekehrten Augen, die den Verlauf der fantastischen Ereignisse verfolgen, sehen nicht, dass die Kerze erlischt, dass die Baracke in Dunkelheit versinkt und nur an den Balken und Sparren des Dachs manchmal der Widerschein der Lichter vorbeihuscht. Gleich werden aus der Dämmerung, aus den benachbarten Kojen sich diejenigen erheben und der Gruppe anschließen, die hier vor einem Jahr gelebt haben.

Irgendwann, wenn das Lager sich ganz leert, werden sie die Einzigen sein, die hierbleiben und an den Winterabenden, vielleicht an einem solchen Heiligabend wie dem heutigen, wenn der Wind genug Schnee in die Baracke hineinge-

17 In Polen ist es Brauch, am Heiligabend, bevor man sich zum Abendessen setzt, geweihte Oblaten miteinander zu brechen und gute Wünsche auszutauschen.

weht hat, aus der Dunkelheit ein Weihnachtsmärchen hervorrufen.

Am diesjährigen Heiligabend wurden zum Fest in der Desinfektionsbaracke alle Deutschen eingeladen (Reichs- und Volksdeutsche); sie wurden angewiesen, Schüsseln und Löffel mitzubringen. Auch die verdienten Funktionsgefangenen anderer Nationalitäten wurden gebeten zu kommen und nehmen ebenfalls an dem Schmaus teil.

Bei einer Portion Zwiebelsuppe lauschen sie der Festrede, die der Lagerführer Hössler mit lauter Stimme hält. Zwischen den banalen Sätzen, voller Versprechungen und Zusagen für die Zukunft im Gegenzug für Wohlverhalten in dieser »Strafvollzugsanstalt«, dröhnen und hallen in der Baracke die besonders oft wiederholten Worte:

»Wir Deutsche! Wir Deutsche! Wir Deutsche!«

Es steckt in ihnen der ganze Hochmut derer, die ihren gut beschuhten Fuß auf den Hals der Besiegten gestellt haben.

Durch die zerbrochenen Fenster des Badehauses gelangen diese Worte nach draußen und erreichen in der Stille des schneebedeckten Lagers die Baracken, in denen diejenigen den Heiligabend feiern, auf die »*Wir Deutsche!*« nicht zutrifft.

Der erste Weihnachtstag, der einzige in der Geschichte des Lagers, an dem es keinen Appell gibt, endet mit dem ersten Auftritt des weiblichen Orchesters, zu dem auch die an diesem Tag nicht eingesperrten Frauen aus dem SK kommen dürfen. In der durch die Abwesenheit der SS, die Musik und den eigenen Wunsch zu vergessen erregten Menge sieht man mehrere Gestalten mit dem roten Kreis am Rücken. Unter ihnen befindet sich auch die Ex-Kapo Musskeller, die bis jetzt noch nicht begnadigt wurde.

Das Orchester wird von der Niederländerin Alma Rosé geleitet, einer hervorragenden Dirigentin, die weit größere

Erfolge hinter sich hat als die in Birkenau. Und an diesem festlichen Abend geschieht Überraschendes. Als eine Melodie voller Trauer erklingt, großartig gespielt von einem Ensemble von Frauen, die aus ganz Europa stammen, eine schmerzvolle Melodie, die vom ersten Ton an für vollkommene Stille unter den Kopf an Kopf stehenden Häftlingen sorgt, erscheint neben der Dirigentin die Gefangene Musskeller, gekleidet in ein graues Kleid mit rotem Fleck am Rücken.

Sie ist in den letzten Monaten dürr und fahl geworden, ihr Auftreten hat etwas Unsicheres. Schwer keuchend und sich im Takt der Melodie wiegend, hebt sie ihre blutunterlaufenen Augen zu Alma Rosés Gesicht. Die Dirigentin nickt. Musskeller beugt mit einem verzückten Lächeln den Kopf zurück, öffnet weit die Arme und beginnt zu singen.

In diesem Lied ist nichts außer Sehnsucht. Es scheint, dass die Wände der Baracke durch die Kraft gesprengt werden, die die Singende in die unkomplizierten Worte legt:

»*Wien, Wien, nur du allein* …«

Ihre ausgebreiteten Arme und ihr leidenschaftlicher, fast tierischer Schrei, der für einen Gesang viel zu laut und aggressiv klingt, geben dem Lied einen Unterton von Verzweiflung. So kann nur die Natur schreien, die sich gegen ihre Entstellung wehrt.

Das Orchester hat den Ton des Liedes erkannt. Irgendein Nerv ist in der Tiefe der Instrumente und der Herzen getroffen worden. Ein Dschungel der Sehnsucht, von den Häftlingen sonst sorgfältig gemieden, hat sich aufgetan und singt nun mit all seinen Stimmen. Forte, fortissimo spielt das Orchester. Es klingt wie der Hufschlag einer galoppierenden Herde von Wildpferden, die nicht hören, dass eines von ihnen, eingefangen und in einem Gehege eingesperrt, vergeblich nach seinen freien Gefährten ruft. Die Melodie wird leiser. Musskeller, lächelnd, den Blick auf Bilder gerichtet, die für andere unsichtbar sind, beendet das Lied. Zärtlich, mit innerem Feuer spricht sie die letzten Worte:

»*O du mein Wien!*«

Im Badehaus erklingen weiterhin Musik und Stimmengewirr – draußen schneit es immer noch. Die Füße waten über die weiße Fläche, indem sie unwillkürlich nach Stellen suchen, die nicht ausgetreten sind. Direkt am Stacheldraht ist das Weiß makellos. Im Schneegestöber zeichnet sich hartnäckig ein Gesicht ab; es verschwindet, wenn man den Blick hebt. Ist es jemand von denen, die gegangen sind? Oder ist es jene gütige Kraft, die so oft zwischen die Baracken kommt, um die Menschen auf einen Weg mitzunehmen, von dem es kein Zurück gibt?

DRITTER TEIL

Das Jahr 1944

ERSTES KAPITEL

Das Lager wartet

Der Winter verging, blind vom Starren in den dunklen Abgrund, in dem die Lebenden, sich im Nichts auflösend, verschwinden. Wieder nimmt der Gedanke eines Tages wahr, dass die Zeit voranschreitet. Wieder kommt der Februar, mit dem im Lager schon die Frühlingszeit beginnt. Es ist ein Tag wie jeder andere, ein aus der Mitte des Monats herausgerissener, der von keinem besonderen Ereignis gekennzeichnet ist. Der milde Frost lässt den Schnee leicht knirschen, die helle Wintersonne hebt dessen Schönheit hervor. Die Luft ist klar, und die Traurigkeit plagt einen etwas weniger – das Krematorium raucht heute nicht.

Wenn man da steht, den Rücken gegen die Wand der Orchesterbaracke gelehnt, sieht man hinter der Linie der Stacheldrähte die Fläche zwischen dem Frauenlager und dem Männerlager, dann wieder die vom Raureif weiß überzogenen Stacheldrähte und die Baracken. Wie eine Vision, wie einen quälenden Traum. Man kann sich nicht bewegen und die Augen öffnen. Man kann nicht aufwachen.

Das Orchester spielt leise für sich eine Melodie von Grieg. Die Wolken bilden am Winterhimmel kleine Streifen.

Die raureifbedeckten Drähte wirken wie riesige Musiklinien, die mit weißer Tinte auf den grauen Hintergrund der Landschaft von Birkenau gezeichnet sind. Der Blick schweift über sie, indem er auf verschiedenen Höhen die Zeichen der Noten errät.

Manchmal fällt auf die Drähte, wie ein b-Moll der Resignation, der dunkle Fetzen eines Menschen, der den morgigen Tag nicht mehr sehen will.

Im Moment sind sie aber leer. Ein Spatz setzt sich auf sie, wiegt sich leicht, sucht mit seinen Krallen nach einem Platz auf den Metallstacheln und fliegt weiter, über das Männerlager.

Das Orchester spielt ununterbrochen; es sieht aus wie eine weiße Blume, die auf dem Grund eines Sees unter einer Eisdecke liegt.

Wie kann man die erstarrten Gedanken in irgendeine Richtung wenden, wenn der gestrige Tag in Asche zerfallen ist und der morgige keine Veränderung bringen wird?

Neben Block 6 ragen die nackten Stängel der Wildrosen empor. Vom Wind gezaust, schlagen sie leicht gegen die Holzwand, bleiben mit den Stacheln an der grünlichen Farbe hängen, kratzen an ihr. Einer der Männer hat sie hier gepflanzt, als sie noch in diesem Lagerteil lebten, und dann ist er weggegangen, wie jeder, der in diesem Land des Abschieds begonnen hat, an etwas zu hängen.

Es ist nicht einmal ein Gedanke, es ist nur eine flüchtige Frage, die man der Zeit beim Anblick dieser Stängel hinwirft: Was passiert, wenn der Sommer sie mit Blättern bedeckt?

Auf der Seite des Männerlagers läuft in der Nähe der Straße eine graue Gestalt herum. Sie bückt sich und richtet sich auf, geht ein Stück und kommt zurück, füllt eine Schubkarre mit Sand, schiebt sie an eine andere Stelle, schüttet sie aus und fährt die leere an die ursprüngliche Stelle zurück.

Wer bist du, Gefangener, der du dich in dem Grau des Lagers bewegst und den ganzen Tag Sand von einem Ort zum anderen fährst, was genauso sinnlos ist, wie Wasser ins Meer zu tragen? Warum verrichtest du diese überflüssige Arbeit? Bist du schon so alt, dass du keine andere Beschäftigung findest als dieses monotone, einsame Zuschütten von Pfützen mit Sand?

Oder bist du, im Gegenteil, noch ganz jung und deine Pläne und Bestrebungen waren zu schön, um hier im Lager in Erfüllung zu gehen?

Vielleicht gibt dir diese einsame Beschäftigung die Zeit, ruhig nachzudenken, in langen Träumen zu schwelgen, halblaute Selbstgespräche zu genießen, die, unter Menschen geführt, dir den Ruf eines Verrückten bescheren würden?

Oder hat das Lager dich einfach zu einem gedankenlosen Tier gemacht, das sich nur noch nach Wärme, Ruhe und Essen sehnt?

Wer bist du?

Vielleicht hast du die Wildrosen an der Wand von Block 6 gepflanzt und kommst jetzt hierher, um nach ihnen zu sehen?

Wo wirst du sein, wenn die Rosen erblühen?

Es ist sehr schwierig, über den Anfang des Jahres 1944 aus der Perspektive der Zeit zu schreiben, die später folgte. Damals nämlich, nach einer schrecklichen Welle von Epidemien, die in den Menschen jede Hoffnung getötet hatte, schien es unmöglich, dass etwas noch Schlimmeres passieren könnte, dass es überhaupt irgendein Unglück gab, dessen Geschmack der hinter den Drähten eingesperrte Häftling noch nicht kennengelernt hatte. Es schien, als sei dies der Boden des Abgrunds, und die Unmöglichkeit, von dort wieder herauszukommen, sorgte für unendliche Traurigkeit.

Doch ein paar Monate später, nachdem sich dieser Boden plötzlich unter unseren Füßen aufgetan und wehrlose Menschen, oft unwiederbringlich, verschlungen hatte, kam eine Zeit, die in unseren Augen die Züge von Ruhe und Heiterkeit gewann.

Es gibt keine Epidemien mehr. Wahrscheinlich deswegen, weil es keine Frauen mehr gibt, die sie noch nicht durchgestanden hätten. Das bisherige Chaos, das durch das ständige Eintreffen neuer Kranker und deren Verteilen auf die vollen Baracken verursacht wurde, hört langsam auf, je weniger Transporte nach Auschwitz kommen. Die Ordnung nimmt zwar zu, gleichzeitig aber wird unser Kontakt zur Realität unmerklich, aber stetig lockerer. Die Insel des Lagers scheint sich immer weiter vom Ufer zu entfernen.

Die tägliche Arbeit mit den unvermeidlichen zusätzlichen Beschäftigungen, die alle Gedanken und Zeit in Anspruch nehmen; Arbeit sieben Tage die Woche, nur sonntags um ein paar Stunden kürzer.

Wer die Epidemien überlebt hat, fängt an, sich wieder anzupassen, wie eine Pflanze, die in einem ungünstigen Klima und Boden eine Krankheit hinter sich hat.

Allmählich erwachen die Bedürfnisse wieder.

Wenn man den Körper schon in relativer Sauberkeit halten kann, wenn die Decken frei von Läusen sind und der Hunger dank der erhaltenen Pakete keine so scharfen Formen mehr annimmt, sucht der Mensch in seiner Umgebung nach etwas Freude.

Die Freude ist ein Vitamin, das der menschliche Organismus wie Sonne und Luft braucht, vielleicht sogar noch mehr als Zucker und Fett. Besonders ein Organismus, der mit Mühe ins Leben zurückkehrt.

Dieses Vitamin wird nicht in den Paketen geschickt. Es findet sich manchmal in den erhaltenen Briefen, aber nicht immer und nicht in allen.

Vergeblich versucht man, etwas Freude aus den politischen Nachrichten zu schöpfen – die meisten von ihnen sorgen eher für Verbitterung.

An Sonntagnachmittagen spielt manchmal in der Desinfektionsbaracke des Abschnitts b das Frauenorchester – es spielt großartig, mit immer besseren Musikerinnen und unter einer hervorragenden Dirigentin. Zu diesen Konzerten kommt eine große Menge von Zuhörerinnen. Die Baracke ist immer überfüllt, vor den Fenstern stehen weitere Gruppen von Gefangenen. Und in der Mitte des Raumes steht Alma Rosé, die in Begleitung des Orchesters Geige spielt.

Erschafft sie ihre eigene musikalische Legende für diese hungrige Menschenmenge? Für sich selbst, indem sie vergisst, wo sie sich befindet? Für den Rauch der Krematorien? Oder für ihre letzten Lebenstage? Man weiß es nicht. Die Vorstellungskraft führt einen über die Grenzen des Stacheldrahts hinaus, in die Vergangenheit oder in die Zukunft. Die Aufschrift *»Im Block Mützen ab!«* an der geweißelten Wand stört dabei ein wenig, und man muss die Augen schließen, um das Lager verschwinden zu lassen.

Es ist schwer zu sagen, ob es ein Moment der Freude oder nur des Vergessens ist. Wenn die Melodie verstummt, ist es noch trauriger, in die Baracke zurückzukehren.

Das Nichtstun, viel zu kurz für einen solchen Sonntagnachmittag, bringt einen auf Gedanken, die nicht nur die Kraft rauben, sondern auch an der Sinnlosigkeit jeder Mühe zweifeln lassen.

Diese Gedanken finden im Gedächtnis die Gestalten derer, die gegangen sind, und suchen ständig eine Erklärung dafür, welche Umstände dazu führten, dass ihr Lebenswille versagte, was ihn ins Wanken brachte. Die Fetzen ihres Lebens, die man hier im Lager kennenlernen durfte, stehen einem vor Augen wie Fragmente von Poemen, die aus einem größeren Kontext herausgerissen wurden.

Die Stille, die zu Beginn dieses Jahres herrscht, wird durch den Rhythmus eiliger Arbeiten gestört, deren Ziel noch nicht bekannt ist.

Die Frauen, die auf dem vom Männerlager nur durch einen Weg getrennten leeren Abschnitt c arbeiten, sehen verblüfft zu, wie unzählige Männerkolonnen aus Richtung Auschwitz kommen und ganze dreistöckige Pritschen aus den dortigen Magazinen schleppen. Die Menge dieser Pritschen, die an einen sich wiegenden Wald erinnern, und diese nicht enden wollende Prozession machen Angst.

Das sind keine solchen Arbeiten wie Sandtragen von einem Ort zum anderen, die einzig und allein den Zweck hatten, den Gefangenen von morgens bis abends zu beschäftigen und ihn ständig zu quälen.

Es sind eindeutig irgendwelche Vorbereitungen im Gange.

Für wen? Wo sind die Menschen, die hier schlafen werden? Irgendwo laufen sie frei über die Straßen, sitzen in ihren Häusern oder fahren mit einem Zug, ohne zu wissen, dass der »Muselmann«, ihr künftiger Bruder, müder als ein Lasttier, für sie schon einen Platz in einem Konzentrationslager vorbereitet.

Wenn man das Tor des Abschnitts c passiert, sieht man ein im Norden angrenzendes, bisher leeres Gelände. Dort eben fangen die Männer an, irgendwelche Holzteile abzulegen, und nach ein paar Tagen steht schon ein fertiges Lager. Große Baracken wie die der Frauenquarantäne, nur dass ihre Fenster noch nicht verglast sind. Nicht einmal von diesem Ort aus kann man ein Stück offener Fläche sehen. Die ständig wachsende Stadt der Gefangenen, in diesem Teil noch leer, verdeckt alles.

Das in Birkenau neu eröffnete Baubüro (bisher gab es nur das eine in Auschwitz) führt viele Arbeiten durch.

In beiden Frauenlagern werden Straßen gebaut, im Hof

des Reviers Steine verlegt, die kleinen Orchesterplätze an den Lagertoren mit Kies bestreut. Die Häftlinge erfüllen ihre Aufgaben gern, weil sie darin einen Nutzen für sich sehen. Ihr Gesundheitszustand bessert sich von Tag zu Tag, die Schornsteine der Krematorien rauchen selten, die Gaskammern sind geschlossen – all das weckt neue Hoffnung und gibt Kraft, Arbeiten zu verrichten, über deren Zweck der Gefangene längst nicht mehr nachdenkt.

Man denkt auch nicht darüber nach, wozu die Zuggleise, die nach Auschwitz führen, bis Birkenau verlängert wurden. Im März reichen sie bis zur Hauptwache, im April schon viel weiter, wobei sie die beiden Frauenlager vom Komplex der schmalen Lager des zweiten Bauabschnitts trennen; sie verlaufen zwischen ihnen und erreichen Birkenau.

Rund um die Krematorien, an einem lichten Wald, arbeiten Scharen von Menschen, die damit beschäftigt sind, Baracken zusammenzubauen und riesige Gruben auszuheben. Es entsteht ein neues Lager, das ebenfalls den Namen Birkenau trägt.

Ende April wird die Fläche um die Krematorien mit eng nebeneinander in den Boden geschlagenen Pfählen und mit Ästen umgeben. Dadurch entsteht eine dichte grüne Mauer, die den Blick auf die sich dort aufhaltenden Menschen versperrt und über der ein großes Dach und ein Schornstein emporragen.

Eine schläfrige Stille erfüllt das Lager, als gäbe es überall statt Luft ein vollkommen transparentes Glas.

Das unbenutzte Krematorium leuchtet mit seinen Fensterscheiben wie ein großer Tempel, der statt eines Turms einen Schornstein hat, wie ein Gebäude aus einem gruseligen Märchen. Man kann sich leicht einen Menschen vorstellen, der sich in der Leere verirrt hat und nach langer Suche und vergeblicher Wanderung auf dieses Gebäude trifft. Er sieht seine

Mauern und seine riesigen Fenster, also steuert er, ohne sich von seiner ungewöhnlichen Form verunsichern zu lassen, auf den Eingang zu, in der Erwartung, gleich die Hausbewohner zu Gesicht zu bekommen. Doch überall herrscht Leere und Stille, kein Hund bellt, kein Mensch kommt dem Gast entgegen, sodass dieser sich gezwungen sieht, die Tür selbst zu öffnen. Und erst dann begegnet er dem Hausherrn, der sich als der Tod erweist.

Ein Schauer durchläuft den Körper – nicht weil dieses Bild so erschreckend wäre, sondern vor allem deswegen, weil einem so verrückte, ungesunde Gedanken durch den Kopf gehen.

Was für ein Unsinn! Die Krematorien sind leer, und kein Hausherr wandert dort umher, wenn sie geschlossen sind.

Der Blick haftet an ihren toten Wänden, deren Ziegel sich rosarot färben, an den großen Eichen, die dicht vor ihnen, neben dem Eingang, wachsen, an den Kiefern, Birken und Trauerweiden, deren Laub vom heißen Rauch rostbraun und aschgrau geworden ist.

Schwarze Vögel umkreisen die leeren Gebäude, indem sie die Luft mit schweren Kehren ihrer Flügel schlagen. Schließlich setzen sie sich auf den Rand des Schornsteins und schauen, die Köpfe zur Seite legend, in seine Tiefe.

ZWEITES KAPITEL
Das Zyklon

Bis es eines Nachts plötzlich losgeht. Die in schweren Schlaf versunkenen Häftlinge werden von Pfiffen und Schreien geweckt. In der Dunkelheit hört man das Dröhnen und Keuchen des Zugs, das Zischen des Dampfs, der von der Lokomotive ausgestoßen wird, das Knarren der Puffer. Als ob auf diesem ins Nirgendwo führenden Gleis, das nur gelegt wurde, damit die Häftlinge eine Beschäftigung hatten, in dieser Nacht eine vielbesuchte Bahnstation eingerichtet worden wäre.

Über die vermischten Stimmen von Männern und Frauen erhebt sich ab und zu das Weinen eines Kindes und ein Schrei, der lauter ist als alle anderen:

»Los! Aufgehen! Aufgehen!«

Von Zeit zu Zeit ertönen Schmerzensschreie, die von Schlägen zeugen, ein Schuss wird abgefeuert, nach dem es still wird.

Es ist bei strengsten Strafen verboten, in dieser Nacht die Baracken zu verlassen. Später wird die Schärfe der Verbote etwas gemildert. Vorerst jedoch läuft alles nach einem genau festgelegten Plan, der unter anderem vorsieht, die Häftlinge von dem, was passiert, fernzuhalten.

Frühmorgens werden die Kolonnen von weiblichen Gefangenen auf einem anderen Weg zur Arbeit geführt als üblich, man darf sich weder der Rampe nähern noch in ihre Richtung schauen, das Tor B ist geschlossen, die Benutzung der Toilette, die sich auf der Nordseite befindet, ist verboten. Die Frauen, bewacht von Funktionsgefangenen, werden in Fünfergruppen zu den Toiletten auf der Südseite geschickt.

Das sonnige Wetter, das man durch den Drahtzaun von dieser Seite des Lagers vernimmt und das sich wie ein goldener Staub auf die Wiesen und Felder legt, ist eine Täuschung. Alles, was der Mensch jemals für real gehalten hat, ist eine Täuschung.

Nur eine Sache ist sicher, unverkennbar, nicht trügerisch: der Rauch.

Er ist in den Baracken und zwischen den Baracken, unter dem Himmel und über der Erde, in der flirrenden Luft; schwer und unbeweglich wie ein Körper, füllt er ständig den Mund, den Hals, die Lunge, die Nase, durchdringt die Kleidung, mischt sich ins Essen.

Von den vier Krematorien steigen in dunklen Windungen die Rauchsäulen, die direkt gegen den Himmel schlagen und dann in Drehungen hinabfallen.

Hin und wieder bricht inmitten der dichten Lava ein Feuer aus, dessen lebhafte Flammen aus dem Rachen des Schornsteins schlagen, durch das Schwarz des Rauchs in den hellblauen Himmel schießen und nach einer Weile verschwinden. Manchmal – besonders nachts – stoßen die Krematorien solche Flammen stundenlang aus.

Nach einigen Tagen weicht die Strenge der SS-Männer gegenüber den Häftlingen einer fast vollkommenen Gleichgültigkeit. Mit den Transporten beschäftigt, die größer sind denn je, hören sie auf, das Lager zu beachten. Man darf innerhalb des Stacheldrahts gehen, wohin man will, und schauen, worauf man will.

Aber es ist nicht einfach zu schauen. Die Straße neben der Rampe ist mit einer Masse von Menschen gefüllt, die Kopf an Kopf gehen, wie bei einer Prozession. Unabhängig von Alter, Geschlecht oder Kleidung bilden sie eine zusammengepferchte Menge, die sich langsam, Schritt für Schritt, in Richtung Westen bewegt. Der glühende Himmel bewirkt, dass sie ihre Regenschirme geöffnet haben, um sich vor der gesundheitsschädlichen Hitze zu schützen. Manche, müde von dem langsamen Vorankommen, haben sich ins Gras gesetzt, das auf der Außenseite des Lagerzauns wächst; sie legen sich zuvor eine Decke unter und säubern sorgfältig ihre Kleidung, nachdem sie aufgestanden sind. Sie verhalten sich sehr korrekt und ruhig, schauen nach vorne, auf die brennenden Schornsteine, und gehen vorwärts. Vor dem Hintergrund dieser Masse erscheint manchmal der weiße Umriss eines Kinderwagens, der wie ein kleines Boot auf einem lebhaften Fluss vibriert und, von einer fürsorglichen Hand geschaukelt, sich langsam am Straßenrand bewegt. Man hört das laute Weinen des Babys, das zärtliches Neigen, Streicheln und Windelwechseln nach sich zieht. Und nach einer Weile fällt auf die gleitende Menschenmenge wieder die Stille eines Frühlingsmorgens herab.

Wenn ein Zug an der Rampe ankommt, meistens nachts, müssen die aussteigenden Menschen, von der SS und dem Sonderkommando angetrieben, alles liegen lassen, was sie mitgebracht haben. Naive Protestversuche nehmen ein fatales Ende – die Henker wissen sich schnell zu helfen.

Die Menge geht weg in Richtung Krematorium, die Sachen bleiben auf der Rampe. Was die Menschen mitbringen, ist selbst für die größte Gier zu viel. Die betrunkenen SS-Männer waten im Reichtum, trampeln im wahrsten Sinne des Wortes auf Wertsachen herum. Indem sie zuerst die aus ganz Europa »Ausgesiedelten« ermutigen, alles mitzunehmen, was sie haben, und sie dann der gesamten Habe berauben, beschaffen die Nazis zusätzliches Kapital, das hilft, die Kosten des Krieges zu decken.

Sie schicken riesige Transporte von Goldmünzen und Schmuck, Gold und Platin, erstklassigen Uhren, Pelzen, Schuhen und Lebensmitteln für die Bedürfnisse des Dritten

Reichs. Sie machen daraus eine einzige Freudenorgie – vielleicht weil sie auf diese Weise die eigenen menschlichen Instinkte unterdrücken, die trotz dieser starken Anreize wahrscheinlich nicht ganz verstummt sind.

Sie bereichern sich, horten riesige Vermögen innerhalb von wenigen Wochen. Man kann sich gut vorstellen, welche Mengen die »ausgesiedelten« Juden mit sich bringen, wenn zu diesem Zeitpunkt die Küche der Häftlinge ganze Fässer von Marmelade und Konfitüre, Säcke voller Gebäck, das später in die Suppen gegeben wird, Weizenmehl, Zucker, Buchweizen und Fässer von Schmalz bekommt. Es gibt von alldem so viel, dass jeder Häftling etwas davon kriegt – in Form von Speckstücken in der täglichen Suppe, ungarischem Käse oder Wurst zum Abendessen und als sogenanntes »Transportbrot«, das mehrmals als Tagesration ausgegeben wird. In den Lebensmitteln werden sehr oft Edelsteine und Gold gefunden.

Wie viel muss es sein, wenn man, nachdem riesige Mengen an die Armee geschickt und die Bedürfnisse der SS und des Sonderkommandos befriedigt wurden, noch so viel der Küche überlassen kann.

Die Frauen aus der Schälküche, an die alle Kartoffeln gehen, die von den ungarischen Juden zusammen mit anderen Vorräten mitgebracht wurden, finden darin Stücke von Toilettenseife, zerkleinerte Schokolade und Nüsse.

Das Geschirr, das man an der Rampe abholt, ist auch eine Art Zeugnis. Unter den »Abfällen«, die für das Lager bestimmt sind, kann man Töpfe voller Gänseschmalz, ganze Stücke von rohem und geräuchertem Speck, riesige Behälter mit Marmelade aus Erdbeeren, Pflaumen und Pfirsichen, Glasballons Wein, Wodka und Essig finden. Manchmal ist es eine Stange Seife oder ein Brotlaib mit darin verstecken Juwelen.

Es gab zu viele Dinge, die im Vergleich zu diesen noch wertvoller waren, als dass die SS sie beachtet hätte. Die »Ausgesiedelten« bringen riesige Vorräte an Lebensmitteln mit – Fässer mit Honig, Schinken, lebende Gänse, Säcke voller Zucker, Weine und Obst in schwindelerregenden Mengen. Es scheint, als ob sie alles mitgenommen hätten, was in ihrem künftigen Leben einen Wert haben und was ihnen ermöglichen könnte, am neuen Ort ihre Arbeit aufzunehmen. So bringen sie zum Beispiel neben Koffern voller neuer Unterwäsche, Schuhe und Pelze ganze Kisten mit hölzernen Schusternägeln mit. Es ist einfacher, sich eine Genfer Uhr mit goldenem Armband zu beschaffen – sollte jemand eine solche haben wollen –, als einen Moment Ruhe zu finden.

Um all die Arbeit an den ständig eintreffenden Transporten zu bewältigen, reichen das Sonderkommando und die Bekleidungskammer der Kapo Schmidt, aus dem die Mädchen auch geholt werden, nicht aus. Immer wieder stürzt einer der wichtigeren SS-Männer in die »Unterkunft« herein, um die dortigen Arbeiterinnen zum Tragen von Geschirr oder irgendeine andere zufällige Gruppe zum Schleppen von Karren mit Lebensmitteln mitzunehmen. Man steht dann von Angesicht zu Angesicht mit denen, die in den Tod gehen.

Die einen legen den letzten Weg ihres Lebens zurück, indem sie in Fünferreihen in westliche Richtung laufen, die anderen sitzen auf dem Boden und warten darauf, dass man sie in Reihen aufstellt.

Über dem Graben – orthodoxe Juden in langen Gewändern, mit Schläfenlocken unter schwarzen Hüten. Ihre Gesichter haben den üblichen gefassten Ausdruck verloren, ihre Augen sind voller Unruhe und huschen von der Gruppe SS-Männer zu der Gruppe vorbeigehender weiblicher Gefangener – sie warten auf den Moment, in dem sie werden flüstern können:

»Wasser! Wasser!«

Man kann ihnen höchstens einen Blick hinwerfen, und dazu einen möglichst unauffälligen, wenn man nicht sofort von einem SS-Mann eine Ohrfeige bekommen will.

Enttäuscht kehren sie zurück zu ihrem Starren mit den nicht wirklich sehenden, übermäßig geweiteten Augen auf die Perspektive der Straße zu den Krematorien, über die eine schweigende Menge wegströmt – und über die auch sie bald weggehen werden.

Einige von ihnen umwickeln den Kopf mit ihren talmudischen Bändern und, am Rande des Grabens stehend, schwarz vor dem Hintergrund des durch die aufgehende Sonne erhellten Stacheldrahts, beginnen sie ihr Morgengebet, das letzte auf dieser Erde.

Die SS-Männer werfen die Menschen aus den Waggons, die in diesem Moment geöffnet wurden. Andere, noch verriegelt, voller Geschrei und Gestöhn, ermöglichen es nur, die Hände mit Bechern herauszustrecken in einer Geste, die keiner Erklärung bedarf, oder die Feuchtigkeitstropfen zu fangen, die nach dem nächtlichen Regen vom Dach des Zuges fließen. Manchmal erscheint in einem Spalt anstelle einer Hand, die um Wasser bittet, ein Mund, der nach Wahrheit verlangt. In mehreren Sprachen fragen die Menschen eindringlich, wo sie sind und ob es wahr ist, dass sie in eine Fabrik als Arbeiter fahren. In eine Ziegelfabrik?

Über den Stapeln von Paketen, Koffern, Eimern, stehen die mit Brettern vernagelten Waggons, aus denen die Bitte um die Wahrheit ertönt. Die verängstigten Augen der Menschen, die dort eingeschlossen sind, versuchen vergeblich, sie zu erraten. Auf beiden Seiten der Rampe sehen sie Stacheldrahtzäune und hinter ihnen die voneinander getrennten kleinen Barackenstädte. Dort gibt es Menschen, die gesund aussehen, mit etwas beschäftigt sind, etwas tun, essen, sich waschen – eben normal leben. Das erfüllt die Neuankömmlinge mit dem trügerischen Vertrauen, dass auf dieser mit Baracken bedeckten Fläche auch sie ihren Platz finden werden.

Sie warten nur auf ein Wort der Bestätigung von den Häftlingen, die auf die Rampe kommen.

Doch diese antworten mit Schweigen. Sie sind nicht für den Bruchteil einer Sekunde allein, sie werden ständig von den SS-Männern aus der politischen Abteilung, den Kommandanten und den SS-Ärzten beobachtet, die den Tod verteilen. Ihre Augen sind meist geistesabwesend, aber beim Schauen in manche Richtungen sind sie doch sehr aufmerksam.

In der Spannung, die auf der Rampe herrscht, kann man sich kein Vergehen leisten, denn dafür droht Erschießung.

Man darf nicht den Kopf heben und rufen:

»Ihr fahrt in den Tod!«

Man kann ihnen nicht helfen aufzuhören, eine Herde von Schafen zu sein, die sich passiv umbringen lassen, statt den Tätern an die Gurgel zu springen, ihnen die Augen auszukratzen.

Man darf nur alles einsammeln – Luxusgegenstände, zerbrochene Schokoladentafeln, zertrampelte Feigenkränze. Man darf kein Helfer sein, dafür aber eine Hyäne.

Manchmal geht jemand an den Sachen vorbei, die direkt vor seinen Füßen liegen, ohne etwas für sich zu nehmen. Aber das ändert nichts an der Situation.

Es werden sich immer welche finden, die jeden Stapel von Lumpen durchsuchen.

Eine selbstlose Hand in der Menge anderer ändert nichts am allgemeinen Zustand.

Man sagt, es sei besser, alles zu nehmen, was nur möglich ist, als es den Deutschen zu überlassen. Das ist aber nur eine

Ausrede, ein Selbstbetrug, der den ersten Schritt zur Gier erklären soll. Nach diesem Schritt befindet man sich bereits auf der schiefen Bahn, die allmählich zu einer Änderung der Haltung führt.

Wer zum ersten Mal nach Sachen greift, die noch warm, die blutverschmiert sind, und Freude bei deren Beschaffen empfindet, auf den beginnt langsam, wie Haschisch, das Verlangen nach Besitztum zu wirken. Im täglichen Durcheinander bemerkt man es zunächst nicht, es stört einen nicht einmal so viel wie Staub im Auge, aber es wächst und wächst, erfüllt die Gedanken, beherrscht den Menschen.

Vielleicht ist es eine Form des Vergessens, wie das Trinken bei den SS-Männern.

In den Flammen des Feuers, das mit menschlichen Körpern angefacht wird, zeigen sich wie in einem chemischen Reagens verschiedene Elemente der menschlichen Natur. Man sieht oft, dass die Vernichtung nicht nur diejenigen erfasst, die in den Tod gehen, sondern auch diejenigen, die am Leben bleiben.

Wenn jemand die Menschen aus dieser Zeit nach politischen Schablonen und Maßstäben beurteilen wollte, wenn er nach Schlussfolgerungen und Hypothesen nationalistischer Natur suchte, würde er sich irren.

Angesichts des Todes, angesichts der durch den Krieg verursachten Verrohung verschwinden die »rassistischen« und nationalistischen Grenzen. Die Trennlinien zwischen den Menschen beginnen völlig anders zu verlaufen.

Ich möchte es ausdrücklich betonen, damit mein Bericht keine voreingenommenen, falschen Kommentare von denen auslöst, die niemals den Geruch brennender menschlicher Knochen eingeatmet haben und trotzdem meinen, sich eigene, beliebige Interpretationen erlauben zu können.

Es bedarf manchmal eines so starken Erlebnisses, das einem

den Boden unter den Füßen wegzieht und einen weit weg vom Leben, auf die Straße der Abstraktion stellt, ohne Hoffnung auf Rückkehr, damit man in einer intuitiven Erleuchtung die Dinge sieht, denen man früher, durch die Schranken von Meinungen, Überzeugungen und Vorurteilen eingeengt, nicht gewachsen war.

Das Sonderkommando – betrunkene Juden, die ihre sterbenden jüdischen Brüder genauso wie die SS-Männer behandeln: Ein trauriges Beispiel dafür, wie der Mensch sich in dem brennenden Dschungel namens Birkenau verirren kann.

Und gleichzeitig laufen manchmal die Mitarbeiter desselben Sonderkommandos an den Stacheldraht und riskieren ihr Leben, um Jüdinnen oder Juden innerhalb des Lagers den letzten Gruß vom Platz vor dem Krematorium zu übermitteln. Manchmal bringen sie kleine Erinnerungsstücke mit, ein Foto oder einen Brief, als Zeichen der sterbenden Familie. Diese Haltung findet man aber nicht bei vielen. Häufiger lässt sich die andere beobachten.

Soeben ist ein neuer Transport angekommen. Es herrscht eine solche Niedergeschlagenheit, dass man weder sprechen noch an die Rampe denken oder sie ansehen kann. Es gibt Dinge, die die Grenzen der psychischen Belastbarkeit überschreiten.

Plötzlich lassen sich irgendwo in der Nähe der Rhythmus vieler marschierender Füße und ein lauter, lärmender Gesang vernehmen; die letzten Worte des Liedes erklingen bereits im Barackentor.

»Und ja! Und ja! Und ja! Bekleidungskammer ist schon da!«

In der ersten Fünferreihe läuft Licy, eine slowakische Jüdin, gerötet von Wind und Aufregung, strahlend und laut. Aus der Gruppe der schweigenden Frauen fällt die Frage:

»Licy, wer ist denn heute gekommen?«

»Ein reicher Transport! Ach, was für eine Unterwäsche, was für Schuhe! Und das Essen! Kanada!«

O Licy, du armes Kind, das du drei Jahre deiner Jugend im Lager verbracht hast. Jeder kennt dich hier. Du kannst leise, sehnsüchtige Lieder über das Tatra-Gebirge singen. Du kannst gut, freundlich und zuvorkommend sein. Manchmal bist du sehr traurig. Dein heißes Temperament, deine zu lange unterdrückte Vitalität, deine jugendlichen Kräfte sind zu einem völlig falschen Zeitpunkt ausgebrochen. Du hast dich, Licy, an dem Anblick der schönen Unterwäsche, der vielen Köstlichkeiten und der Berge von herrenlosen Schuhen berauscht. Aus diesem Anblick fließt ein pausenloses Flüstern über die Menschen, die sie noch gestern getragen haben – und das erregt dich, da es dich an deinen eigenen Tod denken lässt. Nach langem Hunger ist in dir ein heftiger Durst nach Leben geweckt worden, und er macht dich blind. In die Schuhe deiner jüdischen Schwester gesteckt, die in diesem Moment mit Gas erstickt wird, singst und tanzt du auf ihrem großen Begräbnis.

Die Parole »genießt den Augenblick« reißt viele mit.

Ein schmutziger Jude, der im Tor einer Baracke steht, hämmert ziellos auf ein leeres Fass ein und singt zur Melodie von »Rosamunde«, den Rhythmus schlagend:

»Organisiere, solange man es noch kann,
Organisiere, denn morgen bist du selber dran.«

Birkenau wird zu einem Dschungel, in dem man sich leicht verirren kann. Niemand kann vorhersehen, wie er auf dieselbe Sache heute und wie morgen reagieren wird. Niemand kann sagen, wie sich sein Nachbar von links oder rechts verhalten wird, unabhängig von seiner Nationalität. Verhaltensregeln, gute Manieren – die einem Durchschnittsmenschen im normalen Leben erlauben, sich in vielen Situationen korrekt zu verhalten, ohne sich und anderen bewusst zu machen, dass er eine Null ist – fallen weg. Diese Schutzformen verschwinden hier irgendwann, vielleicht schon am ersten Tag, wenn einem das Haar abgeschnitten, die individuelle Kleidung weggenommen und eine Lageruniform aufgezwungen wird.

Dieses brutale Wegnehmen der Kleidung und Abrasieren der Haare – das ist ein sehr wichtiges Symbol. Der Mensch bleibt nackt und ohne einen Schutzschild. Er muss eine neue Einstellung zur Realität finden, deren Grundlage seine innere Integrität sein wird.

Es gibt Seelen, die an eine Kastanienblüte erinnern – diese hält sich gerade auch dann, wenn die sie schützenden Schuppen abfallen. Es gibt aber auch solche, die wie eine Amöbe in der allgemeinen moralischen Unordnung des Lagers aufgehen und ihre Form dem äußeren Druck anpassen.

Es gibt Atavismen, seit Langem verkümmerte Instinkte, die zwar nicht ganz erloschen sind, doch ein Leben lang in einem Dämmerzustand bleiben könnten. Ein nationalsozialistisches Konzentrationslager aktiviert sie aber, lässt sie wieder zu Wort kommen.

Die ewige Einteilung in Schwarz und Weiß, Gut und Böse nimmt in den Tiefen des menschlichen Wesens ihren Ursprung und kommt irgendwann an die Oberfläche.

Wir hören immer noch auf die Stimmen der Eichenwälder und Waldgottheiten, auf die unsere Vorfahren gehört haben. Wir haben unterschiedliche Ansichten über Blut – wir glauben an Blut und haben Angst vor dem Blut der Untergehenden. Wie seltsam die menschliche Seele reagiert, wenn die Todesrampe im Spiel ist. Die einen verhalten sich wie Protozoen, die von der Strömung des Wassers getragen werden, indem sie sich alles aneignen, was eine Welle an sie heranträgt. Die anderen greifen trotz Hunger und Entbehrung nicht nach den Sachen der Sterbenden. Es gibt auch solche, die bei gut entwickelten inneren Bremsen viel »organisieren«, ohne etwas für sich zu behalten. Nach ihrer Vorstellung wischen sie damit das Blut von diesen Sachen, sozialisieren sie gewissermaßen, heben den in ihnen verborgenen Fluch auf. Geld und Wertgegenstände schicken sie nach draußen, für die Untergrundarmee und Partisanen. Unterwäsche, Kleidung und Schuhe verteilen sie an die Zerlumpten, Schmutzigen, Barfüßigen. Die Hungrigen versorgen sie mit Lebensmitteln. Und für sich behalten sie nichts, weil sie wollen, dass die Hand, die nach etwas greift, nicht vor Gier zittert, was sich als verhängnisvoll erweisen könnte; dass die Augen, die der Ankunft der Transporte zusehen, niemals vor Freude strahlen. Bei ihrer Art zu »organisieren« vermeiden sie jeden persönlichen Nutzen.

Auf den Feldern reift das Getreide, die Ähren werden hell und schwer. Die Zeit vergeht.

Eines Tages tauchen auf einem Feld weit hinter dem Stacheldraht anstelle eines Roggenackers viele in gleichen Abständen aufgestellte Garben auf. Die Ernte hat begonnen. Gleich hinter einem Kontrollposten blüht gelb ein riesiges Rapsfeld. Immer wenn der Wind von dieser Seite her weht und den Krematorienrauch vertreibt, dringt der Duft der feinen Blumen zwischen die Baracken.

Innerhalb des Lagers merkt man das Voranschreiten der Zeit nicht. Über jeder Stunde des Tages und der Nacht hängt dasselbe Grauen: die rauchenden Krematorien und die dorthin strömenden Menschenmassen.

Aufgrund der Anordnung, mit dem Gas so sparsam wie möglich umzugehen, werden Kinder bei lebendigem Leib verbrannt. Zu diesem Zweck werden sie von den anderen getrennt und separat zum Krematorium geführt. Eines Tages entkommt direkt vor dem Eingang ein kleiner, fünfjähriger Junge dem ihn bewachenden SS-Mann und rennt, so schnell seine Beinchen ihn tragen können, entlang der Rampe zurück.

Wo könnte er hinlaufen, wo sich verstecken? Es gibt nur wenige Möglichkeiten, diesem Ort zu entfliehen.

Der SS-Mann Perschel springt auf sein Motorrad und rast dem kleinen Flüchtling hinterher. Seine Augen fliegen in dem blassen Gesicht, als wäre er einen Moment lang nicht imstande, geradeaus zu schauen.

Die Augen von Tausenden beobachten die Verfolgungsjagd. Die Straße ist breit und leer, tadellos geschottert, doch das Motorrad zerschellt bei einem plötzlichen Manöver, und der schwerverwundete Perschel verschwindet aus dem Lager. Viele wünschen ihm den Tod, aber er kommt, nach langer Krankheit und mit einem steifen, kürzeren Bein, zurück. Er wird noch den Januar 1945 in Birkenau erleben.

Wieder ist ein Transport gekommen. Es ist Nacht. Die Feuer der Krematorien und der auf der Rampe brennende Müll, der immer wieder mit Kerosin übergossen wird, als wollte man möglichst viele Flammen entfachen, erleuchten das nächtliche Tosen des Lagers. Ein Bote rennt zum Block des Orchesters mit dem Befehl, zum Tor zu kommen. In der Dunkelheit werden Pulte aufgestellt, der Schein des Feuers wirft Licht auf die Noten.

Das Nachtkonzert beginnt. An den Waggons Schreie der SS-Männer, Stöhnen von Geschlagenen, Weinen von Kindern – und vor dieser Geräuschkulisse die Melodien spanischer Tänze, sehnsüchtiger Serenaden, sentimentaler Lieder.

Wenn man in der Baracke 6 auf einer Stockwerkpritsche in der Nähe der Tür schläft, hört und sieht man bei jedem nächtlichen Aufwachen die Rampe. Jedes dort ausgesprochene Wort ist aus dieser Entfernung deutlich zu hören. Immer wenn die Augenlider sich mitten im Schlaf für den Bruchteil einer Sekunde öffnen, fällt unter sie sofort das gleichbleibende Bild der vorwärtsstrebenden Menschenmenge – sie gehen gebeugt, ihre Gesichter sind vom Feuerschein erleuchtet.

Wie viele Frauen liegen in dieser Zeit wach! Manchmal ertönt in der Stille ein Flüstern, manchmal ein Gebet. Die Köpfe heben sich.

Man kann alte Frauen sehen, die im Grauen der tanzenden Flammen mit den Worten verschiedener Religionen Gebete für die Sterbenden flüstern. *Menschen*, die noch für einen Moment am Leben bleiben, beten für *Menschen*, die im Gas ums Leben kommen.

»Sagt mal, wie kommt es«, fragt eine in lautem Flüsterton, »dass wir von dem, was wir sehen, nicht wahnsinnig werden?«

»Siehst du, man weiß eben nicht, ob wir nicht bereits anormal sind, wenn wir angesichts all dessen schlafen, essen, und arbeiten können. Wenn wir angesichts solcher Trauer sprechen und sogar lächeln können. Wenn wir uns nicht gegen den Stacheldraht oder mit bloßen Händen auf die SS-Männer stürzen. Wer weiß, vielleicht ist das schon der Wahnsinn.«

Eine andere fügt hinzu:

»Und wenn wir jetzt nicht wahnsinnig werden, dann kann das später passieren, sobald wir mit dem normalen Leben konfrontiert sind.«

Auf der Rampe ertönen ein Schuss und der Schrei:

»Los! Aufgehen! Los! Aufgehen!«

In der Stille der Baracke wiederholt jemand mehrmals dieselben Worte:

»Bahnhof – Schicksal. Bahnhofsvorsteher – Tod!«

In seine Richtung geht ein nicht enden wollender Menschenzug. Es gibt niemanden, der ihm ausweichen kann. Wir gehen alle. Lasst uns schneller gehen, wozu dieser Aufschub? Der mit dem Feuer der Krematorien brennende Tod wartet. Er umfängt Massen, Massen.

Einige hundert Schritte und der Stacheldraht trennen uns von ihm. Nachts platzt der Kopf vom Nachdenken über ihn mehr als tagsüber.

Es ist nicht nur eine Nacht. Es ist jede Nacht. Wer, von der ganztägigen Arbeit erschöpft, in einen schweren Schlaf fällt, wird aus ihm durch den Schrei der Rampe gerissen, deren Realismus sich in die Tiefen des Bewusstseins drängt, einen erregt, aufweckt.

Seitdem der erste Transport in Birkenau angekommen und ausgestiegen ist, geht dieser langsame Menschenzug ununterbrochen am Drahtzaun des Lagers vorbei. Das sieht aus, als würden irgendwo in der Nähe Waggons voller Menschen stehen, von denen eine bestimmte Anzahl nach Birkenau geliefert wird.

Jeden Morgen, wenn im Lager der Appell beginnt, nähern sich die SS-Leute der Gruppe, die in der Nacht hergebracht wurde.

»Los! Aufgehen! Los! Aufgehen!«

Die erste Fünferreihe tritt auf die Lagerstraße.

Ein junger Mann mit einem Reiseplaid über dem Arm hilft einer jungen Frau, die sich an ihm abstützt. Neben ihnen geht eine grauhaarige alte Frau, die von einem alten Mann und einem jungen Mädchen geführt wird. Die nächste Fünferreihe bilden Männer im besten Alter, gekleidet in ausgezeichnet geschnittene Anzüge und Mäntel. Ein paar weitere Reihen bestehen aus Frauen mit Kindern, darunter einer mit Zwillingen, die auf dem Weg ausgelassen herumlaufen. Im Moment sind sie noch nirgendwo eingeteilt, sie stellen sich nur zu fünft auf und gehen, von dem Schrei *»Los, aufgehen!«* angetrieben, eine Schotterstraße entlang; links von ihr zieht sich der Abschnitt b des Frauenlagers hin, rechts, hinter der Rampe, sind die Baracken des Männerlagers, des Zigeunerlagers und des Krankenreviers für Männer zu sehen.

Am Ende dieser Straße, an ihren beiden Seiten, erheben sich vor dem Hintergrund einer Baumgruppe die roten Mauern und hohen Schornsteine der Krematorien I und II. Jetzt werden die Frauen und die Männer voneinander getrennt und wieder in Fünferreihen aufgestellt.

Vor den Krematorien, auf einem Hügel, steht eine Gruppe von SS-Männern. Meistens befinden sich unter ihnen der kleine, dicke Moll (früher Arbeitsdienstführer, jetzt Hauptscharführer), der vor einiger Zeit zusammen mit dem ehemaligen Arbeitsdienstführer Schultz zum Leiter der Krematorien ernannt wurde, und der hochgewachsene, herrische Lagerarzt Mengele, dessen Name noch viele Jahre lang die erschreckenden Bilder der Massenmorde in Erinnerung rufen wird.

Manchmal stößt auch der Lagerkommandant Kramer dazu, zusammen mit seinem unzertrennlichen Chauffeur, der mit viel Begeisterung die Frauen im Lager quält.

Fast immer ist Perschel dabei (er spricht perfekt Polnisch, im Jahre 1939 nahm er als polnischer Soldat an der Schlacht bei Modlin teil).

Oft kommt jemand von der politischen Abteilung. Der Oberscharführer Erber, der sich schon von Weitem durch die anormale Konstruktion seines Schädels abzeichnet – mit einem übermäßig ausgebildeten, wie eine Schaufel nach vorn hervorstehenden Kinn. (Er benutzt auch den Namen Houstek, man weiß nicht, welcher von ihnen sein eigener ist.) Grabner, Leiter der politischen Abteilung und Herrscher über das Leben von Hunderttausenden. Lachmann, der etwa vierhundert individuelle Todesurteile gegen die Polen auf dem Gewissen hat. Der berühmte Polenfresser Boger. Und schließlich Albrecht, ein ehemaliger Müller aus der Umgebung von Lodz.

Sie kommen, um die Atmosphäre von Rauch und Blut zu atmen, bei der Gelegenheit einige Flaschen Wein, ein paar Wertsachen, etwas Schokolade oder irgendein Juwel einzustecken und dann der Selektion für die Krematorien zuzusehen. Sie kommen, um den Befehl des Führers auszuführen.

Bis zu dieser Stelle schiebt sich die Menge in Fünferreihen, dann geht sie, einer nach dem anderen, direkt auf die Gruppe der SS-Männer zu. So führt die Straße: An dieser Stelle biegt sie ab, dann verläuft sie etwa fünfzehn Meter gerade und gabelt sich: links zurück ins Lager, rechts zu den Krematorien.

Hier wird die Selektion zügig, im Marsch, vorgenommen. Ohne auch nur für einen Moment anzuhalten, gehen die Menschen nach rechts, nur einige wenige, auf die ein SS-Mann zeigt, kehren über den nach links führenden Weg zurück. Die einen werden direkt in den Tod gehen, den anderen wird es erlaubt sein, einige Wochen, vielleicht einige Monate unter den elenden Bedingungen des Lagers zu überleben.

Nach links gehen die schönsten jungen Mädchen oder die kräftig gebauten jungen Männer.

Nach rechts geht die überwiegende Mehrheit, darunter ältere Menschen, Behinderte, Kinder, Mütter mit Babys. Sie wissen nicht, dass in diesem Moment ein Urteil über sie gesprochen wird, dem das Recht des Naziregimes zugrunde liegt.

Die SS-Männer, von denen die Selektion vorgenommen wird, sind nicht selten betrunken – betrunken von Wodka und noch mehr von etwas anderem. Denn das ist keine gewöhnliche Sache, so auf einem Hügel zu stehen und mit einer einzigen Handbewegung Tod – Tod, Tod – Leben – Tod, Tod – Leben an die ununterbrochen vorbeiziehenden Menschenmassen zu verteilen. Der Blick gleitet geistesabwesend über die Herankommenden, die müde Hand bewegt sich automatisch nach rechts, rechts, rechts, links, rechts, rechts, links, und der Gedanke genießt währenddessen die Bilanz: So und so viel Gold für die Partei, das wird die eigene Position festigen. Die Sicherheit garantiert, die Gefahr der Versetzung an die Front abgewendet. Und etwas Hübsches für die eigene Tasche. Diamanten, Diamanten! Das bedeutet ein ruhiges Alter und ein Leben in Wohlstand. Wohlstand für die Ehefrau für ihr ganzes Leben. Und für die Kinder – für ihr ganzes Leben, ihr ganzes Leben.

Leben, Leben, Tod, Tod, Tod, Tod, Leben, nach rechts, nach rechts, nach rechts, nach links …

Gegenüber der Stelle auf der Rampe, an der die »ausgesiedelten« Menschen aus den Zügen steigen, stehen mehrere Frauen; sie haben sich hinter der deutschen Toilette versteckt und sehen durch den Drahtzaun der Selektion zu. Unter ihnen sind viele Jüdinnen, die seit Monaten oder Jahren nichts von ihren Familien gehört haben. Auf einmal macht Edyta Links, eine Mitarbeiterin der politischen Abteilung, einen Schritt nach vorn. Sie schaut angestrengt, dann sagt sie leise:

»Meine Schwester Szarika.«

Die Frauen wissen nicht, welche der in der Menge Gehenden ihre Schwester ist. Edyta stellt sich auf die Zehenspitzen und schaut in Richtung des Zuges, aus dem immer noch Menschen steigen. Dann wird sie aschgrau im Gesicht und sagt mit vor Entsetzen geweiteten Augen:

»Meine Mutter … Mein Schwager … Vater, Großmutter, Tante … Sie sind alle da. Meine ganze Familie.«

Und ohne an die Gefahr zu denken, die sie damit auf sich zieht, ruft sie:

»Szari! Szari! Gib das Kind der Großmutter!«

Eine junge Frau mit einem Baby auf dem Arm blickt in

Richtung Lager, erkennt ihre hinter dem Drahtzaun stehende Schwester, hebt die Hand in einer Geste der Begrüßung. Doch Edyta wiederholt hartnäckig:

»Das Kind an die Großmutter! Gib das Kind der Großmutter!«

Szari versteht nicht, was diese Worte bedeuten. Sie dreht sich aber gehorsam zu der hinter ihr gehenden, schwarz gekleideten alten Frau um und reicht ihr das Baby. Für einen weiteren Austausch von Gesten oder Worten ist es zu spät. Edytas Familie nähert sich der Gruppe der SS-Männer, und jetzt kann man es sehen: Alle nacheinander gehen nach rechts – außer Szari.

Die Frauen, die sich bei der Selektion qualifiziert haben, passieren nach ein paar Stunden das Lagertor und sehen sich nach ihren Familien um. Ihre rasierten Köpfe wirken bläulich, fast blau.

Eine große Gruppe Frauen – die nämlich, die für eine baldige Abreise nach Deutschland bestimmt sind – trägt lose graue Baumwollkleider. Wenn sie in Fünferreihen in einer langen Kolonne marschieren, sehen sie aus wie ein mit Asche bestreutes Feld, das in Bewegung geraten ist und mit seinen Ackerpfaden zwischen die Baracken drängt. Im Frauenlager werden sie auf den Transport warten. Ihr gesundes und jugendliches Aussehen verschwindet mit jedem Tag mehr.

Der Rest wird auf den Lagerabschnitt c geschickt.

Es erstreckt sich parallel zum Männerlager, ist durch eine Straße von ihm getrennt und grenzt auf der anderen Seite an das sogenannte »Familienlager«, das seit Langem von jüdischen Familien aus der Tschechoslowakei bewohnt wird. Das Tor des Lagerabschnitts c öffnet sich wie die Tore aller Lager, die auf dem zweiten Bauabschnitt liegen, und geht auf einen parallel zur Rampe verlaufenden Weg hinaus, der zu den Krematorien III und IV führt.

Nördlich dieser Krematorienstraße (derjenigen, die 1942 von den im Wald arbeitenden Frauen gebaut wurde) erheben sich die Baracken des neuen Abschnitts, der hier im Frühjahr entstanden ist und, wer weiß warum, im Jargon der Häftlinge »Mexiko« genannt wird. Es gibt hier kein Licht, kein Wasser (keinen einzigen Hahn, keinen einzigen Brunnen!), keine Einrichtung. Auf dem Rasen wurden Wände aus Brettern aufgestellt und mit löchrigen Dächern bedeckt. Das Montieren der Baracken dauerte nicht viel länger als das Aufbauen eines Zeltes.

Dieser Abschnitt ist nicht als langfristige Unterkunft gedacht. Es ist ein Provisorium. Es gibt keine Blockführerstube, keine Küche und keine Sanitäranlagen. Das Gelände ist nicht mit elektrisch geladenem Stacheldraht umzäunt. Das »Mexiko« gilt als eine Filiale oder Kolonie, die für den Fall einer extremen Überfüllung des Abschnitts c reserviert ist.

Diese beiden Teile des Lagers sind Übergangsorte, von denen die ungarischen Jüdinnen allmählich nach Deutschland oder in die Krematorien gebracht werden. Aus diesem Grund werden hier gar keine Arbeiten durchgeführt. Niemand repariert die Dächer, keiner legt eine Kanalisation an, obwohl all diese Dinge eingeplant und angeblich begonnen wurden. In diesem Teil des Lagers herrscht der Geist der Vorläufigkeit, auch wenn die Zahl der Frauen ständig zunimmt. Im Juni beherbergt der Abschnitt c zwanzigtausend Jüdinnen, der Rest in der Zahl von achttausend lebt im »Mexiko«. Es kommen ständig neue Transporte. Zu dieser Zeit wird das jüdische Lager von Theresienstadt nach Auschwitz gebracht. Im Juli beträgt die Zahl der Bewohnerinnen von Abschnitt c und »Mexiko« zweiundvierzigtausend.

Die Untätigkeit, einer der unerträglichsten Zustände, ist eben das, was dieser seltsamen Stadt der Frauen zuteilwird.

Immer schwächer vor Erschöpfung, mit jedem Tag schäbiger aussehend, treiben sie sich zwischen den Blocks herum und warten in der Hitze der Sommertage auf die Erfüllung ihres Schicksals.

Mexiko! Mexiko! Der exotische Teil des Lagers. Wie viele Geheimnisse, die auch den Häftlingen nicht bekannt sind, birgt in sich diese Menschensiedlung, die neben der vom Tod umgebenen Gefangeneninsel liegt, selbst kaum vom Stacheldraht umzäunt, vergessen zwischen den Wiesen, die in der Hitze der Sonne glühen.

Das »Mexiko« ist der Ort, an dem sich die Probleme des Lagers am deutlichsten offenbaren. Hier kann man am einfachsten jemanden zugrunde richten.

Wirtschaftliche Unterschiede sind vor allem in Großstädten sichtbar. Das Lager hat aber noch auffälligere und drastischere Kontraste geschaffen, zumal in einer Situation, die – wie es scheint – für alle gleich ist, das heißt, angesichts der Vernichtung. Und manche Angelegenheiten, die im gesamten Lager kaum wahrnehmbar sind, treten im »Mexiko« noch stärker auf, ungehindert und nicht versteckt.

Da ist das Innere eines Blocks, leer wie das Innere einer großen Scheune. In der Mitte liegen ordentlich gefaltete Decken, alle zusammen. Es gibt hier noch keine Kojen, und die Frauen schlafen nachts auf dem Boden.

Rund um den Block, in seinem Schatten und daneben, in der sonnigen Hitze, liegen Gestalten, die fast nackt sind, grau vor Erschöpfung und Schmutz. Die Lumpen, in die sie gekleidet sind, reichen seit Langem nicht mehr aus. Man hat ihnen Kleider gegeben – aus Spitze oder Seide, manchmal rückenfreie Abendkleider –, die, von den vielen Entlausungen zerfressen, von ihnen fast schon abfallen. Man sieht Frauen, die nur ein zerrissenes Hemd oder eine Schürze tragen, sonst nichts. Von Tag zu Tag gibt es immer mehr von dieser Nacktheit. Den ganzen Tag werden sie von Stubenältesten mit Schlagstöcken bewacht, die ihnen nicht erlauben, von einem Ort zum anderen zu gehen.

Das sonnige Wetter ist für sie eine Qual, weil sie kein Wasser haben. Wenn es regnet, frieren sie halbnackt in der Nässe.

In der Zeit der Suppenausgabe steht eine Menge hungriger, zerlumpter Gestalten vor der Küche und wartet auf die Kessel. Es regnet, und die eine hat nur ein kurzes Hemd an, die andere ein Jäckchen bis zu den Hüften, ohne irgendetwas anderes. Man sieht, wie die immer dünneren Frauengestalten einen Kessel durch den Schlamm schleppen, barfuß, in einem Fetzen, der die Oberschenkel entblößt, oder nur in einem Rock, mit nackten Brüsten. Sie haben gar keine Möglichkeit, irgendetwas zu »organisieren«, sie laufen wochen- und monatelang in dem einen Fetzen herum, den sie bekommen haben, tragen ihn tagsüber und nachts, wenn sie schlafen.

Man sagt, die Frauen aus dem »Mexiko« hätten ihre Weiblichkeit und ihr Schamgefühl verloren. Und neben ihnen stolziert eine warm angezogene Funktionsgefangene in hohen Stiefeln und einem bunten Gummiumhang. Direkt hinter der Wand sitzt in ihrem Zimmer die Blockälteste. Modisch gekleidet, in eleganter Unterwäsche und perfekt genähten Kleidern, in dünnen Strümpfen und formschönen Schuhen mit Korkenabsätzen, duftend nach gutem Parfüm, hübsch frisiert, selbstzufrieden und ihrer Selbstzufriedenheit zulächelnd.

Das Zimmer ist – für die Lagerverhältnisse – luxuriös eingerichtet. Der Boden, die Wände und die Möbel sind mit echten persischen Teppichen, Wandbehängen und ungarischen Stoffen bedeckt. Auf dem Bett liegen mehrere Daunendecken mit Satinbezügen in Azurblau, Gold oder mit Blumenmuster – eine zum Zudecken, die anderen zum Unterlegen. Die Funktionsgefangene verspeist Gerichte, die in keiner Weise an den Geschmack der Lagersuppe erinnern. Für sie und einige, die ihr nahestehen, kocht ein inoffizielles Dienstmädchen.

Wenn man die Möglichkeit hat, die Portionen von vierzigtausend Frauen zu reduzieren – und es gibt mehrere Dutzend Funktionsgefangene –, kann man sich alles kaufen, was man will. Hier, wo keine Kontrollen durchgeführt werden, haben die Frauen weniger Mut, ihre Rechte einzufordern, als auf anderen Abschnitten, und die Blockältesten stehlen mehr und offener.

Die Funktionsgefangenen haben oft einen dienstlichen Grund, in die Nähe der Krematorien im benachbarten Birkenau zu gehen, wo die Lagerräume immer voll sind und wo der Tauschhandel floriert.

Ende Juli beginnt man, aus den Jüdinnen von Abschnitt c und »Mexiko« Transporte nach Deutschland zu formieren. Es kommt sogar manchmal vor, dass die Frauen richtige Kleidung bekommen und in Pullmanwagen wegfahren.

Wenig später, Anfang August, kommen die Juden von Lodz nach Birkenau.

Auch diesmal findet auf der Rampe eine Selektion statt, bei der die meisten, nachdem sie ihre Vorräte und Pakete an den Waggons gelassen haben, zum Krematorium gehen und nur ein kleiner Prozentsatz das Lager betritt.

Der Wahnsinn – oder Halbwahnsinn – bemächtigt sich oft der »Glücklichen«, die zu verstehen beginnen, dass man ihre Nächsten verbrannt hat oder vielleicht genau in diesem Moment verbrennt. Eine junge Lodzer Jüdin wirft sich im Laufe des Tages gegen den Stacheldrahtzaun – der tagsüber nicht unter Strom steht – und klettert auf dessen Spitze, um nach draußen, auf die Straße zwischen den Lagern, zu gelangen. Mit Mühe heruntergeholt, mit Blutspuren am ganzen Körper, steht sie unter den Frauen, den Blick unentwegt auf die

Rauchsäule gerichtet. Es gibt nur eine Sache, die ihre Gedanken in Anspruch nimmt – etwas, was sie nicht begreift und womit sie nicht aufhören kann, sich zu beschäftigen. Sie wiederholt immer wieder dasselbe:

»Die Deutschen sind doch Menschen. Und wir Juden sind auch Menschen. Ja? Wir Juden sind Menschen, und die Deutschen sind auch Menschen?«

Ein ungarisches Mädchen aus Budapest, gebildet und mit der politischen Situation vertraut, erklärt, sie habe alles, was sie in Birkenau und Auschwitz sehe, in den Berichten eines englischen Radiosenders gehört, aber sie habe sie für übertriebene Nachrichten der Anti-Nazi-Propaganda gehalten.

Eines Tages, Ende Juni, als die Häftlinge sich morgens zur Arbeit aufstellen, sehen sie überrascht, dass das tschechische Lager leer ist.

Niemand ist aufgewacht, niemand hat gehört, wie die SS-Männer ganze Familien tschechischer Juden, die hier seit über einem Jahr gelebt hatten, zur Vergasung führten.

Einige Wochen später schreckt das ganze Männerlager aus dem Schlaf hoch, geweckt vom Schrei vieler tausend Menschen. Es genügt, vor die Baracke zu gehen, um festzustellen, was los ist. Im hell erleuchteten Zigeunerlager laufen die von den SS-Männern gejagten Zigeuner, Zigeunerinnen und ihre Kinder herum. Sie haben den Befehl, sich in Fünferreihen aufzustellen, das Lager zu verlassen und in Richtung Krematorium zu gehen. Aber sie leisten Widerstand, daher diese Schreie, die über Birkenau ertönen. Der Lärm dauert die ganze Nacht, doch am Morgen ist das Zigeunerlager leer. Selbst Heldentum kann, wenn es schutzlos ist, einer bewaffneten Bestialität nicht standhalten.

Ende August werden Abschnitt c und »Mexiko« vom Lagerarzt Mengele aufgesucht, der eine strenge Selektion vornimmt. Unter den Jüdinnen haben sich Fieber und Ruhr verbreitet (letztere durch Hunger und Entkräftung begünstigt), sodass viele der Selektion zum Opfer fallen. Man kann sehen, wie sich über den Weg zu den Krematorien langsam ein in Fünferreihen formierter Frauenzug schleppt; ihre Gesichter sind extrem blass, sie halten nur mühsam ihre zerrissene Kleidung zusammen, durch deren Löcher ihre dürren weißen Körper durchscheinen. Solche Szenen wiederholen sich immer öfter. Die Frauen wissen, wohin sie gehen, sind aber zu schwach, um zu rebellieren. Vielleicht ist das sogar das Einzige, was sie sich noch wünschen. Von den zweiundvierzigtausend nicht tätowierten Jüdinnen, die hier lebten, wurden fünfzehntausend nach Deutschland deportiert, im Herbst allein waren es etwa fünftausend, der Rest wird vom Feuer verschlungen.

Mexiko! Mexiko! Von vielen dort lebenden Frauen *Meeksiko* ausgesprochen. Sein Gesicht ist verstörend wie die Gesichter der Chimären von Notre-Dame. Ein krummer Spiegel, der aus dem Menschen eine Karikatur macht. Es wäre gut, es zu vergessen und die Gefühle, die es weckt, zu sublimieren.

Aber es hat sich ins Gedächtnis eingeprägt – wie die Rampe, über die ununterbrochen Menschenmassen fließen, mit jedem Schritt dem Tod näher, wie die Rauchsäule, in die sie sich verwandeln.

Die Juden, die bei der Selektion nach rechts geleitet wurden, gehen direkt in den Tod. In dem Moment, da die Hand des SS-Manns das Urteil über sie verhängt, stehen bereits die Türen und die Ventilatoren der Gaskammern weit offen und lassen frische Luft herein. Sie sind es, für die dieser Ort vorbereitet wird, sie werden dort selbst gleich hereingelassen. Nicht einmal eine lange Wartezeit steht ihnen bevor, höchstens ein paar Stunden, bis die Gaskammern von ihren Vorgängern geleert wurden.

Wenn man die Rampe über den Weg nach rechts verlässt, steht man bald vor den Krematorien I und II, die sich auf zwei Straßenseiten gegenüberstehen.

Darüber, welches man betreten wird, entscheidet ein Zufall – und außerdem, ist es dann nicht schon völlig egal? Aber die Dahingehenden zittern vor Sorge, dass sie ja nicht getrennt werden, dass sie ein Gebäude gemeinsam betreten, deswegen bleiben Mütter und Töchter, Väter und Söhne eng beieinander.

Denn sie wissen über diese Gebäude, deren Schornsteine da vor ihnen rauchen, nicht das, was wir wissen. Sie wissen nicht, wo sie hineingehen. Riesige, unüberschaubare Menschenmassen sind in die Irre geführt worden.

Wie die Elektriker erzählen, die oft dienstlich die Schwellen der Gaskammern betreten, ist der Vorraum jedes Krematoriums ein sauberer Saal, in dem es, wie in einer Schiffskabine, keine beweglichen Gegenstände gibt. Alles ist befestigt und angebunden. An den Wänden stehen kleine Metallbänke, wie im Warteraum einer medizinischen Anstalt. Unter einem riesigen, roten Pfeil, der am Anfang eines langen Korridors angebracht ist, sieht man die in einigen – fünf oder sechs – Sprachen formulierte Inschrift: »BAD UND DESINFEKTION«. In diesem Raum ziehen sich die Menschen aus, wobei sie ihre Sachen ordentlich falten, in der Hoffnung, in wenigen Minuten zu ihnen zurückzukehren, nehmen ein Handtuch und eine Seife aus den Händen der Juden, die hier im Sonderkommando arbeiten, und gehen, beruhigt durch die erhaltenen Gegenstände, den langen Korridor hinunter, zum »Baden und Desinfizieren«. Sie betreten eine riesige Halle, in der es nichts weiter als eine Reihe von Öffnungen gibt, die an Ventilatoren erinnern und in diesem Moment noch geschlossen sind. Und elektrische Lampen, die flach an der Decke montiert sind. Wenn die Tür sich hinter dem Letzten aus dieser Gruppe geschlossen hat, beginnt aus den Öffnungen ein blaues, körniges Pulver zu fallen. Es ist das Gas – das Zyklon.

Nein, es ist nicht so einfach, im Gas zu sterben, dieser Tod erfolgt nicht schnell. Es ist allgemein bekannt, dass die Deutschen aufgrund der großen Anzahl von Menschen, die sie mit Gas vernichten wollen – und vielleicht auch aus anderen Gründen – bei den Vergasungen Einsparungen vornehmen. Eine hohe Dosis Blausäure (Zyklon) hätte sofort eine tödliche Wirkung, doch die, die sie anwenden, erlaubt nur ein langsames Sterben.

Die Elektriker, die manchmal unmittelbar nach dem Öffnen der Tür eine Gaskammer betreten, sehen Körperhaltungen, die von einem Kampf, von verzweifelten Fluchtversuchen zeugen, sehen Menschen, die über einen Stapel anderer an die Wand gelangten und dort mit hervorstehenden Augen, aufgeblähten Bäuchen und Entsetzen in Haltung und Gesicht zu Tode kamen.

Die Zeit, die ihnen von dem Moment an bleibt, in dem die Tür geschlossen wurde, ist lang genug, um zu begreifen, dass dies der Augenblick ihres Todes ist, dass das Ganze eine Falle vonseiten der Deutschen war – und ein Verrat vonseiten der Gefangenen und der Mitarbeiter des Krematoriums.

Der Todesschrei, mit der ganzen Kraft des Körpers ausgestoßen, der Warnruf für die Gefährten, die ihnen folgen, kann nicht nach draußen gelangen. Er bleibt nur ein gespenstisches Öffnen des Mundes, der in Regungslosigkeit erstarrt ist.

Die Gaskammern arbeiten viel schneller als die Öfen der Krematorien. Obwohl diese Tag und Nacht brennen, obwohl ständig Lastwagen voller Briketts und Holz vorfahren, obwohl im Wald provisorische Gruben eingerichtet wurden, in denen viele Körper gleichzeitig brennen, kann all das nicht mit der Vergasung Schritt halten. In der Nähe der Krematorien liegen also Stapel von aufgeblähten Körpern, die immer mehr anschwellen; sie werden nach und nach verbrannt, sobald es möglich ist.

Der Sommer ist ungewöhnlich heiß in diesem Jahr. Doch weder den rund um die Uhr betrunkenen SS-Männern noch dem betrunkenen Sonderkommando machen der stickige Geruch und die Gefahr verschiedener Krankheiten etwas aus. Der Gestank der sich zersetzenden Körper gelangt bei jeder kleinsten Brise in die Luft.

Was im tiefsten Verborgenen stattfinden sollte, wird zu einem offenen Wahnsinn, dem alle SS-Männer erliegen.

Stille herrscht um die Krematorien herum, Stille herrscht im Lager. In dieser Stille geht die Menschenmenge an der Rampe entlang. Das Zyklon, das sie töten wird, ist unsichtbar, es macht sich nur in Form von Rauchsäulen bemerkbar, die aus den Schornsteinen der Krematorien schießen und langsam, dicht, quellwolkenartig gen Himmel steigen.

DRITTES KAPITEL
Lachen oder Angst?

Ein leises Lachen, lautlos, oft ohne ein einziges Zucken der Gesichtszüge, sichtbar nur in den zusammengekniffenen Augen, verschwindet nicht von den Gesichtern der SS-Männer. Manchmal ist es auch ein Brüllen aus der Tiefe des Bauches. Sie lachen ständig, denn seitdem die Massenvergasungen begonnen haben, sind sie pausenlos betrunken und unter Drogen. Sie lachen, wenn sie die jungen ungarischen Jüdinnen ansehen, die ins Orchester aufgenommen wurden und nun für sie rasante Csárdástänze spielen. Die virtuosen Solistinnen biegen sich mit ihren Geigen weich im Takt der Melodie, neigen sich tief zu Boden, und dann heben sie, vom Rhythmus mitgerissen, die Arme in die Höhe, über den Kopf, und spielen in einem schwindelerregenden Tempo. Sie tanzen fast, während sie spielen. Sie zaubern die Schönheit aus sich heraus, um sich vom Tod freizukaufen. Hören die SS-Männer ihr Spiel? Sie lachen, und während sie in Richtung Rampe weggehen, singen sie laut *»Ungarland«* oder *»Die Juliska, die Juliska aus Buda-Budapest!«* Etwas in ihnen ist abgerutscht, etwas hat sich gelockert, irgendwelche Ventile haben sich geöffnet, irgendeine Bremse ist kaputtgegangen. Sie haben das Gespür für den Unterschied zwischen einer Leiche und einem lebenden Menschen verloren. Sie wollen von dem Toten und von dem Lebenden nur eins: eine starke Reaktion. Sie wollen Angst sehen, ein Entsetzen, das das ganze Wesen ihres Opfers erschüttert. Deswegen misshandeln sie die Leichen auf perverse Weise, quälen die toten Körper von Frauen, womit sie sich selbst zu Wut, Ekstase,

Schaum vor dem Mund bringen. Erst wenn sie eine Leiche ins Feuer geworfen haben, empfinden sie Freude, weil sie sehen, wie sie sich bewegt hat, wie sie sich in den Flammen zusammenkrümmt und ein Zischgeräusch von sich gibt. Dann bricht ein lautes Gelächter aus, und es folgen eine Salve von Schüssen in die Luft oder ins Feuer, ein Sprung aufs Motorrad und eine waghalsige Fahrt in ein anderes Lager, zu einem weiteren Spiel.

Zwischen den Blocks steht der sonntägliche Mittagsappell. Wenn man hinter und vor sich die Baracken und um sie herum, so weit das Auge reicht, den Schlamm sieht, in den platschend der Regen fällt, wenn man über dem Kopf das Grau der Wolken hat, unter dem der Rauch der Krematorien sich zusammenballt und mit dem Regen niedergeht, kann man vergessen, welche Jahreszeit gerade ist. Wenn es regnet, sieht es hier immer gleich aus, ob es Mai, November oder März ist. Es gibt keine Vegetation, an der man das Voranschreiten der Zeit erkennen könnte. Der gestrige Tag gleicht so sehr dem morgigen, dass man schließlich irgendwann die zeitliche Orientierung verliert. Von jetzt an ist die Zeitspanne zwischen zwei Pfiffen das einzige Maß.

Etwa fünfzehn Meter weiter, auf der anderen Seite des Drahtzauns und des Grabens, sieht man Juden, die sich langsam auf das Krematorium zubewegen; sie haben ihre schwarzen Schirme geöffnet und sich in Plaids eingehüllt. Einer von ihnen, mit dem Aussehen eines Dichters oder Philosophen, hat sich von dem Strom der Gehenden getrennt und spaziert leichten Schrittes am Rand der Straße. Seine Bewegungen sind voller Elan, seine Hände heben sich in einer Gestikulation, als würde er mit jemandem, der unsichtbar ist, ein Gespräch führen. Auf einmal dreht er sich zum Stacheldraht um, bleibt regungslos stehen und betrachtet aufmerksam das Frauenlager. Seinem sehr blassen Gesicht sind Konzentration und Anstrengung anzumerken; sie sorgen für schmerzvolle Falten um seinen Mund herum. Er hebt die zitternden Hände an die Schläfen und schaut, bis plötzlich in seinen Gesichtszügen ein Lächeln erscheint. Er hüpft einige Male auf der Stelle, dann beginnt er, parallel zum Stacheldraht zu laufen, wobei er undefinierbare Bewegungen macht, lacht und etwas Unverständliches sagt. Es läuft mit sprungartigen Schritten, als würde er einen unsichtbaren Roller fahren oder als wäre er leichter als andere Menschen und würde bei jedem Schritt vom Boden abprallen. Man könnte meinen, dass auf der anderen Seite des Stacheldrahts ein Wind weht, der seine schwerelose Gestalt von der Erde wegreißt. Die schwarze Welle seines langen Haars weht über seinem Kopf, der, während er läuft, hochgeworfen wird und sich hebt und senkt wie der Kopf eines Pferdes.

In seinem Galopp ist er auf einen großen Stein gestoßen, der am Fuß einer Betonsäule lag, und hat sich auf ihn gesetzt. Er hat einen Ellbogen auf einem Knie, das Kinn auf einer Faust abgestützt und starrt vor sich hin; dabei murmelt er irgendwelche hebräischen Wörter, die er allmählich immer lautet und melodischer wiederholt, bis daraus ein Gesang wird. Die Wörter sind nicht für jeden verständlich, aber die Modulation ist völlig deutlich. In den hohen, schrillen, fast weiblichen Tönen des Juden steckt eine Frage. Er streckt die Hände aus, erhebt sich vom Stein und richtet seine klagevoll gesungenen Worte an die Wolken, indem er sie viele Male eintönig wiederholt. Er bleibt stehen, als würde er auf eine Antwort der Wolken warten. Schweigt lange mit erhobenen Armen. Fängt erneut an, leise und demütig zu jammern. Wartet wieder.

Plötzlich verwandelt sich der Regen in einen Gewittersturm. Es hat keinen Sinn, sich zu krümmen und in die Kleider einzuwickeln – das Wasser fließt über die Körper der stehenden Frauen, als wären sie nackt. Die Menschenmenge auf der Rampe geht jetzt schneller auf das Krematorium zu, um sich möglichst rasch vor dem Regen zu verstecken.

Das Gebet des am Stacheldraht singenden Juden wird durch das Rauschen des heftigen Regens übertönt. Noch einmal wiederholt er seine Frage, indem er einen verzweifelten, unverständlichen Schrei von sich gibt. Und wieder wartet er lange, reglos, mit erhobenen Armen, inmitten der Wasserströme. Schließlich lässt er sich auf den Stein fallen. Seiner Brust entweicht ein dumpfes Stöhnen, aber es ist kein Weinen – es ist ein Gebet, das er weiter singt. Diesmal klingt in ihm aber keine Frage durch, sondern ein flehentliches Lamento, wiederholt mit gedämpfter Stimme.

Auf der Rampe erscheint ein SS-Mann, gekleidet in einen Regenumhang, und bemerkt den liegenden Juden. Er nähert sich ihm mit großen Schritten und wirft ihn mit einem Tritt von dem Stein hinunter. Für ihn unterscheidet sich das, was er da sieht, in keiner Weise von einer leeren Konservendose, die im Schlamm herumliegt und die man im Vorbeigehen mit dem Fuß wegstoßen kann.

Der Regen lässt den Atem stocken, bricht die Dämme der Disziplin; die beim Appell aufgestellten Reihen lösen sich auf, und die Menge stürzt zu den Blocks, deren Tore jedoch zuvor geschlossen wurden. Die kollektive Wut bewirkt, dass viele Fäuste gegen sie hämmern, dass viele Stimmen schreien. Aber die Tore geben nicht nach. Der Körper tut weh, gepeitscht vom Regen, und es tut weh, dass man so vor einer geschlossenen Tür stehen muss. Als endlich Pfiffe zum Appellschluss ertönen, fließt das Wasser an den Menschen in Strömen herab.

Der Regen trommelt gegen das Dach – in diesem Regen bewegen sich die Juden auf der Rampe ständig vorwärts. Vergiss sie, Gefangene. Wenn sie dich in deinen Block hineinlassen, versuche, nur an die abendliche Suppe zu denken und dich auszuruhen. Wickele dich fest in eine Decke ein und vergiss für kurze Zeit, dass das Schiff, auf dem du dienst, zum Untergehen verurteilt ist. Ein Traum wird wie ein Rettungsboot aus der Unendlichkeit zu dir kommen, die Kante deiner Schlafkoje streifen und dich von hier wegbringen.

Es regnet leise und gleichmäßig, nur das Wasser vom Dach fällt geräuschvoll in den Schlamm. Das Klopfen der Tropfen klingt, als würde ein Auto auf nassem Asphalt fahren. Bei einem solchen Regen spiegeln sich die weißen Lampenkugeln, die über der Warschauer Filtrowa-Straße hängen, in der Fahrbahn wider. Ob die Kirschen in der Wawelska um diese Zeit blühen? Nein! Jetzt könnten sie in den Obstgärten, die die dortigen Häuser umgeben, sogar schon reifen.

Schau, das Tor öffnet sich, und jemand bleibt an deiner Pritsche stehen. Du schläfst oben, neben deinem Kopf erscheint eine Hand, die ein fein gefaltetes Stück Papier hält. Die Hand verschwindet. Warum klopft dein Herz so sehr? Es ist doch ein gewöhnliches Blatt Papier, herausgerissen aus einem in der Kantine gekauften Notizblock, in kleinen Buchstaben beschrieben. Warum stützt du dein Kinn mit den Händen ab und liegst da, nachdem du es gelesen hast, auf den Spalt starrend, hinter dem die Regentropfen sich gegenseitig jagen, den Rand der Traufe herunterlaufen, dort den Bruchteil einer Sekunde hängen bleiben und zu Boden fallen?

An einem Sonntagnachmittag, wenn es regnet und weder die SS-Leute noch die Funktionsgefangenen Lust haben, im Lager herumzulaufen, ziehen die vorsichtigen Finger der Gefangenen ein paar Blätter aus einem Versteck. Ihr Blick wandert über die Dächer und bleibt nachdenklich auf kleinen Tropfen haften, die an der Traufe hängen.

Das Rettungsboot der Träume steuert wieder die Unendlichkeit an. Die Nacht bricht herein. Sie dämpft den Schmerz.

Kaum jemand hört das Dröhnen eines Motors, das von Regen und Wind übertönt wird; erst ein Schrei an der Tür weckt die Wachsamkeit:

»Los! Alle raus! Alle raus! Sofort aufstehen und raus!«

Entsetzen. Der Lagerkommandant Kramer und sein Chauffeur. Beide schreien. Die Hände versuchen, etwas zu verstecken oder die Kleider zusammenzusammeln, aber dann packt der Chauffeur die erstbeste Frau und wirft sie gegen die Tür. Man hört im Dunkeln das Platschen des Schlamms: Der Lagerkommandant wirf mit einem Tritt die nächste hinaus, die zu Boden gesprungen war und, nur mit einem Hemd bekleidet, versuchte, ihre Schuhe anzuziehen. In Hemden in den Regen! In Hemden in den Regen! Darum geht es eben. Das ist der Plan ihres Vergnügungsspiels. Tausend aus dem Schlaf gerissene Frauen, die barfuß und unbekleidet in der Dunkelheit vor einer Baracke stehen. Kramer und der Chauffeur stürzen sich auf diese Gruppe voller Wut und Bestialität. Es ist eine Kunst, ihre Schläge, Tritte und Stöße zu vermeiden.

»Zu fünf! Zu fünf! Und Hände hoch!«

Die Frauen knien im Schlamm. In ihrem Block findet irgendeine sinnlose Durchsuchung statt; sie wird von den Funktionsgefangenen durchgeführt, die alles, auch Kleidung und Lebensmittel, in die Bekleidungskammer hinaustragen werden. Kramer geht zwischen den knienden Fünfergruppen, sorgt mit Tritten dafür, dass die Reihen gerade sind, und achtet darauf, dass keine der Frauen auch nur für einen Moment aufhört, die Hände hochzuhalten.

Das ganze Frauenlager ist wach. Alle liegen angezogen da und warten. Die Fortsetzung folgt jedoch nicht in dieser Nacht. Die beiden SS-Männer verlassen das Lager zu Fuß, indem sie ihr Auto stehen lassen. Die ganze Nacht über sorgt jedes Quietschen des Tores für Unruhe, aber sie kehren erst am Morgen zurück. Sie stehen zwischen den Baracken und beobachten die vorbeigehenden Frauen. Die im Lager Beschäftigten müssen Zivilkleidung tragen, die auf der Rückseite von oben bis unten mit einem roten Streifen markiert ist. Die beiden SS-Männer sehen genau hin. Jedes Mal, wenn eine Frau ohne den Streifen oder mit einem schlecht sichtbaren erscheint, wird sie angehalten. Sie befehlen ihr, sich ausziehen, in ihrer Gegenwart und vor den Augen vieler Vorbeigehender. Manchmal schneiden sie einer zur Strafe die Haare bis auf die Haut. Manchmal behalten sie ihre Kleidung und lassen sie nur im Hemd weiterlaufen. Eine der Festgenommenen, die sich hochmütig verhält, stellen sie ohne Kleidung vor die Blockführerstube. Es ist die Zeit, in der ins Lager die hier beschäftigten Männer kommen, die Zeit, in der ein starker Betrieb herrscht, und die SS-Männer amüsieren sich köstlich beim Anblick der an der Lagerstraße stehenden nackten Frau.

»Na, du stolze Polin? Ist's gut?«

Oft betritt Kramer in Begleitung von Lagerführer Hössler die Desinfektionsbaracke, setzt sich auf eine Bank und schaut der badenden Frauenmenge zu. Wenn eine gesunde und schöne Gestalt seine Aufmerksamkeit weckt, ruft er sie herbei, erkundigt sich nach ihrem Beruf und Alter, ihren Fähigkeiten und Sprachkenntnissen und notiert sich die Nummer. Auf diese Weise werden viele blutjunge ungarische Jüdinnen ins Orchester aufgenommen, mehrere Zwillinge den SS-Männern übergeben, die Experimente an ihnen durchführen, andere in den Block 10 oder ins Stabsgebäude geschickt, wo sie die SS-Mannschaft bedienen, für sie waschen und bügeln. Die am besten Aussehenden müssen sich auf einen schmutzigen Tisch legen, wo ein SS-Mann ihnen Blut abnimmt.

In Block 10 finden medizinische Experimente statt, die an

den Körpern junger Frauen durchgeführt werden. Von den mehreren hundert Patientinnen hat jede das Recht zu entscheiden, ob sie eine Injektion oder eine gynäkologische Operation bevorzugt.

Die Injektion enthält einen krankheitserregenden Impfstoff, von dem die Patientinnen unter ärztlicher Beobachtung meistens schnell sterben. Eine Operation bedeutet das Herausschneiden von Gebärmutterteilen, das Entfernen von Eierstöcken oder andere Eingriffe. Es gibt Frauen, die später weiter leben und sich recht gut fühlen, viele aber sterben nach einiger Zeit, und dann greifen die SS-Männer nach einem neuen Kontingent von »Versuchskaninchen«. Die jüngste in diesem Block, eine deutsche Jüdin namens Hedi Schlesinger, ist sechzehn Jahre alt und wird den Experimenten zusammen mit ihrer Mutter unterzogen.

Im Juni wird der gesamte Experimentierblock auf den sogenannten »Irek« verlegt, einen neuen Bauabschnitt, der an das Stammlager Auschwitz grenzt.[18] Die Experimente werden aber fortgesetzt. Allerdings erklärt die Aufseherin Brunner im Stabsgebäude, das sich bereits auf »Irek« befindet und in dem Frauen beschäftigt werden (vor allem Jüdinnen, aber auch etliche Polinnen), sie wünsche nicht, dass der Experimentierblock auf »Irek« bleibe. Die Gründe für ihre Unzufriedenheit nennt sie auch. Die Lagerleitung hat nämlich entschieden, dass aufgrund der Notwendigkeit, Experimente an schwangeren Frauen durchzuführen, und infolge dessen, dass künstliche Befruchtungsversuche gescheitert sind, eine Gruppe von Männern die entsprechende Anzahl von Frauen

18 Der Name »Irek« wurde in erster Linie in Bezug auf das »Kommando Lagererweiterung« benutzt, das auf diesem Bauabschnitt arbeitete; er ging auf den Vornamen des Kapos dieses Kommandos zurück (Irek ist das Diminutiv von Ireneusz).

schwängern zu lassen. Und die Aufseherin Brunner will nicht erlauben, dass dies in der Nähe des Stabsgebäudes geschehe.

Es ist schwer zu sagen, was die Lagerleitung veranlasst hat, ihre Entscheidung zu ändern, aber letztendlich ging das Ganze nicht über ein von der SS diskutiertes Projekt hinaus.

Im Stabsgebäude, unter den Arbeiterinnen der Wäscherei und des Bügelraums der SS, gibt es zwei Zwillingsschwestern. Es sind Jüdinnen aus der Slowakei, die nach Auschwitz im ersten Transport gekommen sind. Kurz darauf wurden sie einem Verfahren unterzogen, das bei allen Frauen aus diesem Transport durchgeführt wurde, die im Alter zwischen sechzehn und zweiundzwanzig Jahren waren. Jede von ihnen wurde zwischen zwei Zelluloidtafeln platziert, von denen die vordere ganz nah an den Bauch, die hintere ganz nah an das Kreuz gerückt wurde. Das Gerät erinnerte an einen Röntgenapparat. Als es anfing zu arbeiten, fühlte die behandelte Frau in diesem Teil des Körpers Wärme, dann Hitze und schließlich einen Schmerz. Nach einiger Zeit folgte im Körper eine Art Ruck oder Reißen von etwas, und dann eine allgemeine Schwäche.

Alle Frauen aus dieser Gruppe bekamen keine Menstruation mehr, alle wurden krank und starben, mit Ausnahme der beiden Zwillingsschwestern, die über die gesamte Zeit ihres restlichen Aufenthalts im Lager nie wieder ihre Tage bekamen.

Im Stabsgebäude gibt es nächtliche Orgien von SS-Leuten, die dort wohnen; es sind Männer und Frauen, die in allem, was sie tun, auch im Essen, das Maß überschreiten. Ihre Vorstellung von Reichtum, Luxus und Spaßhaben ist sehr trivial und anspruchslos. Jemand erbricht sich auf dunkelrote Teppiche mit grashohem Haar oder auf Perserteppiche, die auf dem Boden liegen, und regt dazu andere an. Es folgen Lachsalven, Laufen und Scherze, die meistens darin bestehen, die anderen zu kneifen und zu schlagen, den Frauen plötzlich die Stühle unter dem Hintern wegzuziehen, wodurch sie zur allgemeinen Freude genau auf diesen Teppichen landen. Am prächtigsten von allen amüsieren sich die Aufseherin Brunner, Leiterin des Stabsgebäudes, die Aufseherin Franz, Leiterin der Küche und des Lebensmittelmagazins, und ihre Schwester, die Arbeitsdienstführerin Hasse. Über Hasse sagen die SS-Männer laut, sie habe Sexappeal. Sie hat ein großes Gesicht und einen Mund mit herabhängender Unterlippe.

Die Morgen nach solchen Nächten sehen meistens gleich aus. Einer, der etwas weniger betrunken ist, wirft die bewusstlosen SS-Männer ins Freie hinaus, schleift die schlafenden SS-Frauen an den Haaren über die schmutzigen Teppiche. Nach einer neuen Dosis Rauschgift gehen sie zwischen die Baracken, um Durchsuchungen vorzunehmen und Strafen zu verhängen. Den Fußboden des von ihnen verlassenen Zimmers müssen die geduldigen Hände weiblicher Gefangener saubermachen.

Eine Gruppe von SS-Männern bleibt an der Schwelle eines tadellos sauberen Blocks stehen. Sie schauen auf die frisch gewischten, rot glänzenden Ziegelsteine des Fußbodens, auf die ordentlich gefalteten Decken, auf die Feldblumen auf dem Tisch und lächeln. Sie verständigen sich kurz, und dann ertönt Kramers Schrei:

»Stubendienst! Alles runter! Alles runter!«

Es ist sehr einfach, auf einen Ofen zu steigen und zu befehlen, alles, was sich auf den Pritschen befindet, sofort auf den Boden zu werfen: Decken, Strohsäcke, Unterwäsche, Pakete. In einem einzigen Moment steigt dichter Staub auf, in dem sogar das elektrische Licht blind wird. Die Bewohnerinnen des Blocks sind abwesend, sie arbeiten im Lager oder draußen. Wenn sie am Abend zurückkehren, werden sie nichts finden. Sie werden vergeblich in dem zertrampelten Müll, der sich in der Mitte des Blocks türmt, nach ihren Strohsäcken, Decken, Handtüchern, Seifen, Nachthemden oder Kämmen suchen. Sie haben nichts, und es gibt hier für sie keinen Platz mehr. Der Lagerkommandant Kramer kommt angefahren, wirft die bisherigen Bewohnerinnen raus (ohne zu wissen, wo er sie unterbringen soll), rennt weg und führt bald völlig überraschte Frauen aus einem anderen Block herein, die ihre Decken und Strohsäcke auf den Rücken schleppen oder über den Boden ziehen.

»Los! Schlafen! Schlafen!«, brüllt Kramer.

In dem erstickenden und blendenden Staub, unter den unverständlichen Schreien, legen sie sich schlafen.

Dann greift Kramer, der auf dem flachen Ofen herumgeht, mit der gebogenen Spitze seines Stocks nach den liegenden Frauen, zieht sie unter den Decken hervor und befiehlt ihnen, sauber zu machen. Er weckt die Kapo der Bekleidungskammer, lässt sie ihre Arbeiterinnen zusammenrufen, wählt die schönsten Nachthemden aus, rast blindlings auf seinem Motorrad und fährt in den Block herein. Er fordert die Frauen auf, sich aufzustellen, einzeln auf ihn zuzugehen und die Hemden in Empfang zu nehmen, die er mit einem Lächeln an sie verteilt. Man muss sehr flach unter der Decke liegen können, den Kopf mit ihr bedeckt, um all das zu vermeiden. Und doch gelingt diese Kunst nur den Frauen, die auf den oberen Pritschen liegen, die am weitesten vom Ofen entfernt sind.

Das Dröhnen seines Motorrads ist ständig in einem anderen Teil des Lagers zu hören. Besonders oft leistet sich Kramer seine betrunkenen Exzesse nachts – als hätte er Angst, allein in seiner Villa zu bleiben, die in der Nähe von Auschwitz liegt.

Die anderen kommen dafür tagsüber. Die Häftlinge sind in dieser Zeit wie eine Herde von gejagten Tieren, die sich von Ort zu Ort flüchten. Sie sind sich nie sicher, wann ein SS-

Mann sich auf sie stürzen und die momentane Ruhe zerstören wird.

Im Frauenlager tobt sich seit einiger Zeit die Aufseherin Bormann aus; sie ist äußerst akribisch und mit besonderem Suchtalent bedacht. Auf ihr Konto geht die berühmte Durchsuchung in Rajsko, die bei den Mitarbeiterinnen des botanischen Labors stattfand. Den Frauen wurde befohlen, ihre Kleidung und Unterwäsche auszuziehen, in graue Häftlingskleider zu schlüpfen und sich vor der Baracke zu versammeln und nicht vom Fleck zu rühren. Alles, was sich in den Wohnbaracken und Werkstätten befand, wurde hinausgetragen, jede Kleinigkeit, die in einem Baum oder im Garten unter den Blättern versteckt war, unter Bormanns Aufsicht gefunden. Sogar der Müll wurde durchsucht. Auch der Lagerkommandant Kramer und die Oberaufseherinnen Mandl und Mühlau-Volkenrath waren bei der Durchsuchung äußerst aktiv. Alle gefundenen Gegenstände wurden sortiert und auf zwei Stapel geworfen, auf die ferner, mal auf den einen, mal auf den anderen, ganze Lebensmittelpakete kamen – Kramers Anordnung zufolge, man dürfe keine Lebensmittel aufbewahren, weil sich darin Mäuse einnisten könnten. Die Durchsuchung dauerte den ganzen Tag. Gegen Abend fuhren Lastwagen vor und nahmen die meisten konfiszierten Sachen mit. Sieben volle Autos! Der Rest wurde mit Benzin übergossen und angezündet.

Die Lastwagen brachten die Sachen in die Baracke der »Unterkunft« und in die Bekleidungskammer in Birkenau, wo sie die Bewunderung der dortigen Arbeiterinnen weckten. Die Qualität der Handtücher, die nach guter Seife dufteten, die kleinen, mit bunter Seide bezogenen Kissen, die ästhetischen Säckchen voller Toilettenutensilien, die saubere Unterwäsche und die vielen Bücher zeugten davon, dass die Frauen von Rajsko sehr gut »organisieren« konnten.

Man ließ sie ohne alles zurück. Ein Messer wurde für lange Zeit zu einem Luxusgegenstand. Es wird lange dauern, bis die Kolonnen, die von Auschwitz und Birkenau nach Rajsko gehen, sie neu ausstatten.

Einen Tag nach der Durchsuchung wurde die Kapo von Rajsko nach Birkenau strafversetzt, wo sie auf die Deportation nach Deutschland warten sollte.

Nach einiger Zeit stellte sich heraus, dass die SS-Leute, die an der Durchsuchung teilnahmen, in ihrem Eifer auch das Material über den Verlauf und die Ergebnisse der Forschungen einer dem Löwenzahn ähnlichen Pflanze namens *Taraxacum kok-saghyz* verbrannten, die man in Rajsko in großen Mengen anbaut, um daraus ein Gummisurrogat herzustellen. Außerdem wurden einige persönliche Sachen der Ehefrau von Joachim Caesar, dem Chef von Rajsko, verbrannt, was zu Irritationen zwischen ihm und der Aufseherin Bormann führte.

Die Mitarbeiterinnen der »Unterkunft« sehen die ihnen gebrachten Ergebnisse der Durchsuchung mit Besorgnis an.

Sie müssen nicht lange warten, bis ihre Befürchtungen sich erfüllen.

Die »Unterkunft« (Intendantur) ist dank des Geschicks der sie führenden Polin Felicja Iwanowska zu einer ruhigen Insel von Birkenau geworden. Da sie ausgezeichnet Deutsch spricht, ist sie imstande, die Lagerverwaltung von ihrer Baracke und den sechzig Polinnen, die darin arbeiten, fernzuhalten. Es ist einer der wenigen Orte, wo man sich nicht nur während der Arbeitszeit frisch machen und seine Unterwäsche waschen, sondern auch – mit entsprechender Vorsicht – ein heimlich besorgtes Buch lesen, etwas in der verbotenen polnischen Sprache schreiben oder lernen kann. Der Lagerraum ist riesig und bis unters Dach voller Steppdecken, Wolldecken, Töpfe, Eimer, Kisten, Bretter und Späne zum

Füllen von Strohsäcken. Man kann hier leicht seine persönlichen Sachen, Bücher, Hefte, Frontkarten oder irgendwelche Papiere verstecken.

Eines Abends stürmt eine Gruppe von SS-Leuten in die Baracke herein – mit dem berüchtigten SS-Unterscharführer Lachmann von der politischen Abteilung, dem Kommandanten Kramer und der Oberaufseherin Mandl an der Spitze. Sie suchen in dem riesigen Lagerraum nach etwas, was an die Suche nach einer Nadel im Heuhaufen erinnert und mehrere Stunden dauert. Danach wird die Baracke wegen einer angeblichen kommunistischen Affäre geschlossen. Drei Frauen werden zur Strafe nach Ravensbrück geschickt.

Man weiß nie, was der Grund für eine Durchsuchung ist und wozu sie führen soll. Die SS-Männer interessieren sich kaum für all die Kleinigkeiten, die für die Häftlinge den größten Schatz darstellen, aber sie interessieren sich dafür, ob eine Gefangene erblasst, ob ihre Hände zittern und ob sie stammelnd um Gnade bittet. Wenn ja, brechen sie in lautes Lachen aus und fahren weg, nachdem sie sich ihre Nummer notiert haben. Doch wenn sie bei ihr eine verächtliche Ruhe sehen, ein stilles Lächeln, das davon zeugt, dass sie nicht imstande sind, sie aus dem Gleichgewicht zu bringen, dass sie ihr nichts wegnehmen können – auch wenn sie ihr alles nehmen würden –, werden sie wütend. Sie schlagen, massakrieren, schneiden mit der Peitsche bis ins Blut, denn sie gehen wahrscheinlich nur dazu in die Baracken, um den Menschen Angst einzujagen und um bei deren Anblick und in ihrem eigenen Lachen für einen Moment das wahnsinnige Entsetzen zu vergessen, das sie Tag und Nacht nicht verlässt.

Mit ihrem älteren Sohn Witold an der Ostsee, Anfang der 1950er Jahre

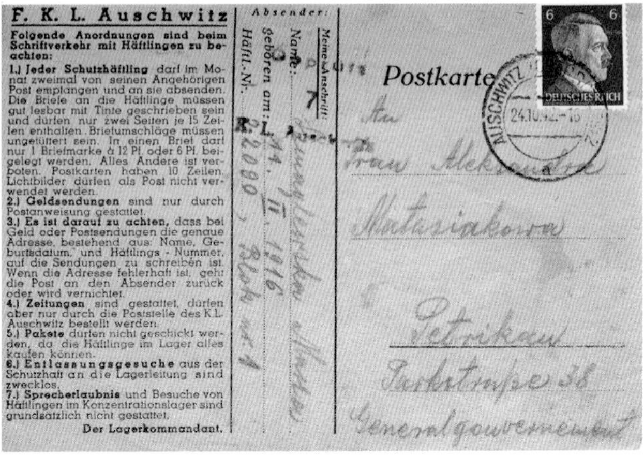

F. K. L. Auschwitz

Folgende Anordnungen sind beim Schriftverkehr mit Häftlingen zu beachten:

1.) Jeder Schutzhäftling darf im Monat zweimal von seinen Angehörigen Post empfangen und an sie absenden. Die Briefe an die Häftlinge müssen gut lesbar mit Tinte geschrieben sein und dürfen nur zwei Seiten je 15 Zeilen enthalten. Briefumschläge müssen ungefüttert sein. In einen Brief darf nur 1 Briefmarke à 12 Pf. oder 6 Pf. beigelegt werden. Alles Andere ist verboten. Postkarten haben 10 Zeilen. Lichtbilder dürfen als Post nicht verwendet werden.

2.) Geldsendungen sind nur durch Postanweisung gestattet.

3.) Es ist darauf zu achten, dass bei Geld oder Postsendungen die genaue Adresse, bestehend aus: Name, Geburtsdatum, und Häftlings - Nummer, auf die Sendungen zu schreiben ist. Wenn die Adresse fehlerhaft ist, geht die Post an den Absender zurück oder wird vernichtet.

4.) Zeitungen sind gestattet, dürfen aber nur durch die Poststelle des K.L. Auschwitz bestellt werden.

5.) Pakete dürfen nicht geschickt werden, da die Häftlinge im Lager alles kaufen können.

6.) Entlassungsgesuche aus der Schutzhaft an die Lagerleitung sind zwecklos.

7.) Sprecherlaubnis und Besuche von Häftlingen im Konzentrationslager sind grundsätzlich nicht gestattet.

Der Lagerkommandant.

Absender:
Meine Anschrift:
Name:
geboren am: 11. III. 1916
Häftl.-Nr.:

Postkarte

An
Frau Aleksandra
Matusiakowa
Petrikau
Parkstraße 38
Generalgouvernement

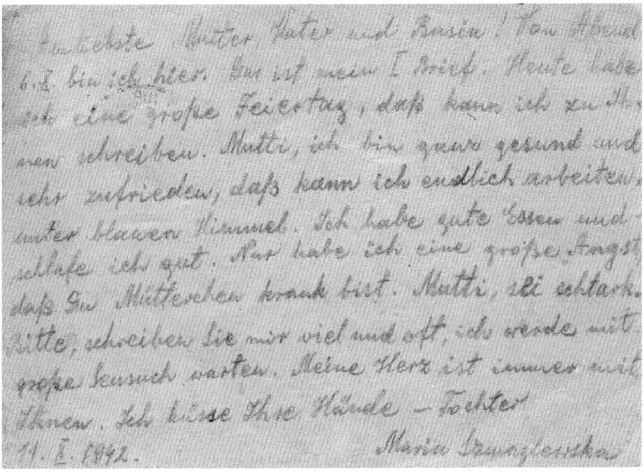

Liebste Mutter, Vater und Basia! Von Abend
6.X. bin ich hier. Das ist mein I Brief. Heute habe
ich eine große Feiertag, daß kann ich zu Ih-
nen schreiben. Mutti, ich bin ganz gesund und
sehr zufrieden, daß kann ich endlich arbeiten
unter blauen Himmel. Ich habe gute Essen und
schlafe ich gut. Nur habe ich eine große Angst,
daß Du Mütterchen krank bist. Mutti, sei schtark.
Bitte, schreiben Sie mir viel und oft, ich werde mit
große Wunsch warten. Meine Herz ist immer mit
Ihnen. Ich küsse Ihre Hände – Tochter
11. X. 1942.
Maria Szmaglewska

Postkarte an ihre Pflegemutter Aleksandra Matusiak
vom 11. Oktober 1942

Zeichnung der Autorin von verschiedenen
Gefangenentypen vor Block 6

Zeichnung der Autorin mit der Aufschrift: »24. Januar. Weg da!«

Zeichnung der Autorin mit der Aufschrift: »29. Januar. –22 °. Nach Krakau 45 Kilometer. Lagerkapo und Gestapo – verschwunden wie ein böser Traum.«

Zeichnung der Autorin mit der Aufschrift: »31. Januar. Krakau-Jedrzejów. Einsteigen! Aber schnell!«

VIERTES KAPITEL
Der Traum von der Freiheit

Der Sommer ist in diesem Jahr ungewöhnlich heiß. Unter dem Himmel ohne eine einzige Wolke, in der Luft, die trocken und dicht vom Rauch der Krematorien ist, warten die Häftlinge sehnsüchtig auf eine frische Brise.

Es ist die Zeit der deutschen Niederlagen, und die Informationen darüber erreichen auch das Lager.

Hin und wieder kommt ein Gerücht auf, das für Aufregung, fast für allgemeines Fieber sorgt. Eine neue Zeitrechnung hat sich etabliert – man lebt jetzt von einer politischen Nachricht zur nächsten.

Die Neuigkeiten werden von Häftlingsgruppen geliefert, die in der Nähe von Radioempfängern arbeiten. Diese gibt es in der politischen Abteilung, im Baubüro und im deutschen Lazarett. Man hört es während der Abwesenheit des Chefs, wenn er wegfährt und sein Zimmer wegen der Reinigung offen lässt.

Die Männer nähern sich unauffällig dem Drahtzaun des Frauenlagers und indem sie irgendwelche Arbeiten vortäuschen, erzählen sie im Flüsterton, was sie im Radio gehört haben. Der heitere Himmel strahlt vor Freude, als würde er von den im Wind flatternden Fahnen der befreiten Staaten zittern.

Der Kreislauf von Gefangenschaft und Vernichtung wird durch eine Vision der Freiheit unterbrochen, die in Frankreich und in den östlichen Regionen Polens bereits Realität geworden ist.

Manche Männer kommen dienstlich ins Frauenlager und

bringen, wobei sie Strafen geschickt vermeiden, neue Nachrichten. Eine Frau spricht mit ihrem Ehemann – im Lager ein seltenes Bild. Er, gebeugt über den Karren, mit dem er hergekommen ist, tut so, als würde er etwas reparieren. Sie, ein paar Schritte von ihm entfernt, schaufelt die Erde mit einem Spaten. Sie schauen sich nicht an, obwohl sie miteinander reden. Beim Anblick eines SS-Manns entfernen sie sich leicht voneinander und vertiefen sich noch mehr in ihre Arbeit.

Ein junger Pole, der bis jetzt die Stellung eines Blockältesten hatte, ist beschuldigt worden, Radio gehört und Nachrichten verbreitet zu haben. Er wird mit dem Bunker und dann mit dem Tod durch Erhängen bestraft. Aber das Leben im Lager ähnelt einem Marsch an der Front, bei dem der gehende Soldat nicht anhalten und sich nach einem gefallenen Kameraden umsehen darf. Kein Tod hat hier eine abschreckende Wirkung. Das Radiohören ist lebensnotwendig. Die Gerüchte, die im Lager kursieren, sind zu widersprüchlich, um geglaubt zu werden, die Berichte in deutschen Zeitungen – nicht ausreichend. Der Gefangene ist daher vorsichtig und misstrauisch. Jede Information vergleicht er mit den Nachrichten aus anderen Quellen, deshalb: Je mehr Radioapparate es im Lager gibt, die man heimlich benutzen kann, desto besser.

Jeden Abend erstatten die zurückkehrenden Mitarbeiterinnen der politischen Abteilung und des Baubüros einen möglichst detaillierten Bericht über die neuesten Ereignisse. Die im Lazarett der SS beschäftigten Jugoslawinnen bringen deutsche Zeitungen mit. Man kann aus ihnen herauslesen, inwieweit die Deutschen zugeben, was man im Radio hört, manchmal findet man auch eine Frontkarte.

Die Nachrichten werden immer besser. Man spricht über Lublin, und man hat gleichzeitig keinen Mut, an Lublin zu glauben.[19] Eine krankhafte Angst vor Enttäuschung, typisch für die Psyche eines Häftlings, kämpft gegen die Bedeutung von Fakten. Jeden Morgen, wenn der Blick auf den sich weit, immer weiter ziehenden Stacheldraht fällt, hat der Mensch Angst, ob das, womit er am Abend einschlief, sich nicht als Produkt einer fieberhaften Fantasie erweist.

Genauso wie bis jetzt geht die SK-Kolonne zur Arbeit, genauso raucht der Schornstein, genauso sieht man hinter dem Drahtzaun die Gestalten der über die Schaufeln gebeugten Männer, genauso verläuft das Leben – unter dem Schrillen der Trillerpfeifen und mit den immer gleichen Beschäftigungen. Die klügsten Köpfe verlieren sich in Zweifeln.

In Birkenau kommen die Häftlinge von Majdanek an. Was sie erzählen, ist unvorstellbar.

Sie gingen zu Fuß, eskortiert von SS-Männern. Einen Halt machten sie nur nachts. Wenn sie durch Wälder gingen, versuchten sie zu fliehen. Darüber möchten die Häftlinge in Auschwitz alles genau erfahren. Denn die Front rückt näher, und es könnte ein Moment kommen, in dem sie evakuiert werden.

Aber das können die Menschen aus Majdanek nicht sagen. Ja, sie alle erzählen gern, und jeder von ihnen ist sicher, dass er den tatsächlichen Stand der Dinge schildert, aber jeder sagt etwas anderes. Den einen zufolge seien nach Auschwitz nur Kranke oder die größten Tölpel gekommen, die es nicht verstanden hätten, die Gelegenheiten, die sich bei ihrem Fußmarsch geboten hätten, zu nutzen. Andere zählen an den Fingern und nennen beim Namen die wenigen, denen es ge-

19 Am 22. Juli 1944 wurde in Lublin das sogenannte Polnische Komitee der Nationalen Befreiung installiert. Es verstand sich als die erste polnische Nachkriegsregierung und markierte den Anfang der kommunistischen Herrschaft in Polen.

lungen sei, zu fliehen. Es ist nur eine kleine Gruppe. Noch andere schließlich versichern, dass viele es versucht hätten, dass keiner es aber geschafft habe und dass diejenigen, die es riskiert hätten, am Straßenrand tot umgefallen seien. Dass der Menschenzug von einer dichten SS-Eskorte umgeben und sein Weg durch viele Leichen und Blutspuren markiert gewesen sei.

Man hört, dass sie bei ihrem Abmarsch die in Lublin einfahrenden sowjetischen Panzer gesehen hätten, dann wiederum, dass an einer Stadtgrenze noch die Deutschen gewesen seien, während an einer anderen die Russen gefeuert hätten, oder dass die Stadt friedlich lebe und niemand irgendwelche Russen gesehen habe.

Eine Gefangene, die durch den Drahtzaun abgeschnitten und auf die eigenen Vermutungen angewiesen ist, fühlt sich in dieser Zeit wie ein im Käfig eingesperrtes Tier, das auf der einen Seite durch Feuer gereizt, auf der anderen gestochen und auf der dritten zwischen die Augen geschlagen wird.

Niemand ist imstande, sich voll im Griff zu haben und still seine Arbeit zu verrichten. Man kann ganze Gruppen sehen, die unter verschiedensten Vorwänden zu denen von Majdanek kommen, um sich einen besseren Überblick zu verschaffen. Im Endeffekt aber haben sie ein vollkommenes Chaos im Kopf.

Eines ist sicher: Die Front hat sich bewegt. Sie ist im Osten wie im Westen aufgewacht. Ihr langsamer Schritt ist Tag und Nacht zu hören.

Gelegentlich hebt eine mit ihrer Arbeit beschäftigte Gefangene den Kopf über der durch Hitze vertrockneten Erde und horcht. Sie hört ferne, sich in verschiedenen Zeitabständen wiederholende Detonationen. Von Zeit zu Zeit ein entferntes *»wuh – wuh – wuh!«*

Wie leicht ist die tägliche Mühe, wenn man mit eigenen

Ohren hört – denn das ist kein unüberprüfbarer Fremdbericht mehr –, dass die Front näher rückt. Man weiß nur nicht, woher diese Detonationen kommen. Aus der Gegend um Tarnów? Oder vielleicht aus den Bergen?

Jeden Abend werden die Häftlinge von einem entfernten Gemurmel der Kanonen in den Schlaf gewiegt. Sie schlafen ein mit der wachsenden Hoffnung auf ihre Befreiung und darauf, dass sie mit jedem Tag realer wird.

Die Transporte nach Deutschland werden immer häufiger und zahlreicher. Den Plänen zufolge soll das ganze Lager leer sein, wenn die Front kommt. Man träumt davon, noch so lange in Auschwitz zu bleiben, bis die Befreiungstruppen eintreffen. Es ist aber nicht einfach, es umzusetzen, wenn die Auswahl auf ganze Kolonnen fällt, die registriert und vollzählig wegtransportiert werden.

Man kann an diesen heißen Tagen voller Freude, Aufregung und Unruhe lange Reihen sehen, die bereits für den Transport fertig sind. Sie stehen in Fünferreihen auf der Straße zwischen den Frauenlagern, bewacht von SS-Frauen. Sie haben das Bad schon hinter sich. Es wurde ihnen alles weggenommen, was sie hatten. Sie bekamen graue Kleider, solche, in denen ein Teil der ungarischen Jüdinnen aus dem Lager weggeschickt wurde. Jede von ihnen ist wieder ein nackter Mensch, mit leeren Händen. Es erwarten sie ein neues Lager und der Aufbau einer neuen Existenz.

Sie stehen da und schauen zum letzten Mal auf die in den Boden hineingewachsenen Baracken von Birkenau. Man kann sich ihnen nicht mehr nähern. Nur noch eine Geste, vor den Augen der Deutschen verborgen. Manchmal ein Ruf aus der Gruppe von denen, die bleiben:

»Wir werden auch morgen fahren.«

Und in der Tat fahren am nächsten Tag weitere Transporte weg. Das Lager verändert sein Aussehen. Es gibt darin Gesichter, die sich ins Gedächtnis eingeprägt, ins Bild von Birkenau eingraviert haben, die zu seinem unverzichtbaren Element geworden sind, wie der Stacheldraht und die Tore. Zu ihnen gehört das Gesicht der »Puffmutti«. Jetzt bricht sie, wie viele andere, zu einer weiteren Odyssee durch die Lager auf. Das ganze SK fährt weg.

Hin und wieder fahren außer den Erwachsenen auch Transporte mit den im Lager geborenen Babys weg. Sie werden gleich nach der Geburt von ihren Müttern getrennt, am Oberschenkel tätowiert und in einer der Revierbaracken untergebracht; dort bleiben sie so lange, bis sich eine ausreichende Menge angesammelt hat. Dann werden sie unter der Obhut mehrerer Krankenschwestern und SS-Frauen weggebracht. Angeblich in die Nähe von Lodz, doch den Eltern ist es später nie gelungen, sie zu finden.

Trotz der Liquidierungstransporte, die nach Deutschland fahren, kommen ins Lager Frauen aus Italien und Jugoslawien, die meistens wegen Teilnahme an Partisanenaktionen verhaftet wurden. In den ersten Stunden verhalten sie sich hochmütig, lassen sich ihre Offiziersabzeichen nicht abreißen und fordern, dass man sie wie Kriegsgefangene behandelt. Es gibt Fälle, in denen die Neuzugänge eine SS-Frau zusammenschlagen. Sie werden jedoch schnell überwältigt. Die politische Abteilung registriert sie unter den Nummern achtundsiebzigtausend bis achtundneunzigtausend. Gleichzeitig beginnt eine Doppelnummerierung, die sogenannte Nummerierung A, die bei neu angekommenen Jüdinnen angewendet wird. Sie umfasst über dreißigtausend Personen. Somit steigt die allgemeine Zahl der registrierten Frauen (diejenigen nicht gerechnet, die ohne Registrierung in den Gaskammern getötet wurden) zum Schluss der Existenzzeit des Lagers auf etwa hundertdreißigtausend an.

Die Italienerinnen kommen mit ihren Kindern, die im

Abschnitt a des Frauenlagers festgehalten werden, während die Mütter im Abschnitt b wohnen, von wo aus sie zum Arbeiten aufs Feld gehen. An Sonntagnachmittagen kann man manchmal mehrere italienische Frauen am Tor stehen sehen, das die Lagerabschnitte a und b voneinander trennt. Sie strecken ihre Arme aus, rufen *»Bambino, Bambino«* und versuchen die am Tor stehende Funktionsgefangene zu überreden, sie zu den Kindern zu lassen. Doch meistens gehen sie weg, verscheucht von einem Schlagstock und dem deutschen Schrei einer polnischen Lagerältesten.

Auf der anderen Seite des Drahtzauns wandern kleine italienische Mädchen herum, sich an den Händen haltend. Sie warten vergeblich auf ihre Mütter. Ihre riesigen Augen schauen erstaunt und traurig. Anscheinend wurden sie mit ihren Geschwistern hergebracht, denn man hört sie oft *»la sorellina«* übereinander sagen. Kinder mit Gesichtern ohne ein Lächeln, mit vorzeitigem Ernst in den Augen, irren zwischen den Baracken umher und warten auf Veränderungen.

Jeden Sonntag, wenn in den Lagern der Mittagsappell steht, kommen auf die Rampe leere Güterwaggons, die für die Transporte verwendet werden; sie haben kleine Öffnungen hoch oben in der Wand und eine Tür, die sich verriegeln lässt. Dann marschieren wieder Fünferreihen von Männern in gestreiften Häftlingsanzügen, die ihre letzten, für unterwegs erhaltenen Portionen Brot und Margarine tragen. Einige wenige haben Pakete dabei. Sie steigen in die Waggons. Die Türen schließen sich hinter ihnen. In den kleinen Fenstern erscheinen die Gesichter derjenigen, die noch ein letztes Mal schauen wollen. Hin und wieder streckt sich eine Hand heraus und macht eine Geste des Abschieds.

Nachts erklingt manchmal über dem schlafenden Birkenau der Gesang der Wegfahrenden – ein lauter, polnischer Gesang.

Es sieht nach einer geplanten Liquidierung des Lagers aus.

Das sorgt für neue Träume: Und wenn man nachts die Lokomotive eines solchen Zuges bombardieren würde?

Die Luftangriffe werden immer häufiger. Die Sirenen von Auschwitz und Birkenau und die Sirenen in Schlesien heulen zur Warnung. Für die Gefangenen klingen sie wie ein Signal zur Freude. Wenn ein Alarm ertönt, kann man SS-Frauen sehen, die zum Tor eilen und sich in einem Schutzgraben verstecken. Dadurch bekommt man einen kleinen Vorgeschmack auf die Freiheit. Man weiß, dass dann kein SS-Mann zwischen den Baracken auftauchen wird. Man unterbricht seine Arbeit und verfolgt den Verlauf der Bombardierung. Für die Gefangenen gilt nicht die Pflicht, in die Schutzgräben zu steigen, und sie können jetzt ihren Gefühlen freien Lauf lassen.

Vor dem Hintergrund des azurblauen Himmels – sehr hoch – erscheint ein Geschwader. Es glänzt in der Sonne, verschwindet, um dann wieder über den Himmel zu schweben.

In der Tür einer offenen Baracke stehen mehrere Häftlinge und schauen nach oben. Es ist unmöglich, ihre Emotionen zu beschreiben, die in dem Moment erwachen, als sie erneut Hoffnung schöpfen. Menschen, die im Angesicht des Todes Ruhe bewahrten, die gefasst Epidemien, Hunger und Knüppelschläge ertrugen, sind jetzt nicht imstande, den Aufruhr der Freude zu beherrschen, der ihre Augen mit Tränen füllt. Sie stehen da, während die Flugabwehrartillerie von Auschwitz und Birkenau feuert und dabei dichte Splitter um sich streut. Es kommt vor, dass jemand verletzt wird, doch die Häftlinge weichen nicht zurück. Lieber bedeckt man seinen Kopf mit einer Schüssel und steht weiter.

Das erste Geschwader ist vorbeigeflogen und hat am Himmel einen dünnen, schneeweißen Streifen hinterlassen, der an eine längliche Wolke erinnert. Er sieht so aus, als würde jemand in der Luft eine Karte des Gebiets für diejenigen zeichnen, die gleich nach ihm herbeifliegen werden.

Das Lager hüllt sich in einen so dichten Nebel, dass man die nächsten Baracken nicht mehr sehen kann. Dieser »Nebel« beißt empfindlich in die Augen – die Deutschen maskieren das Gebiet.

Doch sogar durch diesen Schleier kann man den weißen Streifen am Himmel sehen, in dessen Nähe gleich die nächsten Geschwader auftauchen werden. Man hört bereits das Gebrüll der Motoren. Je stärker es ist, je lauter es klingt, desto mehr freuen sich die Gefangenen. Und dann versuchen sie aufgrund der Richtung, in der die Bomben explodierten, zu erraten, was bombardiert wurde.

Gemäß der letzten Anordnung haben die Kolonnen, die außerhalb des Lagers arbeiten, den Befehl, bei Todesstrafe so schnell wie möglich ins Lager zurückzulaufen, sobald sie die Stimme der Sirenen hören.

Was für ein Anblick!

Als Erste ertönt gewöhnlich die Sirene von Auschwitz, und nach ihr die Sirene von Birkenau – »unsere Hysterikerin«, wie wir sie nennen. Tausende von Menschen rennen von allen Straßen und Gräben herbei, nachdem sie ihre Schaufeln und Tragen voller Erde hingeworfen haben. Sie segnen diese Stimme; für sie ist es die Stimme der deutschen Angst.

Meistens, wenn der Himmel klar ist – und derzeit ist er seit Wochen klar –, findet ein Luftangriff gegen elf Uhr vormittags deutscher Zeit statt. Die Häftlinge warten auf diesen Moment und freuen sich, wenn sie nicht umsonst gewartet haben. Ein Tag ohne Luftangriff ist ein vergeudeter Tag, einer, den sie den alliierten Streitkräften übel nehmen. Aber es kommt auch vor, dass die Sirenen pausenlos Angriffe ankündigen, dass die Geschwader eines nach dem anderen mit brüllenden Motoren über das nahe Schlesien rasen. Die SS-

Leute können dann die Schutzgräben nicht verlassen, die Häftlinge nicht zur Arbeit gehen.

Manchmal findet ein Luftangriff nachts statt. Dann gesellt sich zu den Stimmen der Sirenen ein monotones Rufen:

»Licht aus! Licht aus!«

Die Lichter am Stacheldraht gehen aus. Auf den Barackendächern rascheln die Geschosssplitter der Flugabwehrartillerie.

Es ist schön, sich auf die andere Seite zu drehen und dabei diesem Geräusch zu lauschen. Als würde der Herbstwind die trockenen Blätter vor sich hin treiben. Es ist schön einzuschlafen, wenn der Klang ferner Detonationen das herrlichste Märchen der Welt erzählt, das mit den Worten beginnt: »Der Krieg ging zu Ende ...«

Ja, der Sommer 1944 in Auschwitz lauscht ständig dem Gesang der Sirenen. Zusätzlich zu diesen rasch abbrechenden, die einen Luftangriff ankündigen, ertönt noch ein anderes Signal, das mehrere Minuten ohne Pause dauert. Die Häftlinge heben die Köpfe und versuchen, die Signalart zu erkennen. Wenn es kein Luftalarm ist, sondern dieses langanhaltende Pfeifen, heben sie die Hand und sagen:

»Lauf weg, Bruder, so schnell du kannst!«

Wisst ihr, was diese Worte bedeuten? Ein Bruder hat sich davongemacht. Ein Häftling ist geflohen. Die anderen wünschen ihm Glück. Heute, nach dem Appell, werden sie bis spät in die Nacht mit unbedeckten Köpfen stehen, während der Kapo und die Blockältesten mit Schlagstöcken in den Händen vor das Tor gehen werden, um den Flüchtling zu suchen. Unter den Funktionsgefangenen gibt es welche, die den Fluchtweg und die Orte, an denen die Flüchtenden oft eine Zwischenstation machen, kennen. Aber sie laufen mit unwissenden Gesichtern um das Lager herum und schauen in Gräben und Löchern nach.

Der Kapo des männlichen Strafkommandos, zusammen mit anderen zum Suchen geschickt, lehnt sich, angeblich betrunken, an den Stacheldraht des Frauenlagers und wird sofort durch einen Stromschlag getötet.

Unter den Suchenden ist auch Zdzisiek, der Oberkapo der Männer-»Unterkunft«, ein junger Bursche, dem an einem der nächsten Tage die Flucht aus dem Lager gelingen wird.

Die Fluchtversuche werden immer häufiger, und sie sind nicht länger spontan. Vor allem verschwinden militärfähige Männer, Polen und Russen.

Für die Häftlinge ist es kein Geheimnis, dass jemand von außen ihnen hilft. In der Nähe des Lagers, in den Wäldern von Pszczyna und in den Bergen, gibt es Partisanen, auf die das Lager zählt.

Wenn sie also mit entblößten Köpfen da stehen – in letzter Zeit fast jeden Abend –, bringen sie es fertig, nicht an ihre Müdigkeit zu denken. Sie vertrauen denen, die die Menschen aus dem Lager so geschickt in die Freiheit befördern. Sie betrachten es als einen Befehl, den sie gern ausführen.

Es ist nicht schwer, stundenlang unter dem klaren Abendhimmel zu stehen, an dem die Lichter der Raketen blinken und die Scheinwerfer sich bewegen. Es ist nicht schwer, an die nahende Freiheit zu glauben, wenn man Zeichen beobachten kann, die die Rundfunkinformationen bestätigen.

Der frühere Unglaube der Häftlinge hatte einen tiefen Grund. Heute jedoch, da viele gebeugte Rücken durch die Hoffnung aufgerichtet werden, da viele von Schmerz verengte Augen sich in der freudigen Überraschung weiten, dass sich nun diese eine Sache erfüllt, von der alle ständig, Tag und Nacht, träumten, werden ihr Glaube und ihr Enthusiasmus stark, obwohl niemand es sich anmerken lässt.

Sie wissen, wie man schweigt, das haben sie in der Gefangenschaft gelernt. Niemand stellt Fragen oder versucht, den

Dingen auf den Grund zu gehen, seit Kurzem weiß man aber, dass irgendwelche bewaffneten Hände immer näher sind, dass der Stacheldraht sich in Richtung der Wälder von Pszczyna und der Berge, wo der polnische Soldat auf die Seinen wartet, ein wenig geöffnet hat.

Es ist nicht schwer zu erraten, dass das Schicksal eines polnischen Soldaten, der seine Stadt verlassen hat, um sich im Hinterland der feindlichen Frontlinie auf den Kampf vorzubereiten, nicht viel besser ist als das eines KZ-Häftlings.

Der einzige Reichtum, den er in den Wäldern und in den Bergen besitzt, ist die Freiheit. Aber er ist genauso oft hungrig, und seine Füße hinterlassen eine genauso blutige Spur.

Das ahnt der Gefangene, und er ehrt denjenigen, der ihm zu Hilfe kommen will.

Als eines Tages der entsprechende Befehl fällt, ist das Lager bereit.

Der Befehl lautet: Man soll gute Marschschuhe, einen eisernen Vorrat an nicht verderblichen Lebensmitteln, Unterwäsche zum Wechseln und, wenn möglich, Verbandsmittel bereithalten.

Das ist alles. Und doch so viel für die Frauen, die dem Gedröhn der nahenden Ostfront lauschen.

Das Lager erlebt eine Legende, eine der schönsten, die Menschen erleben können, die so unterschiedlich sind, die aus der ganzen Welt zusammengetrieben wurden und die sich aus allen sozialen Kreisen und moralischen Kategorien rekrutieren.

Heute sind sie eine Gemeinschaft. Heute sagen sie sich alle durch ein Lächeln der Augen, dass Tarnów besetzt ist. Dass Krzeszowice bombardiert wurde und dass Krakau sich auf die Evakuierung vorbereitet.

Auschwitz bereitet sich auch vor.

Die Gefangenen sollen das Lager verlassen.

Als man diese Nachricht zum ersten Mal hört, übermittelt unter vier Augen, erlebt man einen Schock, wie angesichts einer Geburt oder eines Todes. Es ist weder Freude noch Angst. Nur ein Schock.

Man kann es fast an den Augen ablesen, wer von den Häftlingen schon Bescheid weiß. Im Blick eines jungen Mannes oder einer alten Frau ist dann der gleiche Ausdruck. Eine ruhige Entscheidung voller freudiger Gewissheit – Tod oder Befreiung.

Nicht alle werden informiert. Aber zwischen den Häftlingen gibt es keine Wände oder Türen, hinter denen man etwas verbergen könnte. Man lebt und wird dabei ständig von anderen gesehen. Einer beobachtet den anderen, und auf diese Weise kennen bald alle das Geheimnis. Alle treffen also Vorbereitungen.

Zu dieser Zeit gibt es im Lager keinen Preis, für den man gute Marsch- oder Skischuhe kaufen könnte. Diesmal geht es nicht um eine größere oder kleinere Menge Speck oder Süßigkeiten, die jemand in einem Paket von zu Hause bekommen hat. Es gibt einfach nicht genug Schuhe. Selbst Halbschuhe, selbst solide Pantoffeln mit flachen Absätzen sind Mangelware.

Jeden Abend, wenn die Gongs zur Nachtruhe läuten und die Lichter in den Blocks ausgehen, hängen die Häftlinge ihre Kleidung vorsichtig an die Nägel, um in der Nacht alles im Dunkeln finden zu können. Sie wissen, dass es dann kein Licht geben wird, weil die Elektriker den Strom abschalten, damit man sofort auf allen Abschnitten die Drähte durchschneiden kann.

Die Lagerbehörden haben – wer weiß, aus welchem Grund, vielleicht nur wegen der eigenen Sicherheit in dem Moment, in dem die Rote Armee näher rückt – die strengsten Kontrollen durchgeführt und das ganze Eisenwerkzeug und alle scharfen Gegenstände konfisziert. Die Männer dürfen keine Taschenmesser tragen. Doch die Tischler aus Birkenau haben über vierzig Äxte, und diese reichen aus, um den Stacheldraht durchzuschneiden.

Die Tage sind lang vom Warten auf den Abend; Voraussagen zufolge wird die Befreiung nachts stattfinden.

Die Tage sind heiter vom heißen Atem des Himmels, an dem unaufhörlich das Gedröhn der Flugzeuge ertönt. Die Nächte lauschen auf die erhoffte Parole. Man kann die Detonationen immer deutlicher hören, und wenn zwischen zwei Ausbrüchen des Lagerlärms ihr Stöhnen erklingt, schöpft man daraus die optimistisch stimmende Gewissheit, dass die politischen Ereignisse, deren Verlauf man so aufmerksam verfolgt, wirklich wahr sind.

Mit welcher Sorgfalt schmiert man die Margarine aus der eigenen Portion auf das Ober- und Unterteil der für den Marsch vorgesehenen Schuhe – jener Schuhe, die eines Nachts in das tiefe Gras der Wiesen hineintauchen werden. Wie viel Freude macht es, jeden vorbereiteten Gegenstand in den Rucksack zu legen: ein Stück Seife, ein paar Würfel Zucker für die Tage, die weit weg vom Stacheldraht auf einen warten.

Die Morgen sind neblig, feucht vom Tau, der auf dem Boden und dem Gras unter dem Stacheldraht liegt. Es ist kühl, und es dämmert erst, als der Appell der Frauen zu Ende geht. Über dem Tau erklingt ein lautes Stimmengewirr der Männer, die zur Arbeit aufbrechen. Heute werden sie allerdings von dem Gedanken begleitet, dass sie vielleicht zum letzten Mal in Fünferreihen durch das Tor gehen, dass sie morgen vielleicht keine Gefangenen mehr sind.

Jede Minute des Tages, und vor allem jeder Abend ist jetzt ein einziges Warten.

Die Nachricht über den Ausbruch eines Aufstands in

Warschau erreicht das Lager als eine unter vielen anderen Sensationen und wird von niemandem wörtlich genommen.[20] Man kam zu dem Schluss, dass die deutsche Propaganda einen kleinen Aufruhr als Aufstand bezeichnet, um damit die Repressionen zu rechtfertigen, die bestimmt angewendet werden. Die erste Notiz darüber in einer deutschen Zeitung ist kurz und sagt nicht viel aus.

Die über einen Tisch gebeugten Frauen suchen nach etwas anderem – sie suchen nach der Frontlinie im Südosten, die Auschwitz immer mehr in die Zange nimmt.

Erst am Abend stellt sich heraus, dass es welche gibt, die eine aus Warschau übertragene, für die Aufständischen zelebrierte Messe und eine Sendung in polnischer Sprache gehört haben.

Nachts kann man nicht schlafen. Der Gedanke an Warschau, an den Aufstand, über den die ersten Nachrichten die allerbesten sind, ist so real, dass er die Augen mit den Bildern bekannter Straßen, Plätze und Lieblingsgassen der Altstadt füllt. Plötzlich erscheint irgendein Fragment, und mit ihm eine Erinnerung – manchmal eine völlig unwichtige –, die jetzt deutlicher wird und den Blick fesselt.

Kennt ihr eine Sehnsucht, die stärker ist als Hunger und Durst? Wisst ihr, dass das Bedürfnis nach Träumen gewaltiger sein kann als das Bedürfnis nach Schlaf? Werdet ihr glauben, dass eine von der ganztägigen Arbeit müde Gefangene sich am Abend bewusst in einer besonders unbequemen Position hinlegen kann, nur um nicht einzuschlafen, weil der Geist noch arbeiten will? Das gibt es aber. Das ganze Lager wird still und reglos. Die Menschen liegen schlaflos da und starren auf die Bretter unter dem Dach oder das Licht, das durch die kleinen Fensterscheiben sickert. Das Schicksal hat

20 Der Warschauer Aufstand brach am 1. August 1944 aus.

sie angelächelt und ihnen schöne Hoffnungen geschenkt. Sie glauben. Sie träumen.

Spät abends schleichen sich dunkle Gestalten, vorsichtig das knarrende Tor öffnend, in die Baracke herein. Die liegenden Frauen erheben sich, denn es kommen die erwarteten Mitarbeiterinnen des Baubüros, der politischen Abteilung und die befreundeten Jugoslawinnen aus dem Lazarett der SS. Es kommen die tapferen Kolporteurinnen, weil sie wissen, wie sehnsüchtig sie erwartet werden. Sie wiederholen den Inhalt der gehörten Rundfunknachrichten so exakt wie möglich.

In der Stille schwillt das von Mund zu Mund gereichte Wort WARSCHAU an, gefolgt von dem Wort AUFSTAND. Die Polinnen erzählen den anderen Gefangenen von ihrer Hauptstadt. Die Bäume in der Ujazdowskie-Allee rauschen und zittern freudig, das Wasser in der Weichsel flackert, die Löwen vor dem Ministerrat dösen faul vor sich hin, durch die Gassen der Altstadt hallt das Lachen der mittelalterlichen Bürgersfrauen. Die Hauptstadt ist auferstanden! Der Gesang der Seejungfer, ihrer Symbolgestalt, erklingt in der ganzen Welt, erreicht die weiteste Ferne, ist in Kriegsgefangenenlagern, Arbeitslagern, Bunkern und Konzentrationslagern zu hören.

Die Stille der Sommernacht liegt über dem Lager. Eine Stille voller freudiger Vorhersagen, mutiger Entscheidungen, unruhiger Träume. Warschau ruft! Warschau kämpft!

Warschau kämpft – Auschwitz wartet auf die Befreiung.

Die Sterne beugen sich über die Baracken und schauen in die offenen Augen der Gefangenen. Wenn sie morgens in einen kurzen Schlaf fällt, träumt sie, dass sie nachts zwischen schlafenden Häusern läuft, deren Silhouetten sie gar nicht kennt. Auf den Plätzen und Straßen herrscht Leere. Sie hört das Geräusch ihrer eigenen Schritte. Mit Unruhe sucht sie nach einem Menschen, den sie fragen könnte, wie diese unbekannte Stadt heißt. Aber es ist nirgendwo jemand zu sehen. Also läuft sie weiter; sie bewegt sich unter den Arkaden alter Häuser, unter den Fassaden hoher Gebäude, deren dichter Schatten auf die Straße fällt.

Über den Dächern, in den Wolken, wandert der Mond, doch sein Licht erreicht nicht die dunklen Tiefen der Straßen.

Die laufende Gestalt hebt den Kopf, um einen Blick auf das Mondlicht zu werfen, und über den Häusern sieht sie den Umriss vertrauter Kirchtürme. Sie weiß nicht, wie sie zu ihnen gelangen soll, aber sie strengt sich doppelt an, durchquert die Gassen, umläuft die Gebäude, kämpft sich durch die komplizierte Architektur der unbekannten Stadt, ständig den Kopf zu dem immer näheren Umriss hebend. Die Häuser schieben sich wie Pappdekorationen im Theater auseinander, und am Ende des Platzes erscheint vor ihren erstaunten Augen die Erlöserkirche. Das ist doch Warschau! Eine Menschenmenge zieht singend vorbei, und sie schließt sich ihr an. Sie gleitet mit den anderen und lauscht, wie die Glocken über der Stadt läuten. Die Straßen sind jetzt vertraut, und dort, nur wenige Schritte entfernt, ist ihr Elternhaus.

Sie erwacht in der Stille der Baracke und lauscht, ob von der vereinbarten Seite nicht eine Parole ertönt.

Es kommt schließlich die Nacht, von der man sagt, sie werde entscheidend sein. Die Spannung unter den Gefangenen ist riesig. Sie können ihre Gefühle nicht länger unterdrücken und mit ihren Erwartungen allein bleiben. Vor dem Zubettgehen verabschieden sie sich mit einem Händedruck und einem freudigen Blick. In Gedanken sind sie schon auf der anderen Seite des Stacheldrahts.

Gegen Morgen fallen sie in einen tiefen Schlaf.

Dann wird das Lager von einem Lärm, Getrampel und Gedröhn geweckt. Bevor der erste Gedanke aufkommen kann, greift die Hand im Dunkeln nach den Schuhen, und nachdem sie das gefettete Leder ertastet hat, bleibt sie in der Luft hängen. In der Baracke herrscht Stille. Die Geräusche kommen von draußen. Hier hört man nur das Rascheln der sich anziehenden Frauen. Sie machen es so leise, dass man das Klopfen ihrer Herzen hören kann.

Wie eine Lanzette durchneidet alle Gedanken die Erleuchtung: Es ist so weit!

Bevor die Hände nach der Kleidung greifen, nähert sich das Gesicht für eine Sekunde der rauen Oberfläche des Rucksacks, der endlich zum Einsatz kommt.

Die Zähne klappern vor Kälte oder Aufregung, aber in den Gedanken herrscht vollkommene Ruhe. Hinter dem Stacheldraht lauert der Tod. Wer es schafft, an ihm vorbeizukommen, wird frei sein. *Wird frei sein!* Die Gefahr wird kleiner und verschwindet. Die Nacht über dem Lager singt nur noch von der Freiheit.

Jemand läuft in den Block herein. Jemand fragt aus der Dunkelheit:

»Brennen die Lichter an den Drähten?«

»Ja, das tun sie.«

»Und was ist das für eine Lauferei?«

»Irgendwelche Menschen sind auf der Rampe angekommen. Angeblich aus Warschau. Wir wollen sie fragen, ob das stimmt.«

Das Tor der Baracke geht geräuschvoll zu. Draußen hört man Schritte, die sich immer mehr in Richtung Stacheldraht entfernen, und eine Stimme, die leise ruft:

»Leute! Woher seid ihr?«

Von der Rampe kommt die Antwort:

»Aus Warschau. Aufständische und Zivilisten. Stadtteil Ochota. Die Straßen Grójecka, Opaczewska, Filtrowa, Wawelska, Słupecka und der Narutowicz-Platz.«

Es ist schwer zu glauben, was man da gerade gehört hat.

Am ersten Tag hoffen die Häftlinge noch, dass nur Ochota nicht vom Aufstand erfasst wurde und deshalb in die Hände der Deutschen fiel, aber die nächsten Tage zerstören diese Illusion.

»Warschau kommt!«

Dieser Schrei ertönt immer wieder, auf der Rampe, am Tor, in den Baracken.

»Warschau kommt!«

Als ganze Stadtteile, Straßen und Häuser – so verlässt die Hauptstadt ihre Grenzen, und die Transportzüge fahren sie unermüdlich nach Auschwitz, Tag und Nacht.

Über all die Tage, an denen Warschau ins Lager strömt, herrscht wunderschönes Wetter. Die Ebereschen auf den Feldern färben sich rot, der Himmel atmet eine Hitze, die nur manchmal von einer erfrischenden Brise durchbrochen wird.

Und hier fließt, wie Blut, das nicht gestillt werden kann, ein reichlicher Strom aus der Mitte Polens und versickert zwischen den Stacheldrähten.

Das dauert den ganzen August.

Den ganzen August über marschieren die Warschauer von der Rampe ins Lager.

Ihre Kleider, zerlumpt und schmutzig, oft blutverschmiert, ihre schlecht verbundenen Wunden, ihre unendlich müden Gesichter und ihre Augen voller stiller Verzweiflung vermitteln ein gutes Bild von dem Schlachtfeld, von dem sie kommen. Die Häftlinge suchen Kontakt zu ihnen und haben gleichzeitig Angst, unter den Gehenden eine bekannte Gestalt zu entdecken, haben Angst, eine schlechte Nachricht zu hören.

Man kann sich nach jedem erkundigen, man trifft Freunde, findet Verwandte. Die Warschauer schauen verblüfft auf die rasierten Köpfe der Häftlinge, auf die roten Streifen an ihren Rücken, und die Häftlinge können die müden Gesichter der anderen kaum wiedererkennen. Das ersehnte Haus, all seine Bewohner, die auf die Rückkehr des Gefangenen warteten, verwandeln sich jetzt selbst in elende Gestalten. Der langanhaltende Mangel an Informationen und an Kontakt mit Angehörigen wird gestillt – doch auf welch bittere Weise. Der Vater? Ja, er war mit den anderen im Keller, er half, wo er nur konnte, versorgte die Kranken. In Pruszków wurde er der Gruppe der ältesten Menschen zugeteilt. Vielleicht ist er mit den Männern hergekommen. Die Mutter ging am 1. August frühmorgens in die Stadt, und man wartete vergeblich auf ihre Rückkehr. Die Schwester ist bestimmt hier irgendwo in der Menge, denn sie war in dem Transportzug. Im September wird sie ein Baby zur Welt bringen. Ihr Mann wurde erschossen. Die beiden Brüder waren im Aufstand. Der Jüngere schlug sich zweimal zu seinem Haus durch, und am 6. August kündigte er am Telefon an, er werde diesmal mit dem Älteren kommen, der verwundet sei. Aber er ist nicht gekommen. Das Haus? Komplett zerstört. Im ganzen Viertel hat sich kein einziges Gebäude erhalten.

Das ist, Gefangene, deine Familie. So sieht deine Rückkehr aus. Du wurdest von allem abgeschnitten wie eine Pflanze vom Boden. Von nun an wird dein Gedanke nur noch in Konzentrationslagern, in Munitionsfabriken, in diesem ganzen riesigen Deutschland herumirren und nach geliebten Menschen suchen. Vergeblich denkst du an das Haus in der Bonifraterska-Straße, vergeblich rekonstruierst du in dir jedes Detail von ihm. Deine Rückkehr, von der du seit den ersten Tagen im Lager geträumt hast, wird jetzt anders aussehen.

In der Erinnerung siehst du den Tag, an dem du, von der Gestapo verhaftet, dein Haus verlassen hast. Du wusstest damals nicht, dass du zum letzten Mal an diesem Ort warst, zum letzten Mal in dieser Stadt, die du in Zukunft nur noch als ein Trümmerfeld sehen würdest.

Warschau! Warschau! Es ist unmöglich, das Bild seiner Straßen und Winkeln, das sich ständig dem Gedächtnis aufdrängt, von dort zu verbannen; es ist unmöglich, sich mit dem Gedanken an seine Zerstörung abzufinden; es ist unmöglich, die passive Rolle eines Sklaven zu ertragen, der den ganzen Tag zwischen den Drähten einen Karren Sand schleppt. Also kommst du, Gefangene, ungeachtet der strengen Disziplin und der drohenden Strafen, den Warschauern zu Hilfe. Wenn du dich um Brot, Kaffee, Leinentücher und Seife für sie bemühst, wenn du versuchst, das Elend der Kinder abzumildern, die zusammen mit den Erwachsenen kommen, dann hast du Momente, in denen du den Aufstand vergessen kannst.

Die Warschauer werden also vom Lager alles andere als gleichgültig begrüßt. Sie sind Gäste der Häftlinge, die sie mit Brot aus den eigenen Portionen und mit Kaffee empfangen, der in ganzen Kesseln aus der Küche organisiert wird.

Es gibt keinen Platz für lange Depressionen, wenn man einer Gruppe von Menschen in Not helfen will.

Erst abends, wenn die Kinder auf ihre Kojen klettern, sich gegen die Ziegelsteine lehnen und zu erzählen beginnen, wird das vielstöckige, weitverzweigte Warschau, wo in jedem Straßenwinkel ein erbitterter Kampf tobt, zum Leben erweckt. Das unberechenbare Warschau, das verlierende Warschau.

Dort zerfällt die Hauptstadt in diesem Moment in Trümmer, verwandelt sich in ein Ruinenfeld, hier wächst sie in die Herzen der Häftlinge hinein, herbeigerufen durch ihre Sehnsucht und die traurige Gewissheit, dass sie das frühere Warschau niemals wiedersehen werden.

Manchmal sagt ein kleiner, acht oder zehn Jahre alter Junge:

»Sie haben mir befohlen, mit solchen Zetteln herumzulaufen und sie unter bestimmten Adressen abzugeben. Darauf stand nur geschrieben, dass man sich in einer Fabrik melden soll. Dort war ein Sammelpunkt. Und dann musste ich Päckchen austragen. Sie waren klein, aber sehr schwer.«

Du weißt nicht, kleiner Gefangener, dass du ein Verbindungsmann, ein Aufständischer warst. Du ahnst nicht, dass die nächsten Generationen dir ein schönes Denkmal in den Straßen des neuen Warschaus errichten und andere kleine Jungen von deinem Ruhm träumen werden.

Du weißt auch nicht, dass du deine Mutter, die in einem anderen Teil des riesigen Geländes von Birkenau im Fieber stirbt, niemals wiedersehen wirst, dass dein Vater, den die Nazis als Bandit bezeichnen, bereits nach Deutschland, in einen Steinbruch fährt.

Die Kinder, erregt von den Erlebnissen, die die Grenzen der Widerstandsfähigkeit ihres jungen Verstands überschreiten, sprechen von nichts anderem als vom Aufstand.

Sie erklären den Gefangenen, welche Geschossart »der Schrank« oder »die Kuh« genannt wurde, sie berichten sachlich, warum die Sachen, die an Fallschirmen abgeworfen wurden, in die Hände des Feindes gelangten. Wie Spatzen, die ständig in Bewegung sind, wissen sie oft besser als die Älteren, welche Stadtteile zuerst vom Aufstand umfasst wurden, welche sofort fielen und welche immer noch kämpfen. Von ihnen kann man am schnellsten detaillierte Berichte über das Schicksal von bekannten Häusern, oft sogar von Menschen bekommen. Sie sind eine unerschöpfliche Informationsquelle über Warschau und rekonstruieren die Ereignisse oft präziser als die niedergeschlagenen Erwachsenen. Erst nachdem sie schon alles gesagt haben, was ihnen ihr müdes Gedächtnis vor dem Einschlafen zugeflüstert hat, fragt einer mit leiser Stimme:

»Wissen Sie vielleicht, wo mein Vati ist?«

Die Kinder werden still und konzentriert, geben denjenigen, die herumzappeln oder laut sind, einen Knuff – sie warten auf eine Antwort.

Es ist etwas Besonderes am Anblick von Kindern, die ihre Nerven unter Kontrolle halten. Der sechsjährige Junge dreht plötzlich den Kopf weg und kämpft einen Moment lang mit den Tränen, dann nennt er mit einem Gesicht, dem die Rührung abzulesen ist, den Namen seines Vaters.

Männer, die aus Warschau kommen, werden in dem vom Frauenlager weit entfernten Abschnitt a (Quarantäne) untergebracht, wo sie mindestens zehn Baracken bewohnen. Sie sollen in Kürze mit einem Transport nach Deutschland fahren.

Die Frauen gehen nie zu diesem Abschnitt, aber die Häftlinge aus dem Männerlager können ihnen helfen, Nachrichten zu übermitteln.

Es begann mit mehreren Dutzend Namen, die allein von Kindern genannt wurden; alle baten darum, ihre Väter zu finden. Den Zettel mit der Namensliste nahm ein junger Häftling, der sich aufgrund seiner Beschäftigung in verschiedenen Teilen von Birkenau aufhalten durfte, versteckt in einem Schuh mit. Es stellte sich heraus, dass er einen Freund hat, der für die Reise nach Deutschland bestimmt ist und sich derzeit im Quarantäneabschnitt befindet. Dieser Freund nahm die Liste an sich und versprach, die Väter zu finden. Seit zwei Tagen herrscht Stille. Die Kleinen haben alle einen fragenden Blick, aber sie sagen nichts. Man muss ihnen detailliert den Weg der Lagerkorrespondenz schildern und die Schwierigkeiten erklären, die sie verzögern. Die Kinder sind sehr vernünftig, sie verstehen es. Am dritten Morgen kommen ins Frauenlager zwei Tischler mit Äxten und Sägen. Sie haben irgendeine wichtige Arbeit, die sie zwei

Stunden lang mit sehr viel Hingabe verrichten. Dann stellen sie sich plötzlich vor eine der Gefangenen, und einer von ihnen schaut in Richtung Tür, und der andere legt ihr ein Päckchen von der Größe einer männlichen Faust auf die Knie. Bevor sie zu ihrer Arbeit zurückkehren, sagen sie:

»Wenn Sie noch etwas brauchen – wir sind da.«

Das Päckchen enthält siebenundneunzig Kassiber. Sie wurden von Menschen geschrieben, die kein Papier hatten. Sie benutzten also Kartonfetzen, zerrissene Schachteln, sogar die Hülse einer halbgerauchten Zigarette. Es stehen darauf nur ein paar Worte und eine Adresse, zum Beispiel: Jankowska Maria, Warschau, Altstadt, Freta 5.

Eine völlig verrückte Idee, jemanden in dieser Menge finden zu wollen, besonders in den ersten Tagen. Da ist zum Beispiel eine Baracke, in deren Labyrinth mehr als tausend Frauen und Kinder hineingepfercht wurden, wodurch die Schlafkojen völlig überfüllt sind. Es gibt keine Listen, es herrscht ein entsetzlicher Lärm, der noch zunimmt, sobald jemand hereinkommt, der so aussieht, als könnte er helfen.

Es ist doch Ochota! Ochota, das Warschauer Viertel, das anfangs die Häftlinge, die Hilfe leisten, verächtlich behandelt, weil es sie aufgrund ihrer tätowierten Nummern für Kriminelle hält. Wenig später aber, nachdem es seinen Fehler erkannt hat, nimmt Ochota die Haltung ein, die für »Schützlinge« so charakteristisch ist. Jede der Frauen bittet um etwas, jede will etwas, jede schwört bei allem, was ihr heilig ist, nur einen einzigen Wunsch zu haben, zum Beispiel ihr Kind zu finden oder einen Brief an ihren Mann zu schreiben und zu schicken oder die Verlegung in den Block zu ermöglichen, in dem ihre alte Mutter ist, oder jemanden ins Krankenhaus zu bringen.

Für einen Kassiber gibt es im Lager verschiedene Strafen. In jüngster Zeit, seitdem es also die Massentransporte gibt, wird man für das kleinste Vergehen nach Deutschland geschickt. Aber eine einzelne geheime Nachricht ist weniger gefährlich als ein paar Dutzend. Wie kann man sie diskret an die Adressaten weiterleiten, ohne die Aufmerksamkeit auf sich zu ziehen? Nicht alle Nachrichten sind für Kinder bestimmt, was die Sache noch komplizierter macht. Außerdem muss man beachten, dass manche Blockälteste genauso gemieden werden sollte wie ein SS-Mann.

Der erste, ungeschickte Versuch, die Kassiber zu verteilen, bringt die Frauen auf eine Idee, und als am nächsten Tag die Tischler noch viel mehr Nachrichten liefern, ist die Arbeit bereits besser organisiert.

Es wird eine alphabetische Liste der Namen erstellt, und man geht mit ihr von Block zu Block. Bei den vertrauten Funktionsgefangenen ist der Fall einfach. Man lässt jemanden an der Tür Wache stehen, sorgt mit einer Trillerpfeife für Ruhe und ruft dann die Namen aus. Man schreit zum Beispiel:

»Frau Babańczyk! Frau Babańczyk! Frau Babańczyk!«

In anderen Fällen muss man vorsichtiger sein. Die Sache wird allerdings durch die Tatsache erleichtert, dass eine vertraute Blockälteste meistens, trotz gewisser List, ziemlich begriffsstutzig ist. Die Magie eines Stückes Papier tut, wie schon erwähnt, ihre Wirkung. So betritt man ihr mit erstaunlicher Geschmacklosigkeit eingerichtetes Zimmer und sagt auf Deutsch, was ihr meistens imponiert:

»Blockälteste, ich komme dienstlich von der Schreibstube (oder Ambulanz oder Paketkammer oder Unterkunft), und ich suche ein paar Leute.«

Und die Sache ist erledigt. Bei den ganz strengen Funktionsgefangenen werden die Frauen aus dem Block geworfen und sitzen in der Hitze an den Wänden. Seit den Morgenstunden stehen hier Kessel mit Suppe, bedeckt mit Deckeln. Man steigt auf so einen Kessel (wie ein Redner auf eine Tribüne) und liest die Namen vor. Sogar der Blockführer, der ohnehin meist betrunken ist, merkt nicht, dass hier etwas Illegales vor sich geht.

Wenn in diesem Moment Drechsler, Mandl, Hasse oder eine andere käme, die das Lagerleben gut kennt, würden sie die Sache sofort auffliegen lassen. Aber der Zufall will es, dass keine von ihnen kommt.

Nach dem Vorlesen der Namensliste auf einem Gelände, das von einer feindlichen Blockältesten regiert wird, versammelt sich die entsprechende Gruppe von Frauen, und irgendwo hinter den Latrinen gibt man ihnen die Briefe.

An dieser Hilfsaktion nehmen ziemlich viele Männer teil, es treffen sich aber auch viele Frauen, die sich gegenseitig nicht kennen und die nicht nach Namen oder Art der Arbeit fragen. Keiner verabredet sich mit keinem, die Aktion läuft von allein.

Die Bedürfnisse Warschaus übersteigen tausendfach die Möglichkeiten der Häftlinge. Viele Stellungen sind von Polinnen besetzt, und es ist leicht, Brot oder Leinentücher für Kinder zu bekommen. Aber es ist nur ein Tropfen im Meer.

Die Frauen aus Warschau wurden in einigen Backsteinbaracken untergebracht, in die jeweils etwa tausend Menschen passen. Man teilte ihnen Nummern zu, ohne sie zu tätowieren, aber sie werden immer mehr. Nach und nach kommen andere Stadtteile: Altstadt, Powiśle, Innenstadt. Insgesamt wurden etwa siebentausend Warschauerinnen hergebracht. Allein die Kinder belegen einen Block.

Ständig zum Baden geschickt (was die Gefangenen von Birkenau vor zwei Jahren schmerzlich vermissten, wird für die Warschauer zur Last), stehen sie den ganzen Tag vor der »Sauna«, wo sie alles, sogar ein Taschentuch, verlieren und dafür schmutzige Fetzen der Verstorbenen von »Mexiko« bekommen.

Die Frauen, die es geschafft haben, ins Krankenrevier zu kommen, sind in einer besseren Situation. Unter der fürsorglichen Obhut der jungen Doktor Kościuszko und anderer Ärztinnen können sie es relativ lange vermeiden, in einen Transport zu gelangen.

Der Rest von Warschau wird fast komplett nach Deutschland deportiert. Es bleiben nur Kinder, gebrechliche alte Frauen und Kranke.

Täglich rollen von der Rampe die Züge mit den Warschauern.

Die Gefangenen sehen ihnen hinterher und wissen, dass auch sie bald fahren werden – und diesem Gedanken haftet etwas völlig Machtloses und Passives an, er verursacht keinen Schmerz und keinen Protest. Wenn man nicht mehr auf Nachrichten von der Familie wartet, wenn der Plan der Befreiung gescheitert ist, dann ist es egal, wie das Lager heißt, hinter dessen Stacheldraht der Mensch in gestreifter Uniform seinen Karren mit dem Sand schiebt.

FÜNFTES KAPITEL
Nach Deutschland

Der Himmel hat den Häftlingen mit den Stimmen der Sirenen ein Freiheitslied vorgesungen, und jetzt können sie es nicht mehr vergessen. Den ganzen Sommer über harrten sie in Erwartung eines großen Umbruchs, der schließlich nicht in der Realität, sondern in ihren Seelen stattgefunden hat. Sie warteten vergeblich auf die Nacht, in der die Äxte der Tischler den Stacheldraht zerreißen würden, aber irgendeine Kraft hat diesen Draht um sie herum ein wenig auseinandergezogen.

Es kommt im Leben eines Häftlings der Moment, in dem er spürt, dass er wieder ein Mensch ist, dass die Freiheit, die er sich so lange gewünscht hat, die er sich durch die Anstrengung seiner Vorstellungskraft und die Arbeit seines Intellekts erschaffen hat, in ihm erwacht und angeschwollen ist.

Diese Freiheit, die gerade geboren wird, ist anders als die unbemerkte Freiheit eines Vorkriegsmenschen.

Doch für viele ist das Durchleben des Moments, in dem sie sich dieser Tatsache bewusst werden, in dem sie ihre innere Freiheit erkennen, ein Akt, der die Grenzen ihrer Widerstandsfähigkeit überschreitet.

Nicht alle wollen mit ihr noch länger im Lager bleiben. Das Lager ist eine zu traurige Karikatur des Lebens, als dass sie es weiter in ihm aushalten könnten. Sie haben sich in den Sommermonaten zu sehr an die Vision einer Welt gewöhnt, nach der sie sich sehnen, sie sind zu weit in ihren Plänen, Träumen und Gedanken gegangen, um jetzt zurückweichen zu können. Sie sind wie Verschwörer, die nach den Waffen gegriffen und auf eine Parole gewartet haben. Die Parole ist nicht gefallen, aber irgendwelche Brücken hinter ihnen sind abgebrannt. Sie können nur noch vorwärts gehen.

Etliche Häftlinge fliehen aus dem Lager. Es sieht so aus, als hätte man draußen die Befreiungsversuche aufgeben und wollte so viele Männer wie möglich auf dem Weg der Flucht aus dem Lager herausbekommen. Wenn männliche Kolonnen vor dem Appell von der Arbeit zurückkehren, lauert in den Augen vieler eine Spur von Lachen. Die Sirene heult über dem Lager, und sie wissen, dass ihr Kamerad in Sicherheit ist. Sie fragen nur:

»Wer ist heute abgehauen?«

Weg ist Kostek aus dem Registrierungsbüro, der das Recht hatte, frei in den Lagern herumzulaufen; weg sind viele andere. Eines Tages sorgt die Flucht der Jüdin Mala Zimetbaum, die Dolmetscherin und Botin der Oberaufseherin Mandl war und viel über das Lager wusste, für eine Sensation. Zusammen mit Mala flüchtet ein Pole namens Edek.[21] Die Vorhersagen der Häftlinge über das Ergebnis dieser Flucht sind optimistisch.

Leider halten sie, den Anweisungen und der Vernunft entgegen, im nahegelegenen Bielsko (Bielitz), wo sie gefasst werden. Nach einem langen Aufenthalt im Bunker werden beide zum Tod durch Erhängen verurteilt.

Alle Häftlinge aus dem Frauen- und Männerlager haben den Befehl, sich nach dem Abendappell in der Nähe des Stacheldrahts zu versammeln, wo ein Galgen aufgestellt wurde. Edek wird zusammen mit zwei anderen Verurteilten

21 Die in Belgien aufgewachsene polnische Jüdin Mala Zimetbaum und der Pole Edward (Edek) Galiński lernten sich in Auschwitz kennen und wurden ein Paar. Die Geschichte ihrer Liebe und gemeinsamen Flucht, die am 24. Juni 1944 stattfand, wurde mehrmals in Literatur und Theater thematisiert.

gehängt. Als man ihm die Schlinge um den Hals legt, erhebt er einen unvollendeten Ruf:

»Es lebe Pol…!«

Währenddessen schneidet sich Mala im Frauenlager die Pulsadern an beiden Handgelenken auf. Dies wird von SS-Unterscharführer Ruiters bemerkt, der sie aufhalten will, doch sie schlägt ihm zweimal mit ihren blutüberströmten Händen ins Gesicht. Der Galgen bleibt leer. Mala wird ins Krematorium gebracht.

Der Misserfolg der beiden ändert nichts an den Fluchtplänen anderer. Sie verschwinden, als würden sie mit dem Tod Katz und Maus spielen.

Nur wenige Flüchtige werden gefasst, aber aus denen, die gefasst wurden, wollen die Lagerbehörden ein abschreckendes Beispiel machen. Ihre Leichen werden am Tor abgelegt – auf einem kleinen Platz, auf dem das Orchester spielt. Die Männer, die von der Arbeit zurückkehren, laufen im Takt der heiteren Märsche und schauen dabei auf die Leichen der Toten. Sie nehmen ihre Mützen ab (durch das Tor gehen sie immer ohne Kopfbedeckung) und denken an diejenigen, die morgen fliehen wollen.

Am nächsten Tag heult wieder die Sirene, und die Lagerleitung sucht vergeblich nach Orten, an denen der Flüchtling sich versteckt haben könnte.

Anfang Oktober bricht der Aufstand der Juden aus, die in den Krematorien als Sonderkommando arbeiten. Für die Nacht angekündigt, beginnt er früher, in den Nachmittagsstunden. Trotzdem gelingt es ihnen, ein Krematorium abzubrennen, und einem Teil des Kommandos, aus dem Lager zu fliehen. Die Schüsse und Pfiffe treiben die Häftlinge in ihre Baracken in dem Moment, als das verhasste Krematorium in Flammen aufgeht und eine Gruppe von Juden nach Südwesten, in Richtung Wiesen, vorbeirennt und dabei den Stacheldraht auf der Westseite des Frauenlagers durchschneidet. In der Nacht folgt ein sehr massiver Flugangriff, bei dem die Lichter am Drahtzaun ausgehen, was für allgemeines Bedauern sorgt, dass die vorzeitig erfolgte Flucht nicht mehr Menschen umfassen konnte.

Wieder ertönen jeden Tag die Sirenen über Auschwitz; jemand ist geflohen, und die Verfolgung beginnt. Auf die Preisliste, die beim Tauschhandel gilt, kommen neue Punkte hinzu: Wieviel Wodka (gekauft für Lebensmittel oder Wertsachen von zivilen Fachmännern, die aus Schlesien kommen) muss man einem SS-Mann geben, damit er im Gegenzug ein Gewehr über die Drähte ins Lager wirft – wieviel für Munition – wieviel für eine komplette Uniform. Auch im Tausch gegen andere Sachen, aber hauptsächlich gegen Wodka, der für einen Moment des Vergessens sorgt, kann man in dieser Zeit von den deutschen Soldaten alles kaufen, auch von denen, die in der Achselhöhle ein tätowiertes SS-Symbol haben. Die Fluchtversuche werden häufig und sind meist erfolgreich.

Es kommt aber ein Tag, an dem die Sirenen verstummen. Dem gehen ungewöhnliche Ereignisse voraus. Etwa zur gleichen Zeit verließ eine Gruppe von Häftlingen nachts das Stammlager Auschwitz, zu Fuß und mit Waffen in der Hand, und eine Gruppe aus Birkenau fuhr tagsüber mit einem Wagen in deutschen Uniformen hinaus. Unterwegs hielten sie in Budy, wo einer von ihnen sich als SS-Mann von der politischen Abteilung ausgab und die Nummer eines Häftlings ausrief, den sie in den Wagen einsteigen ließen und mit ihm wegfuhren.

Tagelang sprechen die Häftlinge über diese Flucht, wobei sie mit besonderer Genugtuung Tadeusz Lach vom Baubüro, den Fuhrmann Marian aus Budy, den das ganze Lager aufgrund seiner Funktion kennt, und einige andere aufzählen. Und sie fügen mit leisem Lächeln hinzu:

»Jetzt werden sie es uns zeigen!«

Die Flucht fand zwischen dem 15. und dem 22. Oktober statt. Bis zum 24. Oktober herrscht Ruhe, die Männer gehen normal zu Arbeit und verzichten vorerst auf neue Fluchtversuche. Am 24. Oktober nieselt es seit den Morgenstunden. Wer es nur konnte, hat sich in seiner Baracke oder sonst irgendwo versteckt, um nicht in den Schlamm hinauszugehen. Niemand ahnt, dass dies eines der wichtigsten Daten in der Geschichte von Auschwitz sein wird.

Über das Lager hat sich der Herbst gelegt. Der Regen prallt in schrägen Strahlen gegen den Boden und verwandelt ihn schnell in einen matschigen Sumpf. Eine plötzliche Traurigkeit überkommt einen in dem Moment, da man seine Skischuhe, sorgfältig aufbewahrt und seit Langem mit Margarine eingerieben, aus dem Versteck hervorholen und in ihnen in den Schlamm hinausgehen muss. Es tut weh zu sehen, wie der vom Regen aufgeweichte Lehm sie immer mehr beschmutzt und damit sofort den schäbigsten Holzschuhen ähnlich macht. In diesem Moment wird man an die heute als illusorisch geltenden Befreiungspläne erinnert.

Unter dem Stacheldraht sieht man noch dichtes Gras, doch im kalten Platschen des ruhig fallenden Regens spürt man schon die Berührung des heranziehenden Winters. Im Lager herrschen heute ungewöhnliche Leere und Stille. Niemand geht über den Weg zwischen den Toren, niemand kreist um den Drahtzaun, eine Gruppe von Männern, die sonst eine Fahrbahn baut, ist nicht da, die kleinen Loren, die zum manuellen Transport von Sand dienen und gestern zum letzten Mal umgekippt und entleert wurden, stehen auf der Rampe in der gleichen Position.

Das Lager ist verstummt, als wäre es ausgestorben. Am Abend kommt ins Registrierungsbüro ein Häftling aus dem Männerlager, in dienstlicher Angelegenheit. Er ist sehr niedergeschlagen. Ohne jemanden anzusehen, fegt er die Schlammklumpen weg, die sich auf seiner Hose abgesetzt haben. Nach Neuigkeiten gefragt, sagt er leise:

»Nun ja, wir fahren.«

»Wer?«

»Die Polen. Schaut euch den Abschnitt a an, die Männerquarantäne. Aus eurem Revier wird man alles gut sehen können. Wisst ihr, wer das ist? Alle, buchstäblich alle Polen aus Auschwitz, egal, welche Funktion oder Arbeit sie hatten. Die SS-Leute haben ihnen alles weggenommen und dann gestreifte Anzüge und Holzschuhe gegeben. Sie werden jeden Augenblick nach Deutschland fahren. Wir alle werden fahren und dann wieder wer weiß wo herumziehen.«

»Die aus Birkenau auch?«

»Die Polen aus Birkenau sind heute auch nicht zur Arbeit gegangen. Ihr seht doch: weit und breit keine Männerkolonne. Nach dem Appell werden sie ins ehemalige Zigeunerlager verlegt und dort auf ihren Transport warten.«

Es gibt viele Fragen und Bitten, doch es taucht gerade der SS-Mann auf, der den Häftling eskortiert:

»Na los, komm!«

Sie sind weg. Nun gibt es gar keine Möglichkeit mehr, mit den Menschen zu kommunizieren, die vielleicht schon morgen irgendwo im Labyrinth der Konzentrationslager Deutschlands verschwinden, über das die Deutschen mit Stolz schreiben, es sei zu einem einzigen großen Lager geworden.

Erst jetzt, als das Wort *Transport* wie ein unwiderrufliches Urteil direkt über den Köpfen der Frauen erklingt, wird es ihnen klar, dass das für viele mit einer Lebenskatastrophe gleichzusetzen ist.

Die Häftlinge, die als ganze Familien im Lager sind und die versuchen, die schwersten Momente gemeinsam zu überstehen, helfen sich gegenseitig. Wenn sie sich nicht direkt verständigen können, senden sie sich geheime Nachrichten; sonst müssen sie sich damit begnügen, die vertraute Gestalt aus der Ferne, durch die Drähte, oder manchmal zufällig bei einem Marsch zu sehen.

Nun werden diese Familien getrennt, und man weiß nicht, ob sie sich jemals wiederfinden werden.

Es gibt andere, die ihre Familien in Warschau oder in den von der Sowjetarmee besetzten Gebieten haben. Sie dürfen ihnen aber nicht schreiben: Die Lagerzensur hat eine Liste der Städte zusammengestellt, für die Briefe akzeptiert werden. Sie kennen also das Schicksal ihrer Verwandten nicht und warteten bisher vergeblich auf irgendeine Nachricht von ihnen. Jetzt fahren sie weg. Sie wissen nicht, wohin sie von ihrem neuen Aufenthaltsort schreiben sollen und ob ihnen irgendwann ein Brief von der Familie in das neue Lager folgen wird.

Wie wenig ist es für die sich nahestehenden, durch den Stacheldraht getrennten Menschen, sich nur manchmal unter der Aufsicht und Peitsche eines SS-Manns zu treffen und, Gleichgültigkeit vortäuschend, unbemerkt ein paar Worte miteinander zu wechseln. Aber für Gefangene ist es zugleich sehr viel. Im Moment einer Deportation ins Unbekannte spürt man es umso stärker.

Wie wenig ist es – ein offizieller Brief von Zuhause, geschrieben in deutscher Sprache. Aber seitdem auch dieses einzige Lebenszeichen von den Nächsten fehlt, wird ein Häftling von vielen bösen Vorahnungen geplagt. Es tut ihm leid, jetzt wegzufahren, wenn ein Brief von der Familie vielleicht schon sehr bald eintrifft – und den Adressaten nicht mehr erreicht. Er wird mit dem Vermerk *»Auf neue Adresse warten«* zurückgeschickt. Aber der Häftling wird nicht in der Lage sein, die neue Adresse aus dem Lager zu schicken, in das man ihn bringen wird, weil er nicht weiß, wo sich seine Familie gegenwärtig befindet, und er eben derjenige ist, der auf eine Nachricht wartet.

Es gibt diese dünnen Fäden, die den Menschen mit seiner Umgebung verbinden und die sich erst dann, wenn sie reißen, als Blutgefäße erweisen.

Im Frauenlager irren bis spät in die Nacht hinein unzählige Gestalten zwischen den Baracken – hilflos, unsicher, was sie tun sollen. Die Kraft der Sehnsucht bringt sie an den Stacheldraht, über dem die schwarze Nacht liegt. Die hell leuchtenden Lampen blenden die Augen, sodass man auf der anderen Seite der Rampe nichts außer einem Lichtstreifen sehen kann. Der Regen fällt ununterbrochen und verdeckt alles mit einem silbrigen Netz. Hier treffen sich vor allem Ehefrauen, Töchter, Mütter und Schwestern, die wegen der Vorfälle im Männerlager beunruhigt sind. Sie hören, dass von dort ein Stimmengewirr kommt. Sie haben Angst, dass der Transport vielleicht jetzt schon aufbricht.

Den Männern, die ins ehemalige Zigeunerlager verlegt wurden, war nicht erlaubt, irgendetwas mitzunehmen. Nach dem Appell, wenn die Nacht hereinbricht, rufen sie also an den Drahtzaun die Kameraden, die im Männerlager geblieben sind. Diese können dann ganz nahe herangehen und kleine Gegenstände von Hand zu Hand reichen und größere über den Zaun werfen. So stehen Männer zu beiden Seiten entlang des Stacheldrahts – eine ungewöhnliche Börse. Im Männerlager gibt es noch Deutsche (Reichsdeutsche, Volksdeutsche, alte und die, die in Birkenau die Volksliste[22] unterzeichnet haben), die übrig gebliebenen Juden sowie Russen, Esten, Holländer und Jugoslawen. Sie kommen an die

22 In der sogenannten »Deutschen Volksliste« (DVL) wurden die Menschen aus den von Nazideutschland annektierten Teilen Polens erfasst, die deutsche Vorfahren hatten.

Drähte, um die Lebensmittelpakete rüberzureichen, die von den abreisenden Polen zurückgelassen wurden, um ihnen Decken oder etwas Warmes zum Anziehen mitzugeben. Sie tun es vorsichtig, ohne einen Unfall hervorzurufen, trotz der Hochspannung im Stacheldraht.

Die Pritschen im Zigeunerlager ziehen die erschöpften Männer wenig an. Die Bretter sind kahl und unbequem. Statt zu schlafen, versammeln sie sich also in Gruppen oder kreisen ziellos, ins Schwarze der wolkigen Nacht starrend. Heute ist Birkenau sich selbst am ähnlichsten: Hunderte von Lichtern, die mit dem Regen zusammenschmelzen und sich in den Pfützen spiegeln. Irgendwo seitlich der Umriss eines Wärterhauses oder einer Baracke, irgendwo die Silhouette eines Menschen. Wie sehr man von hier fliehen möchte! Aber nicht so. Wie kann man weggehen und in diesem Land der Hoffnungslosigkeit und Sehnsucht ein geliebtes Wesen zurücklassen. Vielleicht steht es jetzt irgendwo dort im Dunkeln und schaut auf die Linien der Lichter. Die Fäuste der Gefangenen ballen sich zu kraftvollen Steinen zusammen, erheben sich und zittern – machtlos gegen die Gewalt.

Ein Morgen. Im Nebel sieht man nach ein paar Schritten nichts mehr, man hört nur das Stimmengewirr aus dem Frauenlager – ein Zeichen, dass der Appell bereits zu Ende ist.

Ein Häftling hat die Hände in die Ärmel seiner Jacke gesteckt und steht da, mit dem Rücken an die Baracke gelehnt. Er kam im Nebel hierher, weil er dachte, dass es schon hell genug sein würde, wenn die Frauen hier zur Arbeit entlanggehen. Er möchte aus der Ferne die vertraute Gestalt sehen, er möchte sich mit einem Blick verabschieden, ohne auf sich aufmerksam zu machen. Es ist aber noch dunkel. Man kann zwar Stimmen hören, es ist aber unmöglich, sie zu unterscheiden. Zwei Männer steigen direkt an den Graben unterhalb des Stacheldrahts hinunter, einer von ihnen nimmt seine Mütze ab und winkt mit ihr in der Luft. Jetzt, angesichts der bevorstehenden Abreise, achten sie nicht mehr auf die Strafen, die sie dafür bekommen könnten. Auf der Seite des Frauenlagers hat sich etwas bewegt; es sieht wie ein dunkler Nebelstreifen aus.

»Hallo!«, ertönt eine Stimme. »Ru-fen Sie bit-te mei-nen Mann aus!«

»Sein Na-me?«, skandieren die Männer.

Doch er ist schon da. Er hat sich von der Barackenwand gelöst und ist genau in dem Moment am Zaun erschienen, in dem die Frau seinen Namen gerufen hat. Sie sehen sich nicht. Trotzdem empfinden sie eine riesige Freude, dass jeder die Gedanken des anderen erraten hat, dass sie sich hier gegenseitig gesucht und aufeinander gewartet haben. Es fällt ihnen schwer, etwas zu sagen. Schließlich ruft sie unsicher:

»Vielleicht wirst du noch nicht fahren! Vielleicht werden sie dich diesmal noch verschonen!«

Aus dem Nebel kommt es laut zurück:

»Das bezweifle ich!«

Man kann nichts sehen. Es scheint, als hätte die Stille, die um die Krematorien herum schläft, für den Häftling geantwortet.

Die Frau kann hier nicht länger bleiben, sie muss zu ihrer Arbeit. Sie geht also weg, in den Nebel zurückblickend, in dem sich ein kaum sichtbarer menschlicher Umriss abzeichnet.

An diesem Tag regnet es nicht. Der kalte Herbstwind hat die Wolken vertrieben, und jetzt schlägt er mit langanhaltendem Pfeifen gegen die Bretter der Baracken. Unter Kettenrasseln und Pufferknirschen fährt auf die Rampe ein langer Güterzug ein, dessen Waggons von Rost zerfressen sind und so aussehen, als ob man sie aus einer riesigen Rumpelkammer aussortierter Schwergeräte geholt hätte, die von der Front ins Hinterland der Armee gebracht werden. Die Lokomotive fährt weg und lässt die Waggons auf dem Gleis zwischen den Lagern stehen.

Als die Frauen in der Mittagspause an den Zaun kommen, stellen sie fest, dass die Waggons das Sichtfeld völlig verdecken, wie eine unbewegliche Mauer. Doch die Menschen haben gelernt, stärker zu sein als die Hindernisse. Einige hocken sich hin und senden sich Zeichen unten durch, zwischen den Rädern des auf der erhöhten Rampe stehenden Zugs, andere stellen sich einander gegenüber so hin, dass sie sich durch die mit Puffern verbundenen Lücken zwischen den Waggons sehen können. Allerdings stellt sich heraus, dass der Zug ein großes Hindernis für die Stimmen ist, außerdem werden die Worte durch den heute starken Wind geschluckt und zur Seite getragen. Man kann nichts hören. Vergeblich heben die Männer ihre Hände zum Mund und skandieren – die Geste der hilflos ausgebreiteten Arme ist die einzige Antwort. Alles, was ihnen bleibt, ist es, durch den Transportzug, der bald die Trennung zwischen sie bringen wird, hindurchzuschauen. Und es bleiben die Gesten.

Ein Mann, der eine weibliche Gestalt ansieht, aus deren Haltung Schmerz spricht, läuft ganz dicht an die Drähte heran und ruft:

»Weine nicht! Vergiss nicht, du darfst nicht weinen!«

Und er hebt eine Faust in die Höhe, als wollte er jemandem drohen – vielleicht seinem und ihrem Bedauern, das sich in diesen Tränen ausdrücken würde, vielleicht dieser eisernen Gewalt, deren Macht sie jetzt am stärksten spüren, vielleicht dem Himmel, der über dem Lager schweigt.

Ganze Familien treffen sich am Drahtzaun. Die beiden Schwestern Trzciński, deren Mutter in Auschwitz gestorben ist und deren fünfzehnjährige Schwester seit einem Jahr im

Pawiak-Gefängnis sitzt, verabschieden sich gerade von ihrem Vater und ihrem Bruder.

Da ist Krystyna Kobyłecka, die sich am Gleis entlang bewegt und unter die Waggons schaut; sie hat im Krieg ihre ganze Familie und in Auschwitz ihre Mutter verloren. Jetzt fährt ihr Mann weg, der im Winter aus Majdanek hergebracht wurde.

Dort läuft ein blondes Mädchen auf den Zaun zu und zieht ihre Mutter und ihre Schwester hinter sich her. Sie legt die Hände an die Lippen und ruft:

»Vati! Juruś!«

Die beiden Männer stehen ihnen direkt gegenüber. Vater und Sohn. Eltern mit drei Kindern, die dafür verhaftet und nach Auschwitz gebracht wurden, dass sie den Namen Vogel tragen und die Volksliste nicht unterschreiben wollten.

Und hier ist ein achtjähriges Mädchen, das mit den Aufständischen aus Warschau nach Birkenau kam. Ihr Vater ist seit vier Jahren in Auschwitz und nachdem er von der Ankunft seiner Tochter erfahren hatte, suchte er verzweifelt nach einer Gelegenheit, nach Birkenau zu kommen, um sie zu sehen. Bisher konnte er es jedoch nicht erreichen, und er bat nur in geheimen Nachrichten die Schwester eines Bekannten, sich um die Kleine zu kümmern. Heute jedoch hat ihn das Schicksal kurz vor seiner Abreise nach Birkenau gebracht. Er schaut durch die Waggonreihen hindurch, sieht aber wenig, weil seine Augen voller Tränen sind. Das Kind ist in den vier Jahren seiner Abwesenheit zu Hause sehr gewachsen. Heute haben sie kein Zuhause mehr. Die Kleine steht inmitten der Stacheldrähte als politische Gefangene. Der Vater fährt gleich weg. Er kann seine Tochter nicht fragen, was er wissen möchte, er kann das Glück ihrer Umarmung nicht erleben. Er verbrachte vier Jahre allein in Auschwitz. Heute, da sein Kind hergebracht wurde, fährt er weiter, nach Deutschland.

Das Mädchen kam an den Drahtzaun dank der List ihrer Betreuerin. Es gibt aber viele Kinder der Aufständischen, deren Väter vor dem Wegfahren nicht einmal auf diese Weise verabschiedet werden. Da es Fälle von Diphtherie gegeben hat, dürfen die Kinder weder im Lager herumlaufen noch ihren Block verlassen, in dem sie folglich von morgens bis abends festsitzen.

Immer mehr Menschen versammeln sich an dem Drahtzaun. Die Lagerälteste Imiola rennt aus der Tiefe des Lagers herbei und attackiert blindlings mit einem Ledergürtel eine Gruppe von Frauen, die für einen Moment auseinanderläuft, um nach ein paar Minuten wiederzukommen.

Am 27. Oktober wurden die zuvor für einen Transport vorgemerkten Frauen in die Desinfektionsbaracke gebracht. Sie stehen von früh an bei Regen und Wind und warten auf den Moment ihrer Abreise. Erst am Abend gehen sie zum Baden, danach laufen sie nackt hinaus und warten auf ihre Kleidung. Durch die Fenster der »Sauna« kann man eine Prozession von Nackten sehen; sie nähern sich Frau Schmidt und ihren Mitarbeiterinnen, die die Unterwäsche an sie verteilen.

In der Dunkelheit hinter der Barackenwand laufen Frauen umher, die heute noch nicht fahren; sie versuchen, den Abreisenden das Nötigste mitzugeben. Die Kapo Schmidt und ihre Handlangerin Ela, eine Jüdin aus der Slowakei, stürzen immer wieder in die Dämmerung hinaus und verjagen die Frauen von den Fenstern. Der Schlamm aus den Pfützen spritzt im Dunkeln bis an die Wände. Schmidt und Ela fluchen aufs ordinärste und kehren dann zu den Wegfahrenden zurück.

Kurz nach Mitternacht passiert der Frauentransport das Tor des Lagers. Stille bricht herein. Der Wind pfeift und stöhnt über dem Schlamm und den schlafenden Baracken, schlägt gegen die Drähte. Im Männerlager ist es auch still. Der große Scheinwerfer an den Krematorien wirft ein gespenstisches Licht auf die Gegenstände, die sich in seinem Radius befinden, und lässt lange Schattenstreifen hinter ihnen entstehen.

An dem Drahtzaun gibt es niemanden mehr.

Die Abschiedsworte, die tagsüber hin und her geworfen wurden, sind verstummt. Keiner wird sie jetzt noch wiederholen, nicht einmal das Echo in den Krematorien.

In der Ferne, irgendwo bei Auschwitz, hört man eine Lokomotive pfeifen und mit Dampfzischen an die in der Dunkelheit stehenden Waggons andocken. Lautlos, übertönt vom Pfeifen des Windes und dem Geräusch des Regens, verlässt der Zug langsam die Rampe und gibt den Blick auf die Lichter am Stacheldraht des Zigeunerlagers und des Männerlagers frei. Als er schon weit weg ist, erreicht die Ohren der Frauen eine vertraute Melodie. Es ist ein vom Zugrattern gedämpftes, auf Polnisch gesungenes Lied.

Am nächsten Morgen werden viele Frauen, die an den Zaun kommen, zu hören bekommen:

»Er ist in dieser Nacht weggefahren.«

Für viele wird es die letzte Nachricht über einen Bruder, Ehemann oder Vater sein.

Die nächste, zweitausend Männer zählende Gruppe, fährt am Sonntag, dem 29. Oktober, in den Nachmittagsstunden weg. Hinter den Kolossen der Krematorien geht die Sonne unter. Die Bäume, deren Blätter vom Krematorienrauch zerfressen sind, stehen da, tot und aschgrau. Der lange Schatten der Schornsteine fällt mit einem reglosen Streifen auf die Rampe, neben ihm kräuselt sich der Schatten des steigenden Rauchs.

Ein böser Traum, den sie jeden Moment hinter sich lassen werden. Ein böser Traum, von dem es schwerfällt wegzufahren, wenn man die hinter dem Stacheldraht verbleibenden Familien sieht.

Auf die mit den Transporten weggeschickten Häftlinge warten Hunger, Bombardierungen und Arbeit in den Tiefen der Erde, mehrere Stockwerke unter deren Oberfläche. Es warten Läuse und Krankheiten. Es wartet die Sehnsucht nach einem Land, aus dem sie keine einzige Nachricht erreichen wird.

Im Lauf des Novembers und Dezembers verlassen das Lager weitere Züge voller Menschen. Meistens sind es Polen, Russen und Ukrainer. Manchmal müssen die Transporte besonderen Anforderungen entsprechen – wenn Fachkräfte gesucht werden, unabhängig von der Nationalität. Zum Beispiel wenn die deutsche Luftwaffe zweitausend Metallarbeiter braucht. Dann fahren außer Polen auch Russen, Juden und andere. So ein Transport wird von Fliegern abgeholt, die ihm eine spezielle Eskorte geben.

Es schneit bereits, und Weihnachten steht vor der Tür, als die letzten Transporte Birkenau verlassen. Vor ihrer Abreise, in den sternklaren, schneehellen Nächten, ertönen im verlassenen Lager Rufe von einem Abschnitt zum anderen – die letzten Abschiedsworte, der letzte Austausch von guten Wünschen.

In Birkenau bleiben die Deutschen und Menschen anderer Nationalitäten, die im Lager oder früher die Volksliste unterschrieben haben. Es bleiben eine Gruppe von deutschen Juden und jüdische Jungen aus Ungarn. Es bleiben die sowjetischen Kriegsgefangenen, die in letzter Zeit eingeliefert wurden. Von den Polen nur eine Handvoll Kranker und Ärzte aus dem Krankenbau, etwa ein Dutzend Mitarbeiter des Registrierungsbüros und einige, die an den Wasserversorgungspumpen des Lagers arbeiten. Außerdem im Männerlager eine Baracke mit Jungen aus dem Warschauer Aufstand im Alter von sechs bis fünfzehn Jahren und im Frauenlager eine Baracke mit Mädchen aus dem Aufstand. Es bleiben auch russische, polnische und jüdische Kinder, die mit ihren Müttern ins Lager kamen. Und es bleibt die letzte Gruppe von Neugeborenen, die das Lager im Januar 1945 verlassen wird.

Weggefahren sind fast alle Männer und die meisten Frauen.

Birkenau, diese vielsprachige, laute, in ständiger Aufregung lebende Stadt, deren winziger Teil – Abschnitt c und »Mexiko« – im Sommer zweiundvierzigtausend Frauen zählte, wird jetzt deutlich kleiner. Im Herbst gibt es im gesamten, männlichen und weiblichen, Birkenau nur noch sechzigtausend Menschen. Und am 18. Januar 1945 beträgt die Summe aller Häftlinge von Auschwitz I, II und III, das heißt von Auschwitz, Birkenau, Buna, Budy, Babice, Rajsko, Harmense, Jawiszowice und Jaworzno, keine zwanzigtausend. Auschwitz wurde vor seiner Befreiung liquidiert.

SECHSTES KAPITEL
Liquidierung des Lagers

Die politischen Vorhersagen sind auf der ganzen Linie fehlgeschlagen. Die Sommeroffensive erlischt wie ein großes Feuer, das über der Welt gebrannt und mit seinem Schein die Fenster der Häuser erleuchtet hat. Jeden Morgen, vor Arbeitsbeginn, beugen die Frauen ihre Köpfe über die Landkarte und studieren sie aufmerksam, den Nachrichten aus deutschen Zeitungen folgend. Sie sind wie Morphinistinnen, die ohne ihre Droge nicht mehr leben können.

Die Droge, das sind all die magischen Namen.

Der Fluss Maas, der Fluss Roer und die Stadt Roermond, Antwerpen, Aachen, das schüchterne Träumen von Köln, das Berechnen, wie viele Kilometer es bis dort sind, das Bestimmen einer Position im Verhältnis zur Siegfried-Linie, Metz-Diedenhofen. Diese Namen haben für immer den Geruch einer Baracke voller Decken angenommen. Deutschland ist immer noch groß, die Offensive hat es gerade erst leicht angeknabbert. Und das weitere Leben der Häftlinge hängt davon ab, ob es ein Sieg oder eine Niederlage sein wird.

Der Rhein-Marne-Kanal – der Herbst ist kalt und regnerisch, der traurigste von allen bisherigen, und an dem fernen Kanal finden irgendwelche Kämpfe statt, werden irgendwelche *Durchbruchsversuche* unternommen, auf die sich nun die angespannte Aufmerksamkeit der Frauen richtet.

Es gibt lange und komplizierte Artikel über Gumbinnen; an manchen Morgen sorgen sie für eine Welle von Optimismus, dann verblasst ihre Wirkung wieder infolge der Erkenntnis, dass es von Ostpreußen nach Berlin weit ist.

Am Bug stehen sie schon seit mehreren Monaten bei Baranów. Dieser Name irritiert. Wenn sie wenigstens zwanzig Kilometer vorangekommen wären, oder auch nur einen Kilometer pro Tag – aber nein, es ist immer noch Baranów.

Die Wörter Dukla und Łupków wecken insgeheime Hoffnungen, dass die sowjetische Armee von dort über die Berge kommen könnte.

Fünfkirchen, Budapest, Mischkolz – schwere Kämpfe, aber wie weit das alles liegt! Jeden Tag geht es einen Millimeter vorwärts oder einen halben Millimeter zurück.

Bevor man in den tiefen Schlamm von Birkenau tritt, der die Füße sofort hereinzieht und die Beine bis zu den Knien bespritzt, möchte man wissen, dass die Front sich bewegt hat, damit es einfacher ist, einen weiteren Tag zu überstehen, der genauso sein wird wie alle anderen. Selbst die Arbeit hat nicht mehr den Reiz, den sie bisher wenigstens dann hatte, wenn sie den Gefangenen zugutekam. Sie sind ja schon größtenteils weggefahren. Zurückgeblieben sind Klumpen von Schlamm. Zurückgeblieben sind schmutzige Decken und Schüsseln.

Die Decken sind eine Chronik des Elends derer, die gegangen sind. Sie haben alles in sich eingesaugt, Schweiß, Blut, Tränen, Sekrete. Sie gehen durch die Hände von Arbeiterinnen, die das Lager liquidieren und Hunderte, Tausende und Zehntausende von ihnen zusammenzählen.

Denn es sind Hunderte, Tausende und Zehntausende von Häftlingen, die Deutschland verschlungen hat, um sie im kritischen Moment des Krieges als Arbeitskräfte einzusetzen und in seinen Kriegsfabriken Munition gegen das eigene Volk herstellen zu lassen.

Mit gekrümmtem Rücken geht man im tiefen Schlamm hinter einem Wagen, auf dem ein Stapel Decken liegt. Diese Arbeit ist sinnlos, man muss sie aber verrichten, denn so ist das Schicksal der Sklaven.

Sie haben dieses Lager mit eigenen Händen gebaut, es erweitert, Gruben im Wald ausgehoben und Krematorien errichtet; sie haben selbst die Folterwerkzeuge hergestellt. Jetzt beseitigen und verwischen sie die Spuren. So ist das Schicksal der Sklaven.

Aus der Blockführerstube des Abschnitts a des Frauenlagers bringen sie lange Schubladen voller steifer Zettel, legen sie auf den Boden jedes Wagens, darauf die nächste Schicht, und die nächste – bis der Wagen ganz voll ist. Die Arbeit wird von einem Aufseher überwacht, aber trotz seiner Anwesenheit lesen die Augen der Gefangenen den Inhalt mancher Zettel:

»Todesmeldung Masłówna Maria, Durchfall, Tod.«

»Todesmeldung Białobrzeska Wanda, Grippe, Tod.«

»Todesmeldung Babska Danuta, Lungenentzündung, Tod.«

»Todesmeldung Koczwarska Bronisława, Grippe, Tod.«

»Todesmeldung Barzdajn Henryka, Durchfall, Tod.«

»Todesmeldung Lewandowicz Anna, Lungenentzündung, Tod.«

»Todesmeldung Niedzielska Ewa, Grippe, Tod.«

Das Wort Todesmeldung erscheint auf all diesen Zetteln, die von den Häftlingen in die Blockführerstube des Abschnitts c gebracht werden, wo man sie später verbrennen wird.

Außerdem werden die Karteien mit den Namen der Erschossenen transportiert. Dicke Bände, mit Klammern zusammengehalten, im Regal in einer Reihe aufgestellt. *»Auf Befehl erschossen.«* Nur so viel. Sie werden auch verbrannt.

Vielleicht könnte man sie als Zeitdokumente retten. Aber hier, wo Tag und Nacht Menschen brennen, was bedeutet hier schon das Verbrennen von ein paar Wagen Todesmeldungen! Die Häftlinge bringen sie von einem Lager zum anderen, unsicher, wer ihre eigenen Todesmeldungen vernichten wird.

Sie bewegen sich in dem verlassenen Lager wie büßende Geister, indem sie auf Spuren derer stoßen, die gegangen sind. »Mexiko« ist leer. Der Abschnitt c ist leer. Die Lager der Tschechen und Zigeuner sind leer. Aus der Männerquarantäne wird die letzte Gruppe morgen Abend nach Deutschland wegfahren. Im Männerlager gibt es nur noch eine Handvoll Häftlinge und nicht viel mehr im Krankenrevier. Von den Frauen sind noch ziemlich viele da, aber es wurde schon angekündigt, der Abschnitt a werde ins Zigeunerlager ziehen, der Abschnitt b in das der Tschechen.

Dort, auf Pritschen, die von den Menschen übrig geblieben sind, die im Sommer im Gas starben, werden sich die Frauen schlafen legen, die eine neue Etappe ihres Lebens beginnen.

Der Umzug findet, wie üblich, an einem Sonntag statt.

Es ist der 15. November, ein Tag, an dem Briefe geschrieben werden. Allerdings schreibt fast niemand. Briefe dürfen nur noch ins Reich geschickt werden. Ins Generalgouvernement schickt man Korrespondenzkarten, da sie aber in der Kantine fehlen und keine neuen gedruckt werden, profitiert niemand von diesem neuen Gesetz, und am Umzugstag wird an die Familienangehörigen nichts außer Gedanken gesendet.

Aus dem alten Birkenau, demselben, wo die Kranken im Schlamm versanken und darin starben, bricht eine Prozession von Wagen und Kolonnen auf.

Die gemauerten Baracken, errichtet aus den Ziegelsteinen zerstörter Häuser – solche Baracken kennt kein anderes Konzentrationslager –, bleiben leer. Wenn sie einmal abgerissen werden, können kein Pinsel und kein Bleistift ihre innere Konstruktion wiedergeben.

Der Marsch der Frauen auf die neuen Abschnitte dauert

kürzer als in den Sommermonaten der Ausgang der Kolonnen zur Arbeit.

Das Tor schließt sich. Über dem alten Birkenau herrscht zum ersten Mal seit drei Jahren völlige Stille. Erst jetzt kann man das Ächzen des am Stacheldraht hängenden, vom Wind bewegten Schilds hören, kann man den Totenschädel und die Aufschrift sehen: *»Achtung! Hohe Spannung! Lebensgefahr!«*

An der Rampe gegenüber dem Lagertor gibt es zwei weißrot gestrichene Absperrungen, die heruntergelassen werden, wenn ein Zug einfährt. Als die Frauen vorbeigehen, werden sie hochgezogen und ragen vor dem Hintergrund des blauen Himmels wie polnische Fahnenmasten, die auf Fahnen warten.

Die Kolonne geht zwischen den Lagern. Manche der Frauen betritt zum ersten Mal diese Straße, sieht zum ersten Mal das Männerlager. Eine Handvoll Deutsche und Juden absolviert gerade ihren Nachmittagsappell.

Auf dem versteinerten Boden kann man noch die von den Füßen der Häftlinge ausgetretenen Pfade sehen, doch die Tore der meisten Baracken sind bereits vernagelt. Es sind Wege, die von einem vertrauten Menschen benutzt wurden. Da oder dort könnte seine Gestalt zwischen den Baracken auftauchen.

Eine vollkommene Leere. Vor dem Block 4 verharren einige oben aufgespaltene Sonnenblumenstängel. Von den Männern, die zu Tausenden diesen Lagerabschnitt mit einem Stimmengewirr füllten, ist keiner zu sehen. Die Straßen haben sie nach Westen in die Welt hinausgeführt und auf den Wegen, über die sie einst gingen, Stille hinterlassen.

Wenn man zwischen dem Männerlager und dem Abschnitt c geht, befindet man sich im tiefsten Inneren des Lagers.

Die weißlich glitzernde Perspektive der Stacheldrähte

zieht den Blick nirgendwo so stark an wie an diesem Ort. Von hier hat man eine Aussicht auf »Mexiko« – oder besser: auf die Stelle, wo sich »Mexiko« befand. Über die freie Fläche, von der die Baracken entfernt wurden, kann man ganz weit, bis ans Ende des Horizonts schauen. Außer den kahlen Stellen im Gras sind keine Spuren geblieben. Östlich von hier, jenseits des Drahtzauns, befinden sich die Baracken der Bauabteilung, mit Büros und Lagerräumen. Man kann die kleine Brücke sehen, die zu ihnen über einen tiefen Graben führt. Die Fensterläden sind geschlossen, Dunkelheit und Stille haben die Plätze der Häftlinge eingenommen.

Und dort, wo die Frauen früher Schienen schleppten und ein Bahngleis bauten, erhebt sich jetzt ein hohes, mit Schutzfarben gestrichenes Gebäude der Hauptwache. Hinter ihm führt eine Schotterstraße zu großen Baracken, die recht viel Platz einnehmen. Dort befinden sich eine Küche, ein Lagerraum und das Lazarett der SS.

Die Frauen strömen auf die Straße zwischen den Krematorien und der Hauptwache hinaus. Jede von ihnen krümmt sich unter der Last dessen, was sie trägt, obwohl ihre Bündel klein, ihre Habseligkeiten ärmlich sind. Traurigkeit und Sorge drücken sie zu Boden. Sie streben trotzdem nach vorn, ihren Ballast von Lager zu Lager tragend. Die Sonne ist schon untergegangen, aber der Himmel hat die Erinnerung an sie behalten und brennt mit jeder Wolke. Ein Ozean rosiger Wellen, durch die ein inneres Licht dringt, fließt langsam über den Köpfen der Gehenden. Von Ost nach West verlaufen die fingerförmigen Wege der Wolken vor dem Hintergrund der perlmuttfarbenen Kuppel. Als wäre der Himmel eine rosige, gestreifte Muschel, die hervorgeschwommen ist, um die kleine Scholle namens Erde zu überdecken. Erst als der Widerschein des Sonnenuntergangs vor die Füße der Frauen fällt, schauen sie auf. Der Himmel spricht zu ihnen.

Er ist wie der Bote einer guten Kunde, die das Herz trifft und in ihm freudig und triumphierend singt.

Man kann der Stimme des Himmels nicht widerstehen. Die Frauen betrachten das Rot der Wolken; sie haben Angst, an die Bedeutung des gehörten Liedes zu glauben. Sie haben aufgehört zu vertrauen, dabei werden sie gerade von einem stillen und tiefen Vertrauen durchdrungen. Vor ihnen öffnet sich knarrend das Tor des neuen Lagers, und sie betreten es schweigend.

Der neue Abschnitt ist anders als die vorherigen Frauenlager. Er ist hundertfach mehr ein Lager, als sie es waren.

Dort gab es eine Eiche, Gras unter dem Stacheldraht und sichtbare Wiesenflächen außerhalb von ihm, im Süden. Die Topografie war etwas abwechslungsreicher; die Ziegel- und Holzbaracken waren auf einem Gelände verteilt, das die Form eines Quadrats hatte.

Hier bildet das Lager einen schmalen, langen Streifen. In der Mitte verläuft eine Straße, und zu beiden Seiten stehen identische, sich nur durch die Nummer über der Tür unterscheidende Baracken. Dazwischen, von Wand zu Wand, riesige Pfützen, tief und voller Algen, wie Teiche. Wenn man bis zum Ende dieser Straße geht, kommt man an einen Stacheldraht, hinter dem die Rampe, ein weiterer Stacheldraht und das alte, jetzt verlassene Frauenrevier zu sehen sind. Im Westen liegt der identische Abschnitt c, im Osten der Abschnitt a. Im Norden sieht man das Gelände, wo früher das »Mexiko« war, tagsüber darf man sich ihm aber nicht nähern, weil in der dortigen Blockführerstube sich die SS-Männer aufhalten. Erst nachts kann man an den Stacheldraht herangehen und schauen. In der Stille der schlafenden Lager hört man von der anderen Seite ein Hundegebell. Es klingt fern und gedämpft; die Hunde bellen mal halb im Schlaf, mal indem sie aufspringen und einen plötzlichen Lärm machen, der aber nur einen Moment dauert. Dann hört er auf, und die Stille der Nacht kehrt zurück. Wenn die Hundestimmen in der Ferne ertönen, fühlt sich der lauschende Mensch an etwas erinnert; die Augen spähen aufmerksam in die Dunkelheit, ob sie nicht irgendwo über dem Boden die Lichter in den Fenstern der Bauernhäuser entdecken. Weil so eben nachts Hunde in den Dörfern bellen. Wieso hat sich diese Erinnerung hierher, zwischen die Stacheldrähte verirrt? Es sind die Schäferhunde im SS-Lager, dieselben, die jeden Morgen den Kolonnen von Gefangenen folgen.

Nachts stellt das Lager ein noch eintönigeres Bild dar als tagsüber. Die Baracken wirken wie Modelle aus Pappe. Eine völlige Vereinheitlichung, ein totaler Ausschluss von allem Individuellen ist der Grundgedanke dieses Lagers.

In den Baracken stehen Pritschen, die anders als die im Frauenlager aussehen und hier Buxen genannt werden. Auf jede passen etwa fünfzehn Personen. So haben hier die Männer geschlafen. Wenn man auf einer oberen Buxe liegt, kann man die im Dach einmontierten kleinen Scheiben sehen – die einzigen Fenster der Baracke –, und dann fällt es einem schwer, nicht an die Menschen zu denken, die hier früher gelebt haben. Wer war der Mann, der sich hier jede Nacht schlafen legte? Vielleicht lag er wach, mit dem Blick den Rauch seiner Zigarette verfolgend. Vielleicht erzählte ihm die Dunkelheit von der verlorenen Schönheit des freien Lebens, das er sich früher mit dem Schwung seiner jugendlichen Kraft erschaffen hatte, während er den weiten Horizont anstarrte, der vom Krieg verdeckt wurde. Vielleicht schlief er ein, die Arme unter dem Kopf verschränkt, weit entfernt von Lager, Baracken und der Buxe, auf deren Rand er lag.

Die Arbeit der Frauen besteht jetzt fast ausschließlich in der Liquidierung des Lagers und im Bau strategischer Befestigungen an der Weichsel. Kleine Liquidierungsgruppen gehen ins FKL (Frauenlager) und auf die anderen Abschnitte. Manchmal findet man während der Arbeit plötzlich eine Spur von Menschen, die gegangen sind.

Überall stehen Bottiche voller Kalk, Sand oder Zement. Gestern waren es noch die männlichen Häftlinge, die sich über sie bückten und ihren Inhalt mit Spaten umrührten. Über ihnen ertönte der Schrei eines Antreibers:

»Bewegt euch! Bewegt euch!«

Heute sind die Antreiber und die Angetriebenen weit weg.

Im Westteil des Frauenlagers ist ein kleiner Motor zurückgeblieben, der den ganzen Frühling und Sommer vor dem Hintergrund der Krematorien und eines Sandhaufens ratterte. Mit seinem Geräusch, »tuck, tuck, tuck, tuck«, maß er die aus Depression und illusorischer Freude zusammengeflochtene Zeit. Nun ist er reglos und still. Die Menschen, die den ganzen Tag im Umkreis seines Geratters den Sand transportierten, sind nicht mehr zu sehen.

Die Tischler haben ihre Werkzeugkästen zurückgelassen. Die frisch zersägten Bretter liegen noch da. Auf dem Boden türmen sich Stapel von Hobelspänen; sie werden dort bis zu den letzten Tagen bleiben. Durch die Risse in den Wänden fallen kleine Sonnenflecken und brennen hell in den Spiralen der Hobelspäne. Die sonnige Wärme weckt den Geruch von Harz. Die Hobelbänke, die hier vor langer Zeit gearbeitet haben, stehen still. Die Menschen, die gestern von hier weggegangen sind, kommen nicht mehr zurück.

Die Sanitäranlagen – Bäder und englische Klosetts, die man zu installieren begann – wurden nur halb fertiggestellt, der Wasseranschluss wurde noch nirgendwo installiert. Und jetzt stehen sie in den leeren Baracken, unter vielen anderen kaum begonnenen Arbeiten.

Die Krematorien rauchen nicht mehr. Eine große Kolonne

geht jeden Morgen hin, um diese düsteren Bauten abzureißen.

Die Gruppe »Krematorium« versammelt sich gern. Die Frauen laufen herbei, ohne dazu von jemandem angetrieben zu werden – die einen geleitet von Neugier und dem Bedürfnis, ein Krematorium von innen gesehen zu haben, die anderen von der Hoffnung, in den Mauern Wertsachen zu finden, noch andere von dem Wunsch, sie eigenhändig zu zertrümmern.

Auf der Rampe stehen Waggons, mit denen Barackenteile, Pritschen, zusammengerollte Woll- und Steppdecken, Maschinen und Einrichtungen aus den Krematorien nach Groß-Rosen und in andere Konzentrationslager gebracht werden.

Birkenau soll verschwinden. Zwischen seinen Stacheldrähten zieht das hier einst tosende Leben aus, und der Tod schleicht sich davon, um den Spuren der Menschen nach Deutschland zu folgen, die gerade von Lager zu Lager eskortiert werden.

Beim Auseinandernehmen der Baracken helfen den Frauen sowjetische Soldaten, die bei den jüngsten Kämpfen gefangen genommen wurden. Sie werden auf eine geradezu skandalöse Weise behandelt, die jedes Kriegsgefangenenrecht verletzt. Die Offiziere, manchmal mit hohem Dienstgrad, sind abgemagert und hungrig und arbeiten oft härter als andere Häftlinge.

Die Gruppe, die am energischsten bei der Liquidierung des Lagers mit anpackt, bilden die jüngsten Teilnehmer des Warschauer Aufstands. Sie haben noch keine Ahnung, wie man sich vor der Arbeit drückt. Die Frauen besorgen für sie täglich einen Kessel Suppe (zusätzlich zu der, die sie am Abend, nach der Rückkehr ins Männerlager, bekommen), und diese Portion Kohlrübensuppe ist für sie Grund genug, jeden Morgen den Blockältesten zu bitten, sie zu der ganztägigen Arbeit mitzunehmen. Im Block gibt es jedoch mehr von ihnen, als der Blockälteste mitnehmen kann, sodass sie abwechselnd kommen. Sie schleppen die Einrichtung aus dem verlassenen Lager auf die derzeit besetzten Abschnitte. Sie haben zwei Wagen, einen großen und einen viel kleineren, die sie selbst ziehen und schieben. Sie nennen sie, indem sie den Jargon des Lagers übernehmen, *rolwaga,* Rollwagen. Viermal am Tag legen sie mit außerordentlicher Regelmäßigkeit den langen Weg zurück: zweimal mit leeren, zweimal mit vollen Wagen. Nachdem sie alles – Holzböden, Nähmaschinen, Kohle, zusammengerollte Decken transportiert haben –, entladen sie es eigenhändig mithilfe des Blockältesten.

Die Herbsttage vergehen. Eines Nachts fällt Schnee. Die Hände der Jungen werden jeden Tag röter vor Kälte, ihre Kleider abgenutzter und die Nummern an ihren Jacken immer dunkler. Wenn sie ihre Baracke betreten und auf die Suppe warten, scharen sie sich um den Herd, in dem ein Feuer brennt. Wenn man sie lange nicht gesehen hat, kann man in ihnen nur schwer die kleinen Jungen wiedererkennen, die im August ins Lager kamen. Das Elend hat in ihren Gesichtern eine Spur von Müdigkeit und Niedergeschlagenheit, beinahe von Alter hinterlassen. Ihre Schwestern und diejenigen Mütter, die nicht weggefahren sind, befinden sich im Zigeunerlager, und sie können sich gegenseitig verstohlen durch den Stacheldraht sehen. (Mancher nimmt seine zusätzliche Portion Suppe mit, um sie am Abend seiner Mutter zu geben.) Die Väter wurden vor langer Zeit weggebracht.

Diese Kinder bitten um nichts. In ihrem stillen, zurückhaltenden Verhalten kann man ihre unerfüllten Bedürfnisse, die sie niemandem anvertrauen, nur erraten. Ihre Gesichter sind blass und eingefallen, und ihre Augen, vor allem die der älteren, meiden den Blick der Erwachsenen, als hätten sie

Angst, Mitleid zu erregen. Ihre Sorgen können sie genauso gut verstecken wie die erwachsenen Häftlinge.

Der jüngste von ihnen ist sechs Jahre alt. Die älteren Jungen haben entschieden, dass er nicht arbeiten soll, und sie achten genau darauf, indem sie ihn auf Schritt und Tritt beaufsichtigen. Wenn sie auf die Suppe warten, stehen sie vor dem Kessel der Körpergröße nach, die kleinsten vorne. Und wenn der Sechsjährige gerade dann irgendwo verschwindet, rufen sie mit strengen Stimmen nach ihm:

»Wo treibst du dich herum? Die Suppe wird kalt! Achte auf deinen Platz, du Lümmel!«

Es kommt nicht vor, dass sie ihre Schüsseln in Richtung Kessel ausstrecken, bevor der Kleine nicht langsam davontrippelt, sein Schälchen Suppe in beiden Händen tragend.

Nach dem Mittagessen erlaubt ihnen der Blockälteste, eine Weile zu bleiben, und die gütige alte Frau Leśniakowa spült und trocknet ihr gesamtes Geschirr. Die Jungen sitzen in der Wärme und unterhalten sich leise darüber, ob die Suppe gut war und ob sie Kartoffeln in ihren Portionen hatten, oder darüber, dass sie heute vielleicht zusätzliches Brot bekommen. (Diese kleinen Häftlinge, die besser arbeiten als Erwachsene, erhalten kleinere Rationen.)

Der Ausruf »Große *rolwaga!* Kleine *rolwaga!*« kündigt den Moment ihrer Abfahrt ins Männerlager an. Die Jungen rufen sich zu, indem sie das Wort verdrehen: »Große *lorwaga!* Kleine *lorwaga!*«

Sie fahren weg. Die Rücken gebeugt, die Schultern angespannt. Und neben den zum Wagen Drängenden schreitet der sechsjährige Knirps. Die Augen der Jungen bleiben oft an seiner kleinen Gestalt hängen, die Arme der acht-, neun- und zwölfjährigen Beschützer strengen sich noch mehr an, um seinen Teil der Arbeit zu verrichten. Die Blicke erhellen sich und sagen deutlich:

»Für solche ist die Arbeit im KZ bestimmt nicht gedacht.«

Manchmal öffnen kleine Kinderhände das Tor des Lebensmittelmagazins – der starke Winterwind reißt es sofort auf, zerrt an ihm, zusammen mit dem Jungen –, und eine dünne Stimme ruft laut:

»Zigaretten brauchen Sie nicht?«

Sie lernen das Lagerleben, indem sie auf ihre Erfahrungen aus Warschau zurückgreifen.

Das Lebensmittelmagazin verfügt zum Zeitpunkt der Liquidierung über große Reserven. Die Nazis haben mit dem Einmarsch der sowjetischen Truppen nicht gerechnet – und dazu mit einem so schnellen. Sie waren auf den Fortbestand des Lagers eingestellt. Jetzt sind die Baracken leer, aber die Magazine voll. Die Aufseherin Franz nutzt das Auflösungschaos und führt mit großer List eine doppelte Buchhaltung. Die Mitarbeiterinnen des Lebensmittelmagazins haben Zugang zu den Bürobüchern und sehen, dass sie nicht alle eingetroffenen Sachen notiert und von den notierten nicht alle an die Küche ausgibt. Hier das Beispiel eines Mittagessens für das Lager im Winter 1944. Vor dem Magazin fährt ein Auto vor, das Zutaten für die Suppe bringt. Es sind sechshundert Dosen Fleischkonserven (je ein Kilogramm) und mehrere Fässer mit frischem Blut. Franz notiert alles in der Rubrik *»Ausgabe«* und lässt die Fässer mit Blut in die Küche bringen. Die Konserven hingegen schickt sie sofort weiter, über denselben Fahrer, mit dem sie gekommen sind. Auf diese Weise bestiehlt sie die Häftlinge um die einzige gekochte Mahlzeit des Tages. Der von ihr bezahlte Fahrer kommt ab und zu nach Birkenau vor dem Morgengrauen, gegen drei Uhr, und bringt unter dem Mantel der Dunkelheit Margarine, Konserven, Säcke voller Zucker, Nudeln, Bohnen und Mehl weg. Oft heißt es, es seien »Geschenke« der Häftlinge für die Armee oder für das Lager und das Lazarett der SS. Franz avanciert schnell, bekommt manchmal eine Auszeichnung und stiehlt ungehindert weiter.

An der Hauptwache werden solche Expeditionen sehr geschätzt. Der Chef des Hauptlebensmittelmagazins, der die Pflicht hat, den Haushalt innerhalb der einzelnen Abschnitte zu kontrollieren, scheint nichts zu bemerken. Es gibt keine Gesetze, die den Häftling vor diesen Plünderungen schützen würden. Der SS-Mann erklärt ruhig, dass in Berlin, bei den Konferenzen des Roten Kreuzes und anderer internationaler Organisationen, ein KZ-Häftling zahlreiche Rechte besitzt, viel zahlreichere als die, die er in Wirklichkeit im Lager hat. Daher versuchen die Gefangenen, selbst für ihre Rechte zu sorgen. In der Zeit, in der fast keine Lebensmittelpakete mehr kommen, »organisieren« die Mitarbeiterinnen des Lebensmittelmagazins in einem Umfang, der weit über ihre persönlichen Bedürfnisse hinausgeht. In einer riesigen Baracke, die bis unter das Dach voll Brot, Margarine, Zucker und Mehl ist, werden vier Frauen von der Aufseherin Franz eingesperrt; sie selbst fährt mit dem Fahrrad nach Auschwitz. In der Tür gibt es einen handbreiten Spalt, durch den man Margarinewürfel nach draußen werfen oder durch einen schmalen Papptrichter Zucker, Mehl und Graupen schütten kann. Sie versuchen, auf diese Weise das Lager satt zu bekommen, was aber kaum möglich ist. Trotz der Verbesserung der Verhältnisse in vielen Bereichen hat das Lager sein ursprüngliches Gesicht behalten – es hat seine reichen »Viertel« und seine »dunklen Gassen« voller extremer Armut.

Nachts dröhnen Geschwader von Kampfflugzeugen über dem Lager. Das Ohr hat sich schon so an sie gewöhnt, dass man schläft, ohne sich von ihnen stören zu lassen. Die Luftangriffe finden manchmal so nah statt, dass sie den Befehl zur Folge haben, sich schnell anzuziehen. Niemand macht sich jedoch Illusionen, niemand will sich anziehen. Eines

Abends wurde das in der Nähe liegende Lager der SS bombardiert. Die Gefangenen, die dort ihren Arbeitstag verbrachten, Deutsche und Jugoslawinnen, wurden von dem Angriff überrascht, als sie sich aufmachten, in ihr Lager zurückzukehren. Mindestens fünfzehn SS-Männer wurden getötet, die Baracke brannte ab. Von den weiblichen Gefangenen kam eine Deutsche ums Leben. An einem anderen Tag wurde in diesem Lager der SS ein großer Bunker bombardiert; er war voller SS-Männer, die alle unter den Trümmern starben. Und einmal wurde die Blockführerstube des (tschechischen) Lagerabschnitts B II b aus einem Flugzeug mit Zeitbomben beworfen. Das löste unter den Nazis Panik aus. Sie zwangen die Menschen, die Geschosse wegzuräumen. Jemand erzählte, dass sie ihnen zur Belohnung die Freiheit schenken würden. Nach einiger Zeit wurde das Lager von einer Explosion erschüttert, und zwei Stunden später fanden die Frauen hinter den Klosetts einen auf dem Schnee liegenden roten Teppich – einen von denen, die manchmal in den Zimmern der SS-Leute liegen. In den Teppich war ein menschlicher Rumpf ohne Kopf, Arme und Beine eingewickelt, verrußt von Feuer und Rauch. An ihm hingen die Fetzen einer gestreiften Jacke. Dieser Mensch – man weiß nicht, ob Frau oder Mann – verlor sein Leben in dem Moment, in dem von vielen Baracken in Birkenau nur noch die Schornsteine übrig waren, in dem das Lager endete, der Krieg endete und die Gefangenschaft endete. Eingehüllt in einen Teppich, hinausgetragen hinter die Klosetts, lag er inmitten der toten Stille – ein toter Gegenstand.

Unter Millionen von Toten erhöht ein weiterer die Gesamtanzahl nicht.

Im Winter wird das Lager von einem neuen Kommandanten übernommen, Franz Kraus. Das Gesicht wie aus einem altdeutschen Porträt, mit typisch germanischen Zügen. Vor dem Amtsantritt besichtigt er die einzelnen Lagerabschnitte und prüft, wie die Liquidierung vorankommt. Er bleibt vor einer Gruppe von Frauen stehen, wendet sich an Perschel, der ihn begleitet, und fragt, wie zu erklären sei, dass er hier etliche niedrige Nummern sehe. Bedeute das etwa, dass diese Frauen seit einem, zwei Jahren oder noch länger in Auschwitz seien?

»Jawohl, Herr Kommandant.«

Kraus ist empört. Er schaut direkt in Perschels krankhaft geweitete Augen und verkündet, dass ein KZ-Häftling nicht länger als sechs Wochen leben dürfe. Wenn er in der Zeit nicht gestorben sei, bedeute das, dass er ein Mensch sei, der gut kombinieren könne – und als solcher müsse er fertiggemacht werden.

»Verstanden?«

»Jawohl, Herr Kommandant.«

Jawohl, Herr Kraus. Sie werden zugeben, dass wir nicht lange mit der Frage gewartet haben, ob Sie unter Umständen Ihre Meinung ändern würden. Oder ob Sie möchten, dass man sich auch in Bezug auf die deutschen Gefangenen an diese Regel hält.

In diesem Moment standen wir einander gegenüber – er, der Herrscher über unser Leben, und wir, die Ephemeriden. Er, einer von denen, die der Natur das heilige Gesetz des Todes entrissen haben, die *»auf Befehl«* eine Gruppe von Menschen in einen nutzlosen Haufen toter, durch die dünnen Knochen abstoßender und durch die halb geöffneten Augen und den leisen Schrei der Münder erschreckender Gegenstände verwandeln. Und wir, die Gefährten der Gestorbenen. Sie und wir waren wie Galeerensklaven, die durch eine Kette miteinander verbunden sind. Und wir wissen, dass er blind ist, wenn er nicht sieht, dass der stille Schrei der Toten manchmal gefährlicher ist als der laute Ruf der Lebenden.

Die Baracken liegen still auf der grenzenlosen Schneefläche. Die am Stacheldrahtzaun brennenden Lampen verlieren sich im Dunkeln in langen Lichtreihen, die dem Betrachter sagen, wie weit von hier noch solche wie er selbst wohnen. Weiße Licht-Rosenkränze, deren Perlen in gleichen Abständen durch eine rote Lampe getrennt sind, die warnt: Hier ist der Tod.

Im Schatten der letzten Baracke, die dem Stacheldraht am nächsten steht, watet durch die hohen Schneeverwehungen ein einsamer Mensch. Der frisch gefallene Schnee ist flauschig und tief. Die letzten Flocken aus der wegschwebenden Wolke wirbeln noch im Licht der Straßenlaternen und fallen langsam nieder. Der Mensch geht an der Barackenwand entlang und hinterlässt tiefe Spuren. Es ist ein Gefangener. Es ist egal, ob sein Lager Auschwitz, Groß-Rosen, Gusen, Dachau, Mauthausen oder Flossenbürg heißt. In allen Lagern wurde dieser Heiligabend auf die gleiche Art verbracht.

Er hat die Hände in die Taschen seines gestreiften Mantels gesteckt und geht langsam einen Weg entlang, der seine Schritte dämpft, in einem Schatten, der seine Gestalt fast unsichtbar macht. Es ist sein Heiligabendspaziergang.

Am Himmel, von dem der Wind die Reste der Wolken weggefegt hat, sind jetzt deutlich die Sternbilder zu sehen, die über der Schneefläche flackern. Der Gefangene sieht zu ihnen auf. Die Sterne sind immer noch die gleichen. Großer Wagen, Kassiopeia, Polarstern … Und dort der Orion, der eines Tages mit seinen Schlüsseln die Tore der Gefangenschaft öffnen könnte. Der Mensch, an die Erde des Lagers gekettet, lässt seine Augen über die Unendlichkeit der Welten schweifen, die über seinem Kopf wirbeln. Er sucht an bestimmten Sternkonstellationen den Blick seiner Nächsten, ohne zu wissen, ob die Augen, die sie gleichzeitig betrachten sollten, noch lebendig oder tot sind.

Seine Frau ist eine Gefangene wie er; sein Bruder starb im Warschauer Aufstand; seine Eltern, wenn sie noch leben, schreiben vergeblich an seine alte Adresse. Ihre Briefe kommen zurück, mit dem Vermerk: *»Auf neue Adresse warten.«* Er selbst kann ihnen keine Adresse schicken, weil er nicht weiß, wo das Schicksal sie hingeworfen hat, als sie in einer Gruppe alter Menschen von den Warschauer Aufständischen getrennt worden sind.

Der Wind hat sich eine Handvoll Schneestaub geschnappt und trägt ihn davon. Ein paar Flocken sind auf die Lippen des Gefangenen gefallen und schmelzen dort in dem Moment, als er den teuersten Namen flüstert.

Der Himmel ist grenzenlos, und die Sternbilder an ihm sind unzählig. Unter welchem von ihnen wirst du, einsamer Gefangener-Schiffbrüchiger, das finden, was du verloren hast?

Januar 1945

Der einzige Verbündete eines Häftlings, der sich am Ende seiner Kräfte befindet, ist die Zeit, die mit ihm zusammen Schritt für Schritt vorangeht. Am zweiten Januar kann er sich sagen:

»Noch dreihundertdreiundsechzig Tage bis zum Jahresende.«

Aber am dritten sind es nur noch dreihundertzweiundsechzig. Die Tage sind jetzt sonnig, frostig und einander ähnlicher als die Nächte, die sich wenigstens durch die Träume, die man hat, unterscheiden. Die Tage sind weiß und still. Wenn ein starker Wind um die Baracken stürmt, hört man das Klingeln eines Gongs, der an einer Schnur baumelt und an eine Stange klopft. Auf der Straße entlang einer Reihe von Baracken des Abschnitts a (Männerquarantäne) läuft eine Frau in gestreiftem Kleid und trägt ein Brett auf der Schulter. Sie ist müde. Die Füße ihrer Kameradinnen, stärker als die ihren, haben sie überholt und auf der Straße zurückgelassen, über die sie nun läuft, in Gedanken versunken.

Es gibt auf dieser Welt Menschen, die bereits frei sind, von denen der Krieg weggerückt ist. Doch der Weg eines Häftlings ist unverändert geblieben: von der Morgendämmerung bis zum Mittag und vom Mittag bis zum abendlichen Appell, auf der Strecke von einem Kilometer. Einen Kilometer nach Norden mit leeren Händen, die am Körper herunterhängen, einen Kilometer nach Süden mit einem Brett auf der Schulter. Der Gedanke verläuft gradlinig, weit weg von der Lagerstraße, auf der man nur diese einen Kilometer lange Strecke zurücklegt.

Die Frau öffnet die Tür der Baracke 4 und bleibt im Eingang stehen. Hier wohnten die Männer, die nach Birkenau gekommen waren, in ihren ersten vier Wochen. Hier verbrachten sie die Zeit ihres schlimmsten Elends, hier wurden sie am meisten von Hunger geplagt. Rechts ist eine Nische zu sehen, in der das Brot geteilt wurde; eine massive Schranke aus Schmiedeeisen trennt sie vom Rest des Blocks. Sie waren sehr hungrig; der Hunger muss sie unaufhörlich angetrieben haben, wenn solche Barrieren an dem Ort errichtet wurden, an dem das Brot verteilt wurde. Die Schranke brach nicht unter ihrem Druck, sie gingen von hier fort, fuhren weg oder starben. Die Baracke ist leer, die Pritschen sind leer. Der Wind jagt übers Dach einige Handvoll trockenen Schnees, schüttet ihn von einem Ende zum anderen, genießt in der Stille den vollen Klang seines Pfeifens und verstummt.

Irgendetwas erlaubt der Frau nicht hineinzugehen, als würde dort eine Menschenmenge stehen, als würden aus den Tiefen der Pritschen menschliche Augen schauen, hungrige Augen, traurige, verzweifelte. In ihrem Gedächtnis taucht eine Erinnerung auf – die einst gehörte Erzählung über ein Ereignis, das sich genau hier abgespielt hat.

Es begann auf der untersten Schlafkoje. Es gab dort – unter vielen anderen – einen an Ruhr erkrankten Mann und seinen gesunden Kameraden. Der Kranke lag da, ohne zu stöhnen, ohne ein Lebenszeichen von sich zu geben. Es stand sehr schlecht um ihn, der lagertypische Durchfall hat ihn aller Kräfte beraubt. Er aß nichts und sollte auch eine strenge Diät einhalten, wenn er leben wollte. Der andere, junge Häftling schnitt von einem Brot ein paar dünne Scheiben ab und beschloss, daraus Zwieback zu machen. Er klopfte an die Tür des Blockältesten und fragte höflich, ob er sie auf dem dort stehenden Ofen trocknen dürfe. Der Blockälteste stimmte zu, und der Häftling legte erfreut die Brotscheiben an die heiße Ofentür, hielt sie mit einem kleinen Stock fest und nach einer Weile hatte er knusprigen Zwieback. Der von jemandem gerufene Blockälteste entfernte sich in die Tiefe der Baracke, der Junge blieb in dem Raum allein und trocknete die letzte Brotscheibe zu Ende. Auf einmal knarrte das Barackentor und von draußen ließen sich Schritte und eine fremde Stimme vernehmen, die Deutsch sprach. Der junge Häftling stopfte blitzschnell die fertigen Scheiben unter sein Hemd, auf dem Ofen blieb nur die eine. In der Tür erschien ein Lagerältester.

»Was machst du denn da? Hä?«

Der Junge sprach nur wenig Deutsch, also zeigte er hilflos auf die trocknende Scheibe und fiel in demselben Moment zu Boden, niedergestreckt von einem Faustschlag ins Gesicht. Er sprang sofort auf. Vielleicht waren seine Bewegungen zu lebhaft, denn erst jetzt zeigte der Lagerälteste, was er konnte.

Mit einem Tritt warf er den Jungen erneut um, mit einem Tritt brachte er ihn um seine Mütze, mit einem Tritt beförderte er ihn vor die Tür und tretend rollte er ihn über den Boden die gesamte Baracke entlang, bis zur Hintertür. Dort stand der Blockälteste, der erfuhr, dass *»dieser Muselmann so frech«* war, Brot in seinem Zimmer zu trocknen.

»Ich hab es ihm erlaubt.«

»Ach, so? Dann weg mit dir, du blöder Hund!«

Er trat ihn noch einmal und ging weg. Jetzt konnte sich der Junge nicht mehr so schnell erheben. Er stützte sich auf seine Hände, blieb einen Moment auf allen vieren liegen und stand schließlich auf. Er hatte Angst, sich auf die Suche nach seiner Mütze zu machen. Er drehte sich nur kurz in die Richtung um, in die der Lagerälteste und der Blockälteste gegangen waren, knöpfte schnell sein Hemd auf und schob eine Hand hinein. Das getrocknete Brot war unversehrt, nur ein wenig zerbröckelt. Er drückte es in der Hand, lächelte und ging langsam zu seinem kranken Kameraden.

Drei Tage später verstauchte sich derselbe Lagerälteste einen Arm und heulte vor Schmerz. Der junge Häftling sah dem zu und zögerte. Schließlich ging er schnell auf den Mann zu und renkte mit einem fachmännischen Griff seinen Arm wieder ein.

Der Lagerälteste hielt es für angebracht, zum Dank den »Muselmann« anzusprechen:

»Bist du Pole?«

»Jawohl.«

»Wer hat dir das angetan?«, fragte er mit einem Blick auf die blauen Flecken unter den Augen und die zerschnittenen Wangen des Jungen.

»Sie.«

So war es. Ein neuer Windstoß trifft die Baracke und schüttelt an ihrem Dach. Nein, niemand schaut aus der Tiefe der Schlafkojen. Sie sind leer. An den Brettern über den Pritschen sind Inschriften zu sehen, die mit einem Messer geschnitzt, seltener mit einem Bleistift gekritzelt wurden. Der Wind pfeift in den Wandrissen.

Die Frau beugt sich, hebt ihr Brett auf, und indem sie sich unter der Last krümmt, die man nirgendwo hinbringen und niemals loswerden kann, verlässt sie die Baracke.

Im ehemaligen Frauenlager, wie auch in anderen Lagerabschnitten, liegt zum ersten Mal Schnee, der von keinen Spuren gezeichnet ist. Er erinnert an Menschen, deren Füße in ihm keinen Abdruck hinterlassen haben. In der Stille, die hier herrscht, hört man die metallische Stimme der Fabriken Schlesiens. Durch den Stacheldraht kann man die schneebedeckten Flächen der weiten Felder um das Lager herum sehen. Eine wonnige Stille rauscht in den Ohren. Es ist eine seltsame, neue Freude, zwischen den Baracken frei herumgehen zu können, aus denen bestimmt niemand von der Lagerleitung rauskommen wird. Durch einen Spalt in der Wand des geschlossenen Blocks 10 kann man einige dort stehende Limousinen sehen. Das weckt heute keine Hoffnung. Nichts weckt sie. Frauen, die von der Arbeit zurückkehren, werden seit einigen Tagen von Deutschen eskortiert, die schussbereite Gewehre mit sich tragen. So lautet der neue Befehl. Das sorgt auch für keine Spekulationen. Gestern wurde die letzte Gruppe von Säuglingen aus dem Lager weggebracht; sie waren unter Obhut von Krankenschwestern, die nicht ahnen konnten, dass die Straßen in Richtung Lodz, über die sie angeblich fahren sollten, bereits von der Roten Armee besetzt sind.

Es ist der 17. Januar. Am Himmel brennen scharlachrote Morgenröten, in deren Schein die Wolken lebendige, fantastische Formen bilden. Hoch über dem Stacheldraht erhebt sich die in Rot getauchte Silhouette eines Wachturms. Unter ihm, vorbei an den kleinen Jungen, die ihre Wagen schieben, gehen die Frauen, die von der Arbeit zurückkehren. Sie sehnen sich nach Ruhe. Jemand hat die gestrige Zeitung mitgebracht, in der die Deutschen schreiben, dass sie zu dieser Jahreszeit keine russische Offensive erwartet hätten, sich aber dennoch nicht überraschen lassen würden. Zwar würden vierzig Divisionen der Roten Armee *»in Lysa Gora«* stehen und wahrscheinlich doppelt so viele hinter der Weichsel …

O Tannenwälder! O Wälder, die seit Jahren mit Blut getränkt werden! Mit eurem Bild vor Augen und eurem Rauschen über dem Kopf schläft die Gefangene ein, ohne zu ahnen, dass sie morgen um diese Zeit weit weg von Auschwitz sein wird. Heute zählt sie zum letzten Mal ihr weiteres Jahr der Gefangenschaft ab.

Noch dreihundertachtundvierzig Tage.

In der Tiefe der Baracke, auf einem flachen Ofen, sitzt Zachwiejowa, eine Goralen-Frau[23] aus Szczawnica, die nach Auschwitz im Frühjahr 1942 mit dem siebten Tausend weiblicher Gefangener gekommen ist. (Jetzt hat die Zahl der im Lager registrierten Frauen schon hundertdreißigtausend erreicht). Zachwiejowa hat Spielkarten vor sich liegen. Der brennende Kerzenstumpf erleuchtet ihre hochgewachsene Gestalt und ihr schmerzerfülltes Gesicht einer Mutter, die im Krieg alle ihre Söhne verloren hat. Ihre Hand, abgearbeitet und voller Verletzungen, mit einem schmutzigen Lappen umwickelt, wandert über die ausgebreiteten Karten, ihre Augen versuchen, aufgrund von deren verborgenem Inhalt das Morgen zu erraten. Sie ist von einer Frauengruppe umgeben:

»Sag, was passiert mit uns in einem Monat, wenn wir dann noch am Leben sind?«

Ihrer Zukunft ungewiss, nur noch wenige im verlassenen Lager, schlafen die Gefangenen ein. Die Baracken voller Menschen stehen neben solchen, die leer sind. Die Aufseherin Meyer, die diese Nacht Dienst hat, schüttelt sich nervös, sieht die stille Lagerstadt an und sagt mit furchterfüllter Stimme:

»Schrecklich! Die Baracken stehen still. Wie ein Totenlager.«

Der Wind bläst in der Leere, indem er eine Handvoll Schnee über die Dächer der Baracken treibt, mit den Brettern knarrt und an den geschlossenen Toren schüttelt. Er saust mit langem Pfeifen über die verlassenen Pritschen und durch die Wandrisse, klingelt in den Drähten, rast die Straßen entlang. Der Wind pfeift zu einem letzten Generalappell.

23 Die Goralen, poln. Górale – von góra, Berg – ist eine Ethnie, die das Tatra-Gebirge bewohnt.

In der Stille öffnen sich die Tore der verlassenen Baracken, von den leeren Schlafplätzen erheben sich Kolonnen gestreifter Gestalten und strömen auf die Straße. Grauweiß wie Nebelschwaden, nehmen sie ihre Plätze ein. Auf jeder Spanne Land steht ein Mensch, von Stacheldraht zu Stacheldraht sind es unzählige. Sie stehen auf der Straße zwischen den Lagern, auf dem Weg zu den Krematorien, auf der Rampe. Und es kommen ständig neue. Ein Ozean menschlicher Köpfe, der in der nächtlichen Dunkelheit den Farbton von Asche hat, bedeckt Auschwitz, Birkenau und die Umgebung. Ein Generalappell der Toten. Der Wind hat noch einmal über den Krematorien gepfiffen und mit Schwung in die Schilder der Gongs geschlagen. Dann ist er verstummt.

Ihrer Stimme beraubt, stehen schweigend die Menschen, deren Leben mittendrin unterbrochen wurde.

Es stehen unzählige Fünferreihen, Hunderte, Tausende und Hunderttausende.

Eine Fünfmillionenstadt. Reglos, tot, still.

Epilog

Nachts. Das geheime Treffen der Funktionsgefangenen fand zum letzten Mal statt. In der von Schnee umhüllten Stille sind schnelle Schritte, Getrampel und Flüstern zu hören. Der Gefangene hört es, und er ist sich sicher, dass er träumt, dass er ein Halluzinationsbild sieht, das er sich so oft in den Augusttagen gewünscht hat, als der nächtliche Ausmarsch erwartet wurde.

Aber nein. Aus dem Zimmer der Blockältesten strömt durch einen Türspalt Licht, und man hört eine aufgeregte Stimme sagen:

»Es ist bei Todesstrafe verboten, es den Gefangenen zu sagen. Heute um vier Uhr morgens findet der Ausmarsch statt. Jetzt ist es ein Uhr.«

... Ein Uhr. Die so sehnsüchtig erwartete Nacht ist also gekommen. Im Nachbarlager hört man Stimmen, sieht man das Flackern von Lichtern.

Und was ist das? Kann es sein, dass die Tischler hinlaufen, um die Stacheldrähte durchzuschneiden? Haben die Elektriker den Strom abgeschaltet? Nein. Es herrscht Stille. Über der schneebedeckten Fläche leuchten elektrische Lampen und starren auf den Landstreifen unter den Drähten. Die Luft ist erfüllt von der Stille der Toten, die hierbleiben werden.

Von Block zu Block geht eine Stimme, die über dem Kopf jedes Schlafenden sagt:

»Wach auf! Steh auf!«

Sie beugt sich über die Fußspuren in der verhärteten Erde und ruft jeder von ihnen zu:

»Wach auf! Steh auf!«

Sie kniet auf dem Feld vor den Krematorien nieder und nähert den Mund an die mit Asche bedeckte Erde:

»Wach auf! Steht auf!«

Die, die gefallen sind, werden nicht aufstehen. Aus der Stadt, die fünf Millionen zählte, werden heute nur ganz wenige, gerade mal zwanzigtausend, herauskommen.

Die Tore öffnen sich. Es ist Morgengrauen. Mit einem Laib Brot unter dem Arm und einem Beutel am Rücken kommen die Elenden von Auschwitz hervor, um die letzte, schwierigste Etappe ihrer Wanderung zu bewältigen.

Sie wissen nicht, dass es der Moment ist, in dem sie ihre Staatsbürgerschaft wiedererlangen. Dass die Deutschen über Straßen, Felder und Wälder fliehen.

Sie haben keine Ahnung, dass Städte wie Kielce, Radom, Tschenstochau, Warschau bereits frei sind.

Ihnen ist nicht klar, dass man in diesem Augenblick zum Triumph die Glocken schlagen sollte.

Der Stacheldraht, der das Lager umgibt, läutet leise zum Abschied der Lebenden, die die Stadt der Toten verlassen.

Die Berge, mit einem blauen Band über der schneebedeckten Fläche gebogen, begrüßen den Gefangenen, der sich ihnen jetzt nähern soll.

Das Tor ist den ganzen Tag geöffnet, die Fünferreihen strömen den ganzen Tag hinaus.

Am Abend ist Birkenau dunkel, es brennen nur einige Feuer, in die Todesmeldungen und andere Papiere des Registrierungsbüros und der politischen Abteilung geworfen werden. Perschel, mit einer Flasche Kerosin in den Händen, sorgt für neue Flammen. Engster ruft den Weggehenden hinterher:

»Nach Groß-Rosen zu Fuß! Zweihundertfünfzig Kilometer.«

Es gibt eine breite und lange Straße, die von Ost nach

West, in Richtung Pszczyna führt. Hier findet von früh an der Marsch der Gefangenen statt. Die Dämmerung bricht herein. Die an der Straße stehenden Weiden, Akazien und Hainbuchen werden durch Schattenalleen auf dem Schnee verlängert; sie strecken ihre blattlosen Äste den Gefangenen entgegen, als wollten sie sie an ihrer Wanderung hindern.

Sie haben schon mehr als eine Gestalt getröstet, die gefallen ist, eine Blutspur im Schnee zeichnend. Sie legen über sie, wie ein Leichentuch, ihren dunklen Schatten und die Stille des vorabendlichen Lauschens.

Die Dämmerung wird immer dichter. Und je undurchsichtiger sie wird, desto häufiger ertönt am Ende dieses Menschenzuges ein Schuss, wiederholt durch das weite Echo der Wälder von Pszczyna – wieder fällt ein Mensch in den Schnee, um sein Gesicht im letzten Seufzer an ihn zu drücken. Von dem Fuß eines SS-Manns getreten, liegt er am Rand eines Grabens und starrt mit seinen halbgeschlossenen Augen auf die Straße, auf der die anderen weggehen.

Diejenigen, die in den Reihen gehen, spüren auf sich den Blick ihrer sterbenden Kameraden. Sie wissen nicht, auf dem wievielten Kilometer sie selbst fallen werden.

Am Himmel ist der Polarstern aufgetaucht. Der Große Wagen kreist langsam um ihn herum, der Mond ist über dem Wald aufgestiegen. Über der Welt liegt eine beruhigende Stille. Nur auf einer schlesischen Straße laufen unter dem Knirschen des Schnees Tausende von Füßen. Im Norden – vielleicht dort, wo Breslau liegt – explodieren Raketen, zittert die Luft voller Lichter, sind Detonationen zu hören. Es ist der wegrückende Krieg, der seine letzten Toasts ausbringt.

Die Erde dröhnt dort, wo der Zug der Gefangenen hinstrebt.

Und hier schläft ruhig das im Schnee versunkene Schlesien. Aus den Bauernhütten am Straßenrand riecht es nach Rauch und Brot.

Aber schau nicht in diese Richtung, Gefangener. Dir folgen ein Totenschädel und ein schussbereites Gewehr. Du musst weitergehen.

Erst wenn sie dich zur nächtlichen Rast in eine leere Scheune oder einen warmen Schweinestall hineingetrieben haben, wenn du eine Handvoll Heu auf deine nassen Füße geschoben hast, kannst du heimlich die Tränen der Freude fließen lassen, dass du hier liegst, in der Nähe von Menschen, die frei sind.

Nachts ist die Straße zwischen den Wäldern von Pszczyna schwarz. In der Dunkelheit ist es schwer, die Silhouetten der Eskortierten und der eskortierenden SS-Männer voneinander zu unterscheiden. Gleich ist der Rhythmus ihres Marsches, gleich ihre Anstrengung, als hätten sie sich miteinander ausgesöhnt. Nur manchmal guckt der Mond durch die Bäume hindurch und erleuchtet den blutigen Striemen am gebeugten Rücken des Gefangenen und das Gewehr am Rücken des SS-Manns.

Wohin geht ihr Schulter an Schulter in der dunklen Nacht – du mit dem Gewehr und du mit dem roten Mal am Rücken? Wohin gehst du, freier Mann – und du, sein Feind?

Die Straße ist breit genug, doch ihr passt nicht beide drauf. Weil der Gefangene in seine Heimat wandert. Es macht nichts, dass der Weg lang ist.

Vielleicht wird er bei irgendeiner Rast vor deinem Gewehr fliehen, sich mitten in der Nacht auf einem Feld hinknien, seinen gestreiften Anzug und seine Nummer im tiefen Schnee vergraben, um dann, sich vor den Deutschen versteckend, durch Schlesien weiterzugehen. Dieses Schlesien, dessen Bewohner in der deutschen Armee und im Deutschen Volkssturm dient, aber einen KZ-Flüchtling sofort aufnimmt, sein heißes schlesisches Herz ihm zu Füßen legt und ihn mit dem Besten bewirtet, das er im Haus hat, und in der Bettwäsche, die als Teil der Aussteuer der ältesten Tochter für deren Hochzeit vorbereitet war, schlafen lässt.

Oder vielleicht wird er über die mit Leichen gesäumte Straße weitergehen; er wird in einem Waggon fahren und sich dabei die Füße abfrieren; er wird Breslau, Groß-Rosen, Berlin, Oranienburg, Ravensbrück und Neustadt-Glewe sehen.

Vielleicht wird er sich nachts an den Gendarmerieposten vorbeischleichen und den Heiligen Rochus bitten, die schlesischen Hunde einschlafen zu lassen. Vielleicht wird er über verminte Brücken gehen, an deutschen Positionen vorbei, der Front immer näher.

Oder er wird die ganze Nacht am Tor von Ravensbrück stehen und nach fünf Tagen in einem offenen Waggon Schnee essen, von einem Schluck Wasser träumend.

Vielleicht wird er zehn Tage lang an schlesischen Dörfern und Städten vorbeigehen, die immer noch von den Deutschen besetzt sind, wo ihm der Tod oft in die Augen schauen wird. Bis er die Berge erreicht, nach denen er sich hinter dem Stacheldraht gesehnt hat, und nachdem er einen dunkelblauen, waldbewachsenen Koloss aus der Nähe gesehen hat, wird er aus dem Rauschen der Fichten das Wort »Freiheit« heraushören und mit Bedauern an diejenigen denken, die niemals hierherkommen werden.

Die Straße ist gerade. Er geht, auf die Stimme der Erde lauschend, in der die Herzen der Gefährten pochen, die im Kampf gefallen sind. Von ihrem Willen geleitet, geht er, um die Arbeit ihrer Arme zu erfüllen, die zu einer Tat nicht mehr fähig sind. Er geht, um Bäume an die Stelle verbrannter Wälder zu pflanzen, um Freude in die traurigen Augen der Kinder zu zaubern, um ein weißes Haus in diesem tragischen

Land zu bauen, durch das hin und wieder ein tonnenschwerer Panzer rollt und dabei die Nester zerquetscht.

Und wohin gehst du – Mann mit dem Gewehr?

Nachwort der Übersetzerin

»Das meiste über Seweryna Szmaglewska kann man von ihr selbst erfahren. Manchmal direkt, aus dem autobiografischen Teil ihres Werks und den Interviews mit ihr. Und immer dann, wenn man ihre Bücher liest, weil aus jedem auf irgendeine Weise ein Wissen über sie resultiert.« So begann ein Aufsatz, den der bekannte polnische Literaturkritiker Wacław Sadkowski über die Autorin der *Frauen von Birkenau* schrieb. Allerdings tat er es im Jahre 1962, in dem die Schriftstellerin auf dem Höhepunkt ihrer Karriere war, ein Buch nach dem anderen schrieb und viele Interviews gab.

Heute hat den »direkten« Part längst ihr jüngerer Sohn übernommen – Jacek Wiśniewski, ein emeritierter Anglistikprofessor, der noch immer in dem Warschauer Haus lebt, in dem ihre meisten Bücher entstanden. Seinen eigenen Beruf merkt man ihm schnell an: Wenn er erzählt, assoziiert er oft britische oder amerikanische Autoren. Etwa Christopher Isherwood und den vielzitierten Satz aus seinem Roman *Leb wohl, Berlin*: »Ich bin eine Kamera mit weit geöffneter Blende, passiv aufzeichnend, nicht denkend.« Das hätte auch seine Mutter über *Die Frauen von Birkenau* sagen können, meint er. Oder Robert Frost und dessen Gedicht *Feuer und Eis* (»So mancher sagt, die Welt vergeht in Feuer, so mancher sagt, in Eis«) – der kühle Ton, in dem sich Distanz am besten ausdrücken lasse, sei in ihrem Buch oft zu finden.

Doch heißt das legendäre, in zweiundzwanzig polnischen Ausgaben erschienene und in zehn Sprachen übersetzte Buch in Wirklichkeit nicht *Der Rauch über Birkenau*? Und warum kommt seine elfte, die deutsche Übersetzung erst jetzt, fünfundsiebzig nach der Erstausgabe, heraus, obwohl es in der Vergangenheit mehrmals entsprechende Empfehlungen gab? Etwa die der Journalistin Lisaweta von Zitzewitz, die 1985 in der *Zeit* schrieb: »Die Monotonie der Apokalypse, die manchen Häftlingen die Gefühle und die Begriffe verwirrt, hat niemand so eindringlich beschrieben wie diese Dichterin.« Wieso kam also damals kein Verleger auf die Idee, eine deutsche Fassung zu publizieren? Weil es eine Zeit war, in der die aktuelle polnische Realität viel interessanter war? Die zerschlagene Solidarność-Bewegung, die Folgen des Kriegszustands? Und später? Hatten etwa diejenigen recht, die behaupteten, die Deutschen seien der Thematik überdrüssig geworden?

Im Falle Szmaglewskas erstaunt diese Zurückhaltung umso mehr, als im Jahre 1997 im Kunstmann Verlag ein schmaler, aus sechs Geschichten bestehender Erzählband der italienischen Auschwitz-Überlebenden Liana Millu erschien, der im Original 1947 publiziert wurde und ebenfalls den Titel *Der Rauch über Birkenau* trug. Der Klappentext kündigte ein Werk an, das ohne jedes Pathos »die Dimension des Ausweglosen, die Unsagbarkeit des Grauens auslotet«. Primo Levi stellte in seinem Vorwort fest, dass es »zu den eindrucksvollsten europäischen Zeugnissen aus dem Frauenlager von Auschwitz-Birkenau« gehöre. Und die deutschen Medien feierten es als literarische Entdeckung. Auf die Idee, bei der Gelegenheit auf Szmaglewskas Buch – das erstaunlicherweise nicht nur denselben Titel, sondern auch eine ähnliche Vorgeschichte hatte – aufmerksam zu machen, kam offenbar auch zu diesem Zeitpunkt niemand.

Nun erreicht das Buch also endlich auch den deutschen Leser. Sein Titel ist gezwungenermaßen geändert, und seine Vorgeschichte beginnt recht unspektakulär. Um aber manches, was seine Eigenart ausmacht, zu verstehen, muss man wenigstens die wichtigsten Fakten aus dem früheren Leben von Seweryna Szmaglewska kennen:

Sie kommt am 11. Februar 1916 in einem Dorf namens Przygłów zur Welt; es liegt in der Nähe der Kreisstadt Piotrków Trybunalski (deutsch Petrikau) etwa fünfzig Kilometer südöstlich von Lodz. Ihre Eltern, Antoni und Pelagia Szmaglewski, sind gebildet und recht wohlhabend. Der Vater ist Gemeindeschreiber, hat eine eigene Bibliothek, in der die Tochter nach Belieben stöbern darf. Die Mutter führt den Haushalt und kümmert sich um die Kinder, Seweryna und den sechs Jahre jüngeren Stanisław. Das harmonische Familienleben nimmt aber bald ein Ende, denn beide Eltern sterben kurz nacheinander, erst die Mutter, dann der Vater.

Seweryna lebt zu diesem Zeitpunkt bereits in Piotrków, wo sie ein Staatliches Lehrerseminar für Frauen besucht. Auf einmal ist sie eine Vollwaise, was sie völlig aus der Bahn wirft – sie wird schwer depressiv, hat Angstzustände, denkt sogar an Selbstmord. Ihr Zustand entgeht nicht ihrer Lehrerin, Aleksandra Matusiak, die versucht, ihr beizustehen, und sie schließlich zu sich nimmt. Sie, ihr Mann Aleksander und ihre kleine Tochter Basia werden zu Sewerynas neuer Familie. Jahre später wird die Schriftstellerin sagen: »Wer war für mich Aleksandra Matusiak? Meine Mutter. Ich konnte meine Gefühle für sie nur mit diesem Wort ausdrücken.«

Aleksandra Matusiak ist aber nicht nur ihre fürsorgliche Pflegemutter, sondern auch ihre Polnisch-Lehrerin. Sie hat die Krakauer Jagiellonen-Universität absolviert, wo mehrere namhafte Literaturwissenschaftler arbeiten, und ihr Unterricht soll hervorragend gewesen sein. Sie fördert also Sewerynas literarisches Talent – auch indem sie ihr einen ihrer ersten Erzählstoffe liefert: Kurz nach der Übernahme der Vormundschaft schickt sie das Mädchen in ein Pfadfinderlager in der Tatra, damit es sich ein wenig von der Tragödie erholt, die es einige Monate zuvor erlebt hatte. Eine Geschichte, die an die Zeit in diesem Ferienlager erinnert und die in einer lokalen Tageszeitung erscheint, wird zu Sewerynas literarischem Debüt. Und sie feiert in jenem Jahr 1933 noch einen zweiten Erfolg: Sie bekommt einen Preis für die Erzählung *Unser Herr Schulwart*, die sie beim Wettbewerb einer Jugendzeitschrift eingereicht hat.

Ihre Berufswahl scheint also festzustehen, als sie 1937 ein Soziologiestudium an der Universität Warschau beginnt. Und sie nutzt auch die vielen Möglichkeiten, die sich einer angehenden Schriftstellerin in der Hauptstadt bieten: Sie knüpft wichtige Kontakte, etwa zum Polnischen Rundfunk, für den sie mehrere Reportagen schreibt. Doch sobald der Krieg ausbricht, kehrt sie nach Piotrków zurück. Sie versucht, weiter zu schreiben, u. a. arbeitet sie an einem Roman über die polnische Niederlage vom September 1939 (den sie niemals beenden wird). Vor allem aber passt sie sich der veränderten Situation an. Sie hilft in einem Krankenhaus die Verwundeten zu betreuen, und sie schließt sich dem Untergrund an. Sie beteiligt sich an illegalem Unterricht und einer Leihbücherei für Jugendliche.

Ihre Verhaftung am 18. Juli 1942 hat allerdings nicht mit ihrer konspirativen Arbeit, sondern nur mit dem Verdacht einer solchen zu tun. Bei ihrem täglichen Gang über die Słowacki-Straße bleibt sie für einen Moment stehen, um ihre Brille zurechtzurücken. Ein sie beobachtender SS-Mann kommt jedoch zum Schluss, dass sie damit jemandem ein Zeichen gebe. Sie wird ins Gefängnis von Piotrków gebracht, von dort nach Tschenstochau verlegt und schließlich – am 6. Oktober desselben Jahres – nach Auschwitz-Birkenau deportiert.

Sie ist sechsundzwanzig Jahre alt, als sie ihr nach dem Tod

der Eltern mühsam neu aufgebautes Leben vergessen und sich mit einer weiteren Identität arrangieren muss: Sie ist nun die Häftlingsnummer 22090 und wird diese in den nächsten dreißig Monaten bleiben. 840 lange Tage, in denen sie in »Kanada«, dem Lagerteil, in dem die Habseligkeiten der eingelieferten Häftlinge aufbewahrt und sortiert werden, und in Kommandos, die »nach draußen gehen«, arbeitet. Sie ist jung, gesund und sportlich, hat einen starken Überlebenswillen und weiß aus ihrer Pfadfinderzeit manchen Trick, der ihr den Lageralltag erleichtert, wovon gelegentlich auch ihre Mitgefangenen profitieren – sie gibt ihnen Ratschläge, was sie tun sollen, um bei Kräften zu bleiben. Dennoch bekommt sie selbst zweimal Typhus, von anderen Krankheiten ganz zu schweigen.

Ihre geliebte Pflegemutter darf aber nichts davon erfahren. Schon im ersten Brief aus Auschwitz, den Seweryna am 11.10.1942, fünf Tage nach ihrer Ankunft, in dem von der SS vorgeschriebenen Deutsch schreibt, heißt es: »Mutti, ich bin ganz gesund und sehr zufrieden, daß kann ich endlich arbeiten unter blauen Himmel. Ich habe gute Essen und schlafe ich gut. Nur habe ich eine große Angst, daß Du Mütterchen krank bist. Mutti, sei schtark. Bitte, schreiben Sie mir viel und oft, ich werde mit große Sensuch warten. Meine Herz ist immer mit Ihnen.« (Siehe Bildteil.)

Und Monate später, am 20. Februar 1943, nachdem sie von zu Hause die ersten Lebensmittelpakete bekommen hat, teilt sie ihr mit: »Ich habe immer gewust, dass Du ambeste Mutter bist und jetzt noch mehr fühle ich dein Herz. Pakete, welche zu mir kommen, sind mit so großer Fleisigkeit vorbereitet, daß ich alle in bester Ordnung bekomme. Ich weiß doch, Mama, dass Du hast nicht zu fiel Geld, aber trotz dem Du könnst so fiel Deiner Töchterlein schicken.«

In diesem Stil – voller Liebe und Dankbarkeit, die sie beharrlich in der fremden Sprache auszudrücken versucht – sind alle Briefe gehalten, die sie aus Auschwitz an ihre Familie schickt. Den letzten am 31. Dezember 1944.

Ab 1943 gibt es auch, im Lager selbst, einen Mann, an den sie denken und dem sie, in dem Fall auf Polnisch, kurze, geheime Nachrichten schreiben kann: den jungen Architekten Witold Wiśniewski, den sie aus der Vorkriegszeit kennt. Er wurde bei einer Straßenrazzia verhaftet und nach Auschwitz deportiert, und nun treffen sie sich manchmal, steckten einander Lebensmittel und kleine Geschenke zu. Ein aus bunten Kabeln geflochtenes Armband zum Beispiel, das Witold – der bei der »Bauleitung« arbeitet, einem Kommando, das unter der Aufsicht eines Kapos Bauarbeiten im Lager durchführt – Seweryna schenkt. (Siehe Bildteil.) Bevor er 1944 das Lager mit einem Transport nach Deutschland verlässt, versprechen sie einander, wenn sie überlebten, würden sie nach dem Krieg zusammen sein und eine Familie gründen.

Und dann kommt der 18. Januar 1945. Die Deutschen sind sich bewusst, dass die Front immer näher rückt, und haben einen Tag zuvor mit der Evakuierung des Lagers begonnen. Seweryna gehört einer Gruppe von Gefangenen an, die zu Fuß nach Groß-Rosen laufen sollen. Sie und zwei weitere Frauen beschließen, unter dem Schutz der Nacht zu fliehen. »Beim ersten Zwischenstopp erwies sich die Flucht als unmöglich«, erzählt sie später. »Beim zweiten gelang es uns aber, im Schnee zu entkommen. Wir legten uns hin und deckten uns mit einem weißen Laken zu, das wir mitgenommen hatten. Wir wollten eine Weile so liegen bleiben, doch ein SS-Mann begann zu schießen. Es war Nacht, aber der Mond schien sehr hell und offenbarte jede Unebenheit, er muss etwas bemerkt haben. Wir sprangen auf und liefen durch den Schnee, kletterten auf allen vieren einen Hügel hinauf.« Auf diese Weise erreichen sie ein nahegelegenes Dorf und verstecken sich in einer Scheune. Von dort gehen sie in Richtung Krakau.

Am 3. Februar, nach tagelangem Fußmarsch, kommt sie in Piotrków an. Schon bald nach ihrer Rückkehr macht sie eine überraschende Entdeckung: dass die Menschen in Polen über Auschwitz nur sehr wenig wissen. Sie fühlt sich also in ihrem Vorsatz, ein Buch über ihre Zeit im Lager zu schreiben – den hat sie bereits dort gefasst und sich Notizen und Zeichnungen gemacht (Siehe Bildteil.) – bestätigt. Als sie damit beginnt, kommt sie sich nach eigenen Worten wie eine Kriegskorrespondentin vor; es ist Februar 1945, der Krieg dauert immer noch an, und sie sieht in der Aufgabe, der ungenügend informierten Gesellschaft die Wahrheit über ein Vernichtungslager zu vermitteln, eine »politische Arbeit in Sachen Frieden«.

Sie schreibt sehr schnell, fast ohne Pausen. Sie empfindet es auch als eine Art Selbsttherapie, sie will ihre Erlebnisse ein für alle Mal »loswerden«, was ihr übrigens nicht gelingt – sie wird später immer wieder dieses Thema aufgreifen. Und sie hat das Gefühl, es ihren Mitgefangenen schuldig zu sein. Den Ermordeten, aber auch denen, die möglicherweise noch am Leben sind. »Da ich wusste«, so ihre Erklärung, «dass meine Kameradinnen sich immer noch in den Transporten nach Groß-Rosen, nach Buchenwald, nach Ravensbrück befanden, zwang ich mir ein Arbeitspensum auf, das in etwa ihrem Marschtag entsprechen musste. Ich stellte den Wecker auf fünf Uhr in der Früh und arbeitete bis zur Dämmerung.«

Bei diesem Arbeitsstil nimmt ihr Manuskript sehr schnell an Umfang zu. Mitte des Jahres ist es fertig – sie schreibt unter den letzten Satz das Datum 18. Juli 1945 – und kann bald in Druck gehen, zumal sie jedes abgeschlossene Kapitel gleich an den Verlag schickte. Am 4. Dezember ist das Buch, das, wie gesagt, den Titel *Der Rauch über Birkenau* trägt, bereits in den Buchhandlungen. Es ist ein sorgfältig komponierter, schonungslos detaillierter Bericht über all das, was sie in diesen dreißig Monaten erlebt hat. Oder besser: Über das Leben in Birkenau, das möglicherweise auf ihren eigenen Erlebnissen, vielleicht aber auch auf denen anderer Gefangener basiert. Diese undefinierbare Perspektive ist ein Verdienst ihrer Freundin Antonina Kłoskowska, einer künftigen Soziologieprofessorin: Als Seweryna ihr die ersten Seiten zeigte, bekam sie statt Ermunterung einen kritischen Kommentar zu hören. »Sie meinte, durch das Schreiben in der ersten Person würde ich Gefahr laufen, noch vor der Fertigstellung des Buches ein Porträt von mir selbst gezeichnet zu haben. Ich hätte damit zwangsweise einen Bericht über einen hartnäckigen, ja heldenhaften Gang durch alle Phasen des Lagerlebens verfasst. Doch ich wollte ja von den Millionen erzählen, die mein Schicksal geteilt haben. Also änderte ich meinen Erzählstil: Ohne aufzuhören, subjektiv zu sein, versuchte ich, mich selbst hinter den Fakten zu verstecken.«

Sie ist nicht die Einzige, die unmittelbar nach dem Krieg einen Bericht aus Auschwitz vorlegt. Bereits 1946 erscheinen in Polen einige vergleichbare Bücher, die heute längst zum Kanon der Lagerliteratur gehören und die ohne jede literarische Stilisierung das ganze Ausmaß des Grauens aus weiblicher Perspektive belegen. Vor allem sind es: Der schmale, aber hochkarätige Erzählband *Medaillons* von Zofia Nałkowska, eine Sammlung von acht kurzen, geradezu lakonischen Berichten, die sie als Mitglied der Hauptkommission zur Erforschung der Naziverbrechen erfuhr; deren Motto »Dieses Schicksal haben Menschen den Menschen bereitet« ist bis heute eine der meistzitierten Umschreibungen jener Zeit. Zum Zweiten *Aus der Hölle* von Zofia Kossak-Szczucka.

Die Initiatorin und Mitbegründerin von »Żegota«, dem Rat für die Unterstützung der Juden, verbrachte in Auschwitz-Birkenau die Zeit zwischen Oktober 1943 und April 1944. Und zum dritten *Wo früher Birken waren* von Krystyna Żywulska, wie das Pseudonym der Jüdin Sonia Landau lautete. Nachdem sie 1942 aus dem Warschauer Ghetto geflohen war, schloss sie sich auf der »arischen« Seite dem Widerstand an, wurde von der Gestapo verhaftet und während der dreimonatigen Haft zum Tode verurteilt. Schließlich kam sie aber nach Auschwitz, wo ihr ebenfalls während der Evakuierung die Flucht gelang.

Szmaglewskas Buch ist allerdings insofern einzigartig, als es eine Form hat, die Kazimierz Wyka, bald einer der bekanntesten Kritiker Polens, zu Recht eine »Randzone des Romans« nennt – es ist weder ein richtiger Roman, noch eine persönliche Erinnerung, noch eine Reportage. »Heute denke ich, dass diese Form wahrscheinlich nicht mehr ausreichend wäre«, so die Autorin Jahre später, »weil ich manchmal jungen Lesern begegne, die mich nach meinen Lagererlebnissen fragen, als würden sie mich gar nicht in der riesigen Menschenmenge von Auschwitz bemerken.«

Nach der Authentizität der beschriebenen Fakten fragt sie nach dem Erscheinen des Buches niemand, schließlich heißt es in ihrem Vorwort: »Um Missverständnisse zu vermeiden, möchte ich erklären, dass ich nicht die Absicht habe, die Bedeutung dieser Fakten in irgendeiner Weise zu vergrößern oder sie aus Propagandagründen zu verändern. Es gibt Dinge, die man nicht vergrößern muss. Alles, was ich hier erzählen werde, kann ich vor jedem Tribunal beweisen.« Und sie bekommt in der Tat eine Gelegenheit dazu: Ihr Buch wird dem Internationalen Militärgericht in Nürnberg als Beweismittel im Prozess gegen die Hauptverbrecher des »Dritten Reiches« vorgelegt.

Kurz darauf fährt sie selbst nach Nürnberg, um am 26. Februar 1946, dem 69. Tag des Prozesses, auszusagen. Sie wird gebeten, das Verhalten der Deutschen gegenüber den Kindern im Lager zu beschreiben. Die polnische Regierung schickt eine größere Delegation mit, die dem anklägerischen Satz, mit dem ihr Vorwort beginnt (»In den Krematorien von Auschwitz und Birkenau wurden bis zum 18. Januar 1945 etwa fünf Millionen Menschen verbrannt.«), Nachdruck verleihen soll. Die falsche Zahl, die von der kommunistischen Propaganda stammt – in Wirklichkeit waren es ca. 1,3 Millionen –, wird erst in der Ausgabe von 2019 korrigiert werden.

»Nürnberg war ganz anders, als ich es mir vorgestellt hatte«, erzählt sie später. »Die Stimmung dort war fast wie im Karneval. Das gesamte Tribunal hatte vor unserer Ankunft an einem Ball teilgenommen, was mich schockierte, aber ich machte trotzdem meine Aussage«. Ein paar Minuten ihrer Befragung kann man heute auf YouTube sehen: Eine junge, schlanke Frau in Kostüm und weißer Bluse, neben ihr ein russischer Dolmetscher. Sie berichtet von schwangeren Frauen, die bis kurz vor der Entbindung zehn Stunden am Tag arbeiten mussten und dabei besonders streng bewacht wurden. Dann von den Kindern. Sie strahlt dabei eine erstaunliche Ruhe und Selbstsicherheit aus.

Diese Zeit, in der sie auch Witold wiederbegegnet – er arbeitet im amerikanischen Sektor beim Bewachen wichtiger Industrieanlagen – und ihn nach Polen zurückbringt, wird sie in ihrem Buch *Die Unschuldigen in Nürnberg* beschreiben. Allerdings erst viel später, im Jahre 1972. »Ich habe lange gedacht«, so ihre Begründung, »dass mein Auftritt beim Nürnberger Prozess ein Flop war. Ich hatte keine Möglichkeit, das in Worte zu fassen, was ich in Birkenau gesehen hatte. Das hat mich lange vom Schreiben meines Berichts abgehalten.« Der lange Zeitabstand kommt dem Buch übrigens sehr zugute; man merkt ihm deutlich an, dass es eine reife und erfahrene Autorin geschrieben hat. Alles, was ihr Bericht enthält, hat den Wert eines Dokuments – von der Form, dem Stil und der Komposition her liest er sich aber wie ein erstklassiger Roman.

In den späten 1940er Jahren wird ihr Birkenau-Buch Pflichtlektüre an den Schulen. Zwar beschreibt sie darin Situationen, die sie unmöglich selbst gesehen oder erlebt haben kann, etwa das Verbrennen von Leichen oder Orgien der SS-Männer – anders als Wiesław Kielar etwa, dessen Auschwitz-Bericht *Anus Mundi* ausschließlich auf seinen eigenen Erlebnissen basiert –, aber sie zeichnet dennoch ein so nuanciertes Bild des Lagerlebens, wie es in kaum einem anderen vergleichbaren Buch zu finden ist. Auch nicht in Tadeusz Borowskis Erzählungen, mit denen sie später oft in einem Atemzug genannt wird. Viele sind gar der Meinung, dass sie diejenige ist, die am meisten zur Aufklärung der polnischen Öffentlichkeit über die Realität von Auschwitz beigetragen hat.

Aus der jungen Debütantin ist eine bekannte Schriftstellerin geworden. Sie muss diese Rolle aber mit der einer Ehefrau und Mutter verbinden. Sie wohnt mit Witold zunächst in Lodz; dort kommen ihre beiden Söhne, Witold jr. (heute ein Architekt in Kanada) und Jacek, zur Welt. Und dann, ab 1956, in Warschau, anfangs in der Innenstadt, später im noblen Villenviertel Saska Kępa am rechten Weichselufer. Die Einrichtung ihrer Wohnungen, Möbel, Porzellan und Silber, stammt weitgehend aus einem ehemals deutschen Haus in Masuren – ihr Mann hat sie 1946 nach Lodz gebracht, von dort sind sie mit nach Warschau gekommen. Manche Möbelstücke, vor allem der Schreibtisch, an dem fast alle ihre späteren Bücher entstehen, sind heute noch da, genauso wie das Schreibpult und die deutsche Schreibmaschine Marke »Torpedo«, auf der sie *Die Frauen von Birkenau* verfasst hat. (Siehe Bildteil.)

Mit den kommunistischen Machthabern hat sie keine Konflikte, im Gegenteil, sie wird von ihnen – wie alle Schriftsteller, die sich nicht offen gegen das Regime stellen – hofiert und mehrmals ausgezeichnet. Ihre Bücher kommen bei ihnen gut an. Denn sowohl *Die Frauen von Birkenau* als auch ihr ganzes späteres Prosawerk, zu dem Romane, Erzählungen und Reportagen gehören, weisen einen realistischen Stil auf, der auf soziale Fragen abzielt, ja der stellenweise sogar anmutet, als würde sie die Postulate jener literarischen Doktrin der frühen Nachkriegszeit befolgen, die sich »Sozialistischer Realismus« nennt. Sie ist auch in verschiedenen staatlichen Organisationen aktiv, u. a. im Verband der Kämpfer für Freiheit und Demokratie (ZBoWiD), was von den Behörden immer gern gesehen wird. Der Partei tritt sie allerdings niemals bei. Es gibt dennoch solche, die später behaupten, sie sei eine Kommunistin gewesen. Sogar im Jahr 2018, als die Bewohner von Piotrków beschließen, an der Wand des Hauses in der Parkowa-Straße, in dem sie zusammen mit der Familie Matusiak lebte, eine Gedenktafel anzubringen, gibt es Gegner, die mit ihrer angeblichen kommunistischen Gesinnung argumentieren. Die Gedenktafel kommt schließlich an die geplante Stelle und wird am 21. Juni 2018 enthüllt.

Die Bücher, die sie später schreibt, haben noch öfter Auschwitz zum Thema. Und selbst wenn sie es nicht direkt tun, lugt hinter dem einen oder anderen dieser Teil ihrer Vergangenheit hervor. Sogar hinter ihrem erfolgreichsten Jugendbuch, *Schwarze Füße*, das in einem Pfadfinderlager spielt. Denn als sie es – vor allem für ihre Söhne – geschrieben habe, erzählt sie einem Journalisten, sei ihr bewusst geworden, »dass die Deutschen das schönste Wort meiner

Jugend beschmutzt haben: das Lager. Ich wollte also den Charme von Ferienerinnerungen heraufbeschwören, die sich mit diesem Wort verbinden.«

Auf den Einwand mancher Kritiker, sie sei Autorin eines Themas, reagiert sie dennoch irritiert. Es sei eine Vereinfachung, eine Etikettierung, die auf sie nicht zutreffe. Manches ihrer Bücher würde von etwas ganz anderem handeln, zum Beispiel ihr Roman *Die Tollkirsche*, der in Masuren, ihrem Lieblingsurlaubsort, spielt und von dessen Natur und Geschichte erzählt. Sie und ihre Familie verbringen dort die Sommer seit den frühen 1950er Jahren, am liebsten im idyllischen Dorf Zgon (deutsch Sgonn oder Hirschen) am Muckersee, wo ihr Schriftstellerkollege und Freund Igor Newerly ein Haus besitzt. Außerdem, argumentiert sie ferner, seien doch all diese unzähligen Werke, die sich mit der Kriegsthematik auseinandersetzen würden, von Anne Franks *Tagebuch* über Malapartes *Kaputt* bis Borowskis *Bei uns in Auschwitz,* »Kapitel einer Epopöe unserer Zeit, einer *Göttlichen Komödie* des 20. Jahrhunderts«.

Als ihr jüngerer Sohn dreizehn Jahre alt ist, soll seine Schulklasse einen Ausflug nach Auschwitz unternehmen. Doch sie und ihr Mann sorgen dafür, dass er davon befreit wird, und fahren selbst mit ihren beiden Söhnen ins Lager. Sie erzählen ihnen von ihrer Zeit dort, beantworten ihre Fragen.

Die gesundheitlichen Folgen ihrer Gefangenschaft versucht sie zu verbergen. Ihre permanent geschwollenen Beine. Oder ihre starke Kurzsichtigkeit – sie erlaubt es nie, dass man sie mit einer Brille fotografiert.

Sie wird oft zu Autorenabenden eingeladen. Wenn es dabei um ihre Lagererlebnisse geht, kommt sie immer sehr erschöpft zurück.

Gegen Ende ihres Lebens ist sie müde, depressiv. Ohne ihren Mann, der 1989 stirbt, fühlt sie sich einsam und unsicher. In all den Jahren ihrer Ehe war er ihr engster Freund, Berater, Redakteur, ja fast schon eine Art Sekretär – obwohl er vier eigene Bücher geschrieben hat.

Sie selbst stirbt ganz plötzlich in ihrem Warschauer Haus, an einem Herzinfarkt. Es ist am 7. Juli 1992, genau fünfzig Jahre nach jener Verhaftung, mit der ihre Zeit in Auschwitz-Birkenau ihren Anfang nahm.

Marta Kijowska
München, April 2020

Bildnachweise

Die Fotos, Briefe und Zeichnungen von Seweryna Szmaglewska entstammen dem Privatarchiv der Autorin.
Abdruck mit freundlicher Genehmigung ihres Sohnes Jacek Wiśniewski.

Inhalt